王充《論衡》的批判精神

黃紹梅 著

文史哲學集成
文史哲出版社印行

國家圖書館出版品預行編目資料

王充《論衡》的批判精神 / 黃紹梅著. --初
　版 -- 臺北市：文史哲，民 100.03
　　頁；　　公分（文史哲學集成；598）
　參考書目：頁
　ISBN 978-957-549-954-9(平裝)

1. 論衡　2. 批判哲學　3. 研究考訂

122.67　　　　　　　　　　100003508

文史哲學集成　　598

王充《論衡》的批判精神

著　　　者：黃　　紹　　梅
出　版　者：文　史　哲　出　版　社
　　　　　　http://www.lapen.com.tw
　　　　　　e-mail：lapen@ms74.hinet.net
登記證字號：行政院新聞局版臺業字五三三七號
發　行　人：彭　　正　　雄
發　行　所：文　史　哲　出　版　社
印　刷　者：文　史　哲　出　版　社
　　　　　　臺北市羅斯福路一段七十二巷四號
　　　　　　郵政劃撥帳號：一六一八〇一七五
　　　　　　電話886-2-23511028・傳真886-2-23965656

實價新臺幣七六〇元

中 華 民 國 一 百 年 （2011） 三 月 初 版

自 序

　　《後漢書》以王充、王符、仲長統三人合傳，韓愈也以〈後漢三賢贊〉稱美三人，從王充所作的《論衡》、王符的《潛夫論》和現存仲長統《昌言》輯本看來，內容多在評論當世的得失，是學術史上重要的思潮；且近代國學大師錢穆說：「兩漢思想，董仲舒是正面，王充是反面，只此兩人，已足代表。」可見王充在漢代思想上的重要地位。

　　本書即以「王充《論衡》的批判精神」為題，闡明其不同於漢代傳統思維的學說思想及用意。其中論述方式有宏觀的探索《論衡》因應現實需求的批判性質，也有微觀的探討學說思想的內容主張，和剖析理論落實的優劣得失，以期能了解王充《論衡》的價值所在。

　　全書分作十章，第一章緒論，介紹王充批判精神的形成和《論衡》的歷史定位；第二章至第八章，就王充提出的天道自然無為、命定、無鬼、問孔刺孟、非韓、人性、文學和宣漢等學說，探究其批判用意、闡述內容旨趣，以及評論其得失。就批判用意而言，既稽考史實，又援引義理，以明王充學說思想形成的脈絡，提昇對王充社會關懷的認知；就內容思想而言，除就諸章一一剖析王充各學說思想的主張，闡述其因應社會問題的見解外，並發現其學說仍有矛盾，且為學界公認，譬如宣漢說和國命論、瑞應說和反災異譴告等，在關於漢代帝王的議題上，其持論仍不免與其客

觀思維背離。至於評論學說得失,則分析其主張的貢獻和矯枉過正之處。第九章,論述王充多元化的學習,判定真偽的方式也多樣化,並歸納有重視效驗的步驟、常採用複式論證和從小處擴大論點的特色。第十章,結論,闡明《論衡》一書的時代意義和重要性。論述過程既明資料出處,又求義理明確,然不免多有疏失,尚請前輩學者不吝誨正。

黃紹梅　中華民國一百年三月

王充《論衡》的批判精神

目　　錄

第一章 緒 論

　　王充爲東漢時期的思想家，字仲任，會稽上虞人。生於東漢光武建武三年（西元 27 年），[1]卒於東漢永元八年（西元 96 年），[2]歷經光武帝、明帝、章帝、和帝四朝。其著作有《譏俗節義》、《政務》、《論衡》及《養性書》，現有《論衡》一書流傳下來。[3]依據《後漢書》及《抱朴子》記載，蔡邕始得此書，且視爲秘玩認爲有助於提高談辯的智慧，而後王朗又得其書，且獲益於《論衡》而才進，從此流傳於世，並定位爲「異書」。[4]

　　《論衡》一書與其它經史典籍的區別，就王充所述：

> 詩三百，一言以蔽之，曰思無邪。《論衡》篇以十數，亦一言也，曰疾虛妄。（〈佚文〉）

---

1 見《論衡·自紀》篇「建武三年，充生。」黃暉，《論衡校釋》（北京：中華書局，1990 年），頁 1188。文中所引《論衡》出自此書。

2 《後漢書·王充傳》「永元中，病卒於家。」（南朝宋）范曄撰、唐李賢等注，《新校後漢書注》（台北：世界書局，1981 年），頁 1630。文中所引《後漢書》出自此書，以下凡引及《後漢書》只註明頁數，其餘從略。永元是東漢和帝年號，共十六年，本傳言其卒於「永元中」，故記於八年。見黃暉，〈王充年譜〉，《論衡校釋》附編三，第四冊，頁 1236。

3 張宗祥說：「充之著作，凡分四部：一、譏俗之書；二、政務之書；三、論衡之書；四、養性之書。皆見自紀。譏俗之書十二篇，養性之書十六篇，政務之書不悉篇數，所可考者，備乏、禁酒二篇耳。然諸書皆不傳，所傳者獨論衡之書八十五篇耳。則知古人著述湮沒不傳者多矣。」此說已爲學術界公論。張宗祥，《論衡校訂》三卷附記，收入黃暉，《論衡校釋》，第四冊附劉盼遂，〈論衡集解附錄〉，頁 1358-1359。

4 《後漢書·王充傳》注引《袁山松書》、《抱朴子》所載，同註 2，頁 1629。

> 又傷偽書俗文多不實誠，故為《論衡》之書。（〈自紀〉）
> 是故《論衡》之造也，起眾書並失實，虛妄之言勝真美也。
> 故虛妄之語不黜，則華文不見息；華文放流，則實事不見
> 用。故《論衡》者，所以銓輕重之言，立真偽之平；非苟
> 調文飾辭，為奇偉之觀也。其本皆起人間有非，故盡思極
> 心，以譏世俗。（〈對作〉）

這也是他寫作《論衡》的動機和目的，「眾書並失實，虛妄之言勝真美也。」（〈對作〉）「虛妄顯於真，實誠亂於偽，世人不悟，是非不定，紫朱雜廁，瓦玉集糅。」（〈對作〉）對社會偏離正軌、虛偽妄作而不實誠有深切體認，所以他的目的在「銓輕重之言，立真偽之平」，也就是衡量是非的言論，建立真假的標準，來「解釋世俗之疑，辯照是非之理，使後進曉見然否之分。」（〈對作〉）

因此，對不實風氣的批判和導正是《論衡》立論的核心焦點，其所批評之內容、對象多與當時社會有密切關係，且涉及層面相當廣泛，表現了強烈的社會關懷。王充對漢代社會問題的看法，雖然後人評價不一，然而對於王充《論衡》所具有的批判性，學者看法則多一致，梁啓超贊美：「《論衡》為漢代批評哲學第一奇書。」[5]胡適說：「《論衡》的精神只在『訂其真偽，辨其實虛』八個字。所以我說王充的哲學是批評的哲學，他的精神只是一種評判的精神。」[6]唐君毅說：「王充是開一『以批評為學之道』也。」[7]無疑批判精神是《論衡》一書最大的特色。因此，本論文即以「王

---

5 莫伯驥，〈五十萬卷樓群書跋文〉子部〈論衡三十卷〉引用梁任公先生之語。黃暉，《論衡校釋》，第四冊附劉盼遂，〈論衡集解附錄〉，頁1364。

6 胡適，〈王充的論衡〉，黃暉，《論衡校釋》，第四冊，〈附編〉四，頁1275。

7 唐君毅，《中國哲學原論‧原道篇》（台北：台灣學生書局，1986年），頁215。

充《論衡》的批判精神」爲題,探究其批判的對象,文中採「以史論子」的方式,以史實剖析王充之所以提出批判的原因,分析其批判的主張、方法,並檢討其貢獻和缺失。

至於有關王充其人批判精神的形成和其書的歷代評價,先說明如下。

第一節　王充批判精神的形成

關於王充批判精神的形成,可以從他生平事蹟中略見,最直接的資料是《論衡・自紀》篇,以及范曄《後漢書・王充傳》、謝承與袁山松各自所著之《後漢書・王充傳》等。[8]范曄說:

> 王充字仲任,會稽上虞人也,其先自魏郡元城徒焉。充少孤,鄉里稱孝。後到京師,受業太學,師事扶風班彪。好博覽而不守章句。家貧無書,常游洛陽市肆,閱所賣書,一見輒能誦憶,遂博通眾流百家之言。後歸鄉里,屏居教授。仕郡為功曹,以數諫爭不合去。充好論說,始若詭異,終有理實。以為俗儒守文,多失其真,乃閉門潛思,絕慶弔之禮,戶牖牆壁各置刀筆。著論衡八十五篇,二十餘萬言,釋物類同異,正時俗嫌疑。刺史董勤辟為從事,轉治中,自免還家。友人同郡謝夷吾上書薦充才學,肅宗特詔公車徵,病不行。年漸七十,志力衰耗,乃造養性書十六篇,裁節嗜欲,頤神自守。永元中,病卒于家。[9]

---

8 《後漢書・王充傳》,頁 1629-1630。謝承、袁山松,〈王充傳〉見范曄,《後漢書・王充傳》注引。
9 《後漢書・王充傳》,頁 1629-1630。

　　王充本傳所記和《論衡・自紀》篇內容基本一致，而〈自紀〉篇較爲詳細，但敘述自己的生平，主要集中在少年和老年時期，謝承與袁山松的記載內容則頗爲簡略。本文就上述文獻資料分析形成王充批判精神的原因：

一、家風傳統

　　王充說：

> 王充者，會稽上虞人也，字仲任。其先本魏郡元城一姓。幾世嘗從軍有功，封會稽陽亭。一歲倉卒國絕，因家焉，以農桑爲業。世祖勇任氣，卒咸不揆於人。歲凶，橫道傷殺，怨讎眾多。會世擾亂，恐爲怨讎所擒，祖父汎舉家檐載，就安會稽，留錢唐縣，以貿販爲事。生子二人，長曰蒙，少曰誦。誦即充父。祖世任氣，至蒙、誦滋甚，故蒙、誦在錢唐，勇勢凌人。末復與豪家丁伯等結怨，舉家徙處上虞。（〈自紀〉）

　　王充自述祖籍原在魏郡元城縣，祖先曾以軍功受封，曾祖父時已棄官爲農，祖父王汎則由農轉事商販之業。而後提到祖上的遷居，第一次是「恐爲怨仇所擒」，第二次是「與豪家丁伯等結怨」，而舉家遷上虞安居。二次遷徙都與人結怨有關，王充不但不諱言，且說是「世祖勇任氣」「祖世任氣」，這正是見義勇爲、打抱不平的俠士風格所致。

　　王充本人研習經書，而「禮敬具備，矜莊寂寥」，並無「勇勢凌人」的氣習。不過，仍承襲父祖輩的特立性格，這從王充自述可知，他說：

> 爲小兒，與儕倫遨戲，不好狎侮。儕倫好掩雀、捕蟬、戲

錢、林熙，充獨不肯。

才高而不尚苟作，口辯而不好談對，非其人，終日不言。其論說始若詭於眾，極聽其終，眾乃是之。以筆著文，亦如此焉；操行事上，亦如此焉。

不好徼名於世，不為利害見將。常言人長，希言人短。專薦未達，解已進者過，及所不善，亦弗譽；有過不解，亦弗復陷。能釋人之大過，亦悲夫人之細非。好自周，不肯自彰，勉以行操為基，恥以材能為名。眾會乎坐，不問不言；賜見君將，不及不對。在鄉里，慕蘧伯玉之節，在朝廷，貪史子魚之行。見汙傷，不肯自明；位不進，亦不懷恨。貧無一畝庇身，志佚於王公；賤無斗石之秩，意若食萬鍾。得官不欣，失官不恨。處逸樂而欲不放，居貧苦而志不倦。淫讀古文，甘聞異言，世書俗說，多所不安，幽處獨居，考論實虛。

充為人清重，遊必擇友，不好苟交。所友位雖微卑，年雖幼稚，行苟離俗，必與之友。好傑友雅徒，不氾結俗材。充性恬澹，不貪富貴。為上所知，拔擢越次，不慕高官；不為上所知，貶黜抑屈，不戀下位。比為縣吏，無所擇避。（以上出自〈自紀〉）

　　依據其自述，可以發現不論是幼年遊戲，或稍長研究學問、寫作文章、討論問題，以及作官、為人、交友等，態度與作風往往與一般人不同，甚至相反，加上又喜歡聽取與世俗相異的言論，有「疾俗情」的意味。[10]這與父祖輩不滿世俗的任勇使氣方式不同，但是所表現不同流俗的批判性格卻是相同，這種承自家風傳

---

10 林麗雪，《王充》（台北：東大圖書公司，1991年），頁55，已有此觀點。

統的疾俗情作風，是王充本質上的最大特徵。尤其《論衡》寫作動機是「傷僞書俗文，多不實誠而作」，可以說是王充傳承先祖勇武不畏精神，而方式轉變爲理性，對象也不是鄰里仇怨，而是虛妄不實之說。

　　由王充自述家世，說「世祖勇任氣」「橫道傷殺，怨仇眾多」「至蒙、誦滋甚」「勇勢凌人」，不僅可推測其批判性格承自家風而來，而且其自述家風與一般人爲親者諱的態度不同，〈自紀〉篇甚至有一段自述：

> 士貴雅材而愼興，不因高據以顯達。母驪犢騂，無害犧牲；祖濁裔淸，不牓奇人，鯀惡禹聖，叟頑舜神。伯牛寢疾，仲弓潔全。顏路庸固，回傑超倫。孔、墨祖愚，丘、翟聖賢，楊家不通，卓有子雲；桓氏稽可，遹出君山。

　　說自己因「宗祖無淑懿之基，文墨無篇籍之遺」「雖著鴻麗之論，無所稟階，終不爲高」（〈自紀〉），又比喩自己祖先爲母驪、祖濁、叟頑、鯀惡等一類，毫不保留的表現不同於俗情的批判作風，引發了歷代學者的評論：

　　有以爲不孝者，如劉知幾說：

> 王充論衡之自紀也，述其父祖不肖，爲州閭所鄙。…至若盛矜於己，而後辱其先。此何異證父攘羊，學子名母，必責以名教，實三千之罪人也。[11]

宋王應麟說：

> 而劉氏史通譏之曰，…此書非小疵也。[12]

清紀昀說：

---

11 （唐）劉知幾，《史通・序傳》，收入黃暉，《論衡校釋》，同註5，頁1327。
12 （宋）王應麟，《困學紀聞》卷十〈諸子論衡條〉，同註6，〈附編〉三，頁1241-1242。

　　至於述其祖父頑狠，以自表所長，慎亦甚焉！[13]

清錢大昕說：

　　蓋自居于聖賢，而訾毀其親，可謂有文無行，名教之罪人
　　也。充而稱孝，誰則非孝？[14]

清杭世駿說：

　　充作論衡悉書不諱，而乃特創或人問答，揚己以醜其祖
　　先。…論衡之書雖奇，而不孝莫大。蔡邕、王朗、袁山松、
　　葛洪之徒，皆一代作者，尋其書而不悟其失，殆不免於阿
　　私所好。而范曄又不孝之尤者，隨而附和之，而特書之以
　　孝。嗚呼！孝子固訐親以成名乎？[15]

徐復觀說：

　　王充在〈自紀〉篇中所以詆及其祖與父，乃因為在王充思
　　想中，根本沒有孝的觀念。…但把父母生子完全作一種純
　　事實的判斷，當然從這裏產生不出孝的觀念。…且如後所
　　述，王充晚年因受到鄉里的譴責而避難他鄉，所以他正是
　　「大不理於眾口」的人，更不會有鄉里稱孝的聲譽。[16]

　有以為實錄者，如黃暉說：

　　暉按：《王褒集・僮約》，注云：「漢時官不禁報怨。」
　　（引見《御覽》）桓譚疏曰：「今人相殺傷，雖已伏法，
　　而私結怨讎，子孫相報，後忿深前，至於滅戶殄業，而俗
　　稱豪健，故雖怯弱，猶勉而行之。」是世風所尚，非可謂

---

13 （清）紀昀，《四庫全書總目提要》子部，雜家類四（台北：臺灣商務印書
　　館，1983 年），冊三，頁 597。
14 （清）錢大昕，《十駕齋養新錄》卷六〈王充〉，同註 5，頁 1343。
15 （清）杭世駿，《道古堂文集》卷三十二〈論王充〉，同註 5，頁 1345。
16 徐復觀，《兩漢思想史》卷二（台北：學生書局，1989 年），頁 566。

其意在詆毀也。[17]

黃雲生說：

> 仲任之天道觀與性命論，非但一氣相連自成系統，且與其
> 暴露其祖若父之任氣凌人，不為親者諱，有密切之關連。
> 故與其謂仲任之自敘其家世乃故意詆毀，無寧謂之乃其偶
> 適之運命觀所推衍而生之自然結果也。非僅如此，仲任之
> 暴露其祖若父之短，尚有其著作態度上之理由。仲任疾世
> 人之虛妄，惡華文之橫流，故以「喪黜其偽，而存定其真」、
> 「銓輕重之言，立真偽之平」自任，故其著作之態度，最
> 重立真破偽一原則。[18]

徐道鄰說：

> 我們細玩論衡辭句，他祇是不曾「為親者諱」而已 —— 這
> 可能是因為他相信：「天下之事，不可增損！考前察後，
> 效驗自列」之故。 —— 怎麼能因此就罵他「不孝」？甚至
> 於懷疑史書上所說「鄉里稱孝」這個事實。[19]

　　上述諸說，劉知幾認為除言及父祖任勇使氣外，又有「細族
孤門」一段，以不合於儒家「父為子隱，子為父隱」的義理，與
「直躬證父之攘羊」何異？遂直斥為名教罪人。其後的王應麟、
紀昀、錢大昕、杭世駿也以「不孝」指責王充，尤其是杭世駿更
質疑「《論衡》之書雖奇，而不孝莫大」，並指出稱贊《論衡》
的范曄、蔡邕、王朗、袁山松、葛洪等人，不免於「阿其所好」，
或者也是「不孝之尤」。徐復觀又從王充天道觀人因陰陽之氣偶

17　《論衡・自紀》黃暉注，同註 1，頁 1188。
18　黃雲生，《王充評論》第十章〈王充總論〉（高雄：三信出版社，1975 年），
　　頁 155-156。
19　徐道鄰，〈王充論〉（《東海學報》第三卷第一期，1961 年），頁 212。

合而生的立論，認爲不可能產生孝的觀念，而且以王充晚年因鄉里譴責而避難他鄉，不應有鄉里稱孝之譽。

對王充不孝的誤解，近代學者已有考證。[20]綜合言之，《後漢書》王充本傳言「充少孤，鄉里稱孝」與《論衡‧自紀》篇說法基本上一致，這正是王充自述「六歲教書，恭愿仁順，禮敬具備，矜莊寂寥，有巨人之志。父未嘗笞，母未嘗非，閭里未嘗讓。」的表現。又〈自紀〉篇記載「充以元和三年徙家，辟詣揚州，部丹陽、九江、廬江，後入爲治中。」一段，與《後漢書》本傳言「刺史董勤，辟爲從事，載治中，自免還家。」的說法一致。文中「辟」字，都是作「徵辟」之意，揚州刺史董勤徵辟王充當從事，負責丹陽、九江、廬江三郡的監察工作，後又轉爲治中，即刺史的屬官。[21]所以，以王充晚年因鄉里譴責而避難他鄉，否定其鄉里稱孝之譽，並不可信。據黃暉注解東漢時代不禁止報怨的風氣，王充未替父祖隱諱只是實錄，與他「疾虛妄」、「務實誠」的《論衡》宗旨吻合，應是對自己先祖也以求實、理性精神來衡論。

二、游太學的影響

《後漢書》本傳言王充「受業太學，師事扶風班彪。」[22]進入中央官學深造，爲其學問奠定基礎。之後，常游洛陽書店，「閱所賣書，一見輒能誦憶，遂博通眾流百家之言。」〈自紀〉篇又說：「手書既成，辭師，受論語、尚書，日諷千字，經明德就，

---

20 周桂鈿，〈王充傳記資料考辨 —— 兼評台灣學者對王充的研究〉（《甘肅社會科學》，1984 年第 5 期），頁 38-40。
21 同註 20，頁 39。
22 王充是否到過洛陽、游太學及師事班彪，徐復觀首先提出質疑，近代學者有辨正，同註 20，頁 41-43。

謝師而專門，援筆而眾奇。」依照這二段敘述，王充曾從師受業，而後才辭師自學，獨立研究學問。又從本傳言「好博覽而不守章句」以及〈自紀〉篇的「謝師而專門」的記載，可見太學受業於師的學習過程，與其好博覽而不守師法、家法章句的態度並不契合，因此，才走上自學而博通眾流百家的道路。

太學為當時最高學府，受學者無不嚮往，據趙翼說：「士之嚮學者，必以京師為歸。…蓋其時郡國雖已立學，…然經義之專門名家，惟太學為盛，故士無有不游於太學者。」[23]太學的成立主要是為培養五經博士而設，並非培養百家之學。由於董仲舒提議設立太學，是根據漢武帝建元五年（西元前 136 年）成立五經博士而建議，而後元朔五年（西元前 124 年），公孫弘為相提出一套完整制度，其奏議說：

> 聞三代之道，鄉里有教，夏曰校，殷曰序，周曰庠。…故教化之行也，建首善，自京師始，由內及外。…請因舊官而興焉，為博士官置弟子五十人，復其身。太常擇民年十八已上儀狀端正者，補博士弟子。郡國縣道邑，有好文學，敬長上，肅政教，順鄉里，出入不悖所聞者，令相長丞上屬所二千石，二千石謹察可者，當與計偕詣太常，得受業如弟子。一歲皆輒試，能通一藝以上，補文學掌故缺；其高弟可以為郎中者，太常籍奏。即有秀才異等，輒以名聞。…請著功令，佗如律令。制曰：「可」。自此以來，則公卿大夫士吏，斌斌多文學之士矣。[24]

---

23 （清）趙翼，《陔餘叢考》卷十六〈兩漢時受學者皆赴京師〉（台北：世界書局，1960 年），頁 11。

24 《史記・儒林列傳》，瀧川龜太郎，《史記會注考證》（台北：洪氏出版社，1983 年），頁 1287-1288。文中所引《史記》出自此書，以下凡引及《史記》只註明頁數，其餘從略。

公孫弘擬訂的太學制度其具體辦法是：

（一）興學目的在推廣教育，其步驟是首先於京城建中央官
　　　學。

（二）師資是「因舊官而興焉」，以現成之五經博士為師。

（三）博士弟子一經十人，免其兵役、徭役及賦稅。

（四）選拔方式或由太常選拔或由地方政府推舉。

（五）考核方式是一年通一藝者補文學掌故缺，為知識分子
　　　提供出路。

所以馬端臨說：「元朔五年置博士弟子員。前此博士雖各以
經授徒，而無考察試用之法，至是，官始為置弟子員，即武帝所
謂興太學也。」[25]而後太學規模逐漸擴大，如元帝時弟子員擴為
千人，成帝末增加至三千人。[26]

太學老師為經學博士，經書也是唯一教科書，基本上，已形
成如王充所說的「儒者，學之所為也。儒者學；學，儒也。」（〈定
賢〉）的現象。王充對於太學學風深刻不滿，曾批評說：

> 夫儒生之業，五經也。南面為師，旦夕講授，章句滑習，
> 義理究備，於五經，可也。五經之後，秦漢之事，無不能
> 知者，短也。（〈謝短〉）
>
> 世儒學者，好信師而是古，以為賢聖所言皆無非；專精講
> 習，不知難問。（〈問孔〉）

25　（元）馬端臨，《文獻通考·學校考一》，《文淵閣四庫全書》第 611 冊（台
　　北：台灣商務印書館，1986 年）卷四十，頁 9。

26　《漢書·儒林傳》：「…數年（永光三年），以用度不足，更為設員千人，
　　郡國置五經百石卒史。」所謂「更為設員千人」即一千人，比前朝為多。又
　　記載：「成帝末，或言孔子布衣養徒三千人，今天下太學弟子少，於是增弟
　　子員三千人。歲餘，復如故。」楊家駱主編，《新校本漢書》(台北：鼎文
　　書局，1986 年)，頁 3596。文中所引《漢書》出自此書，以下凡引及《漢書》
　　只註明頁數。

> 諸生能傳百萬言，不能覽古今，守信師法，雖辭說多，終
> 不為博。（〈效力〉）
> 儒者傳學，不妄一言，先師古語，到今具存，雖帶徒百人
> 以上，位博士、文學，郵人、門者之類也。（〈定賢〉）

　　在王充看來，太學中雖有博士、文學頭銜的師資，但實際上是依師法傳授，無學術上的心得，往往不察經書之誤，也不知古今之事。王充「謝師而專門」、「好博覽而不守章句」即是不同於太學講章句的學習方式。徐復觀說：

> 因為他沒有沾上博士系統的邊，且因為他是知性型人物，
> 在學問上主要以追求知識為主，則自然走上貴博貴通而輕
> 視專經師法的一條路。[27]

　　因此，王充能博通眾流百家之言，雖肯定儒家孔孟學說，稱「孔子聖人，孟子賢者。」（〈命祿〉）但也創作了〈問孔〉〈刺孟〉批判二人的言詞或義理。他特別重視道家自然無為學說，成為其天道自然觀的立論基礎，但對於道家學說與成仙思想的結合，則不能認同。王充對於效驗的重視，與墨子三表法重視經驗的思想有相通之處，對於墨子節葬主張，王充也有相同論點，但是也寫〈薄葬〉篇，論述墨子有鬼論與節葬的矛盾。王充有〈非韓〉批判法家不重視德治的缺失，同時又接受法家今勝於古的進化歷史觀。此外，他推崇的如桓譚、陸賈、揚雄、周長生等都是近世之人，《論衡》中運用的知識，廣及天文、氣象、農業、地理、物理、生物等方面，上述皆非太學儒家經典所傳授的內容，多是王充博覽研究所得。換言之，王充不同於太學儒士的學習態度、方式，能泛觀博覽，勤讀百家九流之書，並能夠考辨融會，

---

27 徐復觀，《兩漢思想史》卷二，同註 16，頁 587。

是形成他重視思辨批判的原因。

三、仕途失意的體驗

王充曾作過二類官職：一為功曹掾吏，一為從事。漢章帝建初元年，王充至潁川郡出任功曹（〈對作〉），功曹為郡縣、都尉、太守的屬官，管理人事功勞。章帝元和三年，被揚州刺史董勤徵召，擔任從事，負責丹陽、九江、廬江三郡的監察工作，後又轉為治中從事史一職。從事為州郡佐官，主督促文書、察舉非法，[28] 職位並不高。

王充仕進原則是「不鬻智以干祿，不辭爵以弔名；不貪進以自明，不惡退以怨人。」（〈自紀〉）也就是堅持自己理念，不賣弄聰明以求升官，不假意辭官以沽名釣譽，也不因貪圖升官而自我表現，或害怕丟官而怨恨他人。可見他不為自己利益求官，因此，王充自述「性恬澹，不貪富貴。為上所知，拔擢越次，不慕高官；不為上所知，貶黜抑屈，不恚下位。比為縣吏，無所擇避。」「憂德之不豐，不患爵之不尊；恥名之不白，不惡位之不遷。」（〈自紀〉）

《後漢書》王充本傳記載他二度去職，「仕郡為功曹，以數諫爭不合去」以及「刺史董勤辟為從事，轉治中，自免還家。」其中「數諫爭不合」的事例，即〈對作〉篇所載漢章帝建初年間，潁川、汝南的穀物歉收，百姓成為流民，章帝也數次下詔書關心災情，王充向郡守建議「宜禁奢侈，以備困乏」，但諫言不被太守採用，此即後來題名〈備乏〉的文章；王充又發現釀酒浪費五

28　《後漢書・百官志四》，頁 3614。

穀,且嗜酒易滋生盜賊應加以節制,所以建議郡守禁止百姓釀酒,這次建議仍舊未被採納,此即後來題名〈禁酒〉的文章。因此,數次建議不合而辭去郡功曹的職務。

王充希望論說主張能夠得到郡守、縣邑令長等採納,所著《政務》一書,即明白表示「閔人君之政,徒欲治人,不得其宜,不曉其務,愁精苦思,不賭所趨」(〈自紀〉)而作,文中多為「郡國守相、縣邑令長陳通政事所當尚務,欲令全民立化,奉稱國恩。」(〈對作〉)可見他嫻熟政事,可惜「仕數不偶」,諫言不被採納。其中原因,可能與小人讒言有關,王充說:「俗材因其微過,蜚條陷之,然終不自明,亦不非怨其人。」(〈自紀〉)應是曾為小人讒言攻擊而不得志。

王充第二次去職,因擔任從事「材小任大,職在刺割,筆扎之思,歷年寢廢」(〈自紀〉)有關,意即擔任治中從事,主管檢舉彈核的工作,必然得罪於人而力不從心,加上著述立說未能完成,遂於章和二年,罷州家居。而後有「友人同郡謝夷吾上書薦充才學,肅宗特詔公車徵,病不行。」一事,謝夷吾推薦王充的才學說:「充之天才,非學所加,雖前世孟軻、孫卿,近漢揚雄、劉向、司馬遷,不能過也。」[29]章帝下詔以公車徵其入朝為官,但因病未能成行。罷官後,王充在「貧無供養」中生活,這段時間並將保健身體的經驗,撰成《養性》一書。

王充仕途不得志,「而徒著書自紀」(〈自紀〉),其自述在位之時「眾人蟻附」,罷官閒居在家時「舊故叛去」,他體會人情的自私現實和寡恩,所以著述《譏俗》《節義》十二篇。本傳記載他「閉門潛思,絕慶弔之禮,戶牖牆壁各置刀筆。著論衡八

---

29 《後漢書・王充傳》注引謝承《後漢書》,頁1629。

十五篇，二十餘萬言。」所以《論衡》一書應是在廢退窮居的情況下逐步完成的。仕途經驗對王充思想有一定的影響，《論衡》中的命定思想，以及評論人材等文章，即與其仕途遭遇有關。

第二節　王充《論衡》的歷史定位

《論衡》一書是屬於議論性質，而非「作」與「述」，王充說：

> 五經之興，可謂作矣。太史公書、劉子政序、班叔皮傳，可謂述矣。桓君山新論、鄒伯奇檢論，可謂論矣。今觀論衡、政務，桓、鄒之二論也，非所謂作也。造端更為，前始未有，若倉頡作書，奚仲作車是也。易言伏羲作八卦，前是未有八卦，伏羲造之，故曰作也。⋯今論衡就世俗之書，訂其真偽，辯其實虛，非造始更為，無本於前也。（〈對作〉）

他認為《論衡》既不是「造始更為，無本於前」的創作，也不是記錄史實的著述，而是同桓譚《新論》、鄒伯奇《檢論》，屬於「論說」的性質，所以是有所依據，就世俗之書，考訂真偽、辨正虛實的批判性議論。胡適說：「《論衡》現存八十四篇，幾乎沒有一篇不是批評的文章。」[30]若從其篇目看，如九虛、三增、〈問孔〉〈刺孟〉〈非韓〉〈明雩〉〈死偽〉〈訂鬼〉〈薄葬〉〈譋時〉〈譏日〉〈辨崇〉〈難歲〉〈詰術〉〈正說〉〈書解〉〈案書〉等，也多能略見「疾虛妄」之意。其它篇章雖不能從篇名得知「疾虛妄」之意，但也能從文章的「世俗之議」「或曰」

---

30 胡適，〈王充的論衡〉，同註 6，〈附編〉三，頁 1275。《論衡》八十五篇中有〈招致〉一篇，有篇目但內文已佚，所以說八十四篇。

「傳曰」「世謂」「難曰」「或難曰」「問曰」等問答方式，表達他解釋世俗疑惑的用意。[31]

對於這一部具有獨特風格的著作，不僅「違詭於俗」，而且對照古人著作，又「不類前人」（〈自紀〉），所以歷代學者對其評價各異，綜合而言，有如下數端：

一、就文學觀點而言

王充同時代人說：

> 充書形露易觀。…案經藝之文，聖賢之言，鴻重優雅。…譏俗之書，欲悟俗人，故形露其指，為分別之文。《論衡》之書，何為復然？豈材有淺極，不能為覆。何文之察，與彼經藝殊軌轍也？…充書違詭於俗。…今殆說不與世同，故文刺於俗，不合於眾。…充書不能純美。…《呂氏》、《淮南》，懸於市門，觀讀之者，無訾一言。今無二書之美，文雖眾盛，猶多譴毀。…充書既成，或稽合於古，不類前人。…充書文重。…文貴約而指通，言尚省而趨明，…今所作新書出萬言，繁不省，則讀者不能盡；篇非一，則傳者不能領。（〈自紀〉）

宋晁公武說：

> 漢世文章，溫厚爾雅，及其東也，已衰。觀此書與《潛夫論》、《風俗通義》之類，比西京諸書，驟不及遠甚，乃知世人之言不誣。[32]

---

31 林麗雪已有此觀點，同註 10，頁 92。
32 （宋）晁公武，《郡齋讀書志》卷十二子類雜家，同註 6，〈附編〉三，頁 1240。

宋高似孫說：

> 《論衡》者，漢治中王充所論著也。書八十五篇，二十餘
> 萬言，其為言皆敘天證、數人事、析物類、道古今，大略
> 如仲舒〈玉杯〉、《繁露》。而其文詳，詳則禮義莫能覈
> 而精，辭莫能肅而括，幾於蕪且雜矣。…客有難充書煩重
> 者，…充曰：「文眾可以勝寡矣。人無一引，吾百篇；人
> 無一字，吾萬言，為可貴矣！」所謂乏精覈而少肅括者，
> 正此謂歟！[33]

宋楊文昌說：

> 其文取譬連類，雄辯宏博，豈止為「談助」、「才進」而
> 已哉？信乃士君子之先覺者也！秉筆之士，能無秘玩乎？[34]

明傅巖說：

> 仲任理醇辭辨，成一家之言，當在荀、呂、公孫龍之際；
> 而惡子風之駁。〈自紀〉篇筆老事析，使繼修東漢，較蔚
> 宗弘瞻；而薄史法之拘。其述《養性》，以四言叶讀，亦自
> 風致，足以齊于蔡、酈，開源魏鄴；而厭辭習之浮。[35]

明劉光斗說：

> 余喜其曠蕩似漆園，辨析似儀秦，綜覈似史遷，練達似孟
> 堅，博奧似子雲，而澤於理要，於是又似仲淹。[36]

清梁章鉅說：

> 按昔人以《論衡》為枕中祕，名流頗重其書，惟其議論支

---

33 （宋）高似孫，《子略》卷四，同註6，〈附編〉三，頁1241。
34 （宋）楊文昌，〈宋慶歷楊刻本序〉，同註6，〈附編〉六，頁1314。
35 （明）傅巖，〈明天啓本序〉一，同註6，〈附編〉六，頁1319。
36 （明）劉光斗，〈明天啓本序〉二，同註6，〈附編〉六，頁1320。

離，文筆冗漫，實不類漢人所為，故余每竊疑其贗作。[37]
清劉熙載說：

> 王充《論衡》獨抒己見，思力絕人。雖時有激而近僻者，
> 然不掩其卓詣。故不獨蔡中郎、劉子玄深重其書，即韓退
> 之之性有三品之說，亦承藉於其〈本性〉篇也。[38]

以上諸說，其中同時代人對於《論衡》的五項批評，王充於
〈自紀〉篇提出答辯：對「形露易觀」的答辯是，「論衡者，論
之平也。」既是衡量言論是非的標準，自然「務在明言」「務在
露文」，使言可曉，章旨明顯。對「違詭於俗」的答辯是，「事
尚然而不高合，論說辯然否，安得不譎常心，逆俗耳？」《論衡》
為黜偽存真，自然不能順從眾人意見。對「不能純美」的答辯是，
「辯論是非，言不得巧。」即便是雄辯之文，也必有說理不周密
之處。對「不類前人」的答辯是，刻意模仿，將喪失本意，「文
士之務，各有所從」，有人善於雕琢辭句，有人善於辯偽存真，
不必與人相同。對「文重」的答辯是，若對社會有用處，則「多
者為上，少者為下」，所以應檢視其觀點是否正確，而不應就篇
幅上責求。王充答辯說明《論衡》有「形露易觀」「違詭於俗」
「不能純美」「不類前人」「文重」的原因，不外是便於闡述論
辯內容，使讀者易於領悟，其中也表現王充的文學觀念。

宋代晁公武、高似孫的評論有可議處，或言《論衡》有傷於
「溫厚爾雅」，或言「莫能覈而精」「莫能肅而括」，不外是就
其「文重」而言。晁、高二人又從時代文風比較，以其類似董仲
舒《春秋繁露》一類，是受當時文風影響，而非王充個人之失。[39]

---

37 （清）梁章鉅，《退庵隨筆》卷十七，同註 6，〈附編〉三，頁 1252。
38 （清）劉熙載，《藝概》，同註 6，〈附編〉三，頁 1250。
39 林麗雪已提出，同註 10，頁 13。

實則《論衡》論辯是非，詳細剖析論證才能取信於人，不應以冗漫文重視之。因此，宋楊文昌稱許「其文取譬連類，雄辯宏博」，不止是「助談」而已，明代學者又評其論辯自由不拘，兼有眾家之長，清劉熙載稱其「獨抒己見」應是深得其中旨趣。

二、就創作動機而言

宋黃震說：

> 王充嘗師班彪，博學有獨見。既仕不偶，退而作《論衡》二十餘萬言。蔡邕、王朗嘗得其書，皆秘之以為己助。蓋充亦傑然以文學稱者。惜其初心發於怒憤，持論至於過激，失理之平，正與自名《論衡》之意相背耳！如謂窮達皆出於命，達者未必賢，窮者未必不肖，可矣！乃推而衍之，至以治和非堯舜之功，敗亡非桀紂之罪，亦歸之時命，焉可乎？甚至譏孔孟而尊老子，抑殷周而誇大漢；謂龍無靈；謂雷無威；謂天地無生育之恩，而譬之人身之生蟣蝨；欲以盡廢天地百神之祀，雖人生之父母骨肉，亦以人死無知，不能為鬼而忽蔑之。凡皆發於一念之怒憤，故不自知其輕重失平如此。至其隨事各主一說，彼此自相背馳，如以十五說主土龍必能致雨，他日又曰：「仲舒言土龍難曉」。如以千餘言力辯虎狼食人非部吏之過矣，他日又曰：「虎狼之來，應政失也」。凡皆以不平之念，盡欲更時俗之說，而時俗之說之通行者，終不可廢。矯枉過正，亦不自覺其衡決至此也。[40]

---

40 （宋）黃震，《黃氏日抄》五十七〈諸子〉三，同註6，〈附編〉三，頁 1242-1243。

清紀昀說：

> 充書大旨，詳於〈自紀〉一篇，蓋內傷時命之坎坷，外疾
> 世俗之虛偽，故發憤著書。其言多激，〈刺孟〉、〈問孔〉
> 二篇，至於奮其筆端，以與聖賢相軋，可謂誖矣！又露才
> 揚己，好為物先；至於述其祖父頑狠，以自表所長，慎亦
> 甚焉！其他論辨，如日月不圓諸說，雖為葛洪所駁，載在《晉
> 志》；然大抵訂譌砭俗，中理者多，亦殊有裨於風教。[41]

　黃震論點有可議處，其稱《論衡》之作是「發於怨憤，持論
至於過激，失理之平，正與自名《論衡》之意相背耳！」與紀昀
所論「蓋內傷時命之坎坷，外疾世俗之虛偽，故發憤著書。其言
多激⋯」的看法一致，認為王充動機並不平和，因而持論過當，並
將國命論、譏孔孟而尊老子、抑殷周而誇大漢、龍無靈、雷無威、
天地無生育之恩、廢天地百神之祀，以及人死無知不能為鬼等，皆
視為過激之論。事實上，其中除國命論，明顯可見王充立論疏失外，
其它多項無不反映社會問題，有一定的社會關懷，不宜以「怨憤」
論之。紀昀也指出《論衡》的〈刺孟〉〈問孔〉、述其祖父頑狠，
以及日月不圓諸說的過當，但仍稱許「中理者多」、「有裨於風教」。

三、就內容特色而言

　晉虞翻說：

> 有道山陰趙曄、徵士上虞王充，各洪才淵懿，學究道源。
> 著書垂藻，絡繹百篇，釋經傳之宿疑，解當世之槃結，或

---

41 （清）紀昀，《四庫全書總目》子部〈雜家類〉四，同註6，〈附編〉三，
　 頁1244-1245。

上窮陰陽之奧秘，下據人情之歸極。[42]

南朝（宋）范曄說：

> 充好論說，始若詭異，終有理實。以為俗儒守文，多失其真，乃閉門潛思，絕慶弔之禮，戶牖牆壁各置刀筆，著《論衡》八十五篇，二十餘萬言，釋物類同異，正時俗嫌疑。[43]

唐劉知幾說：

> 儒者之書，博而寡要，得其糟粕，失其菁華，而流俗鄙夫貴遠賤近，傳茲牴牾，自相欺惑，故王充《論衡》生焉。[44]

明胡應麟說：

> 王充氏《論衡》八十四篇，其文猥冗爾沓，世所共輕；而東漢晉唐之間，特為貴重。…秦漢以還，聖道陸沉，淫詞日熾。莊周、列禦、鄒衍、劉安之屬，捏怪興妖，不可勝紀。充生茅靡瀾倒之辰，而獨岌然自信，攘背其間，剗虛點增，訂訛斷偽，詖淫之旨，過截弗行，裨後世人人咸得藉為口實，不可謂非特立之士也。[45]

明沈雲輯說：

> 憤俗儒矜弔詭侈，曲學轉相訛膺而失真，迺創題鑄意，所著〈逢遇〉迄〈自紀〉，十餘萬言，大較旁引博證，釋同異，正嫌疑。事即絲棼複遝，而前後條委深密，矩矱精焉，漢世好虛辭異說，中為辨虛凡九，其事犖，其法嚴，其旨務祛謬悠夸毗以近情實，而不憚與昔賢聚訟。[46]

---

42 （晉）陳壽，《三國志・吳志・虞翻傳》注，同註 6，附編三，頁 1237。

43 《後漢書・王充傳》，頁 1629。

44 （唐）劉知幾，《史通・自敘》，同註 6，〈附編〉三，頁 1240。

45 （明）胡應麟，《少室山房筆叢》卷二十八〈九流緒論〉中，同註 6，〈附編〉三，頁 1243。

46 （明）沈雲輯，〈程本序一〉，同註 6，〈附編〉六，頁 1316。

黃侃說：

> 東漢作者，斷推王充。《論衡》之作，取鬼神、陰陽及凡
> 虛言、讕語，推毀無餘。自西京而降，至此時而有此作，正如久
> 行荊棘，忽得康衢，歡（忄下）寧有量耶？[47]

黃雲生說：

> 就整體而言，《論衡》一書，充滿革命之精神，漾溢批判
> 之氣息，尊崇懷疑之態度，倡導獨立之思考，黜偽存真，
> 勸善懲惡，宗旨實為至大至正。[48]

以上諸說，見解一致的揭示《論衡》內容特色在「釋經傳之
宿疑」「正時俗嫌疑」，或解「貴遠賤近」的謬誤。明代胡應麟
指出秦漢以後，莊周、列禦的道家神仙之術、鄒衍的陰陽五行之說，
以及劉安黃老之學的神仙之術盛行，在迷信風氣瀰漫的時代環境
下，王充能訂偽存真，抑止虛妄之詞，雖是螳臂擋車，卻是功不可
沒。沈雲輯並嘉許王充論證嚴謹、旁引博證，以辯虛辭偽說。黃侃
更認為王充批判先秦至東漢的讖緯神學，辨駁虛妄失實的傳聞，是
「久行荊棘，忽得康衢」，給予極高評價。整體而言，《論衡》一
書誠如黃雲生所說，是以懷疑、批判精神黜偽存真，實是求是。

四、就批評對象而言

宋葛勝仲說：

> 充剌孟子，猶之可也；至詆訾孔子，以「繫而不食」之言
> 為鄙，以從佛肹公山之召為濁；又非其脫驂舊館，而惜車
> 於鯉；又謂道不行於中國，豈能行於九夷？若充者，豈足

---

47 黃侃，《黃侃論學雜著‧漢唐玄學論》（台北：漢京文化事業有限公司，1984
　　年），頁482。
48 黃雲生，《王充評論》，同註18，頁176。

以語聖人之趣哉？[49]

宋陳騤說：

> 王充〈問孔〉篇中，於《論語》多所指摘，未免桀犬吠堯
> 之罪！[50]

清熊伯龍說：

> 仲任蓋宗仲尼者也。〈問孔〉、〈刺孟〉二篇，小儒偽作，
> 斷非仲任之筆。何言之？《論衡》之宗孔子，顯而易見。
> 其〈齊世〉篇，則稱孔子以斷堯、舜；其〈實知〉篇，則
> 稱孔子以辨偶人；其〈知實〉篇，則稱孔子以論先知；其
> 〈卜筮〉篇，則稱孔子以論蓍龜，其〈本性〉篇，則稱孔
> 子以定性道。他篇之引孔子者，不可勝數。其宗孔子若是，
> 焉有問孔者乎？孟子，學孔子者也。焉有宗孔而刺孟者
> 乎？由此言之，二篇之為偽作，無疑矣。[51]

清乾隆說：

> 向偶翻閱諸書，見有王充《論衡》，喜其識博而言辯，頗
> 具出俗之識，其全書則未之覽也。茲因校四庫一書，始得
> 其全卷而讀之，乃知其背經離道，好奇立異之人，而欲以
> 言傳者也。夫欲以言傳者，不衷於聖賢，未有能傳者也。
> 孔、孟為千古聖賢，孟或可問，而不可刺，充則刺孟而問
> 孔矣。此與明末李贄之邪說何異？…讀《論衡》者，效其
> 博辯，取其軼才，則可；效其非聖滅道，以為正人篤論，

---

49 （宋）王應麟，《困學紀聞》十〈諸子〉引（宋）葛勝仲說法，同註6，〈附
編〉三，頁1241-1242。
50 莫伯驥，〈五十萬卷樓群書跋文〉子部〈論衡三十卷〉引用（宋）陳騤《文
則》之言，同註5，頁1361。
51 （清）熊伯龍，《無何集》，同註5，頁1332-1333。

　　　　則不可。[52]

清譚宗浚說：

　　　　然充此書雖近於冗漫，而人品則頗高。當其時讖緯方盛，
　　　　異說日興，而充獨能指駁偏謬，剖析源流，卓然不為浮論
　　　　所惑，其識見有過人者。又陰、竇擅權之際，明、章莅政
　　　　之初，不聞藉學問以求知，託權門以進取，其淡然榮利，
　　　　不逐時流，范史特為取之，有以也。[53]

清黃式三說：

　　　　讀其書，《問孔》、《刺孟》謬矣！漢世以災異免三公，
　　　　欲矯其說，而謂災變非政事所召，復謬矣！譏時之厚葬，
　　　　遂申墨子薄葬之說，而謂人死無知，不能為鬼，抑又謬矣；
　　　　物之靈者著龜，皆死而有知，人獨無知乎？而仲任所詳言
　　　　者天命，其說之遺誤後人，而不可不辯者，尤在此也。人
　　　　之命有三：有定命、有遭命、有隨命。…以是知三命之說，
　　　　雜見諸書，而《白虎通》言之已詳，蓋可信矣！仲仕詳言
　　　　命之一定不可易，遂申老子天道自然之說，而謂過惡揚
　　　　善，非天之道；且謂國祚之長短，不在政事之得失。其將
　　　　以《易》、《春秋》所紀，《詩》、《書》所載，天人交
　　　　格之義，皆為虛語乎？仲任師事班叔皮，書中盛稱班孟
　　　　堅，而孟堅所撰《白虎通》，辯駁固多，于〈命義〉篇既
　　　　引傳之言三命，宜信而不信乎？書稱《論衡》，非衡之平
　　　　也。君子之言，將以俟百世而不惑，不尚矯情以立論。[54]

52　《四庫全書》，乾隆〈讀王充論衡〉，同註 6，〈附編〉三，頁 1245-1246。
53　《學海堂四集》，譚宗浚，〈論衡跋〉，同註 6，〈附編〉三，頁 1246。
54　（清）黃式三，《儆居集》四〈讀子集〉一〈讀王仲任論衡〉，同註 6，〈附
　　編〉三，頁 1249。

章炳麟說：

> 作為《論衡》，趣以正虛妄，審鄉背，懷疑之論，分析百
> 端，有所發摘，不避上聖，漢得一人焉，足以振恥，至于
> 今亦尠有能逮者也。[55]

胡適說：

> 漢代的許多迷信都掛著「儒教」的招牌。許多極荒謬的書，
> 都假託儒家所謂聖人做的。這種虛妄詐偽的行為，和當時
> 人迷信假書的奴性，引起了王充的懷疑態度。王充明明的
> 說當時有許多書是假造的。…他不但懷疑那些假造的書，
> 並且攻擊當時儒生說經的種種荒謬，…我們知道當時經師
> 的荒謬，便知道王充說的「五經並失其實」，並非過當的
> 責備。[56]

以上諸說指出王充批判對象包含譏孔孟、斥讖緯迷信、正五
經等問題，其中以問孔、刺孟引發學者極大的反響，尤其宋代理
學盛行，《論衡》有〈問孔〉〈刺孟〉二篇，學者如葛勝仲、陳
騤、黃震等，以維護儒家思想多責其不當。明清之際，熊伯龍、
黃式三、乾隆皇帝、紀昀等，對王充譏刺孔孟的評價，仍承襲宋
儒看法，或以為此二篇為偽作，其中乾隆皇帝評王充是「背經離
道，好奇立異之人」，又斥責問孔、刺孟與「明末李贄之邪說何
異？」用語頗嚴厲。不過，清代對於王充的博辨、不隨流俗，則有
嘉許。至於有關抨擊當代天人感應迷信與匡正五經之虛妄，學者
多持肯定態度。值得注意的是，黃式三持論範圍較廣，但是他反
對王充的不信災變、不信死人有知、不信三命說，顯然黃氏所論，
不吻合科學觀念，不足以採信。反而是章炳麟以王充的懷疑精神，

---

55 章炳麟，《檢論》卷三〈學變〉，同註 6，〈附編〉三，頁 1253。
56 胡適，〈王充的論衡〉，同註 6，〈附編〉四，頁 1281-1282。

不避上聖，稱「漢得一人焉，足以振恥」可見評價之高。

五、就批評方法而言

宋韓性說：

> 然觀其為書，其釋物類也，好舉形似以相質正，而其理之
> 一者，有所未明；其辯訛謬也，或疑或決；或信其所聞，
> 而任其所見，尚有不得其事實者。況乎天人之際，性命之
> 理，微妙而難知者乎？故其為書，可以謂之異書，而不可以
> 為經常之典。觀其書者，見謂才進，而實無以自成其才，終
> 則以為談助而已。充之為書，或得或失，不得而不論也。[57]

章炳麟說：

> 善為鋒芒摧陷，而無樞要足以持守，惟內心之不光穎，故
> 言辯而無繼。[58]

張九如說：

> 《論衡》用客觀的眼光，批評史事，鞭辟入裏，實為中國
> 有數之作品，惟嫌其中多瑣碎處。公正校讀《論衡》，期
> 蔚成本邦邏輯之宗，則公於此書，已下過明辨工夫，請即
> 指示其中最精到者，俾便啟示學子。[59]

章士釗說：

> 或謂充之所為，有破無立，「其釋物類也，好舉形似以相
> 質正，而其理之一者，有所未明」。不知書以「衡」名，
> 其職即於權物而止。至天人之際，政學之微，直攄己見而

---

57 （宋）韓性，〈宋刊元明補修本序〉，同註6，〈附編〉六，頁1315。
58 章炳麟，《國故論衡・原道上》，同註6，〈附編〉三，頁1253。
59 張九如，〈與章士釗書〉，同註6，〈附編〉三，頁1254。

成一系統者。充別有一書曰《政務》，惜不傳矣。韓生所云，非能概充之全書也。此編看似碎細，然持論欲其密合，複語有時不可得避，一觀歐文名著，自悟此理。[60]

　　宋代韓性不同於其它宋代道學家，認為《論衡》是一部異書，他又指出《論衡》的批評方法有二項缺失：其一是認為王充「好舉形似以相質正」「或信其所聞，而任其所見」，即以類比推理與經驗觀察作為認識事物的原則，其中有未盡其實的缺失；其二是指出該書「而其理之一者，有所未明」，以及認為閱讀該書實無以「自成其才」，是評王充論述瑣碎，缺乏完整體系，有益於助談而已。持論相似者有張九如，以《論衡》批判客觀但多瑣碎。《論衡》一書是否無完整體系？從該書以天道自然為中心思想，可知並非無完整體系。又近代章士釗則認為《論衡》主旨是「權物而止」，不在建立一有系統的思想體系，而且表現王充完整思想體系者，已有《政務》一書，不宜以「有破無立」來責求。

六、就學術貢獻而言

宋韓性說：

　　且充之時，去三代未遠，文賢所傳，見於是書者多矣！其可使之無傳乎？[61]

孫人和說：

　　自嬴秦焚坑而後，古籍蕩然。漢代所收，十僅一二。加之讖緯紛作，殽亂群經，尚論恢奇，標舉門戶。或廢視而任聽，或改古以從今，卒致真偽雜糅，是非倒植。仲任生當

---

60 章士釗，〈答張九如書〉，同註6，〈附編〉三，頁1254。
61 （宋）韓性，〈宋刊元明補修本序〉，同註6，〈附編〉六，頁1316。

> 兩漢之交，匡正謬傳，暢通鬱結。九虛、三增，啟蒙砭俗，
> 〈自然〉所論，頗識道原。雖間逞胸臆，語有回穴，要皆
> 推闡原始，不離於原宗。至若徵引故實，轉述陳言，可以
> 證經，可以考史，可以推尋百家。其遠知卓識，精深博雅，
> 自漢以來，未之有也。[62]

章士釗說：

> 實知、知實二首，開東方邏輯之宗，尤未宜忽！[63]

徐道鄰說：

> 從現代學術的立場來看，中國過去的思想家，在思想方式
> 上，在學術氣息上，再沒有人比他和現代人更為接近的
> 了。說得誇張一點，簡直可以說他是一千九百年前的一位
> 「邏輯實證家」。[64]

胡適說：

> 總之，王充在哲學史上的絕大貢獻，只是這種評判精神，
> 這種精神的表現，便是他的懷疑的態度；懷疑的態度，便
> 是他不肯糊裏糊塗的信仰，凡事須要經我自己的心意詮訂
> 一遍，「訂其真偽，辨其實虛」，然後可以信仰。若主觀的
> 評判還不夠，必須尋出證據，提出效驗，然後可以信仰。[65]

　　以上諸說，體認《論衡》的史料價值，以及在邏輯推演方式
上的精神。基本上，王充列舉許多古事或當時事件的例子，有助
於考證古史、經書。其論辯方式，從日常感官經驗進行推理，或
有合於當今科學知識者，或有簡易粗略不合於科學的論斷。然而，
王充論述問題，以實證進行剖析的方法，無疑是一大特色和貢獻。

---

62 孫人和，《論衡舉正・序》（上海：上海古籍出版社，1990 年），頁 1。
63 章士釗，〈答張九如書〉，同註 6，〈附編〉三，頁 1254。
64 徐道鄰，〈王充論〉，同註 19，頁 197。
65 胡適，〈王充的論衡〉，同註 6，〈附編〉四，頁 1280-1281。

七、就後世影響而言

胡適說：

> 中國的思想若不經過這一番破壞的批評，決不能有漢末與
> 魏晉的大解放。王充的哲學是中古思想的一大轉機。他不
> 但在破壞的方面打倒迷信的儒教，掃除西漢的烏煙瘴氣，
> 替東漢以後的思想打開一條大路；並且在建設的方面，提
> 倡自然主義，恢復西漢初期的道家哲學，替後來魏晉的自
> 然派哲學，打下一個偉大的新基礎。[66]

錢穆說：

> 兩漢思想，董仲舒是正面，王充是反面，只此兩人，已足
> 代表。董仲舒上承鄒衍，王充則下魏晉。魏晉人在中國思
> 想上之貢獻，正為其能繼續王充，對鄒董一派天人相應，
> 五行生剋，及神化聖人等迹近宗教的思想，再加以一番徹
> 底的澄清。[67]

唐君毅說：

> 王充之自然主義之哲學，亦遙與魏晉人之自然主義，以及
> 南朝時主神滅論者如范縝之思想相接。…王充之自然主義，
> 亦開魏晉之自然主義、後世之辨偽考證之學之先河。[68]

以上諸說肯定了王充與魏晉思想承先啟後的關係，胡適指出
王充由道家的自然觀念，開啟了魏晉思想的發展，在中國思想史
上有關鍵地位。錢穆認為魏晉思想家是延續發展王充思想，二者

---

66 胡適，〈王充的論衡〉，同註 6，〈附編〉四，頁 1284-1285。
67 錢穆，《中國思想史》（台北：蘭臺出版社，2001 年），頁 90。
68 唐君毅，《中國哲學原論・原道篇》，同註 7，頁 213-216。

有依存關係。唐君毅從王充爲學特質，肯定他對魏晉的影響，以及開「辨僞考證之學之先河」的價值。

范曄《後漢書》將王充、王符、仲長統三人合傳，又唐代韓愈撰有〈後漢三賢贊〉稱王充爲三賢之一。事實上，此三人有共通之處，最顯著的就是立論都針對當代政治社會而發，表現對當代的高度關注，也形成東漢中期以後的學術新特色。上文藉由歷代對於《論衡》的評價與釐清，即可發現王充關心社會問題，《論衡》一書就在解當世疑惑，以去僞存真，不論是不信天人感應、不信鬼神，或反對厚葬等，多能匡正當代的思維，即便是問孔、刺孟等議題，儘管有離經叛道的爭議性，王充出發點也不脫社會好師古問題的反映。又前人考其論證內容，其方式或以事實經驗作爲理據，或進行推理，雖不免有繁複瑣碎之嫌，但建立懷疑的態度、邏輯推理的方法，以及徵引故實的證據，都有一定的時代價值，尤其是當中的博辯，可見王充學識的豐富。若就文學觀念的立場分析，該書雖有「形露易觀」「違詭於俗」「不能純美」「不類前人」「文重」的特色或缺失，也是爲了便於論辯的敘述，和有助於讀者的體會理解。由於王充批評之範圍涉及學術、迷信風俗、政治、文學等普遍而明顯的問題，可說是爲學術思想打開新的格局，亦對後來的批評者形成引導作用，尤其對魏晉思想的影響，最具有代表性。基本上，從創作動機、內容特色、論證方式、文學觀點、學術貢獻，及其後世影響等方面看來，在在顯示《論衡》是一部具有批判精神的著作。

這種批判精神表現在他對自然界和人類社會各種問題的討論，以下即從王充《論衡》有關天道自然無爲論、命定論、無鬼論、人性論、先秦諸子論、文學觀，以及宣漢說等主張探討。

第二章　王充「天道自然無爲論」
的批判精神

　　王充有「天道自然無爲」的說法，是出自〈自然〉篇「天動不欲以生物，而物自生，此則自然也。施氣不欲爲物，而物自爲，此則無爲也。謂天自然無爲者何？氣也恬澹無欲，無爲無事者也。」的一段話。在他的觀念裏，「天」是一個有規律性而無意識性的物質實體，[1]天運轉行動並不是想借此生出萬物，萬物卻自然而然生出；天施放元氣並不是想要生出萬物，萬物承受元氣卻自己形成。王充這種主張是承自道家「無爲自化」學說的影響，[2]他曾陳

1　詳見本章第二節王充「天道自然無爲論」的內容，有深入剖析。

2　王充關於天道自然無爲的看法是否採道家的觀點，近代學者看法不一：胡適說：「王充的哲學是中古思想的一大轉機。…在建設的方面，提倡自然主義，恢復西漢初期的道家哲學，替後來魏、晉的自然派哲學打下一個偉大的新基礎。」胡適，〈王充的論衡〉，收錄於黃暉，《論衡校釋》（北京：中華書局，1990 年），冊四，附編四，頁 1284-1285。馮友蘭說：「王充《論衡》一書，即就道家自然主義之觀點，以批評當時一般人之迷信。」馮友蘭，《中國哲學史》（台北：臺灣商務印書館，1993 年），下冊，頁 588。徐復觀說：「按王充的自然無爲的天道觀，他在自然篇一開始便說是『依道家論之』。在王充的思想裏面，是把道家安放在儒家之上，把老子文子，安放在孔子顏淵之上。但若以老子所說的天道，即是王充所說的天道，便是莫大的誤解。」徐復觀，《兩漢思想史》卷二（台北：學生書局，1989 年），頁 618。林麗雪說：「他真正意識到自己是在採取儒家的異說以成就其言論，恐怕只有在論天道有無一事上，…他採取道家「自然」之義是自覺的。」林麗雪，《王充》（台北：東大圖書公司，1991 年），頁 135。周桂鈿說：「作爲王充哲

述天道的自然是「試依道家論之」（〈自然〉），又說：「黃、老之操，身中恬澹，其治無爲，正身共己而陰陽自和，無心於爲而物自化，無意於生而物自成。」（〈自然〉）

由於世俗一般的觀念是認爲「天生五穀以食人，生絲麻以衣人。此謂天爲人作農夫、桑女之徒也。」（〈自然〉）王充以不合自然無爲，令人懷疑而「未可從也」。並於〈談天〉〈說日〉〈自然〉〈雷虛〉〈龍虛〉〈明雩〉〈順鼓〉等篇有關於大自然現象的論述。學者指出：

> 王充假托於道家的自然無為所建立的天道觀，主要是為了否定當時流行的感應說。[3]
> 他要推翻那天人感應的迷信，要打破那天人同類的天道觀念，不能不用一種自然的天道觀念來代他。…王充的天道論與他的反對迷信是有密切關係的。[4]

也就是世俗討論天道問題時，與當時社會許多牽強附會的說法有密切關係，而王充試圖按自然現象討論而不遷就人事，建立一客觀理性的思維，來說明人的活動對大自然作用的有限性，這也是他融會道家學說的關鍵在「道家德厚，下當其上，上安其下，純蒙無爲，何復譴告？」「譴告於天道尤詭。」（〈自然〉）的論

學的思想體系是多方面的，在天道觀上，王充接受了道家自然無爲的思想，而在其他方面則與道家大不相同。」周桂鈿，《虛實之辨─王充哲學的宗旨》（北京：人民出版社，1994 年），頁 275。徐道鄰說：「《論衡》書中，不少推重黃老的語句，因此頗被那些自命爲正派的儒家學者所譏。…然而事實上，王充之推崇黃老，祇限於談到『天道』的時候，而並不是全盤接受。…所以把王充當作道家，似乎未得事理之平。」徐道鄰，〈王充論〉（《東海學報》第三卷第一期，1961 年），頁 211。根據上述，對於王充思想體系是否爲道家有不同看法，而在有關天道問題上，則多認同王充吸收了道家天道自然無爲的思想。

3 徐復觀，《兩漢思想史》卷二（台北：學生書局，1989 年），頁 611。
4 胡適，〈王充的論衡〉，黃暉《論衡校釋》第四冊，附編四，頁 1285。

點。所以《論衡》書中有豐富的大自然知識，但他論述的側重點不在自然科學，而是藉由對自然現象的「無爲」思辨來批判社會種種傳說的虛妄，有強烈的社會意涵。

因此，本文首先說明王充天道觀形成的原因，探討其中的社會問題究竟爲何？此外，王充是「氣化宇宙論者」，「氣」成爲天道論的核心觀念，有關氣的特質、天的性質，自然無爲的定義，對天人不相應的看法等天道觀的內容，也將逐一討論。最後，對王充天道觀的學術貢獻或學說缺點作一檢討。

第一節　王充提出「天道自然無爲論」的原因

一、批判神話傳說的虛妄

「神話傳說」是根據現實以幻想方式，反映人與自然和社會生活關係的故事。[5]王充《論衡》中的神話類型可分爲十一類，[6]（一）

---

5 譚達先說：「古代人們爲了表達他們自己企圖認識自然、征服自然的思想願望、努力業績，表達對於社會生活的認識，對於自然現象的解釋，通過幻想虛構成的神奇的口頭故事，便叫做神話。」譚達先，《中國神話研究》，（台北：台灣商務印書館，1988 年），頁 2。袁珂說：「這種思維活動的特徵，乃是以好奇做基因，把外界的一切東西，不管是生物或無生物、自然力或自然現象，都看做是和自己相同的有生命、有意志的活動。而在物我之間，更有一種看不見的東西做自己和群體的連鎖。這種物我混同的原始思維狀態，…從神話研究的角度出發，可以叫它做神話思維，由此而產生的首批傳說和故事，我們便叫它做神話。」袁珂，《中國神話史》，（台北：時報文化企業有限公司，1991 年），頁 28。

天地再造神話（二）自然神話（三）神性人物（四）感生神話（五）
棄子英雄神話（六）歲時方位之神（七）門神（八）鬼（九）靈
異動物（十）變形神話（十一）崑崙及海外異國等。本文所討論
的「雷爲天怒」「神龍致雨」「十日並出」「女媧補天」「感天
而生」五種神話，分別屬於上述歸類的（一）（二）（四）三類
型，與天地大自然最有密切關係，有助於理解其天道自然觀。以
下說明王充的辨正。

（一）批判「雷爲天怒」的傳說

　　在先民意識裏，打雷的自然現象往往賦予了神力或懲惡揚善
的作用。王充說：

> 盛夏之時，雷電迅疾，擊折樹木，壞敗室屋，時犯殺人。
> 世俗以爲擊折樹木、壞敗室屋者，天取龍；其犯殺人也，
> 謂之有陰過，飲食人以不潔淨，天怒，擊而殺之。（〈雷虛〉）

　　一般人流傳雷擊是「天取龍」或「天怒」懲罰有陰過者。在
漢代及之前的文獻裏，如《史記》《左傳》已描寫雷神能懲戒暴
君或考驗聖人，[7]在漢以後的文獻中則賦予雷神更多維護社會正義

6　蔡文村，《論衡神話批評運用析論》（台北：淡江大學中國文學系碩士論文，
　　1998 年 6 月），頁 88。

7　如《史記・殷本紀》：「帝武乙无道，爲偶人，謂之天神。與之博，令人爲
　　行。天神不勝，乃僇辱之。爲革囊，盛血，卬而射之，命曰『射天』。武乙
　　獵於河渭之間，暴雷，武乙震死。子帝太丁立，帝太丁崩，子帝乙立。帝乙
　　立，殷益衰。」是帝武乙无道，而遭雷擊。《史記・五帝本紀》：「舜入於
　　大麓，烈風雷雨不迷，堯乃知舜之足授天下。」認爲能於暴風雷雨中不迷失
　　方向的是聖人，可授以天下。瀧川龜太郎，《史記會注考證》，頁 60 及 36。
　　《左傳・昭公四年》：「大雨雹。季武子問於申豐曰：『雹可禦乎？』對曰：
　　『聖人在上，無雹，雖有，不爲災。…雷不出震，無災霜雹。…』」認爲聖
　　人在世，雹雷等天象不致成災。（晉）杜預注，（唐）孔穎達正義，《春秋
　　左傳正義》，《十三經注疏》第六冊（台北：藝文印書館，1985 年），頁 728。

的能力。[8]為表現打雷是天怒，代替天實行懲罰，也就有雷神的種種描寫。

王充描繪漢畫中執椎呈現敲擊狀的雷神形象說：

> 圖畫之工，圖雷之狀，纍纍如連鼓之形。又圖一人，若力士之容，謂之雷公，使之左手引連鼓，右手推椎之，若擊之狀。其意以為，雷聲隆隆者，連鼓相扣擊之音也；其魄然若敝裂者，椎所擊之聲也；其殺人也，引連鼓相椎，并擊之矣。（〈雷虛〉）

王充所述漢畫執椎者的雷神形象，其反映的意旨有二：

1.已有左右手，是雷神已有人形。這種人形雷神並不是最早的雷神形象，例如《山海經》、《淮南子》等已有雷神有龍身人頭等半人半獸形的雛形，[9]此外，還有以雷神為夔牛、豕、獼猴或鳥等獸形的傳說。[10]其中以雷神為龍蛇之形的說法較早，由於雷電與下雨有密切關係，[11]人們多祭龍蛇求雨，而且雨水雷電多的地方蛇也多，所以有以龍蛇為雷神的最初形象。[12]至於漢代雷神

---

8 如《夷堅支甲》卷第三中的「熊二不孝」一則，記載不孝子遭受到雷神的懲罰。（宋）洪邁《夷堅志》第二冊（北京：中華書局，1981 年），頁 732。《子不語》卷十三〈雷擊土地〉，記載土地神洩漏天意，讓汪母壽終正寢，因違逆天命而受懲罰。（清）袁枚著、古曄等譯，《子不語》（北京：中國國際廣播出版社，1992 年），頁 541。

9 《山海經‧海內東經》：「雷澤中有雷神，龍身而人頭，鼓其腹，在吳西。」袁珂譯注，（晉）郭璞、（清）郝懿行舊注，《山海經》（台北：臺灣古籍出版公司，1998 年），頁 355。《淮南子‧地形訓》：「雷澤有神，龍身人頭，鼓其腹而熙。」劉文典，《淮南鴻烈集解》（北京：中華書局，1989 年），頁 150。

10 王明麗、牛天偉，〈從漢畫看古代雷神形象的演變〉（《中原文物》2002年第 4 期），頁 57。

11 《淮南子‧天文訓》：「季春三月，豐隆乃出，以將其雨。」（東漢）高誘注：「豐隆，雷也。」同註 9，頁 106。

12 同註 10，頁 56。

由龍身人頭等半人半獸形轉變成人形，拉近了人與神的距離。

2.雷神「右手推椎」椎即雷椎，也就是鍾。雷椎敲擊「隆隆之聲，天怒之音。」雷爲天怒可見雷聲在人民心中引起強烈的畏懼。[13]所以《論語》說：「迅雷風烈必變。」《禮記》說：「有疾風迅雷甚雨則必變，雖夜必興，衣服，冠而坐。」[14]其它文獻也有雷電到來時孕婦戒容止，不敢隨意亂動的描寫。[15]都是君子聞迅雷而心神不寧的狀態。[16]在「雷」的字形上也反映這樣的概念或心理，[17]雷神又有雷獸、雷師、雷公、豐隆等不同名稱，[18]可

---

13 《山海經・大荒東經》：「東海中有流波山，入海七千里。其上有獸，狀如牛，蒼身而無角，一足，出入水則必風雨，其光如日月，其聲如雷，其名曰夔。黃帝得之，以其皮爲鼓，橛以雷獸之骨，聲聞五百里，以威天下。」同註 9，頁 378。郭璞注：「雷獸即雷神也。」以雷獸皮爲鼓，並以其骨擊之即可呈現聲威，威震天下。

14 《論衡・雷虛》引用《論語・鄉黨篇》及《禮記・玉藻篇》記載。

15 《禮記・月令》：「是月也，日夜分。雷乃發聲，始電，蟄蟲咸動，啓戶始出。先雷三日，奮木鐸以令兆民曰：『雷將發聲，有不戒其容止者，生子不備，必有凶災』。」（清）孫希旦，《禮記集解》（台北：文史哲出版社，1984 年），頁 386-387。

16 《論衡・雷虛》：「懼天怒，畏罰及己也。」

17 《說文解字》：「靁，霒昜薄動生物者也。从雨，畾象回轉形。[illegible]籀文靁，閒有回。回、靁聲也。[illegible]古文靁，[illegible]古文靁。」段玉裁注解雷字說：「二月陽盛，靁發聲，故以畾象其回轉之形，非三田也。」（清）段玉裁，《說文解字注》（台北：漢京文化事業有限公司，1983 年），頁 571。雷是聲音，聲本無形，於是將雷的旋轉之聲擬象造字，所以「畾」是象形，古文或籀文的繁複，以屈曲形象比擬雷聲隆隆、隨空迴轉，可能就表現了雷聲的轟然和強大。王筠說：「靁之籀文[illegible]，其古文[illegible]，或亦籀文也。案：靁下云畾象回轉形。今所存古鼎彝，其腹多作回字，謂之靁紋。回田相似，是字之從畾固象形也。畾蓋古靁字，以雷旋轉之聲，因得其形而象之。」（清）王筠，《說文釋例》卷五（台北：世界書局，2009 年），頁 33。張玉梅已提出上述說法，參見張玉梅，〈王筠漢字文化談〉（《國際關係學院學報》2009 年第 3 期），頁 45。

18 「雷獸」名稱，又有名「雷師」，如〈離騷〉：「鸞皇爲余先戒兮，雷師告余以未具。」又有名「雷公」，如《論衡・雷虛篇》所記。又有名「豐隆」，

說就是對打雷特色的敘述，在在反映了雷的威猛威力給人民帶來極大的恐懼。

此外，王充又認爲：「飛者皆有翼。」「畫仙人之形，爲之作翼。如雷公與仙人同，宜復著翼。」(〈雷虛〉)這意味王充所看到的漢代人形的雷公無翼，不過，南陽漢畫中的雷神出行圖中，雷神已有羽翼。[19]南陽漢畫雷神長出羽翼，反映了繪者也能依據當時的社會思想或風俗信仰對之前的雷神形象進行藝術再造或重塑。[20]除此之外，漢代也有視黃帝、伏羲爲主宰風雨雷電的雷神，[21]無論是漢畫或文獻記載裏的人首蛇身（龍身）的雷神形象，或者以黃帝、伏羲爲雷神，這一系列的說法多反映了人民的崇拜。

有關雷神的種種傳說，王充在〈雷虛〉篇中論證是虛假不實的，並且關於雷的形成有不同的見解：

1.「雷爲天取龍」的傳說

王充以雷聲的矛盾和生態環境的不合理而提出批駁：

（1）雷聲的矛盾：流傳雷擊折樹木、壞敗室屋是天取龍，雷聲代表吉利。至於有陰過也會遭雷擊，雷聲代表懲凶。同樣是雷聲卻有或吉或凶的兩種矛盾解釋。

如〈離騷〉：「吾令豐隆乘雲兮，求宓妃之所在。」王逸注說：「豐隆，雲師，一曰雷師。」(宋)洪興祖，《楚辭補注》(台北：頂淵文化事業有限公司，2005 年)，頁 28 及 31。

19 《南陽漢代畫像石》，圖 140（文物出版社，1985 年）。王明麗、牛天偉指出：受漢代羽化升仙的影響。出處同註 10，頁 59。

20 同註 10，頁 59。

21 如漢代緯書記載：「黃帝名軒轅，…以雷精起。」安居香山、中村璋八，《重修緯書集成》卷六〈河圖始開圖〉（東京：明德出版社，昭和 63 年），頁 46。「附寶（黃帝母）見大電光繞北斗權星，炤郊野，感而孕，二十五月而生黃帝軒轅於壽丘。」卷六〈河圖稽命征〉，頁 106。「大迹出雷澤，華胥履之，生伏犧。」卷三〈詩含神霧〉，頁 23。王明麗、牛天偉〈從漢畫看古代雷神形象的演變〉文中已提出，同註 10，頁 55。

（2）龍的活動生態推論：龍屬於魚鱉一類，「龍之所居，
常在水澤之中，不在木中屋間。」（〈龍虛〉）則雷擊折
樹木、壞敗室屋是天取龍的說法，不能成立。

2.「雷為天怒」的傳說

王充從天人類比的觀念批駁：

（1）聲音遠近的概念：怒用口，而「口著乎體」，所以在
「身近人則聲疾，遠人則聲微」的認知下，當雷聲迅
疾猛烈之時，抬頭望天，天並未靠近人；在千里之外
無雨之處，也未見天的移動，可見天是物質實體不會
發怒。

（2）喜怒同聲無判定依據：正常狀況下人有發怒則吼叫，
歡喜則歌唱。所以說：「人性怒則呴吁，喜則歌笑。」
但是雷聲則不同，王充以「高祖之先劉媼曾息大澤之
陂，夢與神遇，此時雷電晦冥。」為例，天施氣給劉
媼的大喜之時，卻雷鳴閃電昏暗不明。「天怒喜同音」
的矛盾，無法判定打雷即代表天怒。

（3）喜怒同時進行的乖異：一般人認為「雷，天怒；雨者，
天喜。」但打雷和下雨往往同時到來，也就是「天怒
且喜」同時發生違背常情。

（4）天人相違的現象：一般人認為冬雷「陽氣泄」，春雷
「陽氣發」，夏雷不說是「陽氣盛」卻以為是「天怒」。
上天怒而殺人在夏天，帝王處決死囚則在秋天，是「王
者用刑違天時」，天人相違不符合法天之意。

3.「雷能懲惡」的傳說

王充從實際經驗提出批駁：

（1）不符合人法天的觀念：飲食人不潔淨則遭雷擊，而國

君法天，應將此行爲制定刑罰，事實卻不然。

（2）忽略萬物平等的觀念：「犬豕食人腐臭」，天並不殺害飼養者；或「鼠洿人飲食，人不知，誤而食之，天不殺。」是天對人類及動物的態度不一致。

（3）與實際事例矛盾：如「道士劉春熒惑楚王英，使食不潔，春死，未必遇雷。」之例，及「舟人洿溪上流，人飲下流，舟人不雷死。」之例，道士劉春及舟人並未因污穢飲食而受雷擊。

（4）天懲治紊亂無原則：如「呂后斷戚夫人手，去其眼，置於廁中，以爲人豕。」之例，上天並未懲處有意作惡之人，呂后也未遭雷擊。

4.「雷公圖像」的傳說

王充認爲雷公圖像是沒有判斷根據的虛構說法，在「神者，恍惚無形，出入無門，上下無垠，故謂之神。」的前提下，雷神無形或渾沌不明，不應有圖像。又當時人畫仙人之形，多會畫上羽翼，「如雷公與仙人同，宜復著翼。」

5.「雷文痕跡」的傳說

民間流傳遭雷擊之人身上有雷文痕跡，由於雷擊有灼傷，「如炙處狀似文字，人見之，謂天記書其過，以示百姓。」有透過雷文勸戒世人向善的作用。例如：南宋洪邁《夷堅志》的「熊二不孝」，即是不孝子遭受到雷神的懲罰，還有「朱字在背，歷歷可認，曰：『不孝之子』。」[22]類似的雷文傳說早在漢代已有。王充的看法是「使人盡有過，天用雷殺人。殺人當彰其惡，以懲其後，明著其文字，不當暗昧。」意即雷文不清楚也就失去勸戒效

---

22 同註 8，頁 732。

果和作用，極大可能是喜好鬼怪之人，無憑無據而編造的，所以是「或頗有而增其語，或無有而空生其言。」（以上〈雷虛〉）

以上有關雷神的傳說無疑是爲了阻嚇律法上所無法制裁的不道德行爲，如不孝、浪費糧食等。在王充觀念裏，「雷是火」，他說：

> 以人中雷而死，即詢其身，中頭則鬚髮燒燋，中身則皮膚灼爛，臨其尸上聞火氣，一驗也。道術之家以爲雷，燒石色赤，投於井中，石燋井寒，激聲大鳴，若雷之狀，二驗也。人傷於寒，寒氣入腹，腹中素溫，溫寒分爭，激氣雷鳴，三驗。當雷之時，電光時見，大若火之耀，四驗也。當雷之擊時，時或燔人室屋，及地草木，五驗也。（〈雷虛〉）

引文中從雷擊燒灼人和焚燒草木屋室的日常知識，以及燒過火的熾熱石頭投入低溫井中，發出如雷鳴的實驗觀察，加上人身寒氣腹鳴時的生理現象，認爲「雷是火」。

又有理化實驗：「試以一斗水灌冶鑄之火，氣激敝裂，若雷之音矣。」（〈雷虛〉）以此論證和解釋雷的起因，是夏季陰陽二氣相互作用，陽氣過多的激射。陽氣是猛烈的焰火，雲雨是大量的水分，水火互相衝擊，而產生氣爆或噴射的自然界打雷現象。王充從客觀事實論雷爲天怒的虛妄，因此，人被打死是「偶遇之」，至於《論語》《禮記》所述君子聞雷色變，是君子重慎，懼雷妄擊不罰過而色變，不僅「不能明雷爲天怒，而反著雷之妄擊。」（〈雷虛〉）

（二）批判「龍致雨」的傳說

一般人多以龍爲神獸，是四靈之一，[23]並有神龍致雨的傳說，

23　《禮記‧禮運》：「麟鳳龜龍謂之四靈。」同註15，頁559。王充說：「天有蒼龍、白虎、朱鳥、玄武之象也，地亦有龍、虎、鳥、龜之物。四星之精，

²⁴也相信「土龍致雨」的祭祀。²⁵王充認爲龍非神，但不反對「土龍致雨」的祭祀形式，然而根據他在〈明雩〉篇對自然界雲雨形成過程的概念看來，「土龍並不能致雨」。所以龍是否能致雨，王充的看法究竟爲何？說明如下：

1.龍非神

龍的傳說起源很早，《山海經》是了解上古社會的重要文獻，該書有「四海之外，有乘龍虵之人。」（〈龍虛〉）的例子，就保存了神龍的記錄。漢代所知龍的形貌特徵，據王充所述：

> 世俗畫龍之象，馬首蛇尾。（〈龍虛〉）

> 然則龍之所以為神者，以能屈伸其體，存亡其形。（〈龍虛〉）

文中提到龍的頭部和尾部，而未言及身軀，對於龍之所以爲神的原因，認爲是龍能收縮身體、時隱時現，而被人當作神靈之物。基本上，王充所述龍的形象已有雛型，其它文獻的記載更爲詳細，如：

> 鱗蟲之長，能幽能明，能細能巨，能短能長，春分而登天，秋分能潛淵。²⁶

> 龍，…角似鹿，頭似駝，眼似鬼，項似蛇，腹似蜃，鱗似魚，爪似鷹，掌似虎，耳似牛。²⁷

上述說法是因遠古的人類從事狩獵活動，「在捕捉動物的過

降生四獸。」（〈龍虛〉）

24 吉成名，〈蛟龍考〉（《湘潭大學社會科學學報》第二十六卷第三期，2002年5月），頁78。

25 「土龍致雨」出自董仲舒《春秋繁露・求雨篇》，其論證過程是：1.龍可以致雨 2.土龍象真龍 3.所以，土龍可以致雨。林麗雪，《王充》，同註2，頁177。

26 （清）段玉裁，《說文解字注》，同註17，頁582。

27 （宋）羅願，《爾雅翼》卷二十八〈釋魚一・龍〉，《四庫全書薈要》，經部，第七十八冊，小學類（世界書局，1986年），頁493。

程中，某些動物的體態，如鱷、鯢、蛇、鳥及某些昆蟲等，以及這些動物奇異的能力，如可以翱翔於天空、潛游於水底，可以無足而行、可以蟄伏而居等，產生了崇拜和幻想，他們按照自己的想像、希望、意志、情趣以及道德、審美標準創造了龍的軀體以及神性。」[28]由集合現實生活中真實熟悉存在的一些動物特徵建構龍的形象，形成一種脫離生活及自然界的動物。

　　實際上，龍究竟原是怎樣的動物呢？目前有關龍的原型研究有下列的說法：

　　（1）真實的動物：指鱷魚或蛇一類。[29]

　　（2）氣候現象：指大自然界的閃電一類。[30]

　　（3）虛擬的生物：指圖騰一類。[31]

　　龍在中國文化中之所以無所不在，其原因與中國文明的形成有密切關係。[32]例如：描述五帝之首的黃帝長像「龍顏有聖德」[33]能「使應龍殺蚩尤」[34]，升天時「有龍垂胡鬚（須丹）而下迎黃

---

28 齊磊磊，〈探究龍文化〉（《隴東學院學報》第二十卷第一期，2009 年 1 月），頁 92。

29 孫仲威，〈龍的研究〉（《東南文化》，2000 年第 2 期），頁 36-40，已有考證。吉成名，《中國崇龍習俗》（天津：天津古籍出版社，2001 年），頁 100-101。

30 周國榮，〈龍的起源和古吳族〉（《東南文化》，1988 年第 2 期）。

31 聞一多，〈伏羲考〉，收入《聞一多全集》甲集《神話與詩》（台北：里仁書局，2000 年），頁 27。

32 王宇信，〈炎帝、黃帝與中國龍─兼談中國龍的龍德與炎黃文化的和諧精神〉（《殷都學刊》，2008 年第 1 期），頁 35-36。

33 《周易‧繫辭下》正義引《世紀》，（魏）王弼、（晉）韓康伯注，（唐）孔穎達正義，《周易正義》，《十三經注疏》第一冊（台北：藝文印書館，1985 年），頁 167。

34 《史記‧五帝本紀》索隱，瀧川龜太郎，《史記會注考證》（台北：洪氏出版社，1983 年），頁 25。

帝」[35]；五帝中的顓頊「乘龍而至四海」；五帝中的帝譽則「春夏乘龍」[36]；五帝中的堯，其母慶都「出以觀河，遇赤龍」「晻然陰風，而感慶都」[37]以致孕。五帝中的禹，與龍更有密切的關係，禹之父鯀死後，「三歲不腐，剖之以吳刀，化爲黃龍。」[38]鯀所化之黃龍即是禹。「大禹治水」也是充分運用龍，「有神龍，以尾畫地，導水所注當決者，因而治之也。」[39]禹對龍的脾氣十分了解，「禹南省，方濟乎江，黃龍負舟，舟中之人，五色無主。」但是禹鎮定的說：「余何憂於龍焉？」之後「龍俛耳低尾而逝。」[40]龍不僅和推動文明的五帝有關，並且堯母的遇赤龍而孕，以及禹的化爲黃龍而生，與龍更有直接關係。

　　文學作品中也有許多關於龍的描寫和引用，如《詩經》的〈山有扶蘇〉「隰有游龍」，〈小戎〉「龍盾之合」，〈蓼蕭〉「既見君子，爲龍爲光」，〈載見〉「龍旂陽陽」，〈酌〉「我龍受之」，〈閟宮〉「龍旂承祀」，〈玄鳥〉「龍旂十乘」，〈長發〉「何天之龍」。[41]這些龍有的指真龍，有的把君子比作龍，有的爲龍神，有的爲龍旂。《楚辭》有的以龍爲駕，如〈東皇太一〉「龍駕兮帝服，聊翱游兮周章」，〈湘君〉「駕飛龍兮北征」；有的以龍爲飾，如〈河伯〉「魚鱗屋兮龍堂，紫貝闕兮朱宮」；

35　《史記・封禪書》，頁 512。

36　《大戴禮記・五帝德》，（清）王聘珍《大戴禮記解詁》卷七（台北：漢京文化事業有限公司，2004 年），頁 120-121。

37　同註 33。

38　《山海經・海內經》，（晉）郭璞注引《開筮》，同註 9，頁 468。

39　《楚辭・天問》王逸注，同註 18，頁 91。

40　《呂氏春秋・知分》，陳奇猷，《呂氏春秋校釋》下冊（台北：華正書局，1988 年），頁 1346。

41　裴普賢，《詩經評註讀本》（台北：三民書局），上冊，頁 318、453，下冊，頁 66、608、626、648、661、665。

也有自然的龍，如〈湘君〉「石瀨兮淺淺，飛龍兮翩翩」。[42]此外如《易經》《莊子》《左傳》《國語》《史記》《新序》以及漢賦等，[43]多有寫龍的散文、故事、寓言和韻文。從以上文獻資料看來龍的形象不斷的增加和衍化，不過仍只是有神奇力量的神獸，尚未有崇高的地位。

王充於〈龍虛〉篇對於「龍是神」的說法提出質疑：

（1）就生活習性而言

王充引用《左傳》《淮南子》《呂氏春秋》[44]的文獻資料闡述龍是水淵中的動物，屬於魚鱉之類，所以黃帝騎龍升天之說也就不可信。龍的天性會乘雷電飛升，如同魚能隨雲雨跳出水面一般。他解釋《易經》「雲從龍，風從虎。」及《淮南子》「虎嘯谷風至，龍興景雲起。」是因「雲龍同類，感氣相致」，也就是說雲由水氣匯聚形成，龍生長水中，因而說雲龍同類，「雲雨感龍，龍亦起雲而升天」。又由於雷聲與雲雨往往相隨而至，龍應是聽雷聲起飛並乘雲升空，因而流傳龍駕雲布雨。事實上這是動物本能自然而然，並非有意識的行為，這如同蛇駕霧、鳥御風，因此說「雲龍相應，龍乘雲雨而行，物類相致，非有為也。」（〈感虛篇〉）。見龍乘雲則認為龍為神，是「失龍之實，誣龍之能也」的誇大其詞。

---

42 同註 18，頁 58、60、77、62。

43 見《易經·乾卦》《莊子·達生篇》《左傳·昭公二十九年》《國語·鄭語》《史記·封禪書》《新序·雜說五》以及漢賦如賈誼〈旱雲賦〉等。

44 王充說：「叔向之母曰：『深山大澤，實生龍蛇。』參見《左傳·襄公二十一年》，同註 7，頁 592。又說：「傳曰：『山致其高，雲雨起焉。水致其深，蛟龍生焉。傳又言：『禹渡於江，黃龍負船。』…」參見《淮南子·人間訓》，同註 9，頁 596，以及《呂氏春秋·知分》，同註 40，頁 1346。

（2）就人爲萬物之靈而言

王充以常理「天地之性，人爲貴，則龍賤矣。」的觀念，以及「人爲倮蟲之長，龍爲鱗蟲之長。」的認知，推測龍能升天只是評論龍的本領，如同評論聖人有先見之明一般，所以說「世或謂聖人神而先知，猶謂神龍能升天也。」

（3）具有動物的特性而言

王充以文獻資料爲論據，引用「世俗畫龍之象，馬首蛇尾」的圖像，從畫像看來是馬蛇一類的動物。又引慎到所說：「蜚龍乘雲，騰蛇游霧，雲罷雨霽，與蚓、蟻同矣。」將龍比作蚯蚓、螞蟻一類，又引《呂氏春秋》有「龍食於清，游於清。」即清水中覓食；以及《山海經》有「四海之外，有乘龍蛇之人。」《韓非子》中有「龍之爲蟲也，柔可狎而騎也。」等記載，考訂龍可供騎乘或娛樂使用，同時又引用《左傳》中有豢龍氏、御龍氏飼養龍的人，以及流傳「龍肝可食」、御龍氏以龍爲肉醬事奉孔甲的種種記載。在在說明龍有形體、能行動、要吃東西，可作爲騎乘或娛樂之用，而且曾有飼養龍的氏族，並將其作爲佳肴等，這與神是「恍惚無形」的形象完全不同，來批判「世俗言龍神而升天者，妄矣。」

（4）變化形體的本能而言

王充以動物學知識，批駁一般人以龍能屈伸其體或時隱時現，而視其爲神靈的說法。他認爲這是動物不同的本能，如同「狌狌知往，乾鵲知來，鸚鵡能言。」的本性，世人由於「好奇之性，無實事之心」因而流傳「龍神而升天」。

2.雲雨之氣的形成

　　傳說多認為龍是水神，龍和雨有密切關係。[45]民間流傳：「龍
暫出水，雲雨乃至。」（〈亂龍〉）「雲雨感龍，龍亦起雲而升天。」
「蛟龍見而雲雨至。」（〈龍虛〉）是龍有招雲致雨的本領。此外，
王充也為土龍致雨作了附會解釋：

> 董仲舒申春秋之雩，設土龍以招雨，其意以雲龍相致。易
> 曰：「雲從龍，風從虎。」以類求之，故設土龍，陰陽從
> 類，雲雨自至。（〈亂龍〉）

　　上述引文，王充從龍和雲同類，附會土龍可以使雲雨自致。
實際上，龍究竟能不能致雨呢？從〈明雩〉篇敘述大自然雲雨形
成的過程看來，王充並不認同「龍致雨」的傳說：

　　（1）雲雨形成來自地面：

　　他有水氣蒸發形成雲雨的概念，所謂「如雲雨者，氣也。」
即是此意。其形成非天所為，是：

> 觸石而出，膚寸而合，不崇朝而辨雨天下。（〈明雩〉）

　　也就是雲雨之氣是從石縫中蒸發出來，先會合為雲氣，再凝
結為雨的一種自然現象，亦即「案天將雨，山先出雲，雲積為雨」
（〈順鼓〉）之意。此觀念也見於〈感虛〉〈說日〉等篇，[46]文中一

---

45 例如：《左傳‧昭公二十九年》：「龍，水物也。」同註 7，頁 924。《淮
　　南子‧地形訓》：「土龍致雨。」高誘注：「湯遭旱，作土龍以象龍。雲從
　　龍，故致雨也。」同註 9，頁 141。《說文解字》：「瓏，禱旱玉也，為龍
　　文。從王龍聲。」（清）段玉裁，《說文解字注》，同註 17，頁 12。賈誼
　　的辭賦也描繪龍行雲布雨的神態：「屈卷輪而中天兮，像虎驚與龍駭。相搏
　　據而俱興兮，望綺儷而時有。遂積聚而合沓兮，相紛薄而慷慨。若飛翔之從
　　橫兮，揚波怒而澎濞。正帷布而雷動兮，相擊衝而破碎…。」〈旱雲賦〉，
　　（漢）賈誼著，王洲明、徐超校注，《賈誼集校注》（北京：人民出版社，
　　1996 年），頁 421。可知世人觀念和心理以龍和雨有密切關係。
46 王充說：「雲氣出於丘山，降散則為雨矣。人見其從上而墜，則謂之天雨水

再分析雲氣來自地面山丘的蒸發，雲氣密布落下成爲雨，多天嚴寒則雨往往凝結成雪花漂落。換言之，雨或雪並不是從天上產生而降落，所以說「雨從地上，不從天下。見雨從上集，則謂從天下矣，其實地上也。」（〈明雩〉）

（2）降雨是大自然的變化現象，人力無法改變：

他認爲大自然的運行或變化有自己的規律，晴久必雨，久雨必晴，所以說：

> 暘久自雨，雨久自暘。…試使人君恬居安處，不求己過，天猶自雨，雨猶自暘。…天之暘雨，自有時也。一歲之中，暘雨連屬。當其雨也，誰求之者？當其暘也，誰止之者？（〈明雩〉）

然而，主張「天人感應」者，則說「以久雨爲湛，久暘爲旱，旱應亢陽，湛應沉溺。」（〈明雩〉）所謂「亢陽」指君主的驕橫，「沉溺」指君主迷戀酒色，此詮釋就將水旱災視作上天降下的災異以譴告國君。王充認爲此說不可信，並提出盛世明君亦有水旱災的例子來說明，例如「堯遭洪水，湯遭大旱」「周宣以賢，遭遇久旱」「魯文公間歲大旱」（〈明雩〉），無論是堯、湯或周宣王、魯文公多是「德酆政得」之君。此外，漢代「建初孟年，北州連旱，牛死民乏。」（〈明雩〉）當時是章帝在朝，也是「聖主寬明於上，百官共職於下，太平之明時也。」（〈明雩〉）所以王充批評這些動輒將天災歸於政治的論點，是「不揆政之無非」，不知考察實情。

也。夏日則雨水，多日天寒，則雨凝而爲雪，皆由雲氣發於丘山，不從天上降集於地，明矣。」（〈感虛〉）「雨之出山，或謂雲載而行，雲散水墜，名爲雨矣。夫雲則雨，雨則雲矣。初出爲雲，雲繁爲雨。」（〈說日〉）又說：「雲霧，雨之徵也，夏則爲露，多則爲霜，溫則爲雨，寒則爲雪。雨露凍凝者，皆由地發，不從天降也。」（〈說日〉）

　　除此之外，於〈變動〉篇又從量化的觀點，即天人遠近的距離，認為二者之間相距遙遠不可通達，推論人的活動對於自然的作用有限。至於自然界的天其變化能影響人類，而人類的行為則難以感動天，所以說：

> 夫天能動物，物焉能動天？何則？人物繫於天，天為人物主也。…故天且雨，商羊起舞，非使天雨也。商羊者，知雨之物也，天且雨，屈其一足起舞矣。故天且雨，螻蟻徙，丘蚓出，琴絃緩，固疾發，此物為天所動之驗也。故天且風，巢居之蟲動；且雨，穴處之物擾，風雨之氣感蟲物也。故人在天地之間，猶蚤虱之在衣裳之內，螻蟻之在穴隙之中。蚤虱螻蟻為順逆橫從，能令衣裳穴隙之間氣變動乎？蚤蝨螻蟻不能，而獨謂人能，不達物氣之理也。（〈變動〉）

　　其意說明人生於天地之間會受到天氣變化的影響，反之，人若想依靠自己的個別行為影響天地卻是不可能，原因就在人與天地相比，二者量的大小相差懸殊，[47]不能通達。

　　在上述前提下，可以想見雩祭的行為對消除旱災也不可能有實際效用，董仲舒主張土龍致雨的祭祀當然也是不可信的虛妄謬說，也就是：「天地之有水旱，猶人之有疾病也。疾病不可以自責除，水旱不可以禱謝去，明矣。」（〈感虛〉）所以王充說：「董仲舒請雨之法，設土龍以感氣。夫土龍非實，不能致雨，仲舒用之致精誠，不顧物之偽真也。然則周公之請命，猶仲舒之請雨也；三王之非鬼，猶聚土之非龍也。」（〈死偽〉）明顯是肯定土龍不能致雨。[48]

47　關增建，〈量的概念與王充的無神論學說〉（《鄭州大學學報》哲學社會科學版，2001 年第 4 期），頁 112-117。
48　王充說：「而仲舒之言雩祭可以應天，土龍可以致雨，頗難曉也。」進而論

（3）不反對雩祭原因在惠愍惻隱：

王充不反對雩祭，於〈亂龍〉篇也表示相同的理念，是既肯定土龍不能致雨，又不反對以土龍求雨的祭祀，其中實有用意。他分析災變的形成有政治所導致的和無妄的自然災害二種，後者的無妄之災，「百民不知，必歸於主，爲政治者慰民之望，故亦必雩。」是雩祭有撫慰民心的用意，至於《春秋經》《左傳》和《論語》也都有雩祭的記載，[49]王充進而歸納舉行雩祭的原由有五：一是祭祀禮儀之一，符合禮制；二是希望神祇對貢獻祭品給予報答；三是希望消除災害的損失，獲得豐收回報；四是表達君主的真心誠意；五是表達君主的惶恐不安。(以上〈亂龍〉)

這五點不外是禮制與政治兩個訴求。王充說：

> 不出橫難，不得從說；不發苦詰，不聞甘對。導水低仰，欲求㻸也；砥石劘厲，欲求銛也。推春秋之義，求雩祭之說，實孔子之心，考仲舒之意。孔子既歿，仲舒已死，世之論者，孰當復問？唯若孔子之徒，仲舒之黨，為能說之。
> (〈亂龍〉)

其意是說雩祭有不可取代的禮數和政治用意，也自認唯有他本人才能推原孔子、董仲舒之意，辨明其中的真相。

由以上「龍非神」和「雲雨形成」的論證，說明降雨是自然界的現象，神龍不能致雨，更何況是土龍致雨的祭祀。不過他仍

述土龍致雨的不可信，王充從三點分析：「以政致旱，宜復以政。政虧，而復修雩治龍，其何益哉！」「陰陽相渾，旱湛相報，天道然也，何乃修雩設龍乎？」「寒溫與旱湛同，俱政所致，其咎在人。獨爲亢旱求福，不爲寒溫求祐，未曉其故。」（〈案書〉）

49 王充說：「《春秋》魯大雩，旱求雨之祭也。…《春秋左氏傳》曰：『啓蟄而雩。』又曰：『龍見而雩。』啓蟄、龍見，皆二月也。春二月雩，秋八月亦雩。…孔子曰：『吾與點也。』點之言，善雩祭調和陰陽，故與之也。…樊遲從游，感雩而問，刺魯不能崇德，徒雩也。」（〈明雩〉）

主張保存雩祭，王充所述雩祭的用意，於史例中可得到印證：《漢書·食貨志》：「堯、禹有九年之水，湯有七年之旱。」[50]旱災七年足以說明乾旱的嚴重性，帝王十分擔憂恐慌，率領群臣向天悔過和祈雨，王充記載：

> 傳書言：「湯遭七年旱，以身禱於桑林，自責以六過，天乃雨。」或言：「五年。禱辭曰：『余一人有罪，無及萬夫；萬夫有罪，在余一人。無以一人之不敏，使上帝鬼神傷民之命。』於是剪其髮，麗其手，自以為牲，用祈福於上帝。上帝甚說，時雨乃至。」（〈感虛〉）

按文中所述，商湯剪下自己的頭髮，綁著手，把自己當作犧牲祭品，向上帝祈求福祉，這種悔過的意圖十分明顯。禱詞中自責六種過失，其內容是「政不節與？使民疾與？何以不雨？至斯極也。宮室榮與？婦謁盛與？何以不雨？至斯極也。苞苴行與？讒夫昌與？何以不雨？至斯極也。」[51]這種祈雨行為使後世效仿，例如：

> 齊大旱之時，景公召群臣問曰：「天不雨久矣，民且有饑色，吾使人卜之，崇在高山廣水，寡人欲少賦斂以祠靈山可乎？」群臣莫對。…晏子曰：「君誠避宮殿暴露，與靈山河伯共憂，其幸而雨乎！」於是景公出野，暴露三日，天果大雨，民盡得種樹。景公曰：「善哉！晏子之言可無用乎？其惟有德也！」[52]

齊景公時大旱，接受晏子建議離開宮殿到郊外，曝晒三天，

---

50 《漢書·食貨志》卷二十四上，頁 1130。

51 《荀子·大略篇》，（清）王先謙，《荀子集解》（台北：藝文印書館，1988年）第十九卷，頁 794。

52 （漢）劉向，《說苑·辨物》卷十八，左松超，《說苑集證》下冊（台北：國立編譯館，2001年），頁 1136。

與山神河神共憂患，而後果然下起大雨來，百姓便得以種植。

　　又如東漢戴封遷西華令時遇大旱，禱請無效果，他將乾旱原因歸疚自己，「乃積薪坐其上以自焚，火起而大雨暴至，於是遠近嘆服。」[53]此外，廣漢新都人諒輔，任五官掾，也因夏季大旱，自責說：「輔爲股肱，不能進諫納忠，薦賢退惡，和調陰陽，承順天意，至今天地否隔，萬物焦枯，百姓喁喁，無所訴苦，咎盡在輔。」「於是積薪柴聚荻茅以自環，搆火其旁，將自焚焉。未及日中時，而天雲晦合，須臾澎雨，一郡沾潤。世以此稱其至誠。」[54]戴封、諒輔二人求雨，對於解除旱災來說並沒有實際作用，降雨是偶然的巧合，不過由於表現解救旱災的用心，順應民意而得到肯定，或「遠近嘆服」或「稱其至誠」，有安定民心的政治功用。

　　同樣的道理，王充不反對《春秋經》「大水，鼓用牲於社。」（〈順鼓〉）的辦法，並不是認同擊鼓祭拜土地神能止雨，而是有禮制或政治的因素，他說：

　　　夫水旱，猶雷風也，雖運氣無妄，欲令人君高枕據臥，以俟其時，無惻怛憂民之心。（〈順鼓〉）

　　顯然擊鼓祭社雖然不會有實際的成效，但有「惻怛憂民之心」的態度和誠意。因此，王充於〈順鼓〉篇對注解《春秋》經文者逕將擊鼓解釋爲攻擊或威脅土地神，說「鼓者，攻之也。」或「脅之。」（〈順鼓〉）提出不同意見：一是，「雨出於山，流入於川」，湛水之類，乃山川所造成。二是，天人感應論者既說「今致雨者，政也，吏也。」卻「不變其政，不罪其吏，而徒攻社。」三是，久雨不止，是陰陽之氣自然運行而成，「使人君高枕安臥，雨猶自止。」此乃大自然運行現象，擊鼓攻社亦無法挽救。四是，以

---

53 《後漢書・獨行列傳・戴封》，頁 2684。
54 《後漢書・獨行列傳・諒輔》，頁 2694。

堯遭洪水爲例，「聖君知之，不禱於神，不改乎政，使禹治之，百川東流。」所以疏通河川不失爲治水的最佳方式。

　　據此，解釋擊鼓爲攻擊或威脅土地神不合義理和實際情況。他進而推測擊鼓有告急之意，所以說「社者，眾陰之長，故伐鼓使社知之。」（〈順鼓〉）即便是「政治所致，猶先告急」，再修補缺失，代表上位者誠心擊鼓祭社以撫慰民心，如同祭女媧「以精神助聖王止雨湛乎！」（〈順鼓〉）

　　董仲舒的土龍致雨是雩祭的一種，王充說：

> 讖書云「董仲舒，亂我書」，蓋孔子言也。讀之者或爲「亂我書」者，煩亂孔子之書也；或以爲「亂」者，理也，理孔子之書也。共一「亂」字，理之與亂，相去甚遠。然而讀者用心不同，不省本實，故說誤也。…案仲舒之書，不違儒家，不反孔子。其言「煩亂孔子之書」者，非也；孔子之書不亂，其言「理孔子之書」者，亦非也。孔子曰：「師摯之始，關雎之亂，洋洋乎盈耳哉！」亂者，終孔子言也。孔子生周，始其本；仲舒在漢，終其末。…孔子終論，定於仲舒之言，其修雩治龍，必將有義，未可怪也。（〈案書〉）

　　顯然的這段文字之意，以董仲舒闡述孔子儒家學說，土龍致雨之說不屬於迷信謬說，有其深意和道理。於〈亂龍〉篇又以十五個例證和四點理由爲其解說。十五例證多是天人感應、以傳說爲事實或無科學根據的模仿，與王充一貫「疾虛妄」的客觀實證態度、方法相互牴觸，所以歷來有學者指出其矛盾或認爲僞作。[55]

---

55 胡適說：「王充的《論衡》，是漢代一部奇書，但其中如〈亂龍〉篇，極力爲董仲舒作土龍求雨一事辯護，與全書的宗旨恰相反。…明是後人假造的。」胡適，《中國古代哲學史》〈導言〉（台北：台灣商務印書館，1958 年），

不過，從王充支持董仲舒土龍致雨的用意看來，其重點在「四義」的四項理由：

一是立春立土人土牛，有順應節氣時令的示範作用。

二是宗廟立木象祖先，以表示孝敬。

三是殉葬之塗車、芻靈，示象生存，以表示盡心。

四是畫布靶為熊麋之象，名布為侯，表示射殺無道諸侯。

這四項理由代表董仲舒設置土龍以祈雨，是重視禮的寓意而不專重虛文，[56]如同子貢欲去告朔之餼羊，孔子說：「爾愛其羊，我愛其禮。」的境界相當。[57]王充由自然界現象的理解，可見神龍致雨的傳說為虛妄，土龍致雨則因禮制上和政治上的象徵意義，而有保留的價值。

（三）批判「十日並出」的傳說

王充在〈說日〉篇有「十日並出」的記載，他說：

> 儒者說日，及工伎之家，皆以日為一。禹、益山海經言：「日有十在海外東方有湯谷，上有扶桑，十日浴沐水中；有大木，九日居下枝，一日居上枝。」淮南書又言：「燭十日，堯時十日竝出，萬物焦枯，堯上射十日。」以故不竝一日見也。世俗又名甲乙為日，甲至癸凡十日；日之有十，猶星之有五也。通人談士，歸於難知，不肯辨明。是以文二傳而不定，世兩言而無主。（〈說日〉）

這段文字明顯是社會上一般人對天上有一個或十個太陽的

頁 11。也有持相反意見者，如容肇祖〈論衡中無偽篇考〉，收錄於蔣祖怡，《王充卷》（河南：中州書畫社，1983 年），頁 138-143。

56 黃暉說：「土龍以象類實，以禮示意。」《論衡校釋》第三冊，頁 693。

57 《論語・八佾篇》，林麗雪已有此說，同註 2，頁 139。

說法沒有定論，並有用甲乙丙丁戊己庚辛壬癸作為十個太陽的名稱。此外，也記述了古籍《山海經》是保存「十日並出」的原始材料，文中有多日但無射日之說，至漢代《淮南子》堯與十日則有了聯繫，也有了射日的完整記錄。這應是後人所添加的，可清楚看見自然神話在前，英雄神話在後的演變跡象。除此之外，其它文獻也有十日的零星記載，例如：「昔者十日竝出，萬物皆照。」[58]「十日代出，流金鑠石些。」[59]等。

王充據《淮南子》所記，以堯為射者的說法和今所見《淮南子》羿射十日的記載有出入：[60]

> 逮至堯之時，十日竝出，焦禾稼，殺草木，而民無所食。狖㺄、鑿齒、九嬰、大風、封豨、修蛇皆為民害。堯乃使羿誅鑿齒於疇華之野，殺九嬰於凶水之上，繳大風於青丘之澤，上射十日而下殺狖㺄，斷修蛇於洞庭，禽封豨於桑林，萬民皆喜，置堯以為天子。（〈本經訓〉）[61]

上述引文是《淮南子》中羿射日的神話傳說，羿除十日之害，且誅殺狖㺄、鑿齒、九嬰、大風、封豨、修蛇等危害人間的各種怪物，是典型為民除害的英雄。從文中羿受堯指派除害，最後又有「萬民皆喜，置堯以為天子」看來，十日的神話傳說所反映的是堯時的人文社會背景。

王充駁斥「十日並出」及「堯射日」的神話傳說，於〈說日〉篇提出十日並出的不可能，其論點歸納如下：

---

58 《莊子・齊物論》，錢穆，《莊子纂箋》（台北：東大圖書公司，1993 年），頁 19。

59 《楚辭・招魂》，同註 18，頁 199。

60 朱琳、吳靜，〈羿射十日神話的歷史真相淺析〉（《涪陵師範學院學報》第十九卷第二期，2003 年 3 月），頁 125。

61 《淮南子・本經訓》，同註 9，頁 254-255。

1. 類比推論：以為眾星有五，乃金木水火土五行之氣所構成，各有光色。如有十日，光色應有區別。以陽燧（凹面鏡）驗日取火，可知日為火。由火無十種光色，推知天無十日。

2. 生理的限制：仰察觀日，光線眩耀，不能直視，何況是觀察十日。

3. 五行相生相克之理：日為火，湯谷是水，水火相克，十日浴於湯谷將滅敗。又火燃木，扶桑是木，十日處其上，將焦枯。

　　再者，〈感虛〉篇亦記錄當時流傳的堯以精誠射日的說法，王充同樣也論其不可信：

> 使在地之火，附一把炬，人從旁射之，雖中，安能滅之？地火不為見射而滅，天火何為見射而去？此欲言堯以精誠射之，精誠所加，金石為虧，蓋誠無堅則亦無遠矣。…或曰：「日，氣也，射雖不及，精誠滅之。」（〈感虛〉）

　　引文中世俗以堯誠心射日，所以產生無堅不摧無遠不達的力量。不過，王充有距離遠近的觀念，他說：「夫人之射也，不過百步，矢力盡矣。」（〈感虛〉）換言之，天地相距萬里而人的力量有限，推論射日之說的不合理。又假設堯時天地相近，堯射可以中日，然「日，火也。」（〈說日〉）雖中亦不能滅之，這是從物理常識證明傳說的謬誤，如同堯時洪水氾濫，不能以精誠「射河」一樣，可知「射日之語，虛非實也。」（〈說日〉）

　　王充認為日月運行是「繫於天，隨天四時轉行」「天行有度數」（〈說日〉）是按一定規律，「安得留扶桑枝間，浴湯谷之水乎？」（〈說日〉）而且也不能因個人的精誠感情有所改變。對於日月星辰的運行、風雨電雷的形成、四季的更替，王充從客觀的角度解釋：

1.太陽運行有一定軌道和周期：

他說：

> 夏時日在東井，冬時日在牽牛。牽牛去極遠，故日道短；
> 東井近極，故道長。夏北至東井，冬南至牽牛，故冬夏
> 節極，皆謂之至；春秋未至，故謂之分。（〈說日〉）

東井和牽牛是二十八宿之一，「牽牛去極遠」指牽牛距離天空北極很遠，據張衡《渾天儀》說：「夏至去極六十七度而強，冬至去極百一十五度，亦強。春分去極九十一度，秋分去極九十一度少。」[62]所以冬天太陽東升西落所經過的軌道短，夏天太陽向北移動到東井，靠北斗星很近，所以白天長。可見已有「日月行有常度」（〈感虛〉）和四季更迭周而復始的概念。

王充以天由東向西旋轉，日月星辰由西向東運行，[63]他說：

> 其喻若蟻行磑上，日月行遲，天行疾，天持日月轉，故日
> 月實東行而反西旋也。（〈說日〉）

文中採用蓋天說的「天旁轉如推磨而左行，日月右行，…譬之於蟻行磨石之上，磨左旋而蟻右去，磨疾而蟻遲，故不得不隨磨以左迴焉。」[64]比喻日月由西向東運行的速度比天由東向西轉動的速度慢，因此日月運行方向看來像是向西轉。

2.日月出入是自然現象：

他說：「日朝出而暮入，非求之也，天道自然。」（〈命祿〉）因日出日落，也就流傳「日隨天而入地」（〈說日〉）的說法。王充提出質疑，認為日仍在天上隨天運轉，並不入地下，所以說：

---

62 黃暉，《論衡校釋》〈說日〉篇引張衡《渾天儀》，頁 486。

63 王充採用蓋天說的說法，韓復智註譯，《論衡今註今譯》中冊（台北：國立編譯館，2005 年），頁 1240。

64 《晉書・天文志》第一，引周髀家之言論。（唐）房喬撰，王雲五主編，《晉書》（台北：台灣商務印書館，2010 年），頁 69。

> 天平正，與地無異。然而日出上、日入下者，隨天轉運，
> 視天若覆盆之狀，故視日上下然，似若出入地中矣。然則
> 日之出，近也；其入，遠，不復見，故謂之入。（〈說日〉）

王充看來，天地平正無邊，太陽出入好像是從地中升起又落入地中，實際上並無升降，只是遠近的錯覺，並舉水天相連的情形，說：「臨大澤之濱，望四邊之際與天屬；其實不屬，遠若屬矣。日以遠爲入，澤以遠爲屬，其實一也。」（〈說日〉）

3.日中爲近的觀念：

日附天而運轉，因此太陽距離人的遠近問題就有二種說法，或以日出日落爲近，所持理由是「見日出入時大，日中時小也。察物近則大，遠則小。」（〈說日〉）是視覺觀察的推論；或以日中爲近，其理由是「見日中時溫，日出入時寒也。夫火光近人則溫，遠人則寒。」（〈說日〉）這是觸覺經驗的推論。王充以後者說法爲是，並解釋說：

> 日中，去人近，故溫；日出入，遠，故寒。然則日中時日
> 小，其出入時大者，日中光明，故小；其出入時光暗，故
> 大。猶晝日察火，光小；夜察之，火光大也。既以火爲效，
> 又以星爲驗，晝日星不見者，光耀滅之也，夜無光耀，星
> 乃見。夫日月，星之類也。平旦、日入光銷，故視大也。」
> （〈說日〉）

這段文字包含了遠近距離、冷熱感覺和大小現象等問題。雖然他以火和星類比，只能說是具有求實精神，並不足以說明太陽遠近與地球公轉軌道的關係，又冷熱涉及光線的直射與否，大小則與光線強弱、視覺誤差等相關，可說是極爲複雜深奧，仍待天文學家的研究。

4.時差的認知：

當時流傳「日旦出扶桑，暮入細柳。」(〈說日〉)以爲扶桑是太陽升起的地點，細柳是沒入的地方。王充不認同，並說：「日隨天而轉，近則見，遠則不見。當在扶桑、細柳之時，從扶桑、細柳之民，謂之日中。之時，從扶桑、細柳察之，或時爲日出入。若以其上者爲中，旁則爲旦夕，安得出於扶桑，入細柳？」(〈說日〉)也就是說以扶桑、細柳的人看來，認爲太陽是在正中；可是當我們處於太陽正中之時，從扶桑、細柳的人們看來，或許正是日出或日落之時。此看法和今日的時差觀念相同。

基本上，王充從理性「實知」「知實」的方法和態度解說天文現象，注意到感知外界事物與時間、空間的關係，這些經驗都值得肯定。不過，王充以知識和邏輯推論天文科學，其中也有謬誤的論述，例如：

1.沒有日蝕月蝕的觀念：

> 儒者謂：「日蝕，月蝕之也。」是太陽為月亮所遮蔽的現象。王充卻認為：日蝕謂月蝕之，月誰蝕之者？無蝕月也，月自損也。以月論日，亦知日蝕，光自損也。(〈說日〉)

顯然當時尚未有地影蔽月的月蝕觀念，所以從月蝕沒有蝕之者推論出日蝕也沒有遮蔽者。由於發生有一定周期，因此又以爲「月蝕是月自損；日蝕是光自損。」類似月有盈虧的現象。

2.日月不圓以及隕石爲列星的觀念：

王充說：

> 夫日月不圓，視若圓者，去人遠也。何以驗之？夫日者，火之精也；月者，水之精也。在地，水火不圓；在天，水火何故獨圓？日月在天猶五星，五星猶列星，列星不圓，光耀若圓，去人遠也。何以明之？春秋之時，星隕宋都，

就而視之，石也，不圓。以星不圓，知日月五星亦不圓也。（〈說日〉）

這段文字王充提出了日月不圓以及隕石為列星的觀念。他採用類比推論方法，將日月類比為天上的水火，由水火不圓推論日月不圓。古人多有以水月同屬於一類的觀念，月的變化對水中生物影響甚大，[65]例如：

月離于畢，俾滂沱矣。[66]

月也者，群陰之本也。月望則蚌蛤實，群陰盛。月晦則蚌蛤虛，群陰虧。夫月形乎天，而群陰化乎淵。[67]

月虛而魚腦減，月死而贏蛖膲。[68]

王充也說：「月離于畢為雨占」（〈明雩〉），「離」通「麗」，有附著之意。月附畢星雨水就多，即將月與水作一聯繫。又日與火的關係，由向日取火，就有日是火精的概念，王充說：「驗日陽遂，火從天來。日者，大火也。」（〈說日〉）不過以上說法論證不足，[69]此外，又以隕石為天上列星，日月和列星同類，由隕石不圓推論出日月和列星不圓，這是忽略隕石墜落的過程，與列星已有區別的事實。

總上所論，若從理性的思維看「十日並出」是虛幻不真實的，而先民為什麼創作「十日」的神話傳說呢？其中寓意根據近代學者考證有下列不同說法：

---

65 周淇鈕，《虛實之辨─王充哲學的宗旨》，同註 2，頁 332。
66 《詩經・小雅・魚藻之什・漸漸之石》，同註 41，頁 370。
67 《呂氏春秋・精通》，同註 40，頁 507。
68 《淮南子・天文訓》，同註 9，頁 81。
69 桓君山就質疑：「若水火是日月所生，則亦何得盡如日月之員乎？今火出於陽燧，陽燧員而火不員也；水出於方諸，方諸方而水不方也。」《晉書・天文志》第一引桓譚之言，同註 64，頁 70。

1. 人類學的解說：是原始生活經驗的發生，借助幻想解除乾旱和酷熱的方式。[70]

2. 歷史學的解說：是反映堯統一各崇日部落戰爭的描寫，毒蛇猛獸也都是氏族的名稱。[71]

　　至於射日神話的羿，於《論語》《孟子》《莊子》《管子》《荀子》《淮南子》等文獻記錄其以善射聞名，[72]重要事蹟在《山海經》有去除毒蛇猛獸，[73]《淮南子》始有羿射日的形象，《論衡》又將射日和堯連結。

　　按《山海經》描述羿本非凡人，受帝俊派遣來到凡間「以扶下國」「恤下地方百艱」。[74]至《淮南子》羿成為凡間之人，是堯的臣子。此外，又有歷史上夏朝的后羿，例如：

> 昔有夏之方衰也，后羿自鉏遷于窮石，因夏民以代夏政，恃其射也，不脩民事而淫于原獸。棄武羅、伯困、熊髡、尨圉，而用寒浞。寒浞，伯明氏之讒子弟也，伯明后寒棄之，夷羿收之，信而使之，以為己相。浞行媚于內，而施賂于外，愚弄其民，而虞羿于田。樹之詐慝以取其國家，

70　張光直認為與天災和救世有關。張光直，《中國青銅時代》（台北：聯經出版事業公司，1983 年），頁 311。

71　郭沫若說：「所謂『十日并出』正反映著十個氏族或部落的首領同時稱王，那些毒蛇猛獸也都是氏族的名稱。」郭沫若，《中國史稿》第一冊（北京・人民出版社，1976 年），頁 139。

72　《論語・憲問篇》：「羿善射。」《孟子・告子上》：「羿之教人射，必志於彀。」《莊子・桑庚楚》：「一雀適羿，羿必得之。」《管子・形勢解》：「羿，古之善射者也。調和其弓矢而堅守之，其操弓也，審其高下，有必中之道，故能多發而多中。」《荀子・王霸》：「射遠中微，則莫若羿。」《淮南子・修務訓》：「羿左臂脩而善射。」

73　《山海經・海外南經》：「羿與鑿齒戰於壽華之野，羿射殺之，在昆侖虛東。羿持弓矢，鑿齒持盾，一曰戈。」同註 9，頁 264。

74　《山海經・海內經》，同註 9，頁 464。

外內咸服。羿猶不悛，將歸自田，家眾殺而亨之，以食其
子。其子不忍食諸，死于窮門。靡奔有鬲氏。浞因羿室，
生澆及豷，恃其讒慝詐偽而不德于民。使澆用師，滅斟灌
及斟尋氏，處澆于過，處豷于戈。靡自有鬲氏，收二國之
燼以滅浞而立少康。少康滅澆于過，后杼滅豷于戈，有窮
由是遂亡。[75]

羿焉彃日？烏焉解羽？禹之力獻功，降省下土四方。⋯帝
降夷羿，革孽夏民，胡（身矢）夫河伯，而妻彼雒嬪？馮
珧利決，封豨是（身矢）。何獻蒸肉之膏，而后帝不若？浞
娶純狐，眩妻爰謀。何羿之（身矢）革，而交吞揆之。[76]

上述《左傳》中的有窮后羿也以善射聞名，但因任用奸人寒
浞，耽於逸樂引發內亂，又遭寒浞暗算，被大臣所殺。至《楚辭‧
天問》描寫「羿焉彃日？烏焉解羽？」王逸注：「《淮南》言堯
時十日並出，草木焦枯，堯命羿仰射十日，中其九日，日中九烏
皆死，墮其羽翼，故留其一日也。」[77]是以屈原所記射日之羿爲
遠古神話中的英雄。此外，〈天問〉敘述禹和啓的事蹟後，有一
段關於夏朝滅亡史實的疑問，其中「胡（身矢）夫河伯，而妻彼
雒嬪？馮珧利決，封豨是（身矢）。」四句是屬於神話英雄羿的
事蹟，屈原卻置於夏朝后羿的敘述中。[78]是將神話射日的羿與夏
朝歷史的羿結合。[79]由於神話的歷史化，羿也就成爲功過相當的

---

75 《左傳‧襄公四年》，同註 7，頁 506-507。
76 《楚辭‧天問》，同註 18，頁 97-100。
77 《楚辭‧天問》王逸注，同註 18，頁 96。
78 （東漢）王逸〈天問〉注：「此言射河伯、妻洛嬪者，何人乎？乃堯時羿，
　　非有窮羿也。革孽夏民，封豨是射，乃有窮羿耳。」同註 18，頁 99。
79 閆德亮，〈論后羿射日神話的產生與演變〉（《中州學刊》，2002 年 5 月第
　　3 期），頁 46。

人物。

　　射日神話所表現對生存環境的解釋，是一種適合初民文明狀態的簡單思維，不能與進步的科學態度並觀。十日不屬於迷信，王充以實事求是的疾虛妄立場考察，可以了解他的理性思考。

（四）批判「女媧補天」的傳說

　　王充在〈談天〉篇有女媧補天的記載，他說：

　　儒書言：「共工與顓頊爭為天子，不勝，怒而觸不周之山，使天柱折，地維絕。女媧消煉五色石以補蒼天，斷鼇足以立四極。天不足西北，故日月移焉；地不足東南，故百川注焉。」此久遠之文，世間是之言也。文雅之人，怪而無以非，若非而無以奪，又恐其實然，不敢正議。以天道人事論之，殆虛言也。

　　這段話記錄補天神話的起因是共工和顓頊二帝交戰，共工氏怒觸不周山，折缺天柱造成天崩地絕，而後為先祖女媧所補。這遠古以前的傳說，一般人多人云亦云，當作歷史事實代代相傳。

　　文獻資料有關女媧神話的內容，主要有三種：一是煉石補天；二是搏土造人；[80]三是與伏羲婚配。[81]其中「煉石補天」流傳

80　《風俗通義》佚文：「俗說天地開闢，未有人民，女媧搏黃土作人。劇務，力不假供，乃引繩于泥中，舉以為人。」（漢）應劭撰，王利器注，《風俗通義校注》（台北：漢京文化事業有限公司，2004 年），頁 601。

81　（唐）李冗說：「昔宇宙初開之時，只有女媧兄妹二人，在昆崙山，而天下未有人民。議以為夫妻，又自羞恥。兄即與其妹上昆崙山，呪曰：『天若遣我兄妹二人為夫婦，而煙悉合；若不使，煙散。』於煙即合。其妹即來就兄，乃結草為扇，以障其面。」此段文章並未點明女媧的哥哥是誰，後來變成了伏羲與女媧結合而繁衍人類。（唐）李冗《獨異志》卷下，（北京：中華書局，1983 年），頁 79。

廣泛，[82]從王充的責問質疑口吻，似乎已是當時人所共知。相關的文獻記載，如：

> 往古之時，四極廢，九州裂，天不兼覆，地不周載，火爁
> 炎而不滅，水浩洋而不息，猛獸食顓民，鷙鳥攫老弱。於
> 是女媧鍊五色石以補蒼天，斷鼇足以立四極，殺黑龍以濟
> 冀州，積蘆灰，以止淫水。蒼天補，四極正，淫水涸，冀
> 州平，狡蟲死，顓民生。背方州，抱圓天。和春陽夏，殺
> 秋約冬，枕方寢繩，陰陽之所壅沈不通者，窮理之；逆氣
> 戾物，傷民厚積者，絕止之。…考其功烈，上際九天，下
> 契黃壚，名聲被後世，光暉重萬物。[83]

此段《淮南子》所記包含女媧補天的起因、方法和過程，補
天後的成效、功績也有交待，洪水之類的自然災害是引起補天的
原因，與《論衡》記載天地災難的發生是共工人禍所致已有不同。
其它文獻也有和《論衡・談天》類似的說法，如：

> 諸侯有共工氏，任智刑，以強霸而不王，以水承木，乃與
> 祝融戰，不勝而怒，乃頭觸不周山，崩，天柱折，地維缺。
> 女媧乃鍊五色石以補天，斷鼇足以立四極，聚蘆灰以止滔
> 水，以濟冀州，於是地平天成，不改舊物。[84]
> 天地亦物也，物有不足，故昔者女媧氏練五色石以補其
> 闕，斷鼇之足以立四極。其後共工氏與顓頊爭為帝，怒而
> 觸不周之山，折天柱，絕地維，故天傾西北，日月星辰就

---

82 女媧摶土造人的傳說，主要流傳於我同北方中原地區。與伏羲婚配的傳說，
　則只見於少數歷史文人的著作中，民間則少有流傳。藍陽春，〈伏羲神話、
　女媧神話與盤古神話是三個不同的神話譜系〉（《廣西民族研究》2007 年第
　3 期），頁 125。
83 《淮南子・覽冥訓》，同註 9，頁 206-208。
84 （唐）司馬貞，《補史記・三皇本紀》，同註 7，頁 11。

　　焉；地不滿東南，故百川水潦歸焉。[85]

　　上述第一段引文出自司馬貞所記，說法和王充相似，皆以共工怒觸不周山形成天塌地陷，而後由女媧煉石補天。第二段引文出自《列子》，其記載則女媧補天發生在前，共工觸山在後。至於《淮南子》「於是女媧煉五色石以補蒼天，斷鼇足以立四極，殺黑龍以濟冀州，積蘆灰，以止淫水。」一段與司馬貞所記「女媧乃煉五色石以補天，斷鼇足以立四極，聚蘆灰以止滔水，以濟冀州。」一段，說明補天與洪水有密切關係。[86]《說文解字》說：「久雨曰淫。」[87]淫水是久雨，補天即治水。[88]

　　基本上，以上資料對女媧補天背景敘述不盡相同，但對其事蹟多持肯定態度，稱其功蹟「上際九天，下契黃壚，名聲被后世，光暉重萬物。」是將女媧補天的神話傳說當作真實的而加以記述。

　　從王充《論衡》所述民間有「雨不霽，祭女媧。」（〈順鼓〉）的習俗，以及董仲舒說久雨不霽，則攻社祭女媧，「世俗圖畫女媧之象，爲婦人之形。」（〈順鼓〉）可以發現祈晴祭女媧習俗漢代已流行。漢代之後又有天穿節，[89]「亦祝雨水屋無穿漏之意。」[90]就是受女媧補天可以止淫雨的影響。不過，祈晴祭女媧所表現

85　《列子‧湯問》，（周）列禦寇撰，（後魏）張湛注，《列子》（台北：中華書局，1979 年）卷五，頁 4。

86　齊昀，〈從上古洪水神話看女媧補天的文化內涵〉（《青海師範大學學報》2004 年第 6 期），頁 71。

87　（清）段玉裁，《說文解字注》，同註 17，頁 551。

88　有些文獻又記錄治水者或爲大禹，如《淮南子‧本經訓》：「舜之時，共工振滔洪水，以薄空桑，龍門未開，呂梁未發，江淮流通，四海溟幸，民皆上丘陵，赴樹木。舜乃使禹疏三江五湖，…萬民皆寧其姓。」同註 9，頁 255-256。

89　（明）楊慎：「宋以前，正月二十三日爲天穿節，相傳云：女媧氏以是日補天，俗以煎餅置屋上，名曰補天穿。」（明）楊慎，《詞品》卷五，《百部叢書集成》（台北：藝文印書館，1965 年），頁 18。

90　（清）俞正燮，《癸已存稿》卷十一〈天穿節〉條記載，（台北：世界書局，

民俗景仰女媧的心理，在漢代也有了變化，王充說：「殆謂女媧古婦人帝王者也。男陽而女陰，陰氣爲害，故祭女媧求福祐也。」（〈順鼓〉）以女媧爲陰害而祭之，顯然是漢代講究尊卑差序的社會格局下，女卑男尊現象的反映。[91]

王充認爲女媧補天的神話傳說「以天道人事論之，殆虛言也。」（〈談天〉）以下就〈談天〉篇說明其論點：

1.天是自然界的物質實體：

王充主張「天，體，非氣也。」質疑儒者所說：「天，氣也，故其去人不遠。人有是非，陰爲德害，天輒知之，又輒應之，近人之效也。」的說法。他舉「天之離天下六萬餘里」的天文資料，既然以里數計量，「猶此考之，則無恍惚，明矣。」

2.天地廣大的認知：

王充舉鄒衍的大九州說法，以中國在大九州的南面，中國與天下相比，其實很小，天下比鄒衍所說的還要大，所以「鄒衍之書，若謂之多，計度驗實，反爲少焉。」以下從三點說明：

（1）視覺考察：王充說：「察日之初出徑二尺，尙遠之驗也。遠則東方之地尙多。」「從東海上察日，及從流沙之地視日，小大同也。相去萬里，小大不變。」顯然中國土地面積很小。

（2）北極星的位置：從雒陽（九州之中）、東海、流沙（東西二邊緣）視北極星都在北方，推知中國「地小居狹」。

（3）日南郡人的口述：根據日南郡人說「日中之時，所居之地未能在日南也。度之復南萬里，地在日之南。」

1963 年），頁 319。

91 寧勝克，〈中原女媧神話的流布及相關習俗〉（《漯河職業技術學院學報》第三卷第四期，2004 年 12 月），頁 59。

推測天地廣大。

3.人力有限的認知：

王充對補天傳說提出疑問：如「山難動」，共工之力爲何能折？鼇之足以立四極，則「骨有腐朽」，何能久立？以及「鼇足可以柱天，體必長大，不容於天地，女媧雖聖，何能殺之？」等問題，認爲並非人爲所及。

以上從天文知識和事實經驗推論，這是王充「疾虛妄」的一貫精神，其中對天地廣大的認知，有助於提昇宇宙觀的認識。但是王充忽略了女媧神話不論真實與否，先民創造出此類型神話，與變化莫測的大自然所帶來的災害有密切關係，透過幻想創造一特殊力量的先祖來支配自然、改善自然，達到心理上的平衡。[92]同時女媧神話也反映了遠古人類對中國「天傾西北」「地不滿東南」地理形勢的認識，[93]由於只知其然而不知其所以然，因此有觸不周山天柱絕的聯想，其中有豐富的人文意蘊。此類題材並充實了後世文學內容，賦予了美學的想像，[94]有深遠的影響力。

（五）批判「感天而生」的傳說

所謂「感生」在《列子》中說：「思士不妻而感，思女不夫而孕。」[95]張湛注：「大荒經曰：有思幽之國，思士不妻，思女不夫，精氣潛感，不假交接而生子也。」[96]可知是指始祖之母，有感於動物、植物或無生物等，而有孕生子的神話。王充在〈奇

---

92 同註 91，頁 58。
93 張崇琛，〈女媧神話的文化蘊涵〉（《甘肅高師學報》第十三卷第一期，2008年），頁 11。
94 寧稼雨，〈女媧補天神話的文學位移〉（《華中師範大學學報》第四十五卷第五期，2009 年 9 月），頁 113-120。
95 《列子・天瑞》，同註 85，卷一，頁 7。
96 《列子・天瑞》，同註 85，卷一，頁 7。

怪〉篇有「感天而生」的記載，其中內容可分爲三類，一是商周始祖的感生神話，一是漢高祖的感生神話，一是讖緯所記的遠古帝王感生神話，他說：

> 儒者稱聖人之生，不因人氣，更稟精於天。禹母吞薏苡而生禹，故夏姓曰姒。契母吞燕卵而生契，故殷姓曰子；后稷母履大人跡而生后稷，故周姓曰姬。…讖書又言：「堯母慶都野出，赤龍感己，遂生堯。」高祖本紀言：「劉媼嘗息大澤之陂，夢與神遇。是時雷電晦冥，太公往視，見蛟龍於上。已而有身，遂生高祖。」其言神驗，文又明著，世儒學者，莫謂不然。如實論之，虛妄言也。（〈奇怪〉）

上述引文中第一類商周祖先契和后稷的感生神話見於《詩經》，在文獻資料上出現最早，第二類和第三類感生神話王充清楚交待出自讖緯和《史記》。

就第一類商周祖先契和后稷的感生神話而言，《詩經·商頌·玄鳥》和《史記》記載契的降生：

> 天命玄鳥，降而生商。[97]

> 殷契，母曰簡狄，有娀氏之女，為帝嚳次妃。三人行浴，見玄鳥墮其卵，簡狄取吞之，因孕生契。[98]

《史記》描述完整，包括簡狄洗澡、玄鳥墮卵、簡狄吞卵、懷孕生子的過程。《呂氏春秋》也有關於契感生神話的具體情節，[99]是另一異文，與《史記》有異。

97　《詩經·商頌·玄鳥》，同註41，下冊，頁661。
98　《史記·殷本紀》，頁54。
99　《呂氏春秋·音初》：「有娀氏有二佚女，爲之九成之臺，飲食必以鼓。帝令燕往視之，鳴若謚隘。二女愛而爭搏之，覆以玉筐。少選，發而視之，燕遺二卵，北飛，遂不反。」同註40，頁335。（東漢）高誘注：「帝，天也。天令燕降卵有娀氏女，吞之生契。」頁345。

又《詩經・大雅・生民》和《史記》記載后稷的降生：

> 厥初生民，時維姜嫄。生民如何？克禋克祀，以弗無子。履帝武敏，歆，攸介攸止。載震載夙，載生載育，時維后稷。[100]

> 周后稷，名弃。其母有邰氏女，曰姜原。姜原為帝嚳元妃，姜原出野，見巨人跡，心忻然說，欲踐之，踐之而身動如孕者，居期而生子，…初欲弃之，因名曰弃。[101]

引文中〈生民〉所記姜嫄踩的是「帝武」(上帝)的腳印，將后稷的感生直接和上帝連接，而〈周本紀〉所記姜嫄踩的是巨人的腳印。

與商周始祖相類似敘事模式的尚有秦大業的降生，〈秦本紀〉記載：「秦之先，帝顓頊之苗裔，孫曰女修。女修織，玄鳥隕卵，女修吞之，生子大業。」[102]秦始祖大業也是其母女修吞玄鳥蛋而生。司馬遷記載商周和秦民族由來，採用了感生神話的表現方式。不同的是，秦始祖母親女修未記錄其夫，商周始祖契和后稷於〈三代世表〉等文中，則記錄其父親為帝嚳。[103]

王充對於上述三類型感生神話均視為虛妄，以下就〈奇怪〉篇說明其論點：

1.精氣說：

人類地位尊貴，成聖成賢不是另有稟受異物之氣，是「皆因父氣，不更稟取。」所以王充依據《大戴禮記》和《史記・三代世表》，論證堯禹契都是帝妃所生，世系清楚。而傳說中夏商周

100　《詩經・大雅・生民》，同註 41，下冊，頁 438。
101　《史記・周本紀》，頁 64。
102　《史記・秦本紀》，頁 89。
103　《史記・三代世表》，頁 226。

三家始祖的出生，憑藉的薏苡、鳥類和腳印，是低下生物的精氣，並非精微之氣。

2.同類說：

以生物學上的知識，說明同類的雄雌動物才能成爲配偶，「牝牡之會，皆見同類之物。」像牡馬見雌牛，或雄雀見牝雞，種類不同不會相互成爲配偶。所以「龍與人異類，何能感於人而施氣？」是「異類殊性，情欲不相得」，相與配偶爲虛妄。

3.矛盾現象：

依據史書記載，褒姒降生之例也屬於感生一類，王充說：「夏之衰，二龍於庭，吐漦於地，龍亡漦在，櫝而藏之。至周厲王發出龍漦，化爲玄黿，入於後宮，與處女交，遂生褒姒。」褒姒與堯同爲感生，然而褒姒爲禍，而堯、高祖卻爲聖賢，前後矛盾。

感生神話的流傳，王充分析是「世好奇怪」，「不見奇怪，謂德不異。」的心理所致。一般人「因以爲然」，聖人又不輕易懷疑，而「因不復定」，讀書人則見識不足而「因不復辨」，儒生們信古，則「因生其說」（〈奇怪〉），王充以「感生神話」爲虛妄，其說法也有盲點：

1.命定論的思維

他認爲帝王將相的出生必定會有吉兆或瑞應，可能表現在某種事物上，或體現於夢中。所以堯母野出感龍或蛟龍附劉媼身上的附會之說，可理解爲堯和漢高祖稟受富貴之命。如同「光武皇帝產於濟陽宮，鳳凰集於地，嘉禾生於屋。聖人之生，奇鳥吉物之爲瑞應。」（〈奇怪〉）是生有貴命，上天才降吉兆或瑞應。從王充的觀點看來，雖然是掙脫了天人感應的模式，卻又陷入了命定論的思維。

2.忽略不同類型的感生神話有不同的文化意涵

　　史家司馬遷作史稟持「實錄」態度，「天雨粟，馬生角」[104]一類的誣妄之說並不被採用。而〈商本紀〉〈周本紀〉〈秦本紀〉〈漢高祖本紀〉等文中的神話傳說，卻與其一貫作史的態度相悖，[105]事實上，司馬遷記載商周始祖起源和漢高祖降生這兩類感生神話的用意是大有區別的。[106]

　　就商周始祖起源的感生神話而言，漢人已有懷疑，[107]徐復觀為司馬遷的神話入史作解釋：「是因為這種神話，是殷、周、秦三氏族所信奉為他們始祖誕生的歷史。」[108]可以說這類始祖降生的神話往往成為追溯民族起源和早期歷史的資料，司馬遷所表現的是對始祖的崇拜與信仰。近代學者又有將感生神話等同於圖騰崇拜的解說，可呼應司馬遷的態度。[109]

　　就漢高祖感生神話而言，〈本紀〉中又有赤帝子殺白帝子的

104　《史記‧刺客列傳》太史公曰，頁 1032。
105　梁玉繩就質疑說：「蓋史公作史，每采世俗不經之語，故于〈殷紀〉曰吞卵生契，于〈周紀〉曰踐迹生棄，于〈秦紀〉又曰吞卵生大業，于〈高紀〉則曰夢神生季，一似帝王豪傑，俱產于鬼神異類，有是理乎？」（清）梁玉繩，《史記志疑》卷二〈殷本紀〉，收入《叢書集成新編》第六冊（台北：新文豐出版公司，1985 年），頁 46。
106　張筠，〈從對漢高祖神話材料的處理看司馬遷的歷史觀〉（《康定民族師範高等專科學校學報》第十卷第二期，2001 年 6 月），頁 79。
107　如褚少孫說：「詩言契生於卵，后稷人跡者，欲見其有天命精誠之意耳。鬼神不能自成，須人而生，奈何無父而生乎！一言有父，一言無父，信以傳信，疑以傳疑，故兩言之。」《史記‧三代世表》褚少孫〈補三代世表〉，頁 232。
108　徐復觀，《兩漢思想史》卷三，同註 3，頁 342。
109　此類解說提出殷契和秦始祖是玄鳥所賜，玄鳥是他們的圖騰。后稷的誕生是姜嫄「履帝武敏」，「帝」是以花為圖騰的崇拜，帝為「蒂」的初文，用作上帝或天帝的稱呼，是古人對生育的崇拜。「稷」本為一種穀物名稱，又是周氏族的祖先，無疑的后稷的降生不僅代表周族的種族來源，更意味農業社會百穀的豐收。鄭飛洲，〈從始祖誕生神話看原始崇拜〉（《上海青年管理幹部學院學報》，2004 年第 1 期），頁 39。

神話。[110]從內容上看，主要是說明劉邦取代秦的正當性和合理性，所以「諸父老皆曰：『平生所聞劉季諸珍怪，當貴，且卜筮之，莫如劉季最吉。』於是劉季數讓。眾莫敢爲，乃立季爲沛公。…由所殺蛇白帝子，殺者赤帝子，故上赤。」[111]顯然劉邦是運用當時的文化背景，借助神力，以提昇自我的政治合法性。王充所說：「夫王者，天下之翁也，稟命定於身中。…夫王者，天下之雄也，其命當王，王命於懷妊。」（〈初稟〉）即是對此類感生神話作用的概括。因此，司馬遷記錄漢高祖的感生，實有更深沉的歷史批判精神，[112]也就是暗示漢統治者藉感生神話塑造形象的虛假本質。[113]

　　3.忽略出自讖緯書的遠古帝王感生神話，是政治上的操作

　　王充〈奇怪〉篇所引堯母感赤龍而生堯的這一類感生神話，

---

110 《史記‧高祖本紀》，頁 162-163。
111 《史記‧高祖本紀》，頁 164。
112 《史記》於多處提及漢得天下乃天意，例如圯下老人授張良兵法，「良數以《太公兵法》說沛公，沛公善之，常用其策。良爲他人言，皆不省。良曰：『沛公殆天授！故遂從之。』」（《史記‧留侯世家》，頁 804。）韓信說：「且陛下所謂天授，非人力也。」（《史記‧淮陰侯列傳》，頁 1073。）不過，《史記》也有多處提及劉邦爲人的低劣，例如爲泗水亭長，「廷中吏無所不狎侮，好酒及色。」（《史記‧高祖本紀》，頁 161。）他落荒而逃時甚至「推墮孝惠、魯元車下，滕公常下收載之，如是者三。」（《史記‧項羽本紀》，頁 153。）此一形象與感龍降生的天命形象有極大落差，司馬遷對漢高祖的天命其實是寄寓諷刺意味，於〈項羽本紀〉論項羽失敗原因說：「自矜功伐，奮其私智而不師古，謂霸王之業，欲以力征經營天下，五年卒亡其國，身死東城，尚不覺悟而不自責，過矣。」（《史記‧項羽本紀》，頁 159。）意味項羽失敗在於執守己意，駁斥「天亡我，非用兵之罪」的謬誤。參見張筠，〈從對漢高祖神話材料的處理看司馬遷的歷史觀〉，同註 106，頁 77。
113 與此類似的記載不少，例如《史記‧外戚世家》：「薄姬曰：『昨暮夜妾夢蒼龍據吾腹。』高帝曰：『此貴徵也，吾爲女遂成之。』一幸生男，是爲代王。其後薄姬希見高祖。」頁 774-775。這應是薄姬爲得到寵幸而編造的神話，是感生神話的衍生和複製。

在緯書中有不少，多是西漢末期以後所編造，資料出現的時間應該是最晚，[114]與其相類並出現於史書者，又有夫餘國始祖東明和哀牢夷始祖九隆的感生神話，二者見於《後漢書》，[115]王充〈吉驗〉篇也提及夫餘國王東明的事蹟。此類感生神話是在契、后稷和漢高祖的感生神話流傳之後形成，推測是模仿漢高祖的感生神話，藉神化帝王宣揚君權神授的天命論思想，以蒙蔽群眾方便政治上的操作。

在王充看來，天是自然界的物質實體，無意念並與萬物共生共存，自然界的風雨雷電變化、寒暑交替、水旱災害、日月運行等，是自然界的客觀過程，其認知破除了人對天盲目的信仰與崇拜。所以雷為天怒、神龍致雨、十日並出、女媧補天以及感天而生等神話傳說，也就是無稽之談。這種積極的懷疑精神以及客觀的實證分析並不多見，因而能言人所未言，釐清神話傳說的虛妄。

二、批判天人感應說的虛妄

王充在《論衡》的〈譴告〉〈變動〉〈遭虎〉〈商蟲〉等篇中，陳述一般人總是將災異的發生和朝政得失聯繫起來，將自然界各種的災害看作是上天對國君悖天逆行的警告，而上節他對自然界的概念，不僅意味災異譴告說法毫無根據，並進而提出批判，說：

論災異者，謂古之人君為政失道，天用災異譴告之也。災

---

114 如《詩含神霧》：「慶都與赤龍合昏，生赤帝伊祁、堯也。」同註 21，頁 23。《春秋元命苞》：「堯火精，故慶都感赤龍而生。」同註 21，頁 27。
115 《後漢書‧南蠻西南夷列傳》頁 2848，以及《後漢書‧東夷‧夫餘傳》，頁 2810-2811。

異非一，復以寒溫為之效。人君用刑非時則寒，施賞違節
則溫。天神譴告人君，猶人君責怒臣下也。故楚嚴王曰：
「天不下災異，天其忘予乎？」災異為譴告，故嚴王懼而
思之也。（〈譴告〉）

論災異者，…更說曰：「災異之至，殆人君以政動天，天
動氣以應之。譬之以物擊鼓，以椎扣鐘，鼓猶天，椎猶政，
鐘鼓聲猶天之應也。人主為於下，則天氣隨人而至矣。」
曰：此又疑也。（〈變動〉）

其意說明講災異者多認為古代的君主治理國家不遵守先王
之道，上天就用災害異象來譴責告誡，又以天氣的寒溫作為君主
施政是否符合天意的驗證。災異是上天的譴告應當看作是善意，
所以楚莊王因天地不顯現災異而心中不安。

王充對這種譴告說法不以為然，他以蝗災為例說：

蟲之生也，必依溫濕。溫濕之氣，常在春夏。秋冬之氣，
寒而乾燥，蟲未曾生。（〈商蟲〉）

按其意蝗蟲滋生必需有適當的溫度濕度，高峰期在春夏兩
季，基於這樣的條件，「徒當歸於政治，而指謂部吏為奸，失事
實矣。」（〈商蟲〉）他又引用《神農》《后稷》收藏種子的方法，
說：「煮馬屎以汁漬種者，令禾不蟲。」（〈商蟲〉）即否定以德
却蝗的說法。可見當時一旦發生天災蟲害，而又值貪官污吏為官，
就以為「部吏之所為」，事實上只是「天道自然，吉凶偶會。」
（〈商蟲〉）

由上述可知天人感應之說寓有限制政權的意圖，然而王充卻
依天道自然無為的認識批判董仲舒的天人感應，所以徐復觀說：

漢代的天人感應說，亦即是災異說，主要不是對一般人而

　　言，而是在政治上對皇帝而言。[116]
　　但因王充只有知識的要求，沒有人倫道德的要求，便不僅
　　把漢儒控制皇帝已發生相當效果的感應說推翻，連由行為
　　善惡所招致的吉凶禍福的因果關係亦加以推翻了。[117]

　　徐氏認為天人感應論的對象是針對國君而言，且其中有行為善惡招致吉凶禍福的道德意涵，因而直斥王充本人缺乏道德感，所以推翻行為導致後果的因果關係，又說：「把推動政治社會向善去惡的行為動機與要求，一起推翻了。表面看，這是出於他的命相哲學；到其命相哲學之所以會這樣地推類至盡，正由於他的精神中缺乏人倫道德的真實感。」[118]徐復觀的說法並不能成立，其中理由說明如下：

（一）天人感應之說的本意雖針對國君而言，但影響性已普及全國人民：

　　漢代人的觀念裏災異是人事得失成敗的反映，例如：西漢成帝元延元年，災異數見，谷永上書：「往年郡國二十一傷於水災，禾黍不入，今年蠶麥咸惡，百姓失業流散。群輩守關，大異較炳如彼，水災浩浩，黎庶窮困如此。」他認為是「宜損常稅小自潤之時，而有司奏請加賦，其繆經義，逆於民心。」所招致。[119]東漢安帝時重用黃門常侍及中使伯榮往來甘陵，伯榮即安帝乳母王聖之女。「伯榮負寵驕蹇，所經郡國莫不迎為禮謁。」當時因「霖雨積時，河水涌溢，百姓騷動。」陳忠上疏說：「臣聞位非其人，

---

116 徐復觀《兩漢思想史》，同註 3，頁 621。
117 徐復觀《兩漢思想史》，同註 3，頁 584。
118 徐復觀《兩漢思想史》，同註 3，頁 586。
119 《漢書‧谷永傳》，頁 3470-3471。

則庶事不敘；庶事不敘，則政有得失；政有得失，則感動陰陽，妖變爲應。…春秋大水，皆爲君上威儀不穆，臨莅不嚴，臣下輕慢，貴倖擅權，陰氣盛疆，陽不能禁，故爲淫雨。」[120]即藉水災責安帝重用外戚。此外，安帝親政追感祖母宋貴人，而悉封其家；元舅耿寶及皇后兄弟閻顯等並受重用，翟酺上疏即以災異頻傳乃因外戚寵倖來勸諫。[121]

王充又說：

> 儒者說鳳皇、騏驎為聖王來，以為鳳皇、騏驎仁聖禽也，思慮深，避害遠，中國有道則來，無道則隱。稱鳳皇、騏驎之仁知者，欲以褒聖人也，非聖人之德，不能致鳳皇、騏驎。（〈指瑞〉）

是以鳳凰、騏驎爲仁聖的禽獸，政治清明有道之君在世時出現。國君也因祥瑞出現而頒布詔令以呈現仁德，如：（宣帝）本始元年，因「鳳凰集膠東、千乘」，下詔「赦天下」，並「賜吏二千石、諸侯相，下至中都官、宦吏、六百石爵，各有差。」又「賜天下人爵各一級，孝者二級，女子百戶牛酒。租稅勿收。」[122]元康元年三月，「鳳凰集泰山、陳留，甘露降未央宮」，下詔「赦天下徒」，賜勤於政事的官吏爵位，加賜「鰥寡孤獨、三老、孝弟力田帛，所振貸勿收。」[123]等。詔書中給與百姓、官吏以適當的實惠，顯然漢代不論是官方或民間，也將自然界和社會中的祥

---

120 《後漢書・陳寵傳附陳忠傳》，頁 1562。
121 翟酺上疏說：「今外戚寵幸，功均造化，漢元以來，未有等比。…然祿去公室，政移私門，覆車重尋，寧無摧折。…自去年已來，災譴頻數，地坼天崩，高岸爲谷。修身恐懼，則轉禍爲福；…願陛下親自勞恤，研精致思，勉求忠貞之臣，誅遠佞諂之黨。…庶災害可息，豐年可招矣。」《後漢書・翟酺傳》，頁 1602-1605。
122 《漢書・宣帝紀》，頁 242。
123 《漢書・宣帝紀》，頁 254。

瑞，視爲統治者品行或施政善惡的評定標準。因此，運用陰陽災異或祥瑞輔政也成爲常事。

　　兩漢災異頻仍，有天文現象的日蝕、隕星等，有地質災害的地震、山崩等，有氣候災害的水旱災等，有病蟲災害的蝗蟲、牛疫等。李劍農曾據《漢書》及《後漢書》的〈本紀〉、〈天文志〉、〈列傳〉以及注疏中有確切年歲記錄漢代天災者，歸納整理出兩漢之天災次數繁多。共計：西漢二百一十四年中，有災之年三十二，無災之年一百八十二，其有災之三十二年中，水災七，旱災十三，蝗螟之災七，旱蝗並作之災三，霜雪非時之災二。西漢河決之嚴重者凡七次。東漢一百九十五年中，有災之年一百一十九，無災之年僅七十六。其有災之一百一十九年中，水災五十五，風雹之災二十五，旱災五十七，蝗螟之災三十七，三災並起之年六，二災並起之年三十一，單行之災八十二。[124]

　　除日食不屬於災害外，其餘的自然災害往往造成重大的損失，例如水災的危害性會淹沒農作物形成飢荒或流民，武帝建元三年「河水溢于平原，大飢，人相食。」[125]元帝建初元年「關東郡國十一大水，饑，或人相食。」[126]成帝陽朔二年「關東大水，流民欲入函谷、天井、壺口、五阮關者，勿苛留。」[127]東漢桓帝永興元年「河水溢。百姓飢窮，流冗道路，至有數十萬戶，冀州尤甚。」[128]也可能沖毀河隄和鄉聚民宅，「高后三年夏，漢中、南郡大水，水出流四千餘家。四年秋，河南大水，伊、雒流千六百餘家，汝水流八百餘家。八年夏，漢中、南郡水復出，流六千

124　李劍農，《先秦兩漢經濟史稿》（台北：華世出版社，1981年），頁172-173。
125　《漢書・武帝紀》，頁158。
126　《漢書・元帝紀》，頁280。
127　《漢書・成帝紀》，頁313。
128　《後漢書・孝桓帝紀》，頁298。

餘家。南陽沔水流萬餘家。」[129]成帝建始三年夏,「大水,三輔
霖雨三十餘日,郡國十九雨,山谷水出,凡殺四千餘人,壞官寺
民舍八萬三千餘所。」[130]四年秋,「大水,河決東郡金隄。」[131]也
可能淹死人畜,東漢質帝本初元年五月,「海水溢。戊申,使謁
者案行,收葬樂安、北海人爲水所漂沒死者,又稟給貧羸。」[132]而
且水災的面積廣大,東漢「安帝永寧元年,郡國三十三淫雨傷稼。
建光元年,京都及郡國二十九淫雨傷稼。」[133]持續時間也甚久,文
帝「後三年秋,大雨,晝夜不絕三十五日。」[134]東漢「桓帝延熹二
年夏,霖雨五十餘日。」「靈帝建寧元年夏,霖雨六十餘日。」「熹
平元年夏,霖雨七十餘日。」「中平六年夏,霖雨八十餘日。」[135]

又如地震的損失也很慘重,宣帝本始四年四月,「地震,河
南以東四十九郡,北海琅邪壞祖宗廟城郭,殺六千餘人。」[136]元
帝綏和二年九月,「地震,自京師至北邊郡國三十餘壞城郭,凡
殺四百一十五人。」成帝和平三年,「犍爲地震山崩,雍江水,
水逆流。」[137]東漢光武帝建武二十二年九月,「郡國四十二地震,
南陽尤甚,地裂壓殺人。」[138]靈帝光和三年,「自秋至明年春,
酒泉表氏地八十餘動,涌水出,城中官寺民舍皆頓,縣易處,更
築城郭。」[139]

129　《漢書・五行志》,頁 1346。
130　《漢書・五行志》,頁 1347。
131　《漢書・成帝紀》,頁 308。
132　《後漢書・孝質帝紀》,頁 281。
133　《後漢書・五行一》,頁 3269。
134　《漢書・五行志》,頁 1346。
135　《後漢書・五行一》,頁 3270。
136　《漢書・五行志》,頁 1454。
137　《漢書・成帝紀》,頁 310。
138　《後漢書・五行四》,頁 3327。
139　《後漢書・五行四》,頁 3332。

　　蝗災爲禍亦嚴重，蝗蟲有移動性波及區域很廣大，武帝太初元年，「蝗從東方飛至敦煌。」[140]安帝永初七年八月，「京師大風，蝗蟲飛過洛陽。」莊稼損失嚴重，安帝下詔「郡國被蝗傷稼十五以上，勿收今年田租。」[141]桓帝永興元年七月，「郡國三十二蝗。」[142]由於蝗蟲群集出現，也就嚴重影響農作物的收成，引發人相食的飢荒，王莽地皇三年，「夏，蝗從東方來，蜚蔽天，至長安。」[143]天下穀貴。明帝永平十五年，「蝗起泰山，彌行兗、豫。」「未數年，豫章遭蝗，穀不收。民飢死，縣數千百人。」[144]有時蝗災的發生數年不絕，[145]東漢安帝永初四年到元初二年連續六年蝗災。[146]有時一年內發生數次，和帝永元八年五月，「河內、陳留蝗。九月，京都蝗。九年，蝗從夏至秋。」[147]加上旱災與蝗災交替發生，加劇災情程度，平帝元始二年四月，「郡國大旱，蝗，青州尤甚，民流亡。」[148]光武帝建武二十三年，「京師、郡國十八大蝗，旱，草木盡。」[149]獻帝末年「旱蝗穀貴，民相食。」[150]

　　此外，又有牛疫的發生，西漢有無牛疫，文獻中尚未考見。東漢牛疫見於史書者有數次。如：光武帝建武十六年，「四方牛

140　《漢書・武帝紀》，頁200。
141　《後漢書・孝安帝紀》，頁220。
142　《後漢書・五行三》，頁3319。
143　《漢書・王莽傳》，頁4176。
144　《後漢書・五行三》注，頁3318。
145　武帝建武二十八年三月，郡國八十蝗。二十九年四月，武威、酒泉、清河、京兆、魏郡、弘農蝗。三十年六月，郡國十二大蝗。三十一年，郡國大蝗。中元元年三月，郡國十六大蝗。《後漢書・五行三》注，頁3318。
146　《後漢書・五行三》，頁3318。
147　《後漢書・五行三》，頁3318。
148　《漢書・平帝紀》，頁353。
149　《後漢書・五行三》注，頁3318。
150　《後漢書・公孫瓚傳》，頁2363。

大疫，臨淮獨不，鄰郡人多牽牛入界。」[151]明帝永平十年，「郡國牛疫，通使區種增耕，而吏下檢結，多失其實。」[152]永平十八年，「牛疫死。」[153]永平十八年，「是歲牛疫，京師及三州大旱。…建初元年正月…詔曰：『比年牛多疾疫，墾田減少。穀價頗貴，人以流亡。』」[154]建初四年冬，「京都牛大疫。」[155]和帝初立，恭上諫曰：「…三輔、并、涼少雨，麥根枯焦，牛死日甚。」[156]可知東漢光武帝、明帝、章帝及和帝時曾發生牛疫。牛在農業生產上占極重要地位，牛疫之發生勢將減少墾田，加上天災影響，農業收成有限。

　　日蝕、地震、蝗蟲、水旱災等都是自然界現象，可是漢代的知識尚不足以解說這些情況，朝野「多遇災而懼」[157]，引發一定程度的恐慌，國君往往下詔書罪己，而以天人感應的思維方式附會災異與人事的關係，形成天人感應式的災異觀念。兩漢皇帝因災異所下罪己詔書凡五十八條：西漢二十八，文帝二、宣帝四、元帝十、成帝九、哀帝二、新莽一；東漢三十，光武帝四、明帝三、章帝三、和帝四、殤帝一、安帝五、順帝四、質帝一、桓帝五。[158]例如：

　　　　宣帝地節三年冬十月，詔曰：「乃者九月壬申地震，朕甚懼焉。有能箴朕過失，及賢良方正直言極諫之士以匡朕之

---

151 《後漢書・朱暉傳》注引《東觀記》，頁 1459。
152 《後漢書・劉般傳》，頁 1305。
153 《後漢書・五行四》，頁 3336。
154 《後漢書・章帝紀》，頁 132。
155 《後漢書・五行四》，頁 3336。
156 《後漢書・魯恭傳》，頁 877。
157 （清）趙翼，《二十二史劄記校證》卷二〈漢儒言災異〉（台北：仁愛書局，1984 年），頁 39。
158 吳青，〈災異與漢代社會〉（《西北大學學報》1995 年第 3 期），頁 40。

不逮，毋諱有司。」[159]

五鳳四年四月，日有蝕，詔曰：「皇天見異，以戒朕躬，是朕之不逮，吏之不稱也。以前使使者問民所疾苦，復遣丞相、御史掾二十四人循行天下，舉冤獄，察擅為苛禁深刻不改者。」[160]

元帝初元元年九月，關東郡國十一大水，詔曰：「間者陰陽不調，黎民饑寒，無以保治，惟德淺薄，不足以充入舊貫之居。其令諸宮館希御幸者勿繕治，太僕減穀食馬，水衡省肉食獸。」[161]

成帝永始二年，日有蝕之。詔曰：「天著變異，以顯朕郵，朕甚懼焉。公卿申敕百寮，深思天誡，有可省減便安百姓者，條奏。所振貸貧民，勿收。」[162]

東漢光武帝建武二十二年，地震裂。制詔曰：「日者地震，南陽尤甚。夫地者，任物至重，靜而不動者也。而今震裂，咎在君上。鬼神不順無德，災殃將及吏人，朕甚懼焉。其令南陽勿輸今年田租芻藁。遣謁者案行，其死罪繫囚在戊辰以前，減死罪一等，徒皆弛解鉗，衣絲絮。賜郡中居人壓死者棺錢，人三千。其口賦逋稅而廬宅尤破壞者，勿收責。吏人死亡，或在壞垣毀屋之下，而家羸弱不能收拾者，其以見錢穀取傭，為尋求之。」[163]

章帝建初元年三月，山陽、東平地震。詔曰：「朕以無德，奉承大業，夙夜慄慄，不敢荒寧。而災異仍見，與政相應。

159　《漢書·宣帝紀》，頁 249。
160　《漢書·宣帝紀》，頁 268。
161　《漢書·元帝紀》，頁 280。
162　《漢書·成帝紀》，頁 321。
163　《後漢書·光武帝紀》，頁 74。

朕既不明，涉道日寡，又選舉乖實，俗吏傷人。…其令太傅，三公、中二千石、二千石、郡國守相舉賢良方正、能直言極諫之士各一人。」[164]

上所引之詔書，國君除自責並表達虛心納諫匡正缺失，鼓勵「毋諱有司」外，同時也有一系列的救災措施，如賑災、理冤減刑、節約用度、減免賦稅、置醫藥、舉賢良、賜爵等。[165]凡此救災措施多無輕重緩急的概念而顯得雜亂無序，[166]其中理冤減刑、舉賢良、賜爵等，和緊急的救災無必然的切要性，而賑災、節約用度、減免賦稅、置醫藥等，對臨時救災或災後重建有一定的迫切性，足見救災與推行德政並不能混爲一談。

除皇帝下詔罪己和救災外，大臣也多能主動上書延攬責任，元帝永光元年，春霜夏寒，日青無光，國君下詔自責，丞相于定國上書自劾，歸侯印而罷官回故里。哀帝時因多地震、水災，大司空師丹以「災異數見，此臣之大罪也。臣不敢言乞骸骨歸於海濱，恐嫌於僞。誠慚負重責，義不得不盡死。」[167]同時漢皇帝也下詔選拔人才，罷免不稱職的官吏，如「成帝以災異用翟方進言，逐出寵臣張放於外，賜蕭望之爵，登用周堪爲諫大夫。又因何武言擢用辛慶忌。哀帝亦因災異，用鮑宣言，召用彭宣、孔光、何武，而罷孫寵、息夫躬等。」[168]因三公往往以調和陰陽爲己職，

---

164 《後漢書・孝章帝紀》，頁 133。

165 置醫藥的措施，如和帝元始二年，以蝗災「民疾役者，舍空邸第，爲置醫藥。」（《漢書・平帝紀》，頁 353）東漢安帝元初六年四月，「會稽大疫，遣光祿大夫將大醫循行疾病。」（《後漢書・孝安帝紀》，頁 230）

166 孫湘雲，〈天人感應的災異觀與中國古代救災措施〉（《中國典籍與文化》2000 年第 3 期），頁 43。

167 《漢書・師丹傳》，頁 3504。

168 （清）趙翼，《二十二史劄記校證》卷二〈漢儒言災異〉，同註 157，頁 39-40。

如「丙吉問牛喘，以爲三公調和陰陽，今方春，少陽用事，未可大熱，恐牛因暑而喘，則時節失氣，有所傷害。魏相亦奏臣備位宰相，陰陽未和，災害未息，咎在臣等。」[169]因此，也有因災異而策免三公，如安帝永初元年，太尉徐防「以災異寇賊策免，就國。凡三公以災異策免，始自防也。」[170]至東漢遇災異即罷免部分大臣成爲定制。朝臣也藉災異現象規諫國君，董仲舒說：「國家將有失道之敗，而天乃先出災害以譴告之，…以此見天心之仁愛人君，而欲止其亂也。」[171]谷永也說：「災異，皇天所以譴告人君過失，猶嚴父之明誡。畏懼敬改，則禍消福降。」[172]根據上述，足見漢代好言天人感應的災異，而對地震、日食、蝗蟲，以及水旱災的認識和預防則多受局限。

（二）無論官方或民間，多忽視天人感應屈君的一面，反而特別注意天降災異，去探求天意：

王充對董仲舒提出天人感應的用意有所體會，曾說：

> 上天之心，在聖人之胸，及其譴告，在聖人之口。不信聖人之言，反然災異之氣，求索上天之意，何其遠哉！世無聖人，安所得聖人之言？賢人庶幾之才，亦聖人之次也。（〈譴告〉）

此處引文中的聖人，指的就是董仲舒。換言之，天人感應是

---

169 錢穆，《秦漢史》（台北：東大圖書公司，1987年），頁206。此事見《漢書・丙吉傳》，頁3147。

170 《後漢書・徐防傳》，頁1502。又注引《東觀記》：「郡國被水災，比州湮沒，死者以千數。災異數降。西羌反畔，殺略人吏。京師淫雨，蟊賊傷稼穡。防比上書自陳過咎，遂策免。」頁1502。

171 《漢書・董仲舒傳》，頁2498。

172 《漢書・谷永傳》，頁3450。

根據人的心理提出「上天」「天意」的名號，其實傳達的並非上天之意，而是聖人的想法，「上天之心」或「譴告」不過是學者聖賢假借之詞，用以警惕執政者治國理民宜行正道。顯然王充理解董仲舒譴告說的本意，在「以人心效天意」「欲化無道，懼愚者。」（〈譴告〉）因而藉天意勸君爲善，也就是藉天的啓示挽救政治危機，以穩定社會秩序，實行儒家德政。至於王充的理解是否正確呢？說明於下。

董仲舒是漢代主張天人感應災異譴告說法的關鍵性人物，其對災異有如下說法：

> 天地之物，有不常之變者，謂之異，小者謂之災。災常先至，而異乃隨之。災者，天之譴也。異者，天之威也。譴之而不知，乃畏之以威。⋯凡災異之本，盡生於國家之失。國家之失乃始萌芽，而天出災害以譴告之。譴告之，而不知變，乃見怪異以驚駭之。驚駭之尚不知畏恐，其殃咎乃至。以此見天意之仁而不欲陷人也。[173]

此段之意說明「災異之本，盡生於國家之失。」換言之，「天下和平，則災害不生。今災害生，見天下未和平也。天下所未和平者，天子之教化不行也。」[174]他認爲災和異有程度、輕重上的不同，災在先有提醒的意味，異在後有警告的懲罰意思。由先災而後異的出現，代表朝政未改善且過錯惡化的狀況，所以說「過有深淺薄厚，而災有簡甚，不可不察也。」[175]以此觀之，政治得失與災異之間有因果性的聯繫。

---

173 （漢）董仲舒，《春秋繁露・必仁且智》，蘇輿，《春秋繁露義證》（北京：中華書局，1992 年），頁 259。

174 （漢）董仲舒，《春秋繁露・郊語》，同註 173，頁 401。

175 （漢）董仲舒，《春秋繁露・順命》，同註 173，頁 413。

　　董仲舒「天」的思想，認為是宇宙萬事萬物以及人類社會的
主宰。舉凡「天者，百神之大君也。事天不備，雖百神猶無益也。」
[176]「天地者，萬物之本，先祖之所出也。…君臣、父子、夫婦之
道取之此。」[177]「天子受命於天，諸侯受命於天子，子受命於父，
臣妾受命於君，妻受命於夫。諸所受命者，其尊皆天也。」[178]等
言論，陳述天的主宰能力，包括朝政代表的天子和諸侯，以及家
族社會代表的父或夫的權力，都是受「天命」才得以成立。強調
了天子是代表「天」治理人類社會的理念。

　　除此之外，董仲舒還將天與儒家倫理道德結合，賦予天具有
道德內涵。首先他主張天有化育生成萬物的「施仁之行」[179]，落
實於人間的表現是：

> 人之受命於天也，取仁於天而仁也。是故…父兄子弟之
> 親，有忠信慈惠之心，有禮義廉讓之行，有是非逆順之治，
> 文理燦然而厚，知廣大有而博，唯人道為可以參天。[180]

　　因此，天之行、天道與儒家倫理道德有了聯結。在其邏輯裏，
天具有儒家倫理道德的內涵，天授與天子「天命」，代表天治理
人民的天子當修養仁義禮智信五常之道。天子代表天統治社會，
而社會的倫理道德也是天道、天意、天之行在人類社會的再現而

176　（漢）董仲舒，《春秋繁露・郊語》，同註 173，頁 398。
177　（漢）董仲舒，《春秋繁露・觀德》，同註 173，頁 269-270。
178　（漢）董仲舒，《春秋繁露・順命》，同註 173，頁 413。
179　《春秋繁露・離合根》：「位尊而施仁，藏神而見光者，天之行也。」同
　　　註 173，頁 164-165。天施「仁」之內容是化育生成萬物，如《春秋繁露・
　　　四時之副》：「天之道，春暖以生，夏暑以養，秋清以殺，冬寒以藏。暖暑
　　　清寒，異氣而同功，皆天之所以成歲也。」同註 173，頁 353。《春秋繁露・
　　　王道通三》：「仁之美者在於天。天，仁也。天覆育萬物，既化而生之，有
　　　養而成之，事功無已，終而復始。凡舉歸之以奉人，察於天之意，無窮極
　　　之仁也。人之受命於天也，取仁於天而仁也。」可知。同註 173，頁 329。
180　（漢）董仲舒，《春秋繁露・王道通三》，同註 173，頁 329-330。

已，也就是在儒家思想中導入了天命觀。

他將仁義道德看作是人間社會取之於天，是天道在人間的表現。並以人當「法天」的觀念規範國君，[181]以為法天，取天之行就可以建立人間的秩序。至於君主治國，應該如何因天道，以助於施政呢？他有法天的春夏秋冬四季和陰陽五行的說法：

> 天志仁，其道也義。為人主者，予奪生殺，各當其義，若四時；列官置吏，必以其能，若五行；好仁惡戾，任德遠刑，若陰陽。此之謂能配天。[182]

顯然這是董仲舒提出治國的積極方法。

而天人之間如何可能相互產生感應呢？他又有人副天數和同類相應的理論，天為萬物之主，人本天所生，因此他先從人身構造及情感意識言天人相副，[183]以人的肉體取象於天，並以人類喜怒哀樂的情感表現視作如同天有春夏秋冬的性質，以此說明天與人有相同的本質。天與人同類的關係上可互相感應，[184]因此，人君應法天道與天地參，[185]否則不僅人君喜怒賞罰不當而世亂，

---

181 《春秋繁露・天地之行》：「人君者，其法取象於天。」「天執其道，為萬物主，君執其常，為一國主。天不可以不剛，主不可以不堅。天不剛則列星亂其行，主不堅則邪臣亂其官。」同註 173，頁 458 及 459。

182 （漢）董仲舒，《春秋繁露・天地陰陽》，同註 173，頁 467-468。

183 《春秋繁露・人副天數》：「人有三百六十節，偶天之數也。形體骨肉，偶地之厚也。上有耳目聰明，日月之象也。體有空竅理脈，川谷之象也。心有哀樂喜怒，神氣之類也。」同註 173，頁 354-355。《春秋繁露・為人者天》：「人之形體，化天數而成。人之血氣，化天志而仁。人之德行，化天理而義。人之好惡，化天之暖清。人之喜怒，化天之寒暑。人之受命，化天之四時。人生有喜怒哀樂之答，春秋冬夏之類也。…天之副在乎人，人之性情有由天者矣。」同註 173，頁 318-319。

184 《春秋繁露・同類相動》：「美事召美類，惡事召惡類。類之相應而起也，如馬鳴則馬應之，牛鳴則牛應之。…物故以類相召也。」同註 173，頁 358-359。

185 《春秋繁露・王道通三》：「古之造文者，三畫而連其中，謂之王。三畫

且感應四時以至運行不當而歲凶。

　　而災異可說是陰陽五行的表象，也就是董仲舒並以陰陽或五行的組合混亂失衡解說災異。以陰陽五行之氣傳達天道的秩序，並比附人倫秩序。[186]因此，從陰陽五行角度看，儒教倫理的破壞即是陰陽五行之氣的失衡，邪氣生而有災異，他說：

> **天有陰陽，人亦有陰陽。天地之陰氣起，而人之陰氣應之而起；人之陰氣起，而天之陰氣亦宜應之而起，其道一也。**[187]
> **刑罰不中則生邪氣。邪氣基於下，怨惡蓄於上。上下不和，則陰陽繆戾而妖孽生矣，此災異所緣而起也。**[188]

　　此即所謂「天降災異」的觀點，代表人間政治必然感應天，導致異常的自然現象，誠如其所言：「世治而民和，志平而氣正，則天地之化精，而萬物之美起。世亂而民乖，志僻而氣逆，則天地之化傷，氣生災害起。」[189]因天人同類，所以人的意識和行為，可以引起自然界的變化；好的政治，可使寒暑得時，風調雨順；不好的政治，可以使寒暑不時，形成自然災害。

者，天地與人也。而連其中者，通其道也。取天地與人之中以為貫而參通之，非王者孰能當是？故王者唯天之施。施其時而成之，法其命而循之諸人，法其數而以起事，治其道而以出法，治其志而歸之於仁。」同註173，頁329。

186 《春秋繁露・基義》：「君、臣、父、子、夫婦之義，皆取諸陰陽之道。君為陽，臣為陰；父為陽，子為陰；夫為陽，妻為陰。陰道無所獨行，其始也不得專起，其終也不得分功，有所兼之義。」同註173，頁350-351。又《春秋繁露・五行之義》：「天有五行，一曰木，二曰火，三曰土，四曰金，五曰水。木，五行之始也；水，五行之終也；土，五行之中也。此其天次之序也。木生火，火生土，土生金，金生水，水生木。此其父子也。…故五行者，乃孝子忠臣之行也。」同註173，頁321。說明社會生活中君父夫的地位即取象於陰陽之氣，也以五行原理論述忠臣孝子之行。

187 （漢）董仲舒，《春秋繁露・同類相動》，同註173，頁360。

188 《漢書・董仲舒傳》，頁2500。

189 （漢）董仲舒，《春秋繁露・天地陰陽》，同註173，頁466。

　　若人君尙無法領受天降災異的教訓，使政治導向合理途徑，則天有權力奪取君王的權位，所以又說：

> 天之生民，非為王也，而天立王以為民也，故其德足以安樂民者，天予之，其惡足以賊害民者，天奪之。[190]

　　是以天制約人主的力量，要求人主知天法天，將人主行爲納入天道的配合之中。

　　此點可以說是人主法天的總綱領。董仲舒實欲國君遵循天道的仁意，在政治活動的領域裏行仁政，以天意爲政治指導最高原則。因此人副天數、同類相應和災異譴告三者，形成其天人感應的完整系統。

　　董仲舒建構災異譴告說的目的，無疑是希望人君能「內視反聽」，[191]由「災異以見天意」，[192]而達到「知天」的境地。由於天意即民意的反應，人君服從天，因此人民雖受制於君，但國君仍應愛民，不能爲所欲爲，所以體現了董仲舒「屈民而伸君，屈君而伸天，春秋之大義也。」[193]的民本思想。

　　總上所述，董仲舒的天人感應有強調行爲善惡與禍福因果的屈君意圖，王充也能充分理解其用意，然而事實上，專制政治已無視其「屈君而申天」的主張，反而特別重視其中「屈民而申君」的言論，一般人則特別注意天降災異，去探求天意，這從《漢書・五行志》記述的大量自然災害與人事的連結內容，可推知漢代對天人感應說的篤信不疑，是董仲舒所形成的負面歷史影響性非常深遠。王充的立場應是立足於社會總體層面，對此提出嚴厲的批

190　（漢）董仲舒，《春秋繁露・堯舜不擅移、湯武不專殺》，同註 173，頁220。
191　（漢）董仲舒，《春秋繁露・同類相動》，同註 173，頁 360。
192　（漢）董仲舒，《春秋繁露・必仁且智》，同註 173，頁 260。
193　（漢）董仲舒，《春秋繁露・玉杯》，同註 173，頁 32。

判。[194]

三、批判顯儒隱法的困局

政治上王充偏向「無為而治」，他說：

> 天道無為，聽恣其性，故放魚於川，縱獸於山，從其性命
> 之欲也。…夫百姓，魚獸之類也，上德治之，若烹小鮮，
> 與天地同操也。（〈自然〉）

此段文字王充引用了《老子》第六十章「治大國，若烹小鮮。」
的觀念，強調「治國煩則下亂」[195]，應像煎小魚一樣不要常翻動，
也就是不要擾民的意思。王充又說：

> 禮者，忠信之薄，亂之首也。相譏以禮，故相譴告。（〈自
> 然〉）

文中引用《老子》第三十八章的言論，說明講求禮的道德規
範，代表內在精神已喪失而勉強注入外在的形式。換言之，天人
感應論者以道德為主要訴求，藉天產生譴告災異以達到規範國君
的用意，只是「末世衰微，上下相非，災異時至，則造譴告之言
矣。」（〈自然〉）譴告只不過是人類滿足自己需求的解說而已。

王充的天道自然無為觀念是有別於天人感應論的政治思
維。董仲舒強調意志、行為可以感動天，並主張「天以民為心」
的德治論點，以聯繫天與人的關係，不過，其實踐卻有高度的法
家性質，德治的理想很難落實，成為儒顯法隱的格局。王充提出
天道自然無為的理論，反映了知識分子改革政治的態度，也就是

---

194 劉謹銘，《王充哲學的再發現》（台北：文津出版社，2006 年），頁 207。
195 （漢）河上公，《老子章句》，鄭成海，《老子河上公注疏證》卷四〈居
　　位〉（台北：華正書局，1978 年），頁 407。

在儒術治國的思想外，所表現的另一思路。[196]

　　董仲舒以天人相類互相感應，由災害、怪異、傷敗三階段的災異論，論述天與人相關。由天的化育德行，落實於人類社會的具體表現就在倫理道德等五常之道，維繫五常之序，也就能受「天祐」和「鬼神之靈」。因而，天人與儒家理念合而爲一。在此前提下，董仲舒認爲國君之道在「法天」行事，他說：

> 是故王者上謹於承天意，以順命也；下務明教化民，以成性也；正法度之宜，別上下之序，以防欲也；脩此三者，而大本舉矣。[197]

　　上文董仲舒的說法具備德治理念，不過在天人同類的立論前提下，以自然界陰陽比作人倫之尊卑，突出了國君獨尊的地位。雖然他有國君法天，奉仁心以行愛民之實的論點，但結果專制政治卻忽略其中「屈君而申天」的主張，而重視「屈民而申君」的言論，並利用君權神授觀念強化大一統專制。徐復觀批評說：董仲舒「自身在客觀上也成了助長專制政治的歷史中的罪人。」[198]可以說董仲舒的儒學融合了「尊君卑臣」的成分，才被統治者所接受。誠如余英時所說：

> 漢代儒學的法家化，其最具特色的表現，乃在於君臣觀念的根本改變。漢儒拋棄了孟子的君輕論，荀子的「從道不從君論」，而代之以法家的「尊君卑臣」論。[199]

　　令人不解的是董仲舒曾於對策中提議建立太學，作爲選拔官吏的機構，並將經學立爲官學，以五經作爲教科書，可說是確立

---

196 岳宗偉，《論衡引書研究》（上海：復旦大學，歷史學系博士論文，2006年），頁176。
197 《漢書・董仲舒傳》對策三，頁2515-2516。
198 徐復觀，《兩漢思想史》，同註3，頁298。
199 余英時，《歷史與思想》（台北：聯經出版社，1976年），頁32。

儒學正宗地位，何以會有法家性格呢？基本上，漢武帝獨尊儒術的影響主要在教育。[200]而以經學爲教科書，適足以形成個人智慧思想的限制。經書三綱五常中，以忠孝觀念作爲士人自覺遵守的行爲準則。忠孝核心爲服從，士人對忠孝的追求，容易轉化爲奴性的順從，降低自己身份地位，實際上是對自我價值的否定，成爲約束士人的利器。帝王往往下詔表揚義行，[201]所以忠孝等義行成爲士人自覺要求的行爲標準，也成爲統治者籠絡、規範士人的手段。朱自清說：「在專制時代種種社會條件之下，…在朝的要做忠臣，…有時因此犧牲性命，或是表現在不做新朝的官，甚至以身殉國上。」[202]因尊儒加強了士人對專制政權的忠貞不貳，君臣之間的尊卑、貴賤、上下之「差序格局」日趨嚴明，而具有濃厚的法家尊君性格。所以熊十力說：

> 方漢室肇興，當亡秦絕學之餘，搜求經籍，振起儒學。自
> 是二千年來，中國思想界一統於儒家。於是論者以爲儒學
> 獨盛矣！其實儒學絕於秦，至漢而終不可振，則論者所不
> 察也。…光武父子因新莽篡統，而欲崇儒以導節義，則其

---

200 俞啓定，《先秦兩漢儒家教育》（濟南：齊魯書社，1987 年），頁 52 至 53。趙克堯〈罷黜百家獨尊儒術辨〉，收入《漢唐史論集》（上海：復旦大學出版，1993 年），頁 98 至 105。

201 如武帝元朔元年下詔：「夫本仁祖義，襃德祿賢，勸善刑暴，五帝三王所由昌也。朕夙興夜寐，嘉與宇內之士臻於斯路。」《漢書・武帝紀》，頁 166。元狩六年又下詔：「夫仁行而從善，義立則俗易，意奉憲者所以導之未明與？」《漢書・武帝紀》，頁 180。昭帝時亦襃獎義之人，元鳳元年下詔：「賜郡國所選有行義者涿郡韓福等五人帛，人五十匹，遣歸。」《漢書・昭帝紀》，頁 225。宣帝並以行義爲選拔官吏的條件，地節三年十一月下詔：「其令郡國舉孝弟、有行義聞于鄉里者各一人。」《漢書・宣帝紀》，頁 250。

202 朱自清，〈論氣節〉，《朱自清全集》（台南：新世紀出版社，1964 年），頁 112。

動機爲擁護君統，已雜乎私，而不純爲學術起見矣！自是而後，歷唐宋明三代，諸英君賢相之所以崇尚經術而鼓舞儒生者，無非踵光武之故智，及科舉興，而牢寵之策，與錮人智慧之術，彌下彌毒，則又光武父子之所不忍爲，且不屑爲者。二千餘年來，帝者以其私意，籠制天下士大夫，使其思想無或踰越於君主之意向。因郡縣之世，民智蔽塞。而帝者益乘之以易售其奸。故自漢代迄於清世。天下學術號爲一出於儒，而實則上下相習，皆以尊孔之名，而行誣孔之實，以窮經之力，而蹈侮聖言之罪，儒學之亡也久矣哉。[203]

按其所述，儒學已有名無實，而所謂的獨尊儒術的「術」，其意不外是「人主所以尊顯功名，揚於萬世之後者，以知術數也。」的「法制治國之術」。[204]漢代實行繁律苛法，[205]足見也和鞏固中央集權有密切關係。此施政方式百姓生活不見得獲得改善，所以說武帝時「外事四夷之功，內盛耳目之好，徵發煩數，百姓貧耗，窮民犯法，酷吏擊斷，姦軌不勝。」[206]「光武承王莽之餘，頗以嚴猛爲政。」[207]

王充淵源自道家的天道無爲觀念，不同於統治者以天道有爲的儒顯法隱思維，可說是獨尊儒術之外的另一種治國方式。這種思維在東漢中期後已漸受重視：[208]

---

203 熊十力，《讀經示要》（台北：廣文書局，1960 年），頁 62-63。
204 《漢書‧晁錯傳》及顏師古注，頁 2277-2278。
205 參見本文第六章〈王充「先秦諸子論」的批判精神〉第一節〈王充非韓的批判精神〉的論述。
206 《漢書‧刑法志》，頁 1101。
207 《後漢書‧第五倫傳》，頁 1400。
208 岳宗偉，《論衡引書研究》，同註 196，頁 177。

（一）就大臣奏疏而言

桓帝時災異頻繁，襄楷上疏說：「又聞宮中立黃老、浮屠之祠，此道清虛，貴尚無為，好生惡殺，省欲去奢。今陛下嗜欲不去，殺罰過理，既乖其道，豈獲其祚哉！或言老子入夷狄為浮屠。浮屠不三宿桑下，不欲久生恩愛，精之至也。天神遺以好女，浮屠曰：『此但革囊盛血。』遂不眄之。其守一如此，乃能成道。今陛下婬女豔婦，極天下之麗，甘肥飲美，單天下之味，奈何欲如黃老乎？」[209] 由襄楷上疏奏明黃老有益治化，皇室亦公開祭祀老子，推測黃老思想已有一定的社會影響力。[210]

和帝時樊準上疏：「昔孝文竇后性好黃老，而清靜之化流景武之間，臣愚以為宜下明詔，博求幽隱，發揚巖穴，寵進儒雅。」[211] 順帝時，郎顗上疏：「臣伏見光祿大夫江夏黃瓊，耽道樂術，清亮自然，被褐懷寶，含味經籍。又果於從政，明達變復，朝廷前加優寵，賓於上位。瓊入朝日淺，謀謨未就，因以喪病，致命遂志。《老子》曰：『大音希聲，大器晚成。』善人為國，三年乃立。天下莫不嘉朝廷有此良人，而復怪其不時還任。陛下宜加隆崇之恩，極養賢之禮，徵反京師，以慰天下。」[212] 安帝時外戚權重，翟酺上疏說：「臣恐威權外假，歸之良難，虎翼一奮，卒不可制。故孔子曰：『吐珠於澤，誰能不含』；《老子》稱『國之利器，不可以示人。』此最安危之極戒，社稷之深計也。」[213] 是

209　《後漢書・襄楷傳》，頁 1082-1083。

210　《後漢書・西域傳》：「後桓帝好神，數祀浮圖、老子，百姓稍有奉者，後遂轉盛。」頁 2922。可知對於道家的尊奉，很快在社會上普及。

211　《後漢書・樊準傳》，頁 1126。

212　《後漢書・郎顗傳》，頁 1070。

213　《後漢書・翟酺傳》，頁 1603。

或上疏徵引《老子》，或主張表揚治「道術」者，足見道家的政
治影響力。

（二）就學者思想而言

　　學者可以公開傳授黃老之學，如順帝時楊厚：「大將軍梁冀
威權傾朝，…固稱病求退。帝許之，賜車馬錢帛歸家。修黃老，
教授門生，上名錄者三千餘人。太尉李固數薦言之。太初元年，
梁太后詔備古禮以聘，厚遂辭疾不就。建和三年，太后復詔徵之，
經四年不至。年八十二，卒於家。」[214]是不僅公開傳授黃老之學，
且獲朝廷及鄉人尊崇。安帝時馬融，「著《三傳異同說》，注《孝
經》、《論語》、《詩》、《易》、《三禮》、《尚書》、《列女傳》、《老子》、
《淮南子》、《離騷》。」[215]等，是經學家已兼習道家著作。

　　此外，和帝時張霸受《嚴氏公羊春秋》，博覽五經，「永元
中，爲會稽太守，…視事三年，謂掾史曰：『太守起自孤生，致
位郡守。蓋日中則移，月滿則虧。老氏有言：知足不辱。』遂上
病。」[216]又安帝時，廖扶「習《韓詩》、《歐陽尚書》，教授常
數百人。父爲北地太守，永初中，坐羌沒郡下獄死。扶感父以法
喪身，憚爲吏。及服終而嘆曰：老子有言：『名與身孰親？』吾
豈爲名乎！遂絕志世外。專精經典，尤明天文、讖緯、風角、推
步之術。州郡公府辟召，皆不應。」[217]經學出身的張霸、廖扶行
爲進退也以《老子》爲依歸。

　　值得注意的是，上述大臣或學者兼習黃老，以爲黃老之道在

---

214 《後漢書・楊厚傳》，頁 1049-1050。
215 《後漢書・馬融傳》，頁 1972。
216 《後漢書・張霸傳》，頁 1241-1242。
217 《後漢書・方術列傳・廖扶傳》，頁 2719-1720。

清靜無為。事實上，黃老與道家老子應作一區分，也就是文景時期的黃老學說實際上是含涉嚴刑峻罰的。學者研究指出《黃老帛書》主要表達道、法結合的思想。[218]至於在《老子》思想基礎上，如何吸收法家思想，從而改造《老子》思想，形成黃老學說呢？其中關鍵在「道生法」觀念，將《老子》無為轉化成法家的無為。[219]《黃老帛書》記載：

> 道生法。法者，引得失以繩，而明曲直者殹（也）。故執道者，生法而弗敢犯殹（也），法立而弗敢廢〔也〕。…故執道者之觀於天下也，無執殹（也），無處也，無為殹（也），無私殹（也）。[220]

此段說明法由道而來，而「法」為「引得失以繩，而明曲直者也。」有其一定標準性和客觀性。文中並強調「執道者，生法而弗敢犯也，法立而弗敢廢也。」與其相似的說法尚有：「是非有分，以法斷之。虛靜謹聽，以法為符。」[221]「世恆不可釋法而用我。用我不可，是以生禍。」[222]足以顯見其以法治為至上標準，與《老子》所謂「法令滋彰，盜賊多有」不同。其要求執道者遵循法而無為，是轉化老子的無為，完成法家式的無為。所以，漢初的黃老之治與秦代法治二者間並無太大矛盾。

東漢講習黃老之學似乎未注意與道家《老子》的差異性，只是藉黃老建構清靜無為的理想政治，強調的是「黃、老之操，身

---

218 林聰舜，〈漢初黃老思想中的法家傾向〉（《漢學研究》第八卷第二期，1990年），頁356。

219 同註218，頁356。

220 《經法・道法》，陳鼓應注譯，《黃帝四經今注今譯 —— 馬王堆漢墓出土帛書》（北京：商務印書館，2007年），頁2及10。

221 《經法・名理》，同註220，頁187。

222 《稱》，同註220，頁362。

中恬澹，其治無為，正身共己而陰陽自和，無心於為而物自化，無意於生而物自成。」（〈自然〉）的特色，以因應尊儒的困境。至於王充以黃老學說作為政治原則，其要點有下列二項：

（一）「承安繼治」的無為

王充說：

> 易曰：「黃帝、堯、舜垂衣裳而天下治。」垂衣裳者，垂拱無為也。孔子曰：「大哉，堯之為君也！惟天為大，惟堯則之。」又曰：「巍巍乎！舜、禹之有天下也，而不與焉。」周公曰：「上帝引佚。」上帝，謂舜、禹也。舜、禹承安繼治，任賢使能，恭己無為而天下治。舜、禹承堯之安，堯則天而行，不作功邀名，無為之化自成，故曰：「蕩蕩乎，民無能名焉！」（〈自然〉）

文中稱頌堯、舜、禹，「上帝引佚」的上帝指舜、禹，「引佚」為長久安逸。由於承繼了堯的太平盛世，繼續垂拱而治，並舉用賢能之人，端正勉力自己，而天下太平。王充看來，為政應該「繼體守文，因據前基。」（〈吉驗〉）重承繼而輕興作。他並以蘧伯玉、曹參、汲黯為模範，因蘧伯玉治衛，「以不治治之。」（〈自然〉）「曹參為漢相，縱酒歌樂，不聽政治。其子諫之，笞之二百。當時天下無擾亂之變。淮陽鑄偽錢，吏不能禁。汲黯為太守，不壞一鑪，不刑一人，高枕安臥，而淮陽政清。夫曹參為相，若不為相；汲黯為太守，若郡無人。然而漢朝無事。」（〈自然〉）稱頌眾所皆知的「蕭規曹隨」，無疑是肯定不妄作為，能「承安繼治」「任賢使能」的作法。

（二）「自生自成」的理想

王充說：

> 政之適也，君臣相忘於治，魚相忘於水，獸相忘於林，人
> 相忘於世，故曰天也。孔子謂顏淵曰：「吾服汝，忘也；
> 汝之服於我，亦忘也。」以孔子為君，顏淵為臣，尚不能
> 譴告，況以老子為君，文子為臣乎？老子、文子，似天地
> 者也。淳酒味甘，飲之者醉不相知；薄酒酸苦，賓主嚬蹙。
> 夫相譴告，道薄之驗也。（〈自然〉）

此段說明理想的君臣關係是各盡本身職責，互相不加強制力
量而各自發展，並且忘記正在治理國政，亦即《老子》五十七章
「我無為，而民自化；我好靜，而民自正；我無事，而民自富；
我無欲，而民自樸。」的理想意境。因此，他對統治者是有道德
要求的，應「與天地合其德」「有天下而不與」「恭己無為」「不
作功邀名」（〈自然〉）才能臻至「自生」「自成」。以此觀之，
王充並未忽視人的作用，所以說：

> 然雖自然，亦須有為輔助。耒耜耕耘，因春播種者，人為
> 之也。（〈自然〉）
>
> 以恬澹無欲，志不在於仕，苟欲全身養性為賢乎？是則老
> 聃之徒也。道人與賢殊科者，憂世濟民於難，是以孔子棲
> 棲，墨子遑遑。不進與孔、墨合務，而還與黃、老同操，
> 非賢也。（〈定賢〉）

文中肯定人為的貢獻，期待能各盡職責，又不刻意追求名譽
功業，理想的統治者是兼具孔墨理想和道家修為，這和他在〈非
韓〉篇提出「養德」與「養力」並重的政治理念並觀，可說是修

正了道家獨善其身作法，同時融入了人爲的努力。[223]

第二節　王充「天道自然無爲論」的內容

　　漢代流行天人感應的觀念，即便是先民創作的神話傳說流傳至漢代也仍停頓在天有意志的認知中，因此打雷詮釋爲天怒，其它如神龍致雨、十日並出、女媧補天、感天而生等也少有人質疑。王充爲破除感應論者所說的災異譴告等論述，提出「天道自然無爲」學說，而「氣」是天道論的核心觀念，所以文中論述氣的特質、天的性質，自然無爲的定義以及對天人不相應的看法，以明其天道觀的理論基礎。

一、「氣」的特性

　　近代學者研究王充的天道觀成果相當豐碩，認爲王充是「氣化宇宙論」者，[224]以「氣」爲宇宙萬物構成的根本要素。有關氣的特性說明如下：

（一）本體性

王充說：

　　元氣，天地之精微也。（〈四諱〉）

　　萬物之生，皆稟元氣。（〈言毒〉）

---

223 岳宗偉，《論衡引書研究》，同註 196，頁 175。
224 曾漢塘，〈試論王充「氣」的觀念 —— 從宇宙論的角度談起〉（《文史哲學報》第四十五期，1996 年 12 月），頁 120-121。

> 夫天覆於上，地偃於下，下氣蒸上，上氣降下，萬物自生
> 其中間矣。（〈自然〉）
>
> 夫婦人之乳子也，子含元氣而出。（〈四諱〉）
>
> 人，物也，萬物之中有知慧者也。其受命於天，稟氣於元，
> 與物無異。（〈辨祟〉）

上述引文說明的要點有二：

1.王充闡述宇宙萬物的生成，運用「元氣」一詞，元氣是一種精微的氣，是萬物初始的本原，《易傳》即說：「大哉乾元，萬物資始」、「至哉坤元，萬物資生」。[225]漢代思想家也多主張元氣論，[226]多認為元氣是天地未分之前的混沌之氣，是天地之始、萬物之本。王充承前人觀念，主張「氣」（元氣）為萬物構成的最根本要素，萬物稟氣而生，人也是稟氣而生，王充說：「人未生，在元氣之中；既死，復歸元氣。」（〈論死〉）人的生死是氣的聚散，人生是氣聚、人死是氣散，生命是元氣的一種表現形態

225　《易傳・象辭》，同註33，頁10及18。

226　例如董仲舒說：「是以《春秋》變一謂之元。元，猶原也。其義以隨天地終始也。故人唯有終始也，而生不必應四時之變。故元者為萬物之本。」（漢）董仲舒，《春秋繁露・玉英》，同註173，頁68-69。《禮記・禮運》：「夫禮，必本於大一，分而為天地，轉而為陰陽，變而為四時，列而為鬼神。」同註15，頁560。孔穎達說：「謂天地未分混沌之元氣也。極大曰天，未分曰一，其氣既極大而未分，故曰大一也。」《禮記・禮運》孔穎達疏，《禮記正義》，《十三經注疏》第五冊，同註33，頁438。《淮南子・精神訓》：「古未有天地之時，惟像無形，窈窈冥冥，芒芠漠閔，澒蒙鴻洞，莫知其門。有二神混生，經天營地。孔乎莫知其所終極，滔乎莫知其所止息，於是乃別為陰陽，離為八極，剛柔相成，萬物乃形。煩氣為蟲，精氣為人。」同註9，頁218。〈天文訓〉：「天地未形，馮馮翼翼，洞洞灟灟，故曰太昭。道始于虛霩，虛霩生宇宙，宇宙生氣，氣有涯垠。清陽者薄靡而為天，重濁者凝滯而為地。清妙之合專易，重濁之凝竭難，故天先成而地後定。天地之襲精為陰陽，陰陽之專精為四時，四時之散精為萬物。」同註9，頁79-80。

而已,氣為生生不息的本原和歸宿。

2.「氣」生成萬物的過程並無外力推動,特別強調其自然生成。萬物的生長是陰陽二氣交會而生,是機械性、偶然性,並非天有意志的安排,所以說:「陰陽之氣,凝而為人。」(〈論死〉)「因氣而生,種類相產。萬物生天地之間,皆一實也。」(〈物勢〉)

在王充看來,「氣」除了是人與萬物的生成要素,同時人類稟性善惡、命運貴賤與壽命長短,也和稟「氣」量的多少,所稟之氣的性質有密切關聯。他說:

> 稟壽夭之命,以氣多少為主性也。(〈氣壽〉)

> 至於富貴所稟,猶性所稟之氣,得眾星之精。(〈命義〉)

> 人之善惡,共一元氣。氣有多少,故性有賢愚。(〈率性〉)

按其意,「氣」有渥、薄之分,所稟之氣在數量上的多少,關係著壽命、命運和人性。又說:

> 聖人稟和氣,故年命得正數。氣和為治平,故太平之世,
> 多長壽人。(〈氣壽〉)

文中以人類社會的現象,如治世、亂世只是陰陽之氣相合的結果,稟「和氣」則聖人及治世產生,可知「和氣」為理想狀態。所以在王充觀念裡,從萬物的形成到人類社會的治亂,都用「氣」來說明。

(二)物質性

王充說:

> 如氣乎,雲烟無異。(〈談天〉)

> 氣若雲煙,雲煙之屬,安得口目?(〈自然〉)

> 氣若雲霧,何能告人?(〈卜筮〉)

> 天地之氣猶疾速者也,飄風也。(〈紀妖〉)

文中將「氣」比喻為類似雲、煙、飄風一類的具體化物質，並無意識性，不具備思考能力。王充曾說：

> 夫人（之）所以生者，陰、陽氣也。陰氣主為骨肉，陽氣
> 主為精神。人之生也，陰、陽氣具，故骨肉堅、精氣盛。
> 精氣為知，骨肉為強，故精神言談，形體固守。骨肉精神，
> 合錯相持，故能常見而不滅亡也。（〈訂鬼〉）

> 水凝為冰，氣凝為人，氣為形體。（〈論死〉）

文中指出人由陰陽二氣的凝化，才得以生成。「陽氣」構成人的精神，「陰氣」構成人的骨肉，陰陽兼備則人的形神俱齊。其中「陰氣」化生骨肉，無疑是物質性，「陽氣」化生精神，又稱「精氣」。「精氣者，血脈也」（〈論死〉）可見陽氣是由血脈形成的精神，也是一種物質能量。以上王充「氣」為物質性的論點是塑造「氣」自然性的基礎。

（三）自然性

王充說：

> 氣自變。（〈自然〉）

> 氣也恬澹無欲，無為無事者也。（〈自然〉）

也就是氣的變化過程中生成萬物是無意識的，自然而然的化生了萬物。氣的自然性是相對於董仲舒的意志天而提出的，王充說：

> 陰陽不和，災變發起，或時先世遺咎，或時氣自然。（〈感
> 類〉）

天人感應論者將災異視為天有意識的警告，王充不認同此說法，認為災異是氣的變化，他說：

> 災變無種，瑞應亦無類也。陰陽之氣，天地之氣也，遭善

而為和，遇惡而為變，豈天地為善惡之政，更生和變之氣
乎？（〈講瑞〉）

所謂「變氣」指氣未經過正常程序而變化，即「氣無漸而卒
至曰變」（〈自紀〉）例如雷就是陰陽之氣交會，過度「陽氣」所
造成的異象。氣之和為善，惡氣則為變氣，不論和氣之善或變氣
之惡都是屬於天道自然的範疇。

（四）永恆性

王充說：

天地不生，故不死；陰陽不生，故不死。（〈道虛〉）

文中以陰陽之氣的不生不死代表氣的永存不滅，所以說：「萬
物之生，俱得一氣。氣之薄渥，萬世若一。」（〈齊世〉）而氣所
會合化生的有形萬物，有生有死，例如「陰陽之氣，凝而為人，
年終壽盡，死還為氣。」（〈論死〉）其他宇宙萬物也是依此原理
稟氣而生，死而復歸為氣。

在王充的氣化宇宙論中，認為宇宙萬物的生滅運作與氣有
關，事實上，漢代氣化宇宙論相當流行，近代學者即指出：「王
充和一般漢儒一樣主張氣化的宇宙觀。他不但認為天地本身是『含
氣之自然』，而且認為宇宙萬物的生滅與運作均與氣有關。」[227]不
過，上述王充論述氣的特性與漢儒有差異之處，主要表現在氣類
相感和陽氣看法的歧出上。[228]

（一）就氣類相感而言

漢代多認為陰陽二氣交會而生萬物，而且認為萬物之間因氣

---

227 林麗雪，《王充》，同註 2，頁 215。
228 林麗雪，《王充》，同註 2，頁 216-223，已提出此觀點。

類相同能互相感動，《淮南子》說：

> 夫濕之至也，莫見其形，而炭已重矣。風之至也，莫見其
> 象，而木已動矣。…故天之且風，草木未動而鳥已翔矣；
> 其且雨也，陰曀未集而魚已噞矣。以陰陽之氣相動也。故
> 寒暑燥濕，以類相從；聲響疾徐，以音相應也。（〈泰族訓〉）

此段引文說明萬物之間同類可互相感應。王充氣類相感的觀
念接近上引《淮南子》萬物受大自然影響的看法，他說：

> 陰物以冬見，陽蟲以夏出。出應其氣，氣動其類。參、伐以
> 冬出，心、尾以夏見。…氣至而類動，天地之性也。（〈遭虎〉）

上述引文中，以夏蟲會受陽氣感召而增長活動，冬蟲於夏季則
自動隱藏，又說「且天將雨，螘出蚋蜇」（〈商蟲〉）「故天且雨，螻
蟻徙，丘蚓出，琴弦緩，固疾發，此物為天所動之驗也。故天且
風，巢居之蟲動；且雨，穴處之物擾，風雨之氣感蟲物也。…夫
風至而樹枝動，樹枝不能致風。是故夏末蜻蜊鳴，寒螿啼，感陰
氣也。雷動而雉驚，發蟄而蚳出，起陽氣也。夜及半而鶴唳，晨
將旦而雞鳴，此雖非變，天氣動物，物應天氣之驗也。」（〈變動〉）
王充看來，這種同類相感是天地之性，可見他並不反對氣類相感，
不過，對於董仲舒的天人相感則不能認同。也就是王充觀念裡，氣
類相感是有限制性的，他說：

> 夫以箸撞鐘，以算擊鼓，不能鳴者，所用撞擊之者小也。
> 今人之形，不過七尺，以七尺形中精神，欲有所為，雖積
> 銳意，猶箸撞鐘、算擊鼓也，安能動天？精非不誠，所用
> 動者小也。（〈感虛〉）

這段引文中「箸」是筷子，「筭」指算籌，均為細小之物，
王充將人對天的作用比喻作筷子、算籌撞擊鼓，不會有什麼反應，
原因就在於雙方差異太大。又說：

人坐樓臺之上，察地之螻蟻，尚不見其體，安能聞其聲？
何則？螻蟻之體細，不若人形大，聲音孔氣，不能達也。⋯
魚長一尺，動於水中，振旁側之水，不過數尺。大若不過
與人同，所振蕩者，不過百步，而一里之外，澹然澄靜，
離之遠也。今人操行變氣，遠近宜與魚等，氣應而變，宜
與水均。（〈變虛〉）

引言中說明聲音從發聲的地方（聲源）向外傳播是有一定範
圍的。人坐樓台觀察地面的螻蟻，既然看不見其形體，如何能夠
聽到它的聲音，其原因就是螻蟻的身體很小，發出的聲音和微弱
震動的「氣」達不到樓台之上。同理，一尺長的魚在水中游動，
震動旁側的水也不過數尺，即使像人那樣大的魚，震動的水面也
不過百步遠，範圍之外，依然清澈平靜。由此說明聲音和震動的
能量是有限的，一定大小的聲音和震動，只能傳播到一定範圍。[229]

其例也說明了氣的感動受「氣」大小、強弱的限制，也就是
他認爲「人能以精誠感動天」（〈感應〉）是不可能成立的。換言
之，天與人大小差異懸殊，不可能相感。倘若天人必定要有感應，
只可能類似上引《淮南子》所述的人類單方面受自然環境的影響。

此外，董仲舒的陰陽二氣已非純粹的物質之氣，他說：

陽氣暖而陰氣寒；陽氣予而陰氣奪；陽氣仁而陰氣戾；陽
氣寬而陰氣急；陽氣愛而陰氣惡；陽氣生而陰氣殺。[230]

文中的「氣」已轉變爲人格化的概念，與王充「物類相致，
非有爲也」（〈感虛〉）的物質性、自然性的「氣」概念相悖。所
以在王充看來，天與人不可能以自然的氣爲媒介而相互感應。

229 李倉，〈王充在《論衡》中對古代物理知識的貢獻〉（《中州大學學報》
　　1993 年第 4 期），頁 77。
230 （漢）董仲舒，《春秋繁露・陽尊陰卑》，同註 173，頁 327。

（二）就「陽氣」之含意而言

漢代有「陽貴而陰賤，天之制也。」[231]的觀念，認為「陽常居大夏，而以生育養長為事；陰常居大多，而積於空虛不用之處。」[232]以陽氣起生長養育萬物作用而居於實位，冬季陽氣已衰，陰氣實際未發生太大作用而居於虛位。

至於王充則以陽氣代表「精神」外，又說：

> 天地之氣為妖者，太陽之氣也。（〈訂鬼〉）
>
> 鬼者，太陽之妖也。（〈言毒〉）
>
> 故凡世間所謂妖祥，所謂鬼神者，皆太陽之氣為之也。（〈訂鬼〉）
>
> 夫毒，太陽之熱氣也，中人人毒。…天下萬物，含太陽氣而生者，皆有毒螫。毒螫渥者，在蟲則為蝮、虵、蜂、蠆…其在人也為小人，故小人之口，為禍天下。小人皆懷毒氣，陽地小人，毒尤酷烈。（〈言毒〉）

引言中王充以太陽之氣解說為鬼、妖怪、毒物、小人的來源，之所以解說「陽氣」為鬼、毒素、妖氣或小人的原因，在「陽氣」為「火氣」，歸納〈言毒〉篇之意如下：

1.「太陽火氣，常為毒螫，氣熱也。」

2.以「東南隅，陽位也。」由於「唯東南隅有溫烈氣。」

3.以南方楚、越之人「與人談言，口唾射人，則人脈脹，腫而為創。」又巫咸詛咒災禍，皆因「生於江南，含烈氣也。」

4.以「火煙入鼻鼻疾，入目目痛，火氣有烈也。」

5.依陰陽五行說法，「火、口同類」，而「小人之口，為禍

231　（漢）董仲舒，《春秋繁露・陽尊陰卑》，同註173，頁337。

232　《漢書・董仲舒傳》，頁2502。

天下」，「陽地小人，毒尤酷烈。」

據此，王充的陽氣與董仲舒的陽尊陰卑、陽善陰惡的觀念有異。至於王充堅持人死不爲鬼的論點，曾提出「鬼者，太陽之妖也。」以鬼爲太陽之氣所形成的妖象，是又陷入另一不可知的矛盾中。

綜合上述，王充氣內容既是生成宇宙萬物的根本要素，也是人類行爲道德發展和壽命長短的根源，陰陽二氣的調和與否也主導社會治亂，氣的多重意涵，無非是使「天」具有更多面向，以期能以天道觀因應所面對的種種社會問題。

二、「天」的性質

王充天道觀的論點，其中批判雷爲天怒、十日並出、女媧補天等神話傳說的「天」而言，是屬於他在天文學上的觀察，可說是純粹天文學上的知識。不過，就王充而言，他藉由天文學上的觀察「疾虛妄」，論述天人感應思想的虛妄不實，所以就不是純粹天文學上的問題，而是以天文學知識建構其哲學體系。王充論述「天」的性質說明於下：

（一）天體施氣

王充明白指出天是一個實體，他說：「天，體，非氣也。」（〈談天〉）又提到：

> 人生於天，何嫌天無氣？猶有體在上，與人相遠。秘傳或
> 言：天之離天下，六萬餘里。數家計之，三百六十五度一
> 周天。下有周度，高有里數。如天審氣，氣如雲煙，安得
> 里度？又以二十八宿效之，二十八宿爲日月舍，猶地有郵

> 亭為長吏廨矣。郵亭著地，亦如星舍著天也。案附書者，天
> 有形體，所據不虛。由此考之，則無恍惚，明矣。（〈談天〉）

引文中按照天文曆算家計算三百六十五度又四分之一是一周天，當時並以里數計量天地相距六萬多里，以二十八宿附著上天，以這三點證明天是一實體，又說「天乃玉石之類也。」（〈談天〉）是以具體實物說明天的物質性。

由於「天地，含氣之自然。」（〈談天〉）氣構成天地，而氣本身也是自然物質。天地既然是含氣的自然之體，天與氣的關係就在：「天之動行也，施氣也，體動氣乃出，物乃生矣。」（〈自然〉）提出了天體運行，氣自然產生。天與氣二者均為自然物質，足見天施氣化育生成萬物是無意識的自然，並非有目的化生萬物而施氣。又王充論述天的自然無為，曾以類比方式說：

> 何以知天之自然也？口目之類也。口欲食而目欲視，有嗜
> 欲於內，發之於外，口目求之，得以為利，欲之為也。今
> 無口目之欲，於物無所求索，夫何為乎？（〈自然〉）

文中以人具有耳目等感官，而欲食、欲視以滿足慾望，類比天無耳目感官，不會向外追求以滿足慾望，所以萬物生化於天地之間，純粹是自然狀態。

（二）物偶自生

王充說：

> 夫天地合氣，人偶自生也；猶夫婦合氣，子則自生也。夫
> 婦合氣，非當時欲得生子，情欲動而合，合而生子矣。且
> 夫婦不故生子，以知天地不故生人也。（〈物勢〉）

此段引文王充以類比方式論證天無意識生人，如同夫婦合氣無意識生子。換言之，氣雖為天所施放，實為自然化生，所以王

充又說：

> 夫人之施氣也，非欲以生子，氣施而子自生矣。（〈自然〉）
> 夫天覆於上，地偃於下，下氣烝上，上氣降下，萬物自生
> 其中間矣。當其生也，天不須復與也。物自生，子自成，
> 天地父母，何與知哉？（〈自然〉）

文中一再強調天地非有意識的創生萬物。據此可知，王充的天道觀是以「氣」和「自然無爲」爲基礎。關於「自然」一詞在《論衡》中的意義有表示自然環境者、表示自然現象非人爲造作者、表示與生俱來者和表示自然界運行之規律四種。[233]「無爲」一詞在《論衡》中的意義有表示沒有行爲動作、表示自然規律二種。[234]

以上「自然」、「無爲」的概念，主要是用來論述天的性質、作用、規律等狀態，王充說：

> 自然無為，天之道也。（〈初稟〉）
> 天動不欲以生物，而物自生，此則自然也。施氣不欲為物，
> 而物自為，此則無為也。謂天自然無為者何？氣也。恬淡
> 無欲，無為無事者也。（〈自然〉）

說明了宇宙萬物都是在自然無目的的生化下產生，天施陰陽二氣，氣凝化聚散產生萬物，至於氣的流行也是恬淡無欲，無所爲而爲的。

---

233 馮曉馨，《王充天論思想之研究 —— 與荀子天論思想之比較》（中國文化大學哲學研究所博士論文 2007 年），頁 158-159。

234 吳朝欽，《王充天道思想之連貫性 —— 以氣爲本體、自然爲規則的探討》（元智大學中國語文學系研究所碩士論文 2008 年），頁 30。

三、天人關係

（一）天人不相應

王充區分無為與有為的不同，曾說：

> 夫天道自然，自然無為。二令參偶，遭適逢會，人事始作，
> 天氣已有，故曰道也。使應政事，是有為，非自然也。（〈寒溫〉）

在王充看來，天和人是二個不同範疇，最基本的區分就在無為與有為。天道之所以無為，是因為陰陽二氣偶然遭逢相會而生成萬物，所以天是自然無為，如果天的化生因政事而變化，則是有所作為，而非自然。所以說：「夫天道，自然也，無為。如譴告人，是有為，非自然也。」（〈譴告〉）

論災異者，「已疑於天用災異譴告人矣。」（〈變動〉）又有「鄒衍無罪，見拘於燕，當夏五月，仰天而歎，天為隕霜。」（〈感虛〉）的例子。是感應論者主張天有意志，災異是天有意降臨用以警告君王，同時也認為人可以感天，天也會應人。王充則認為天道運行是自然規律，而且物質性的天沒有意識，萬物在四時的變化，是因氣的流行而生長，非天意執行，不可能有譴告感應的行為出現。

（二）寒溫與君王喜怒無關

王充說：

> 人君急舒而寒溫遞至，偶適自然，若故相應。猶卜之得兆，
> 筮之得數也。（〈寒溫〉）

> 當人君喜怒之時，寒溫之氣，闔門宜甚，境外宜微。今案

　　寒溫，外內均等，殆非人君喜怒之所致。(〈寒溫〉)

　　文中王充以占卜之兆數其實是偶然巧合的結果，類比天氣寒溫和君王喜怒相同，其實也是偶然巧合而已。在王充觀念裡，天和君王不會相應，如果會相應，則君王喜怒時，寢室內的寒溫變化最大，但考察天氣寒溫室內室外相同，可知天氣與人事並無關，天不會用氣候上的變化來警惕或提醒君王，或許寒溫的到來會遇到君王的賞罰，而這只是偶然巧合而已。況且「桀、紂之時，無饑耗之災」(〈治期〉)，而「堯遭洪水，湯遭大旱」(〈治期〉)顯然氣候是自然現象，不存在善惡的預設。因此，「人君用刑非時則寒，施賞違節則溫」是「人君爲政失道，天用災異譴告之也。」(〈譴告〉)的說法，實爲將自然界的變化現象強加比附，把自然界的天人格化。

(三) 天不能賜福降災

　　王充說：

　　　世謂受福祐者，既以為行善所致；又謂被禍害者，為惡所得。(〈禍虛〉)

　　　世論行善者福至，為惡者禍來。福禍之應，皆天也，人為之，天應之。(〈福虛〉)

　　一般人普遍有行善者得福、行惡者得禍的觀念，認爲天可以獎善罰惡。王充有「命定論」的提出，強調福禍與人善惡無關，福禍也非天賜，天不能回應人的行爲良窳。每個人的命運順逆、富貴貧賤，在稟氣之初即已決定，稟氣之渥薄決定了禍福貴賤。

　　總上所述，王充以天施氣是無意志、無目的、自然而然的運作。藉此強調君王作爲和災異譴告無關，天不會因人事而改變大自然法則。駁斥了董仲舒藉天道抑制君權，以及災異論者陷入迷

信，「見誣言天，災異時至，則生譴告之言。」（〈譴告〉）的虛妄。

四、王充天道觀的淵源

　　王充對天的認知與老子和荀子的論點有諸多相似之處，他曾說其對天的理解是「依道家論之」（〈自然〉），同時也承襲了荀子「天行有常，不爲堯存，不爲桀亡。」[235]的理路而發展。事實上，王充雖融合了老子、荀子對天的觀點，但其天道觀與老子、荀子又有差異。

（一）與老子的不同

　　老子天道觀以「道」爲自然規律，其特質有四：
1.道是天地母，老子說：

　　道者，萬物之奧。[236]

　　有物混成，先天地生，寂兮寥兮，獨立不改，周行而不殆，

　　可以爲天下母，吾不知其名，強字之曰道，強爲之名曰大。

　　大曰逝，逝曰遠，遠曰反。[237]

　　王弼注：「奧猶曖也，可得庇蔭之辭。」[238]說明道可包容護庇萬物，是萬物生發本體，並先天地存在而創生萬物。《韓非子‧解老篇》也有解說：「道者，萬物之所然也，萬理之所稽也。…

---

235 《荀子‧天論》，同註51，頁527。
236 《老子》第六十二章，嚴靈峯，《老子達解》（台北：華正書局，1983年），頁327。
237 《老子》第二十五章，同註236，頁123-125。
238 同註236，頁329。

萬物之所以成也。」[239]是萬物所以生成者爲道。

2.道的形上特質是寂寥、獨立、不改、不殆。爲凸顯道的形上意義，老子多處強調道的超越性：

> 道之爲物，唯恍唯惚。[240]
>
> 視之不見，名曰夷；聽之不聞，名曰希，搏之不得，名曰微。[241]

引文之意在描述道的混然一體（有物混成）、無聲無形（寂兮、寥兮、夷、希、微）、似有似無不可指。然而，道又非空洞形式，所以說「其中有精，其精甚眞，其中有信。」[242]大抵是以道的無以名之反襯出道的深奧。

3.形上之道爲創造萬物根源，其動力在「無」與「有」。老子說：

> 無，名天地之始；有，名萬物之母。[243]
>
> 天下萬物生於有，有生於無。[244]

老子用「無」表現道的無窮創生能力，以「有」代表道所生成的現象界。無是萬物的創始，有是萬物的延展，由無而有則開顯豐富的各類型生命。

4.道由一而多的創生歷程，老子說：

> 道生一，一生二，二生三，三生萬物。[245]

《老子》第三、十、二十二、三十九等章，係以一爲道的代

---

239 陳奇猷，《韓非子集釋》(台北：漢京文化事業有限公司，1983 年)，頁 365。
240 《老子》第二十一章，同註 236，頁 102。
241 《老子》第十四章，同註 236，頁 65。
242 《老子》第二十一章，同註 236，頁 102-103。
243 《老子》第一章，同註 236，頁 2。
244 《老子》第四十章，同註 236，頁 221。
245 《老子》第四十二章，同註 236，頁 233。

稱，由道既而生成陰陽二氣。三指多數，是陰陽二氣所孕育之萬物而至生生不息。老子曾說：「谷神不死，是謂玄牝。玄牝之門，是謂天地根。綿綿若存，用之不勤。」[246]即以「玄牝之門」、「天地根」說明道為產生天地萬物的始源，以「神」比喻道「用之不勤」綿延不絕的創生萬物功能，可作「二生三，三生萬物」的註腳。

徐復觀曾比較王充天道觀與老子天道觀的不同，歸納其要點有三：[247]

1. 老子的天道具有永恆創造萬物的作用，所以說「用之不勤」、「獨立而不改，周行即不殆」，但由於道「生而不有，為而不恃，長而不宰。」所以萬物不感到被創造。至於王充所說天之生物，以夫婦交媾比作天化生萬物的自然無為，而這只是一種偶然。

2. 老子的天道雖然沒有人格神的意志，但它的性格是最高理性的存在，所以說「窈兮冥兮，其中有精，其精甚真，其中有信。」至於王充描述的天道及天道的自然無為，卻完全是既無耳目口鼻，又無心思才智的混沌幽暗之物。

3. 老子的天道創生萬物，也把自己至善純美的性格，分化於各人各物的生命之中，所以道家的天人是一貫的關係。至於王充的天道是混沌不可知的天，他所說的命，也只是一種不可知的盲目的命運之命，所以天人關係是分成兩截。

（二）與荀子的不同

荀子對於「天」的認識有下列四項特點：

1. 天是自然規律，荀子說：

---

246 《老子》第六章，同註 236，頁 33-34。
247 徐復觀，《兩漢思想史》卷二，同註 3，頁 617-621。

> 列星隨旋，日月遞炤，四時代御，陰陽大化，風雨博施，
> 萬物各得其和以生，各得其養以成，不見其事而見其功，
> 夫是之謂神。皆知其所以成，莫知其無形，夫是之謂天。[248]
> 天有常道矣，地有常數矣。[249]

其意說明萬物依一定規律變化而生，是不見其形但見其成的自然現象，而且這自然現象不能因爲外力而改變。

2.天是生化本源，荀子說：

> 天地合而萬物生，陰陽接而變化起。[250]
> 天地者，生之始也。[251]

此處天地合稱是指萬物由天地的自然變化和陰陽二氣的交互作用而生。

3.天人分職，荀子將自然的天與人事的治亂連結，提出天人分別：

> 天行有常，不為堯存，不為桀亡。應之以治則吉，應之以
> 亂則凶。…夫日月之有蝕，風雨之不時，怪星之黨見，是
> 無世而不常有之。上明而政平，則是雖竝世起，無傷也；
> 上闇而政險，則是無一至者，無益也。[252]

說明天的運行自有規律，不爲堯存，不爲桀亡。無論治道清明或幽闇，並不影響日月蝕或怪星或水旱災的出現與否，這是從經驗觀察人世的治亂是人自己造成與天無關。

4.人能事天、知天，荀子說：

> 日月食而救之，天旱而雩，卜筮然後決大事，非以為得求

248　《荀子‧天論》，同註 51，頁 530。
249　《荀子‧天論》，同註 51，頁 534。
250　《荀子‧禮論》，同註 51，頁 610。
251　《荀子‧王制》，同註 51，頁 323。
252　《荀子‧天論》，同註 51，頁 527 及 536-537。

也，以文之也。故君子以為文，而百姓以為神。以為文則
吉，以為神則凶也。[253]

反映了雩祭、卜筮等事天活動，是順民情，安慰民心的文化
行為，並非以為真有天意，假設以為天意而不作人事努力，失去
人的主動性反而因此而遭凶險。所以「皆知其所以成，莫知其無
形，夫是之謂天。唯聖人不求知天。」[254]不求知天即是體悟天道
與人事的禍福、治亂無必然關聯。又說：

聖人清其天君，正其天官，備其天養，順其天政，養其天
情，以全其天功。如是，則知其所為，知其所不為矣，則
天地官而萬物役矣。其行曲治，其養曲適，其生不傷，夫
是之謂知天。[255]

引言中「天君」指「心」，是生命主宰，「天官」指耳目鼻
口等天生的器官和功能，「天養」指宇宙萬物材質不同，可順大
自然法則裁而用之，使養口腹形體，「天政」指順人類生理需求
以養人，「養其天情」是使人的喜怒哀樂等情感抒發有節制。以
上所述也就是明白天人分際，掌握天的規律並應用於人事上，使
萬物為人所役使，人本身也能養心養身，而行為周到，這種不作
任何違反自然的干涉即為「知天」。因此認為「一天下，財萬物，
長養人民，兼利天下，…則聖人之得勢者，禹舜是也。」[256]聖人
能裁用天地萬物，以養育人民，保有天下，是荀子天論的重要理
念。

關於王充與荀子對天的認知有相類似之處，傳統也認為王充

253　《荀子・天論》，同註51，頁540。
254　《荀子・天論》，同註51，頁530。
255　《荀子・天論》，同註51，頁532。
256　《荀子・非十二子篇》，同註51，頁233-234。

承襲荀子學說[257]，事實上，二人天道觀的精神大異其趣。蕭公權說：「荀子破除天人感應之迷信，意在建立一人本主義之積極政治觀；王充破除感應，其目的在闡明悲觀之宿命論。」[258]說明如下：

　1.就天人的界定而言，二人所說的都是自然天。不過，荀子區分天人的屬性，以自然無爲屬於天，將掌握天運行規律的能力歸屬於人。天地人各依職分而行，「應之以治則吉，應之以亂則凶。」「制天命而用之」，[259]天人和諧發展，緊密相聯。至於王充天道觀以天施氣生成萬物和人，是偶然性非有所爲而爲，天不具意識和目的，將自然現象和社會現象作區隔，區分天與人的不同，天與人也失去了聯繫路徑。

　2.就人的價值而言，荀子的天人關係中，人能「化性起僞」，可學習禮義之道，而左右人生際遇及發展。人能以自身努力成聖成賢，人存在價值獲得彰顯。至於王充的天人關係，人的力量渺小，人的際遇爲命運所決定，人的定位是被動存在。

　3.就天人境界而言，二人有類似的天人不相應說法，但荀子的天人卻能相合，人藉由掌握天的規律，善用自然而創造人類更大福祉。王充主張天人不相應，雖然論證方法先進，以邏輯、類比推理方法探求天，但對天人和諧的期待或認知卻極貧乏。

---

257 陳麗桂，《王充自然思想研究》（國立台灣師範大學國文研究所碩士論文，1974 年 6 月），頁 13-20。
258 蕭公權，《中國政治思想史》上冊（台北：聯經出版事業公司，1990 年），頁 373。
259 《荀子‧天論》，同註 51，頁 527 及 541。

　　根據上述，王充與老子、荀子的天道觀有傳承關係，而境界、格局卻大相逕庭，至於他以客觀懷疑精神探究天的本質，批判天人感應的迷信，有一定的貢獻和影響，所以胡適說：

> 王充的哲學是中古思想的一大轉機。他不但在破壞的方面打倒迷信的儒教，掃除西漢的烏煙瘴氣，替東漢以後的思想打開一條大路；並且在建設的方面，提倡自然主義，恢復西漢初期的道家哲學，替後來魏、晉的自然派哲學打下一個偉大的新基礎。[260]

第三節　王充「天道自然無爲論」的貢獻和缺失

　　上文所述，王充天道觀對匡正漢代流行的災異祥瑞思潮有突出的貢獻，但仍不免有理論上的盲點或缺失，可歸納以下數點說明：

一、自然科學和哲學的結合

　　王充對日月星辰的運行、風雨雷電的形成、春夏秋冬的變化、水旱災的形成以及萬物生長等，都以氣的運動加以解說，因而將自然界的變化視爲一自然規律現象。正是因爲從這角度觀察自然界，在其天道觀中可以看到許多豐富的自然科學知識和成

---

[260] 胡適，〈王充的論衡〉，黃暉，《論衡校釋》第四冊，附編四，頁1284-1285。

果。《論衡》一書中自然科學例證的引入，涉及範圍相當廣泛，例如：有幾何學知識，指出「日中時，日正在天上，猶竿之正樹去地三丈也。日出入，邪在人旁，猶竿之旁跌去地過三丈也。夫如是，日中爲近，出入爲遠，可知明矣。」（〈說日〉）有雷電知識，分析雷的實質是「雷者，火也」「雷者，太陽之激氣也。」（〈雷虛〉）有氣象知識，指出「春溫夏暑，秋涼冬寒，⋯寒溫，天地節氣，非人所爲，明矣。」（〈寒溫〉）並提出雨非從天而降，而是由雲而降的認識，所以說「雲霧，雨之徵也，夏則爲露，多則爲霜，溫則爲雨，寒則爲雪。雨露凍凝者，皆由地發，不從天降也。」（〈說日〉）等。

這些豐富的科學知識，目的並不在自然科學的發展，而是運用這些自然科學的認知來反對天人感應的迷信。所以〈雷虛〉篇對雷電成因的分析，是爲批判雷爲天怒的虛妄傳說，〈感虛〉篇說明雲雨形成的過程，是爲了論證水旱災並不是天有意志的降災，〈說日〉篇提出天行運轉有規律，十日並出的不可能，帝堯以精誠射日也不可成立，〈奇怪〉篇的醫學常識是爲說明聖王降生與天命無關。從王充的思想體系看來，自然科學知識是其天道觀的基礎，成爲堅強有力的批判依據，表現自然科學與哲學結合的特性。

二、具有懷疑精神

一般人對於記載於書籍上的文字多信而不疑，誠如王充所說：「世信虛妄之書，以爲載於竹帛上者，皆賢聖所傳，無不然之事，故信而是之，諷而讀之。」（〈書虛〉）事實上書籍所載有立異造奇者，而耳目聞見也有虛實之分，他說：

　　信聞見於外，不詮定於內，是用耳目論，不以心意議也。夫

　　以耳目論，則以虛象為言，虛象效，則以實事為非。(〈薄葬〉)

　　換言之，只盲目相信耳目的聞見而不經過思考，容易以虛象為事實，產生黑白顛倒的判斷。他也特別重視思辨，不純然接受書籍或傳說所言，例如上文他在批判神龍致雨傳說中，就有許多的疑問：

　　天地之性，人為貴，則龍賤矣。貴者不神，賤者反神乎？…龜蚳亦有神與不神，神龜蚳復升天乎？且龍稟何氣而獨神？…虎鳥與龜不神，龍何故獨神也？…謂龍升天，人復升天乎？(〈龍虛〉)

王充這種積極的懷疑精神，學者多有肯定的評價：

　　王充論衡中，幾於無迷不破，龍虛、雷虛、福虛等篇，獨具隻眼。[261]

　　王充以為論事必求真，必有驗，這種實證的精神和懷疑的態度，直到現在還是做學問的人所必備的。而其不畏權威，不屈於傳統，勇於批評，勇於探求的自由開放的思想，更是封建社會裏的鳳毛麟角。[262]

　　從此一掃兩漢思想詭異神祕之風，開啟懷疑實證之科學精神。[263]

所述呈現了王充在學術上懷疑態度的重要性和貢獻。

261 章炳麟，〈國學會講詞〉，程發軔，《國學概論》中冊（台北：正中書局，1969 年），頁 61，第四章〈兩漢學術〉第五節〈九流之鉅子‧王充〉一文中引述。
262 黃國安，〈王充「疾虛妄」論研究〉（《臺東師專學報》第 1 期，1973 年 4 月），頁 99。
263 陳麗桂，《王充自然思想研究》，同註 257，序。

三、採用複式論證

「效驗」就是指證據，王充說：

> 違實不引效驗，則雖甘義繁說，眾不見信。（〈知實〉）
>
> 事莫明於有效，論莫定於有證。空言虛語，雖得道心，人猶不信。（〈薄葬〉）

顯然他認爲無論道理多動聽，若舉不出證據則不被採信。在批駁神話傳說的虛妄，即採多方求取效驗的態度，推舉事例也不可勝數，例如〈感虛〉篇堯射九日之說的不可信，不僅從經驗知識舉證，又有從物理知識和類比推理的不同角度證實其說法。又如〈龍虛〉篇反復以「山海經言之，以慎子、韓子證之，以俗世之畫驗之，以箕子之泣訂之，以蔡墨之對論之。」就論證方法上而言，徵引了大量的經驗事實來檢核，或出自客觀的考察成果，或出自歷史知識、文獻資料等，歷代學者對此方式有不同的看法，持正面評價者：

> 王充論衡三十卷，凡八十五篇，二十餘萬言。自周、秦、漢、魏以來，諸子文字之多，未也過于此書者也。[264]
>
> 見有王充論衡，喜其識博而言辨。[265]

《論衡》一書的龐大和識博言辨，可說是廣引事實以爲驗證的表現。不過，由於推舉事證反復論述，其中有精要者，亦有不能相應者，所以或說「乏精竅而少肅括」，[266]其文「煩猥瑣屑」，

---

264 （清）王謨，〈論衡跋〉，黃暉《論衡校釋》第四冊，附編六，頁1322。
265 《四庫全書》，乾隆〈讀王充論衡〉，黃暉《論衡校釋》第四冊，附編三，頁1245。
266 （宋）高似孫，《子略》卷四，黃暉《論衡校釋》第四冊，附編三，頁1241。

[267]「理淺詞複」等。[268]換言之，王充講求效驗的研究態度值得參考，然而也有繁瑣而未精要的流弊，至於其舉例——廓清虛妄的精神相當值得注意，胡適即說：

> 王充在哲學史上的絕大貢獻，只是這種評判的精神。這種精神的表現，便是他的懷疑的態度。懷疑的態度，便是不肯糊裏糊塗的信仰，凡事須要經我自己的心意「詮訂」一遍，「訂其真偽，辨其虛實」，然後可以信仰。若主觀的評判還不夠，必須尋出證據，提出效驗，然後可以信仰。這種懷疑的態度，並不全是破壞的，其實是建設的。因為經過了一番詮訂批評，信仰方纔是真正可靠的信仰。凡是禁不起疑問的信仰，都是不可靠的。[269]

四、形成宿命論的迷信

其天道自然無為論是對治天人感應論者災異、譴告、符瑞等虛妄說法和不求實精神，而強調天與人各有屬性，提出人的行為善惡不會與天相應，並以「命定論」取代行善得福、行惡得禍的觀念。也就是王充否定了天有意志的觀點，卻又形成理論上宿命觀的盲點。認為人的禍福、壽夭、窮通由「命」支配和發展，相形之下，人在面對命運時，變得渺小無助。王充說：

> 天下善人寡，惡人眾。善人順道，惡人違天。然夫惡人之命不短，善人之年不長。天不命善人長享一百載之壽，惡

---

267 （明）胡應麟，《少室山房筆叢》卷二十八〈九流緒論〉，黃暉《論衡校釋》第四冊，附編三，頁1244。
268 （清）李慈銘所言，莫伯驥《五十萬卷樓群書跋》子部引，黃暉《論衡校釋》，第四冊，附劉盼遂〈論衡集解附錄〉，頁1361。
269 胡適，〈王充的論衡〉，黃暉《論衡校釋》第四冊，附編四，頁1280-1281。

人爲殤子惡死，何哉？（〈福虛〉）

操行有常賢，仕宦無常遇。賢不賢，才也；遇不遇，時也。
才高行潔，不可保以必尊貴；能薄操濁，不可保以必卑賤。
（〈逢遇〉）

換言之，人的窮達、壽夭與道德才能無必然聯繫，是由遇或
不遇的巧合偶然決定，而將人的逢遇、幸偶歸於「命」，所以說：

凡人遇偶及遭累害，皆由命也。有死生壽夭之命，亦有貴
賤貧富之命。自王公逮庶人，聖賢及下愚，凡有首目之類，
含血之屬，莫不有命。命當貧賤，雖富貴之，猶涉禍患，
失其富貴矣；命當富貴，雖貧賤之，猶逢福善，離其貧賤
矣。故命貴從賤地自達，命賤從富位自危。（〈命祿〉）

由於人的命又決定於稟氣而生之時，所以說：「人稟氣而生，
含氣而長，得貴則貴，得賤則賤。」（〈命義〉）不僅個人如此，
國家治亂興衰也是由命運主導，所謂「國命繫於眾星，列宿吉凶，
國有禍福」（〈命義〉）即是。所以「福禍不在善惡，善惡之證不
在禍福。」（〈治期〉）人的窮達不必因個人的努力修爲，國家治
亂也不必因仁君施政。此論點忽略了社會問題的關鍵在「人」而
不在「命」，而將個人與國家問題寄託於不可知的「命」或「氣」
決定，使得對「天」的認識仍陷於渾沌不明之中。

此外，他雖然一方面批判感生神話等天人感應論說的虛妄不
實，但是一方面又認同聖賢或聖世與瑞應一並出現的看法：

野出感龍，及蛟龍居上，或堯、高祖受富貴之命，龍爲吉
物，遭加其上，吉祥之瑞，受命之證也。光武皇帝產於濟
陽宮，鳳凰集於地，嘉禾生於屋。聖人之生，奇鳥吉物之
爲瑞應。（〈奇怪〉）

此段是以爲瑞應和聖賢或聖世並呈，所以光武帝出生有鳳

鳳、嘉禾等瑞應。在他看來，判斷一特殊奇異之物是否為瑞應的
關鍵在「政治之得失，主之明暗。」王充說：

> 孝宣比堯、舜，天下太平，萬里慕化，仁道施行，鳥獸仁
> 者，感動而來，瑞物小大、毛色、足翼必不同類。以政治
> 之得失，主之明闇，準況眾瑞，無非真者。事或難知而易
> 曉，其此之謂也。（〈講瑞〉）

引文中認為漢宣帝普施仁道，鳥獸中的仁者多能感動而降
臨。因此他更盛贊歌頌「孝明宣惠，眾瑞並至。至元和、章和之
際，孝章耀德，天下和洽，嘉瑞奇物，同時俱應，鳳皇、騏驎，
連出重見，盛於五帝之時。」（〈講瑞〉）王充認為瑞應代表陰陽
之氣和順，並非上天有意志的降臨，所以說：「陰陽之氣，天地
之氣也，遭善而為和，遇惡而為變，豈天地為善惡之政，更生和
變之氣乎？然則瑞應之出，殆無種類，因善而起，氣和而生。」
（〈講瑞〉）「又以甘露驗之。甘露，和氣所生也。露無故而甘，
和氣獨已至矣。和氣至，甘露降，德洽而眾瑞湊。」（〈講瑞〉）
事實上，當王充反對感生神話的迷信，又為稱揚漢朝盛世，以和
氣解釋瑞應的出現，已形成理論上的矛盾衝突。

清代熊伯龍針對這矛盾現象為王充申辯，熊氏引《論衡》〈譴
告〉〈變動〉〈死偽〉〈指瑞〉〈奇怪〉等諸篇，證明王充不信
祥瑞，但又引吉祥事物與貴命相應和，其旨意同〈吉驗〉篇，是
藉由祥瑞驗證帝王出現的「命定論」思想，無疑的這命定思想反
而又進入了另一個渾沌不明狀況，[270]學者指出：「非但沒有使人
們的認識前進一步，卻使人們陷入了另一種迷惘和盲從，而且到

頭來這種神秘莫測的瑞應之因，還會歸結到鬼神之力上去。」[271]

五、忽略神話傳說的特質

　　初民的思維活動相當簡單，不自覺的從神話解說自然環境和社會狀況，當生活經驗豐富、知識提高後，於是又自覺產生克服環境和征服自然的英雄人物。所以先有類似十日並出描繪自然環境的神話，而後才有征服自然的英雄如女媧、羿等出現。隨著時代和人類的進化，神話的質也起了變化，[272]神話可以從原本帶有宗教、哲學、歷史、科學、地理等象徵意義，發展爲故事內容複雜化、美麗化，又性質與原始神話有關聯的傳說故事，偏向審美的文學藝術。王充完全從客觀懷疑態度看待神話，可能忽略了其中的象徵意義和傳說的文學藝術等特色。

---

271 任繼愈，《中國哲學發展史》秦漢篇（北京：人民出版社，1985 年），頁 534。
272 袁珂說：「神話是原始先民思想意識的總匯，它不僅有著屬於文學藝術方面的審美的東西，還有著屬於宗教崇拜的、哲學思辨的、歷史和科學探討的、地方志和民俗志的…其他多方面的東西。後來神話發展了，屬於審美的文學藝術方面的東西便成爲神話的主流，而其他方面的東西自然便退居其次。…神話的發展及其流變的總趨勢既然是由野而文，它總要從原始的、複合的思想意識的總匯裡逐漸分離出來，走向審美的文學藝術的途徑。…只要不把神話的原始性看得絕對化，那麼後代新生的具有神話色彩的神話，也就可以被我們承認而接受了。」袁珂，《中國神話史》，同註 5，頁 15-16。

第三章 王充「命定論」的批判精神

「命定」一詞出自〈無形〉篇的「用氣爲性，性成命定」這二句話，以人的吉凶、禍福、貴賤、貧富、壽夭等一切決定於初稟之氣。事實上，「用氣爲性，性成命定」可以說明壽命的限定問題，但不足以周延表達壽命和貴賤的稟受。不過，王充有命運的好壞、吉凶和禍福，在出生時就已確定的含義，他在其它篇章中有說：「凡人受命，在父母施氣之時，已得吉凶矣。」（〈命義〉）「自王公逮庶人，聖賢及下愚，凡有首目之類，含血之屬，莫不有命。命當貧賤，雖富貴之，猶涉禍患，失其富貴矣；命當富貴，雖貧賤之，猶逢福善，離其貧賤矣。故命貴從賤地自達，命賤從富位自危。故夫富貴若有神助，貧賤若有鬼禍。」（〈命祿〉）認爲一個人命當富貴，不用努力，榮華富貴自然就會到來，命當貧賤則努力也是徒然，甚至他認爲：

> 夫性與命異，或性善而命凶，或性惡而命吉。操行善惡者，性也；禍福吉凶者，命也。或行善而得禍，是性善而命凶；或行惡而得福，是性惡而命吉也。性自有善惡，命自有吉凶。使命吉之人，雖不行善，未必無福；凶命之人，雖勉操行，未必無禍。（〈命義〉）

也就是，操行善惡是行爲道德問題，富貴貧賤則是命運問題，而命運和道德行爲二者互不相干，富貴貧賤與是否賢愚，沒有必然的關係，即使才華出眾、品德良善也不一定能獲得富貴。

　　王充為什麼將貴賤的際遇歸之於命呢？人的行為不能影響命運的消極「命定論」思想，又表現了他對人生和政治社會怎樣的深沉感受呢？王充在《論衡》的〈逢遇〉、〈命祿〉、〈幸偶〉等多篇中陳述當時人的觀念是：

> 才高當為將相，能下者宜為農商。見智能之士，官位不至，怪而訾之曰：「是必毀於行操。」行操之士，亦怪毀之曰：「是必乏於才知。」（〈命祿〉）
>
> 賢人可遇，不遇，亦自其咎也。生不希世准主，觀鑒治內，調能定說，審詞際會。能進有補贍主，何不遇之有？（〈逢遇〉）

　　也就是一般人認為才高者或賢德者能觀察現況，配合君主的需要，根據專長提出治國主張，怎麼會不受到賞識和重用呢？不被重用，應當是自己的才智不足或德行有過失。這種觀念王充並不能認同，他說「今俗人既不能定遇不遇之論，又就遇而譽之，因不遇而毀之」，認為「是據見效，案成事，不能量操審才能也。」（〈逢遇〉）他對一般人的看法很不以為然。

　　除此之外，王充並對漢代選官制度所產生的許多高官顯貴有極大的疑問，多次反覆提出高官未必是賢者，卑賤者未必是不肖者的言論，例如：

> 才高行潔，不可保以必尊貴；能薄操濁，不可保以必卑賤。…世各自有以取士，士亦各自得以進。…處尊居顯，未必賢，…位卑在下，未必愚。（〈逢遇〉）
>
> 以仕宦得高官身富貴為賢乎？則富貴者天命也。命富貴不為賢；命貧賤不為不肖。（〈定賢〉）

　　王充將「進者未必賢，退者未必愚。」的現象，歸因於「貴富有命祿，不在賢哲與辯慧。」（〈命祿〉）才能高超品行端正的，未必就會富貴，智力低下德薄能鮮的，未必就貧賤。有時才能高

超品行端正，因為命不好，而被閒置得不到提拔升遷的機會，才智低下的，因命好而被提拔越級晉升。他曾說：

> 以朝庭選舉皆歸善為賢乎？則夫著見而人所知者舉多，幽隱人所不識者薦少，…選舉多少，未可以知實。或德高而舉之少，或才下而薦之多。…且廣交多徒，求索眾心者，人愛而稱之；清直不容鄉黨，志潔不交非徒，失眾心者，人憎而毀之。故名多生於知謝，毀多失於眾意。（〈定賢〉）

此段毫無疑問的是對漢代選官制度的質疑和否定，揭示了選官制度並未能拔擢真正人才的問題。他陳述漢代察舉人才有其困難，知名度較高的人，就會受到較多人的舉薦，大家不熟悉的人，只有少數的人推薦。舉薦人的多寡，實不足以當做識別賢或不賢的標準。而且懂得廣交朋友，籠絡人心的人，世人無不交相稱譽；清廉正直，志向高超的人，獨立特行，往往失去眾心。漢代用人的現象與王充「命富貴，不為賢」的觀念若作一聯繫，則其命定論與反映漢代選官用人現況和流弊實有相當關係。

除上述祿命即「遇」與「不遇」的問題外，又有「壽命」問題。他在〈命祿〉篇將「命」區分作「死生壽夭」和「貴賤貧富」[1]，又說：

> 凡人稟命有二品，一曰所當觸值之命，二曰彊弱壽夭之命。所當觸值，謂兵燒壓溺也。彊弱壽夭，謂稟氣渥薄也。（〈氣壽〉）

所當觸值之命，是外在的幸與不幸，其制約命運的貴賤貧富，至於強弱壽夭之命即先天稟氣而生的死生壽夭。一般人認為：

> 人稟氣於天，雖各受壽夭之命，立以形體，如得善道神藥，

---

1 王充說：「凡人遇偶及遭累害，皆由命也。有死生壽夭之命，亦有貴賤貧富之命。」（《論衡‧命祿》）

形可變化，命可加增。(〈無形〉)

「善道」是指能延年益壽、長生不老的道術。當時人以爲服食「神草珍藥」，可以改變形體，延年益壽。王充則說「人稟元氣於天，各受壽夭之命，以立長短之形。」(〈無形〉)以人一有生命，本身形體、壽命就已取決於先天稟氣，來批駁時人「好道爲仙，度世不死」(〈無形〉)等虛妄之言。所以其「命定論」又與社會普遍流傳的變形及成仙問題有密切關係。

因此，本章從漢代的政治和社會背景探討、解讀王充爲什麼會形成命運與道德行爲分途的命定思想？進而了解其所表現的現實批判意義。此外，命定思想的內容爲何？歷代有何評價？是否有學術上的貢獻或學理上的盲點？也將探討於下。

第一節　王充提出「命定論」的原因

一、批判漢代選官不得賢才的問題

王充出身於「孤門細族」，當時有人鄙視他是「宗祖無淑懿之基，文墨無篇籍之遺，雖著鴻麗之論，無所稟階，終不爲高。」(〈自紀〉)王充回答說：

鳥無世鳳皇，獸無種麒麟，人無祖聖賢，物無常嘉珍。才高見屈，遭時而然。…五帝不一世而起，伊、望不同家而出。…。母驪犢騂，無害犧牲；祖濁裔清，不牓奇人。鯀惡禹聖，叟頑舜神。伯牛寢疾，仲弓潔全。顏路庸固，回傑超倫。孔、墨祖愚，丘、翟聖賢。楊家不通，卓有子雲；桓氏稽可，遹出君山。更稟於元，故能著文。(〈自紀〉)

　　這段話是王充對門閥現象的撻伐，指出了祖輩的卑微並不妨礙後代子孫有卓越的成就，他舉鯀惡禹聖、瞽叟頑固而舜賢良、伯牛患疾而仲弓健康、顏回父親平庸而顏回才能超群、孔子墨子祖先沒有名望，而孔丘、墨翟卻是聖賢等例，說明士人有高尚才智，不須靠高門望族的背景以取得官位。不過現實生活中，漢代察舉、徵辟、任子等制度，多推薦自己的子弟、門生、故吏、姻親，王充因無門第庇護，雖「經明德就」卻「仕數不耦」「仕數黜斥」，仕宦生涯中主要在縣、郡、州擔任官署首長的掾屬。[2]有人嘲笑他：「所貴鴻材者，仕宦耦合，身容說納，事得功立，故為高也。」（〈自紀〉）王充則將官運的順暢與否歸之於命定，他說：

> 故夫命厚祿善，庸人尊顯；命薄祿惡，奇俊落魄。必以偶
> 合稱材量德，則夫專城食土者，材賢孔、墨。（〈自紀〉）

　　其意認為倘若一定要用得志與否來衡量一個人的才能品德，則受封爵位的，其才智都比孔子、墨子高明了。換言之，官場的失意形成他命與性分途的觀念，所以王充有「才高行潔，不可保以必尊貴；能薄操濁，不可保以必卑賤。」「進者未必賢，退者未必愚。」（〈逢遇〉）的認知，是看清了仕途、察舉、政治等污濁現象的深切體會，也是他深刻的人生體驗。尤其是當時察舉制度錄用條件之一的孝廉，此品德可通過個人修養而獲得，但是要有地方官的推薦，這一條件自己並不能掌握，王充說：

> 故夫文力之人，助有力之將，乃能以力為功。有力無助，
> 以力為禍。何以驗之？長巨之物，強力之人乃能舉之。重
> 任之車，強力之牛乃能挽之。是任車上阪，強牛引前，力

---

2 王充說：「在縣位至掾功曹，在都尉府位亦掾功曹，在太守為列掾五官功曹行事，入州為從事。不好傲名於世，不為利害見將。」（〈自紀〉）

> 人推後，乃能升逾。如牛羸人罷，任車退卻，還墮坑谷，
> 有破覆之敗矣。文儒懷先王之道，含百家之言，其難推引，
> 非徒任車之重也。薦致之者，罷羸無力，遂卻退竄於巖穴
> 矣。（〈效力〉）

　　其意指出，有寫作文章能力的人，也得依靠有能力的地方長官的幫助和推薦，才能發揮自己的能力。有寫作能力而無幫助或推薦，反而會因為有能力受到排斥或打擊。並舉例說：若體積巨大，需要力氣特大的人才能扛起，裝著重物的車子，則需要力氣大的牛才能拉動，假使牛疲人憊，裝著重物的車子後退，甚至將墜落山谷。藉此說明鴻儒胸懷先王之道及諸子百家學說，由於曲高和寡，很難推薦，不僅是裝著重物的車子而已，「不遭有力之將援引薦舉，亦將棄遺於衡門之下，固安得升陟聖主之庭，論說政事之務乎？」（〈效力〉）可見王充非常重視官吏的提拔和推薦。

　　兩漢選官仕進的方式很多，有察舉、徵辟、貲選、任子及軍功等。[3] 馬端臨說：「漢世諸科，雖以賢良方正為至重，而得人之盛，則莫如孝廉。」[4] 可知察舉中的賢良方正及孝廉二科，應選者特盛，為漢入仕重要途徑。有關兩漢察舉賢良方正的原因有四點：

3　漢初用人之法，約有下列各途：一、軍功；二、吏道；三、任子；四、貲選；五、方伎；六、特徵；七、自薦；八、薦舉。在郡國察舉孝廉以前，上述八種用人的途徑，已經存在，其中有沿襲秦代者，有漢代創制者。王兆徵，《兩漢察舉制度》（台北：國立政治大學出版，1963年），頁16至17。任子並非善制，宣帝時王吉曾建議廢除，但未被採納。（《漢書·王吉傳》，頁3067。）至哀帝時曾除任子之令，但東京任子如故。（《漢書·哀帝紀》，頁336。）貲選與任子，同為敝政，董仲舒早已洞察之，遂於第二次對策中言：「今之郡守縣令，民之師帥，所使承流而宣化也。…夫長吏多出於郎中，中郎，吏二千石子弟選郎吏，又以富貲，未必賢也。」（《漢書·董仲舒傳》，頁2512。）

4　（元）馬端臨，《文獻通考·選舉考七》，《文淵閣四庫全書》第610冊（台北：台灣商務印書館，1986年）卷三十四，頁740。

5

（一）因災異而詔舉賢良：

漢代儒家始倡災異者為董仲舒。趙翼說：

> 漢興，董仲舒治公羊春秋，始推陰陽為儒者宗。……謂國
> 家將有失道之敗，天乃先出災害以譴告之。以此見天心之
> 仁愛人君，欲止其亂也。谷永亦言災異者，天所以儆人君
> 過失，猶嚴父之明誡，改則禍消，不改則咎罰，是皆援天
> 道以證人事。[6]

此後災異之說大興。這種天降賞罰的天命論，實際為儒者企
圖節制君權的辦法，文帝曾說：

> 天生民，為之置君以養治之。人主不德，布政不均，則天
> 示之災，以戒不治。[7]

元帝永光二年的詔書說：

> 朕戰戰栗栗，夙夜思過失，不敢荒寧。惟陰陽不調，未燭
> 其咎。…氛邪歲增，侵犯太陽，…乃壬戌，日有蝕之，天
> 見大異，以戒朕躬，朕甚悼焉。[8]

光武下詔說：

> 吾德薄致災，謫見日月。[9]

明帝下詔說：

> 朕以無德，奉承大業，而下貽人怨，上動三光，日食之變，

5　王兆徵有〈兩漢察舉賢良方正詔令表〉及〈兩漢察舉賢良方正頒詔原因分析
　　表〉，分析兩漢察舉賢良方正的原因有四點。王兆徵，《兩漢察舉制度》，
　　同註 3，頁 23-26。

6　（清）趙翼，《廿二史劄記校證》卷二〈漢儒言災異〉（台北：仁愛書局，
　　1984 年），頁 39。

7　《漢書・文帝紀》，頁 116。

8　《漢書・元帝紀》，頁 289。

9　《後漢書・光武帝紀》，頁 52。

其災尤大。[10]

可推知災異之說在當時警戒效果甚鉅。因此,「漢諸帝凡日食、地震、山崩、川竭、天地之變,皆「詔公卿內外眾官、郡國守相,舉賢良方正、有道術之士。」[11]國君下詔罪己,又舉賢良改善過失,於是形成風氣。

(二)瑞應出現而詔舉賢良:

瑞應為吉祥之兆,班固說:「龍陽德,由小之大,故為王者瑞應。」[12]漢代每於瑞應之後有詔舉賢良的事例。例如文帝十五年「黃龍見於成紀」,宣帝神爵四年「鳳凰甘露降集京師,嘉瑞並見。」成帝建始二年春「皇天報應,神光並見。」[13]均曾下令詔舉賢良。

(三)為廣開言路而詔舉賢良:

文帝二年頒除誹謗罪,下詔說:

> 古之治天下,朝有進善之旌,誹謗之木,所以通治道而來諫者也。今法有誹謗妖言之罪,是使眾臣不敢盡情,而上無由聞過失也。將何以來遠方之賢良?其除之。[14]

這是廣開言路的現象,兩漢察舉賢良詔令文中,言及召「能直言極諫者」的次數甚多,可見人君求言之切。而且忠臣亦多能諫諍,例如:

> 廣德為人溫雅有蘊藉,及為三公,直言諫爭,始敗旬日間,上幸甘泉,郊泰時,禮畢,因留射獵。廣德上疏曰:「竊見關東困極,人民流離,陛下日撞亡秦之鐘,聽鄭衛之樂,

---

10　《後漢書・顯宗孝明帝紀》,頁111。
11　《後漢書・孝安帝紀》,頁206。
12　《漢書・谷永傳》,頁3459。
13　《漢書・文帝紀》〈宣帝紀〉〈成帝紀〉,頁127、263、305。
14　《漢書・文帝紀》,頁118。

臣誠悼之。…「陛下不聽臣，臣自刎，以血汙車輪…。」[15]

頗有「取其忠言嘉謨足以佐國，崇論宏議足以康時。」[16]的自信。

（四）求賢良圖治而詔舉賢良：

漢代新君即位或親政多下求賢詔，武帝建元元年即位，即下求賢詔。安帝建元元年鄧太后崩，帝親政即下詔舉有道之士。此外，宣帝地節三年詔書說：

> 鰥寡孤獨高年貧困之民，朕所憐也！前下詔假公田，貸種、食。其加賜鰥寡孤獨高年帛，二千石嚴教吏，謹視遇，毋令失職。令內郡國舉賢良方正可親民者。[17]

神爵四年又下詔，「內郡國舉賢良可親民者各一人」[18]，多為勵精圖治整飭吏治而發。

由上所述，察舉制度有其優點：一是可促進政府人才的新陳代謝，凡具有能力與聲譽者即可為官。二是在此制度下，無論是地方或邊遠地區，都需推選人才至中央，擴大政府的社會基礎。不過，地方察舉也有流弊，因為由地方長官察舉人才，多無客觀標準，容易營私舞弊，如范曄所說：「州郡察孝廉、秀才，…榮路既廣，觖望難裁，自是竊名偽服，浸以流競，權門貴仕，請謁繁興。」[19]所以權門貴仕的請託，或門生故吏的報恩，致使門閥士族壟斷仕途，寒素之士無由上進。左雄說：

> 言善不稱德，論功不據實，虛誕者獲譽，拘檢者離毀，或因罪而引高，或色斯以求名，州宰不覆，競其辟召，踊躍

15　《漢書・薛廣德傳》，頁 3047。
16　（元）馬端臨，《文獻通考・選舉七》，同註 4，頁 740。
17　《漢書・宣帝紀》，頁 248-249。
18　《漢書・宣帝紀》，頁 264。
19　《後漢書・左雄傳》論曰，頁 2042。

　　　　升騰，超等踰匹。[20]

王符說：

　　　群僚舉士者，或以頑魯應茂才，以桀逆應至孝，以貪饕應
　　　廉吏，以狡猾應方正，以諛諂應直言，以輕薄應敦厚，…
　　　名實不相副，求貢不相稱。富者乘其財力，貴者阻其勢要，
　　　以錢多為賢，以剛強為上。凡在位所以多非其人，而官聽
　　　所以數亂荒也。[21]

漢代樂府詩也反映此現象：

　　　牢耶，石耶，五鹿客耶？印何纍纍，綬若若耶？[22]

　　〈牢石歌〉是元帝時的民謠，牢是牢梁，石是石顯，五鹿是
五鹿充宗，是元帝時的高官。此三人結黨營私，掌握朝政，詩中
即對諂媚依附者多得高官予以諷刺。因此，「權富子弟多以人事
得舉，而貧約守志者以窮退見遺。」[23]在此情況下，舉主與故吏
之間，往往形成「表舉薦達，例皆門徒，及所辟召，靡非先舊。」
[24]的依附關係。而且察舉多重視名譽，使人產生徇名而喪實的虛
偽行為，諸如久喪、讓爵、推財、避聘、報恩等，多矯枉過正。[25]
例如：

　　　（一）久喪，由於重視孝道，東漢有行孝服二十餘年的。例
如：「民有趙宣葬親而不閉埏隧，因居其中，行服二十餘年，鄉

---

20 《後漢書‧左雄傳》，頁 2017。
21 《潛夫論‧考績》，（東漢）王符撰，胡楚生集釋，《潛夫論集釋》（台北：
　　鼎文書局，1979 年），頁 115。
22 （宋）郭茂倩，《樂府詩集》第八十四卷〈雜歌謠辭二‧牢石歌〉，《四部
　　叢刊》第九十四冊（台北：台灣商務印書館，1979 年），頁 578。
23 《後漢書‧黃瓊傳》附黃琬傳，頁 2040。
24 《後漢書‧李固傳》，頁 2084。
25 王兆徵，《兩漢察舉制度》有關東漢察舉之弊的說明，同註 3，頁 111-115。

邑稱孝，州郡數禮請之。」[26]

（二）讓爵，長子應承襲父親高爵，但是避而不受以讓其弟。例如：「彪少勵志，修孝行，父卒，讓國與異母弟荊鳳，顯宗高其節，下詔許焉。後仕州郡，辟公府。」[27]

（三）推財，兄弟分居，財產推多取少。例如：「（許）祖父武，太守第五倫舉爲孝廉，武以二弟晏、普未顯，欲令成名，…於是共割財產以爲三分，武自取肥田廣宅，奴婢強者，二弟所得並悉劣少。鄉人皆稱弟克讓而鄙武貪婪。晏等以此並得選舉。武乃會宗親，泣曰：『吾爲兄不肖，盜聲竊位，二弟年長，未豫榮祿，所以求得分財，自取大譏，今理產所增三倍於前，悉以推二弟，一無所留』。於是郡中翕然，遠近稱之。」[28]

此外，如避聘、報恩、報仇、清節等盛行，再加上名士賢材互相標榜，往往自抬身價，如王符所說：

> 虛張高譽，彊蔽疵瑕，以相詆耀，有快於耳，而不若忠選實行，可任於官也。[29]

據此，可知察舉制度日益敗壞，東漢國君下詔書企圖改善察舉弊病，如明帝下詔說：

> 今選舉不實，邪佞未去。權門請託，殘吏放手。…有司明奏罪名，并正舉者。[30]

又章帝下詔說：

> 朕既不明，涉道日寡。又選舉乖實，俗吏傷人。官職秏亂，刑罰不中，可不憂與。…夫鄉舉里選，必累功勞。今刺史、

26　《後漢書・陳蕃傳》，頁 2159-2160。
27　《後漢書・鄧彪傳》，頁 1495。
28　《後漢書・許荊傳》，頁 2471。
29　《潛夫論・實貢》，同註 21，頁 247。
30　《後漢書・明帝紀》，頁 98。

守相，不明真偽，茂材、孝廉歲以百數。既非能顯，而當授之政事，甚無謂也。每尋前世，舉人貢士，或起甽畝，不繫閥閱。數奏以言，則文章可採，明試以功，則政有異迹。文質彬彬，朕甚嘉之。[31]

和帝下詔說：

選舉良才，為政之本。科別行能，必由鄉曲。而郡國舉吏，不加簡擇。故先帝明勅在所，令試之以職，乃得充選。又德行尤異，不須經職者，別署狀上。[32]

漢樂府民歌亦諷刺說：

舉秀才，不知書；察孝廉，父別居。[33]

由於選舉不實，官吏多不能努力於吏政，如順帝於陽嘉元年的詔書：「閒者以來，吏政不勤，故災咎屢臻，盜賊多有，退省所由，皆以選舉不實，官非其人，是以天心未得，人情多怨。」[34]文中已反映官吏不勤的現象。順帝永建初年，尚書令左雄也說：「謂殺害不辜為威風，聚斂整辨為賢能，以理己安民為劣弱，以奉法循理為不化。」[35]官吏行為多腐化，官場風氣敗壞，事實上多因於選舉不實，而用人不當所致。

漢代除察舉之外，尚有貲選、任子等選官仕進途徑。貲選制度類似納粟拜爵，凡入錢財、穀物、牲畜及奴婢者皆可為官，歷朝多有之，例如：

（一）成帝永始二年，詔入穀賑災者，「其百萬以上，加賜

31 《後漢書・章帝紀》，頁133。
32 《後漢書・和帝紀》，頁176。
33 （宋）郭茂倩，《樂府詩集・雜歌謠辭五・後漢桓靈時謠》，同註22，頁593。
34 《後漢書・順帝紀》，頁261。
35 《後漢書・左雄傳》，頁2017。

爵右更，欲爲吏，補三百石。其吏也遷二等，三十萬以上，賜爵五大夫，吏亦遷二等，民補郎。」[36]

（二）東漢安帝永初三年，朝廷又計金授官，「三公以國用不足，奏令吏人入錢穀，得爲關內侯、虎賁羽林郎、五大夫、官府吏、緹騎營士各有差。」[37]

（三）桓帝延熹四年，「占賣關內侯、虎賁、羽林、緹騎營士、五大夫，錢各有差。」[38]

（四）靈帝光和元年，不但「初開西邸賣官，自關內侯、虎賁、羽林，入錢各有差。」且私令左右賣公卿，「公千萬，卿五百萬」。[39]

所賣官爵愈來愈高，富人也多被強迫買官，故史書記載，「時拜三公者，皆輸東園禮錢千萬，令中史督之，名爲左騶。」[40]納粟拜爵破壞朝廷因能任職的標準，朝政亦日益腐敗。

至於任子制，在兩漢選官制度中所占比例不大，學者根據《漢書・百官公卿表》所記載的三公九卿共五百二十九人分析，其中從「任子」入仕者共十七人，約占三公九卿人數的百分之二點三。[41]雖人數不多，但作用影響不小。任子制的具體內容，依據顏師古說法：

> 任子令者，漢儀注：吏二千石以上視事滿三年，得任同產若子一人為郎。[42]

---

36 《漢書・成帝紀》，頁 321。
37 《後漢書・孝安帝紀》，頁 213。
38 《後漢書・桓帝紀》，頁 309。
39 《後漢書・靈帝紀》，頁 342。
40 《後漢書・羊續傳》，頁 1111。
41 廖曉晴，〈兩漢任子問題之探討〉(《遼寧大學學報》1983 年第 5 期)，頁 60。
42 《漢書・哀帝紀》注，頁 337。

　　換言之，乃為權貴子弟的仕進授與特權。關於保任子弟的條件從史籍記載上看，以保任自己子弟最多；[43]其次則保任弟兄為郎者，或保任其它親屬者亦不少。權貴子弟得以透過仕子制的庇蔭，出任郎官等職；達官權貴亦藉此制將其權位，世代承襲，例如：桓帝延熹中，「是時宦官方熾，任人及子弟為官，布滿天下，競為貪淫，朝野嗟怨。」[44]又如梁冀專朝，「猶交結左右宦官，任其子弟、賓客為州郡要職，欲以自固恩寵。」[45]任子制可不經過考試，不問才德如何，而被任命為官。

　　所謂貲選制度即賣官鬻爵，有錢人家可買爵任官。至於任子制，乃為權貴子弟的仕進授與特權，達官貴人亦藉此制度，將其權位世代承襲。所以東漢政治幾為豪族政治，例如：三輔竇氏、南陽鄧氏、安定梁氏，在明帝之時前後專政，即世代為宦的豪門。以鄧氏一家而言，封侯者二十九人，為三公者二人，為大將軍者十三人，中二千石者十四人，列校二十二人，州牧郡守四十八人，其餘侍中、將軍、大夫、郎、謁者，不可勝數。梁冀一門，前後七封侯、三皇后、六貴人、二大將軍、女食邑稱君者七人、尚公主者三人，其餘卿、將、尹、校五十七人。[46]誠所謂「子弟祿仕，曾無限極。」[47]為保障貴戚的既得利益，任子制多大行其道。

　　在上述不平等的薦舉背景下，若非結黨營私或豪族之子弟，

43　如《漢書‧陳萬年傳》附（子）咸傳：「子（陳）咸字子康，年十八，以萬
　　年任為郎。」頁 2900。《漢書‧辛慶忌傳》：「辛慶忌字子真，少以父任為
　　右校丞。」頁 2996。《後漢書‧馬援列傳》：「（馬）廖字敬平，少以父任
　　為郎。」頁 853。
44　《後漢書‧楊震列傳附楊秉傳》，頁 1772。
45　（宋）司馬光，《資治通鑑‧漢紀四十五》（台北：中華書局，1966 年）。
46　劉文起，《王符潛夫論所反映之東漢形勢》（台北：文史哲出版社，1995
　　年），頁 46。
47　《後漢書‧李固傳》，頁 2076。

欲施展抱負及志向顯然是極爲困難。王充有感於「進者未必賢，退者未必愚」(〈逢遇〉)，所以對一連串的識人標準提出了疑問：

「以仕宦得高官身富貴爲賢乎？」

「以事君調和寡過爲賢乎？」

「以朝庭選舉皆歸善爲賢乎？」

「以人眾所歸附、賓客雲合者爲賢乎？」

「以居位治人，得民心歌詠之爲賢乎？」

「以居職有成功見效爲賢乎？」

「以孝於父、弟於兄爲賢乎？」

「以全身免害，不被刑戮，若南容懼『白圭』者爲賢乎？」

「以委國去位，棄富貴就貧賤爲賢乎？」

「以避世離俗，清身潔行爲賢乎？」

「以恬憺無欲，志不在於仕，苟欲全身養性爲賢乎？」

「以舉義千里，師將朋友無廢禮爲賢乎？」

「以經明帶徒聚眾爲賢乎？」

「以通覽古今，祕隱傳記無所不記爲賢乎？」

「以權詐卓譎，能將兵御眾爲賢乎？」

「以辯於口，言甘辭巧爲賢乎？」

「以敏於筆，文墨雨集爲賢乎？」

「以敏於賦、頌，爲弘麗之文爲賢乎？」

「以清節自守，不降志辱身爲賢乎？」(以上〈定賢〉)

這些識人標準都可以造假，是對孝悌、名節、門閥等觀念的諷刺，換言之，「世俗之所謂賢潔者，未必非惡；所謂邪污者，未必非善。」(〈累害〉)表現了王充對世俗價值觀的否定。他說：

聖人難知，賢者比於聖人爲易知。世人且不能知賢，安能知聖乎？世人雖言知賢，此言妄也。知賢何用？知之如

何？（〈定賢〉）

文中質疑世俗辨識賢人的方法靠不住，認為一般人不能辨識賢人，更何況是辨識聖人呢？之後，史家趙翼也針對東漢沽名釣譽現象說：

馴至東漢，而其風益盛，蓋當時荐舉徵辟，必採名譽，故凡可以得名者，必全力赴之。[48]

此看法與王充相應和，批判、諷刺了漢代選官不得賢才的問題。

二、批判漢代官場的失序

漢代官場的失序，國君不能識別賢佞最為關鍵，王充說：

庸庸之君，不能知賢；不能知賢，不能知佞。唯聖賢之人，以九德檢其行，以事效考其言。（〈答佞〉）

聖明賢德的上位者，能以道德標準來檢驗人們的行為，依據辦事的效率來考察人們的言論，一般平凡君主則多不能分辨賢佞。又說：

無道理之將，用心暴猥，察吏不詳，遭以好遷，妄授官爵，猛水之轉沙石，猋風之飛毛芥也。是故毛芥因異風而飛，沙石遭猛流而轉，俗吏遇悖將而遷。（〈狀留〉）

「無道理之將」指不了解先王為政之道的地方長官，由於知短識淺，心術不正，無知人之明，往往全憑自己的好惡而授予官爵。俗吏遇到昏庸的地方長官而得到升遷，就像洪水使沙礫滾動，疾風使毛芥飄揚一般。所以「今世之將相，不責己之不能，而賤

48　（清）趙翼，《二十二史劄記校證》〈東漢尚名節〉，同註6，頁102。

儒生之不習；不原文吏之所得得用，而尊其材，謂之善吏。」（〈程材〉）上位者無法識別賢人，有才能與品德者自然「無伯樂之友，不遭王良之將，安得馳於清明之朝，立千里之迹乎？」（〈狀留〉）「以賢才退在俗吏之後，信不怪也。」（〈狀留〉）

　　基本上，漢代在專制政體下，國君的喜愛與否是作官晉升的關鍵，王充說：「人主好惡無常，人臣所進無豫，偶合為是，適可為上。進者未必賢，退者未必愚；合幸得進，不幸失之。」（〈逢遇〉）知識分子能得到賞識和重用，主要決定於國君的喜愛，而不是知識分子的才能，即使是無德無能者，若能迎合當權者，一樣能居要職。這樣的例子在歷史和現實中比比皆是，王充舉例說：

> 或無伎，妄以姦巧合上志，亦有以遇者，竊簪之臣，雞鳴之客是（也）。竊簪之臣，親於子反，雞鳴之客，幸於孟嘗，子反好偷臣，孟嘗愛偽客也。或無補益，為上所好，籍孺、鄧通是也。籍孺幸於孝惠，鄧通愛於孝文，無細簡之才，微薄之能，偶以形佳骨嫺，皮媚色稱。⋯或以醜面惡色，稱媚於上，嫫母、無鹽是也。嫫母進於黃帝，無鹽納於齊王。（〈逢遇〉）

　　雞鳴之徒獲得孟嘗君的喜愛，貌美之男如閎孺為漢惠帝寵信，鄧通為漢文帝寵愛，還賜給蜀嚴道山准許開銅礦自鑄錢弊，醜陋之婦如嫫母為黃帝選為妃子，無鹽被齊宣王立為王后。凡此都是因在上位者喜愛，而直上青雲的例子。

　　賢者也因「遇」而發揮才能，因「不遇」而困扼不得志，如伊尹與箕子同樣是賢才，因遇到的君主不同，個人命運就有極大差異，王充說：

> 或操同而主異，亦有遇不遇，伊尹、箕子是也。伊尹、箕子才俱也，伊尹為相，箕子為奴；伊尹遇成湯，箕子遇商

> 紂也。（〈逢遇〉）

伊尹和箕子都是有才德的人，伊尹受商王成湯賞識和重用爲宰相，箕子遇到的則是殘暴的殷紂王而裝瘋爲奴。此外又受君主才能的限制，大才不見得能被任用，所以王充說：

> 或以賢聖之臣，遭欲爲治之君，而終有不遇，孔子、孟軻是也。孔子絕糧陳、蔡，孟軻困於齊、梁，非時君主不用善也，才下知淺，不能用大才也。（〈逢遇〉）

孔子孟子曾受到困厄，這例子並不是當時的君主不想任用賢良，而是君主智慧淺薄，不能識別賢才。甚至有才能的君主也有不能任用賢人的現象：

> 以大才之臣，遇大才之主，乃有遇不遇，虞舜、許由、太公、伯夷是也。虞舜、許由俱聖人也，並生唐世，俱面於堯，虞舜紹帝統，許由入山林。太公、伯夷俱賢也，並出周國，皆見武王；太公受封，伯夷餓死。夫賢聖道同，志合趨齊，虞舜、太公行耦，許由、伯夷操違者，生非其世，出非其時也。（〈逢遇〉）

有才能的臣子，遇到大才的君王，也存在不被賞識的問題。例如虞舜、許由二人都是聖人，虞舜繼承了唐堯的帝位，許由卻歸隱山林；太公、伯夷都是賢人，而太公接受了封國，伯夷卻餓死於首陽山。

上列論述正可與王充所說的「說者不在善，在所說者善之；才不待賢，在所事者賢之。」（〈逢遇〉）「世主好文，己爲文則遇；主好武，己則不遇。主好辯，有口則遇；主不好辯，己則不遇。」（〈逢遇〉）相參證。

此外，倘若受國君知遇擔任官職後，行節名聲等受到損抑，不一定是欠缺才能、行爲或智力，而是來自外部的累害，王充說：

「凡人仕宦有稽留不進，行節有毀傷不全，罪過有累積不除，聲名有闇昧不明，才非下，行非悖也，又智非昏，策非昧也，遭逢外禍，累害之也。」（〈累害〉）所以王充又有「三累三害」之說，關係仕宦之途的三害是：

> 位少人眾，仕者爭進，進者爭位。見將相毀，增加傳致，將昧不明，然納其言，一害也。將吏異好，清濁殊操，清吏增郁郁之白，舉涓涓之言，濁吏懷恚恨，徐求其過，因纖微之謗，被以罪罰，二害也。將或幸佐吏之身，納信其言；佐吏非清節，必拔人越次。忤失其意，毀之過度；清正之仕，抗行伸志，遂為所憎，毀傷於將，三害也。（〈累害〉）

文中指出作官的人無不希望晉升，見到郡守長官就互相毀謗，以爭取有限的職位，這是一害。品德好的官吏，有政績清譽，品德不好的官吏則懷恨怨憤，任意加上罪名，此其二害。州郡長官寵信幕僚，幕僚藉此私心自用，任意提拔親近的人，對於不符合心意的清官則大肆詆毀，此其三害。尤其是「古今才洪行淑之人遇此多矣。」（〈累害〉）可見「君子也，以忠言招患，以行招恥，何世不然！」（〈累害〉）

漢代實行中央集權制度，一切官吏均由君主進退，國君的用人方式和態度影響仕進甚大，官吏所受的累害主要也來自國君，有關漢代君主影響的官場失序現象，說明如下：

（一）就君主與諸侯王的關係為例：

國君為鞏固君權，廢封建、立郡縣是時代趨勢。漢初行郡國制，有中央直轄的郡縣，並有諸侯統治的封國。基本上，中央朝廷和地方封國的勢力常不能兩立，漢諸侯王地位極高，例如說：

> 諸侯王，…金璽盭綬，掌治其國。有太傅輔王，內史治國

民，中尉掌武職，丞相統眾官、群卿大夫都官如漢朝。[49]
時諸侯得自除御史大夫群卿以下眾官，如漢朝，漢獨為置
丞相。[50]

漢初立諸王，因項羽所立諸王之制，地既廣大，且至千里。
又其官職傅為太傅，相為丞相，又有御史大夫及諸卿，皆
秩二千石，百官皆如朝廷，國家唯為置丞相，其御史大夫
以下皆自置之。[51]

可知漢代諸侯國除丞相太傅由皇帝任命外，御史大夫以下，
皆由諸侯王自行選任，王國內的行政、司法、財政、軍事大權，
皆由諸侯王獨當一面，權勢之重，有擬於天子。況且諸侯王的轄
區廣大，「（諸侯）大者，或五、六郡，連城數十，置百官、宮
觀，僭於天子。」[52]對專制帝王形成嚴重威脅。君臣多憂王綱之
替，於是賈誼、晁錯、主父偃等建議削藩，提出一系列維護中央
集權的主張，並為中央採用。史書記載：

諸侯原本以大，末流濫以致溢，小者淫荒越法，大者睽孤
橫逆，以害身喪國。故文帝采賈生之議分齊、趙，景帝用
晁錯之計削吳、楚。武帝施主父之冊，下推恩之令，使諸
侯王得分戶邑以封子弟，不行黜陟，而藩國自析。[53]

是西漢中葉以後，諸侯王地位已等同郡守，無復尊榮。

至於東漢時的諸侯王，從始封時起，對其領地就無政治統治
權，只有食封的經濟權。明帝之後，又減少諸侯王食封收入，以
增加朝廷財政收入，永平十五年，諸侯王所食的租稅又減少一半。

---

49 《漢書・百官公卿表》，頁 741。
50 《漢書・高五王傳》贊，頁 2002。
51 《後漢書・百官志五》，頁 3627。
52 《史記・漢興以來諸侯王年表》序，頁 320。
53 《漢書・諸侯王表》，頁 395。

[54]章帝時，諸侯王租稅收入雖有所增加，然食封已不如光武帝劉秀時的封賞。[55]

上述強幹弱枝的過程，無疑就在維護君主的權威及利益，甚至妒忌具有才智的諸侯。[56]例如：「自魏其武安之厚賓客，天子常切齒。」[57]以及「淮南王安爲人好書、鼓琴，…亦欲以行陰德拊循百姓，流名譽，招致賓客方術之士數千人。」[58]遂遭冤獄。[59]因此「今諸侯貴戚，或有勑己慎行，德義無違，制節謹度，未嘗負債，身絜規避，志厲青雲。」[60]的人，但易遭猜忌。「封疆立國」的王侯，本應輔佐天子，但當時反而不敢有所作爲，其中原因如王充所說：

> 君子也，以忠言招患，以高行招恥，何世不然？…貞良見妒，高奇見噪。（〈累害〉）
>
> 長吏妒賢，不能容善，不被鉗赭之刑，幸矣，焉敢望官位升舉，道理之早成也？（〈狀留〉）

---

54 《後漢書》記載，永平十五年（西元 72 年）「帝案地圖，將封皇子，悉半諸國。后見而言曰：『諸子裁食數縣，於制不已儉乎？』帝曰：『我子豈宜與先帝子等乎？歲給二千萬足矣』。」（〈皇后紀上・明德馬皇后〉，頁 410。）諸侯王所食之「租稅」，指封區人戶繳納之地稅，故其收入多少與所屬地區大小、土地肥脊有直接關係，「半諸國」則諸侯王收入減半，較前制以甚儉。

55 《後漢書・孝明八王列傳》：建初四年，「令諸國戶口皆等，租入歲各八千萬。」頁 1667。租稅較明帝增加四倍，然所封多小國，故不如光武時水準。

56 徐復觀，《兩漢思想史》卷一（台北：學生書局，1976 年），頁 181 至 190。

57 《史記・衛將軍驃騎列傳》太史公曰，頁 1212。

58 《漢書・淮南厲王傳》，頁 2145。

59 據《漢書・淮南厲王劉長傳》記載，獄事之起，乃劉安太子劉遷與其郎中雷被「比劍，誤中太子」。雷被怕太子由此生誤會，願赴長安，奮擊匈奴。然元朔五年，雷被至長安「上書自明」，遂「事下廷尉河南，河南治，逮淮南太子」。此外，還穿插淮南門客伍被供詞，陳述劉安蓄意謀反。劉安遂自殺，竟「坐死者數萬人。」頁 2147-2148。

60 《潛夫論・斷訟》，同註 21，頁 365。

　　形成：「附麗在專制皇帝的周圍，以反映專制皇帝神聖身份的諸侯王，只準其壞，不準其好；『禽獸行』的罪惡，絕對輕於能束身自好而被人所稱道的罪惡，這是專制政體中的一大特色。」[61]政治的惡質可想而知。所以王侯中多尸位素餐者，王符曾說：

> 當今列侯，率皆襲先人之爵，因祖考之位，其身無功於漢，無德於民，專國南面，握食重祿，下殫百姓，富有國家，此素餐之甚者也。[62]

　　例如：濟南安王康「多殖財貨，大修宮室，奴婢至千四百人，廄馬千二百匹，私田八百頃，奢侈恣欲，游觀無節。」[63]中山簡王焉薨，「加賻錢一億，…大為修冢塋，開神道，平夷吏人冢墓以千數，作者萬餘人，發常山、鉅鹿、涿郡柏黃腸雜木，三郡不能備，復調餘州郡工徒及送致者數千人。」[64]章帝時西平王羨等六王，「室第相望，久磐京邑、婚姻之盛，過於本朝，僕馬之眾，充塞城郭，驕奢僭擬，寵祿隆過。」[65]

（二）就君主與丞相的關係為例：

　　丞相領導百官，總攬國家行政，地位崇高，史書記載：

> 相也者，百官之長也。[66]
> 相國、丞相皆秦官，金印紫綬，掌承天子，助理萬機。[67]
> 宰相者，上佐天子，理陰陽，順四時，下育萬物之宜，外

61　徐復觀，《兩漢思想史》，同註 56，頁 182。
62　《潛夫論・三式》，同註 21，頁 317。
63　《後漢書・光武十王列傳》，頁 1431。
64　《後漢書・光武十王列傳》，頁 1450。
65　《後漢書・宋均列傳附宋意傳》，頁 1415。
66　《呂氏春秋・舉難篇》，陳奇猷，《呂氏春秋校釋》（台北：華正書局，2004年），頁 1310。
67　《漢書・百官公卿表》，頁 724。

　　鎮撫四夷諸侯，內親附百姓，使卿大夫各得任其職焉。[68]

　　而且根據《漢書》卷十九〈百官公卿表〉所載，四十一名丞相中，由御史大夫升任者多達二十二人，是「所以尊聖德，重國相」的表現。[69]自漢武帝為強化國君個人權力，於是削弱相權而重用宦官，尚書之職掌原僅在於為天子管理文書，傳達詔命。[70]尚書組織兩漢大致相同，有尚書令、尚書僕射、列曹尚書及丞、郎、令史等，多由宦者擔任，地位很低。[71]所以國君多認為不會對君權形成威脅，[72]因而對尚書的委任日趨殷重，史書記載：

　　秦至尚書禁中，有令丞，掌通章奏而已，事皆決丞相府，

68　《史記‧陳丞相世家》，頁816。

69　《漢書‧百官公卿表》，頁746-857，以及《漢書‧朱博傳》，頁3405。又根據《漢書‧薛宣傳》：「（薛宣為左馮翊）吏民稱之，郡中清靜，遷為少府，共張職辦。月餘，御史大夫于永卒，谷永上疏曰：『…御史大夫內承本朝之風化，外佐丞相統理天下，任重職大，非庸材所能堪。今當選於群卿，以充其缺。…竊見少府宣，材茂行絜，達於從政…』上然之，遂以宣為御史大夫，數月代張禹為丞相。」（頁3391-3393。）可證明多選德操高潔者為相。

70　尚書制度起於秦，乃屬少府之卑官，於「殿中主發書，故謂之尚書。」（元）馬端臨，《文獻通考‧職官五》，同註4，第611冊，卷五十一，頁202。

71　《漢書‧外戚傳上‧孝宣許皇后傳》：「（許皇后）即立，霍光以后父廣漢刑人不宜封國，歲餘乃封為昌成君。」頁3965。許皇后父親為刑餘之人，同樣擺脫不了低人一等之待遇。直至東漢時，宦官勢力日益擴大，社會地位才改善。例如《後漢書‧虞詡傳》：虞詡因反對張防特用權勢而下獄，其子顗與門生百餘人「舉幡候中常侍高梵車，叩頭流血，訴言枉狀。梵乃入言之，防坐徙邊。」頁1871。又《後漢書‧宦者列傳‧曹騰傳》：「（曹騰）所進達，皆海內名人，陳留虞放、邊韶、南陽延固、張溫，弘農張奐，潁川堂谿典等。」頁2519。子弟率門生向宦官叩頭求情和名士通過宦官推薦作官，都代表宦官地位之提昇。

72　章太炎說：「尚書、中書者，漢時贊作詔版之官。尚書猶主書；中書乃以宦者為之，…自後漢以降，尚書漸重，…亦見人主之狎近幸，而憎尊望者之逼己也。」章太炎，《檢論》卷七〈官統上〉（台北：廣文書局，1970年），頁10-11。

漢武宣後稍委任。[73]

自此以後，相權日益低落，武帝前後計任丞相十二人，被迫下獄及自殺者多達五人。[74]當武帝任命公孫賀爲相時，公孫賀不受印綬、頓首涕泣，史書對這一段史實有很詳細的描寫，[75]反諷出君主集權，相權貶抑，擔任宰相不但不可喜，甚至會遭致災禍。相反的，尙書權力則日益膨脹，根據《漢書‧龔勝傳》記載，尙書甚至可以彈劾丞相。[76]至東漢時尙書更位居重要地位，舉凡中央官吏上奏章，皆上尙書，以達於天子。[77]朝廷集議，其討論情形及結果，亦由尙書奏呈天子。[78]至於地方官吏如郡國守相，對朝廷奏事亦多直上尙書。[79]而且東漢之世，君主詔令之下達幾多

---

73 （宋）王應麟編，《玉海》卷一二一注引《唐六典》，《文淵閣四庫全書》第 946 冊（台北：台灣商務印書館，1986 年），頁 227。

74 劉文起，《王符潛夫論所反映之東漢情勢》，同註 46，頁 25。

75 《漢書‧公孫賀傳》：「初賀引拜爲丞相，不受印綬，頓首涕泣，曰：『臣本邊鄙，以鞍馬騎射爲官，材誠不任宰相。』上與左右見賀悲哀，感動下泣，曰：『扶起丞相。』賀不肯起，上乃起去。賀不得已拜。出，左右問其故，賀曰：『主上賢明，臣不足以稱，恐負重責，從是殆矣。』」頁 2877-2878。

76 《漢書‧龔勝傳》：「丞相王嘉上書薦故廷尉梁相等，尙書劾奏嘉言事恣意，迷國罔上，不道。」頁 3081。

77 例如：〈無極山碑〉記載：「光和四年某月辛卯朔二十二日壬子，太常臣耽、丞敏，頓首上尙書。…臣耽愚憨，頓首頓首上尙書。制曰：『可』」。（清）嚴可均輯，《全上古三代秦漢三國六朝文》〈全後漢文〉卷一百四（河北：河北教育出版社，1997 年），頁 969。

78 《東漢會要》：「安帝延光二年宣誦言：常用甲寅元。梁豐言：常復用太初。下公卿評議。太尉愷等上侍中施延等議：甲寅元與天相應，可施行。博士黃廣，大行令壬僉議：如九道。河南尹祉等四十人議：四分歷最得其正，不宜易。愷等八十四人議，宜從太初。尙書令忠上奏云云。上納其言，遂改歷事。」楊家駱主編，《東漢會要》卷二十二〈職官四〉（台北：世界書局，1981年），頁 235-236。

79 《全後漢文》記載樊毅〈上言復華山下民租田口算狀〉曰：「光和二年十二月庚午朔十三日壬午，弘農太守臣毅頓首死罪上尙書。…臣毅誠惶誠恐，頓首頓首，死罪死罪，上尙書。」（同註 77，卷八十二，頁 766。）不過，此

由尙書經手。[80]所以仲長統說：

> 光武皇帝慍數世之失權，忿強臣之竊命，矯枉過直，政不
> 任下，雖置三公，事歸臺閣。自此以來，三公之職，備員
> 而已。[81]

說明了天子不委付三公政事，而由尙書處理的現象。隨著宦
官勢力的發展，宦官親屬多參預政事，[82]且生活驕奢淫逸，[83]導致
種種禍害。

丞相的委任是由人才的篩選中產生，本有一定的標準。但唯
恐國君權力受分割，又重用宦官，造成尙書勢力的膨大。尙書尊
隆、裁抑相權的現象，薩孟武曾分析其中原因，他說：

> 尙書之官始於秦置，論其職掌，不過管理文書，傳達詔

情形郡國首相或將奏事副本抄呈宰相等有相關官員。例如：〈漢魯相史晨孔
子廟碑〉言：「建寧二年三月癸卯朔七日己酉，魯相臣晨，長史臣謙，頓首
死罪上尙書：臣晨誠誠惶誠恐頓首頓首，死罪上
尙書。時副言太傅、太尉、司徒、司空、大司農府，治所部從事」（明）楊
慎，《金石古文》卷四（台北：宏業書局，1972 年），頁 12727。

80 《歷代職官表》：「後漢群臣章奏，首云臣某奏疏尙書，…雖是不敢指斥而
言，亦足見其居要地而秉重權矣。當時無事巨細，皆是尙書行下三公，或不
經由三公徑下九卿」。（清）紀昀等撰，《歷代職官表》（台北：西南書局，
1973 年），卷二，頁 36。

81 （東漢）仲長統，《昌言‧法誡篇》（台北：廣文書局，1988 年），頁 12。

82 《後漢書‧楊秉傳》：「（桓帝時），宦官方熾，任人及子弟爲官，布滿天
下。…內外吏職，多非其人。…枝葉賓客布列職署，或年少庸人，典據守宰。」
頁 1772。

83 例如：桓帝時，中常侍徐璜、具瑗、左悺、唐衡，「皆竟起第宅，樓觀壯麗，
窮極伎巧。…多取良人美女以爲姬妾，皆珍飾華侈，擬則宮人。其僕從皆乘
牛車而從列騎。」（《後漢書‧宦者列傳‧單超傳》，頁 2521。）第宅壯觀，
擬則宮人，生活豪奢則非虛言。因此，范曄對宦官之驕奢作一歸納，他說：
「府署第館，棋列於都鄙，…南金、和寶…盈仞珍臧，嬪媛、侍兒、歌童、
舞女之玩，充備綺室。狗馬飾雕文，土木被緹繡。皆剝割萌黎，競恣奢欲。」
（《後漢書‧宦者列傳》，頁 2510。）

> 命。…西漢中葉以後，尚書的職權已經增大。…光武中興，
> 慍朝廷之失權，忿強臣之竊命，于是出納王命的尚書，更
> 漸次得到實權，變成政治的樞機。…但是最初尚書不過預
> 聞國政而已，尚未盡奪三公的權。…不久之後，眾務悉歸
> 尚書，三公但受成事而已。[84]

　　所謂「慍朝廷之失權，忿強臣之竊命」反映出問題的癥結在
君臣權力的衝突上，國君為鞏固權力，唯恐賢能者竊取其權位，
反而形成具有賢才的不被重用，而被重用的並非賢才的現象。

（三）就君主與大臣關係為例：

　　上述不論是削弱諸侯或丞相無實權的現象，是有才或正直之
士受累害。加上察舉制度發展至末流只徒為形式，所取之士非當
道子孫，即為貴戚親友，如范曄所說：「州郡察孝廉秀才，…權
門貴仕，請謁繁興。」[85]權門貴仕的請託，使門閥士族壟斷仕途，
寒門進仕無門。尤為甚者是宦者親屬多參預政事，「父兄子弟皆
為公卿列校，牧守令長，布滿天下。」[86]因此耆宿大賢多被廢棄，[87]
外戚宦官則藉察舉樹立黨羽，官場上所用之吏，則多讒與佞，如：

> （桓帝時），宦官方熾，任人及子弟為官，布滿天下。…
> 內外吏職，多非其人。…枝葉賓客布列職署，或年少庸人，
> 典據守宰。[88]

　　因國君「權移外戚之家，寵被近習之豎，親其黨類，用其私

---

84 薩孟武，〈西漢監察制度與韓非思想〉（《社會科學論叢》第五輯）。
85 《後漢書‧左雄傳》論曰，2042。
86 《後漢書‧曹節傳》，頁2525。
87 《後漢書‧樊儵傳》：「郡國舉孝廉，率取年少能報恩者。耆宿大賢多見廢
　　棄，宜敕郡國，簡用良俊。」頁1122-1123。
88 《後漢書‧楊秉傳》，頁1772。

人，內充京師，外布列郡。」[89]所以外戚宦官的子弟親黨，散布州郡，並得夤緣察舉，進身仕宦。東漢雖有負責監察的官吏，已無法恪盡督察的職責，例如：章帝時，「刺史、守相不明真偽，茂才、孝廉歲以百數，既非能顯，而當授之政事，甚無謂也。」[90]和帝時，「二千石曾不承奉，恣心從好，司隸、刺史訖無糾察，…在位不以選舉為憂，督察不以發覺為負，非獨州郡也。是以庶官多非其人。」[91]殤帝時，「郡國欲獲豐穰虛飾之譽，遂覆蔽災害，多張墾田，不揣流亡，競增戶口，掩匿盜賊，令姦惡無懲，署用非次，選舉乖宜，貪苛慘毒，延及平民，刺史垂頭塞耳，阿私下比。」[92]是刺史不但不監督貪官污吏，反成為其幫凶。朝廷政風由是衰敗，雖然有監察制度，但未能再見具體實效。王符也對身負糾舉不法的監察官吏，如刺史、督郵等，予以譴責說：

> 州牧刺史，在憲聰明，…今則不然，令長守相，不思立功，貪殘專恣，不奉法令，侵冤小民，州司不治，今遠詣闕，上書訴訟。尚書不以責三公，三公不以讓州郡。州郡不以討縣邑，是以凶惡狡猾，易相冤也。[93]

> 今者刺史守相，率多怠慢，違背法律，廢忽詔令，專情務利，不恤公事。細民冤結，無所控告，下土邊遠，能詣闕者，萬無數人，其得省治，不能百一。郡縣負其如此也，故至敢延期，民日往上書，此皆太寬之所致也。[94]

朝廷政風敗壞，貪吏俗吏及酷吏專橫現象不勝枚舉，例如：

---

89 《後漢書・仲長統傳》，頁 1657。
90 《後漢書・章帝紀》，頁 133。
91 《後漢書・和帝紀》，頁 176。
92 《後漢書・殤帝紀》，頁 198。
93 《潛夫論・考績》，同註 21，頁 111-114。
94 《潛夫論・三式》，同註 21，頁 330-331。

> （東漢豎官充朝），羽毛齒革、明珠南金之寶，殷滿其室，
> 富擬王府，勢回天地。[95]

又如：

> 俗吏之治，皆不本禮讓，而上克暴。或恣害好陷人於罪，
> 貪財而慕勢，故犯法者眾，姦邪不止。[96]
> 選舉乖實，俗吏傷人，官職秏亂，刑罰不中。[97]
> 俗吏矯飾外貌，似是而非，揆之人事則悅耳，論之陰陽則
> 傷化，朕甚厭之，甚苦之。[98]

上列敘述，漢代吏治的混濁可見一般。此外，史書更有醒目的事例記載，如：

> （元初二年）被蝗以來，七年于茲，而州郡隱匿，裁言頃
> 畝。今群飛蔽天，為害廣遠，所言所見，寧相副邪？三司
> 之職，內外是監，既不奏聞，又無舉正，天災至重，欺罔
> 罪大。[99]

此正是俗吏欺罔誤國的明證。由於在位者多非其人，又驕奢淫侈，甚至有掠民財物以供其揮霍的事情發生，漢樂府民歌歌詞說：

> 平陵東，松柏桐，不知何人劫義公。劫義公，在高堂下，
> 交錢百萬兩走馬。兩走馬，亦誠難，顧見追吏心中惻。心
> 中惻，血出漉，歸告我家賣黃犢。[100]

95　《後漢書・黃瓊傳》，頁 2037。
96　《漢書・匡衡傳》，頁 3334。
97　《後漢書・章帝紀》建初元年詔，頁 133。
98　《後漢書・章帝紀》元和二年詔，頁 148。
99　《後漢書・安帝紀》元初二年詔，頁 223。
100　（宋）郭茂倩，《樂府詩集》第二十八卷〈相和歌辭三・平陵東〉，同註22，頁 251。

　　詩中說將義公劫至高堂，勒逼財物又能派出追吏，暗示官府公開掠民財物，人民生活不受照顧，自然苦不堪言。而宦者一旦居高官多驕奢淫逸，過著腐朽生活，如：

> 成帝初，石顯坐專權擅勢免官，徙歸故郡。顯貲巨萬，當去，留床席器物數百萬直，欲以與章，章不受。[101]

　　石顯的床席器物竟達數百萬直，其生活奢恥可想而知。又桓帝時，中常侍徐璜、具瑗、左悺、唐衡，「皆競起第宅，樓觀壯麗，窮極伎巧。…多取良人美女以為姬妾，皆珍飾華侈，擬則宮人。其僕從皆乘牛車而從列騎。」[102]第宅壯觀，擬則宮人，生活豪奢並非虛言。范曄曾對宦官的驕奢作一歸納，他說：

> 府署第館，棋列於都鄙，…南金、和寶…盈仞珍臧，嬙媛、侍兒、歌童、舞女之玩，充被綺室。狗馬飾雕文，土木被緹繡。皆剝割萌黎，竟恣奢欲。[103]

　　也就是俗吏財富多由聚斂而得，其聚斂方式不外是受賄、敲詐勒索或兼并土地，人民往往成為剝削對象，所以王充說：

> 文吏幼則筆墨，手習而行，無篇章之誦，不聞仁義之語。長大成吏，舞文巧法，徇私為己，勉赴權利；考事則受略，臨民則采漁，處右則弄權，幸上則賣將。一旦在位，鮮冠利劍，一歲典職，田宅并兼。（〈程材〉）

　　扼要勾勒俗吏舞文弄法，徇私舞弊，身居顯要，則得意忘形，又有兼并人民田宅，圖一己的私欲，追求個人的權勢利益等弊害，凡此種種與上述漢代的現況相符合。

　　上述漢代官場失序現象是環環相扣，吏治敗壞或品行不良者

101　《漢書・萬章傳》，頁 3706。
102　《後漢書・宦者列傳・單超傳》，頁 2521。
103　《後漢書・宦者列傳》，頁 2510。

本應遭遇災禍,事實上卻居高官厚祿;行為善良有才能者,本應得到拔擢,卻反而不被賞識。王充困惑的說:

> 行惡者禍隨而至,而盜跖、莊蹻,橫行天下,聚黨數千,攻奪人物,斷斬人身,無道甚矣,宜遇其禍,乃以壽終。夫如是,隨命之說,安所驗乎?遭命者,行善於內,遭凶於外也。若顏淵、伯牛之徒,如何遭凶?(〈命義〉)

文中即質疑隨命之說,認為努力修養操行就有福報的說法不能成立。於是他將國君、地方長官控制選官用人權力,所造成的個人不遇、吏治亂象、仕宦貴賤、治產貧富等,歸之於人力無可奈何的命定論,而有「凡人遇偶及遭累害,皆由命也。」(〈命祿〉)「仕宦貴賤,治產貧富,命與時也。命則不可勉,時則不可力,知者歸之於天。」(〈命祿〉)的論述。

三、批判漢代成仙和變形的思想

兩漢時代可稱為一「迷信之世界」[104],其間盛行著許多成仙方術及流傳許多成仙傳說。「仙」字之意,《說文》記載:「屳(仙字古體),人在山上皃,从人山。」[105]又「仙」字通「僊」,《說文》記載:「僊,長生僊去。」[106]是仙由人變成,居住在山中超脫死亡束縛的不死之人。《釋名》記載:「老而不死曰仙,仙、遷也,遷入山也。故其制字人旁作山也。」[107]反映了古人存

---

104 呂思勉,《秦漢史》(上海:上海古籍出版社,1983年),頁810。

105 (清)段玉裁,《說文解字注》(台北:漢京文化事業有限公司,1983年),頁383。

106 同註105,頁383。

107 (東漢)劉熙,《釋名》卷三〈釋長幼〉第十,《四部叢刊》第三冊(台北:台灣商務印書館,1979年),頁14。

有「不死」的觀念,例如《韓非子》就有「客有教燕王爲不死之道者」[108]的事實記錄,而且這種不死觀念在漢代得到了充分發展。

至於「疾虛妄」的王充,力圖「訂真僞,辨虛實」,他否定了人可以不死的觀念,曾說:「有血脉之類,無有不生;生無不死。以其生,故知其死也。」「天地不生,故不死;陰陽不生,故不死。死者,生之效;生者,死之驗也。夫有始者必有終,有終者必有死。唯無終始者,乃長生不死。」(〈道虛〉)於〈道虛〉篇也說明種種成仙方式的不可信。因此,以下分析王充所記漢代流傳的各種類型的成仙方法,以及探討王充對生命的理解。

(一)乘龍飛天

王充說:

> 儒書言:黃帝採首山銅,鑄鼎於荊山下。鼎既成,有龍垂胡髯,下迎黃帝。黃帝上騎龍,群臣、後宮從上七十餘人,龍乃上去。餘小臣不得上,乃悉持龍髯。龍髯拔,墮黃帝之弓。百姓仰望黃帝既上天,乃抱其弓與龍胡髯吁號。故後世因名其處曰「鼎湖」,其弓曰「烏號」。太史公記誅五帝,亦云:黃帝封禪已,仙去,群臣朝其衣冠,因葬埋之。(〈道虛〉)

黃帝攀龍背,其它群臣、宮中嬪妃等共七十餘人也和他一起升天。王充記錄這段時人流傳的故事,也見於《史記‧封禪書》,司馬遷並記載了漢武帝說:「嗟乎!吾誠得如黃帝,吾視去妻子如脫躧耳。」[109]這意味漢武帝極爲渴望升天成仙,若能像黃帝一樣升天成仙,會毫不猶豫拋下妻兒。黃帝及其隨從升天的成仙方

---

108 《韓非子‧外儲說左上》,陳奇猷,《韓非子集釋》(台北:漢京文化事業有限公司,1983年),頁631。

109 《史記‧封禪書》,頁512。

式，《莊子‧大宗師》中也曾提到，不過，這一段或許是後來竄入的。[110]在《史記‧五帝本紀》司馬遷將黃帝列為第一帝，在〈封禪書〉黃帝才以仙的形象出現，說明黃帝由聖王身分變化為仙的時間相當晚。[111]黃帝升天的觀念或許最早是由李少君提出，他告訴武帝，黃帝在蓬萊見到神仙並舉行封禪後獲得不死。[112]而類似「黃帝升天」的主題，又有淮南王劉安學道，舉家升天的流傳，王充說：

> 儒書言：淮南王學道，招會天下有道之人，傾一國之尊，下道術之士。是以道術之士，並會淮南，奇方異術，莫不爭出。王遂得道，舉家升天，資產皆仙，犬吠於天上，雞鳴於雲中。此言仙藥有餘，犬雞食之，并隨王而升天也。好道學仙之人，皆謂之然。（〈道虛〉）

傳言劉安修習道家方術，集天下有道術之人，學習煉丹求仙的奇方異術，淮南王因此得道成仙，全家升天，連家中禽獸都成仙。有關淮南王劉安的背景，王充陳述：是漢孝武帝時人，其父劉長，因獲罪被流放至蜀郡嚴道，行至雍縣途中死去。劉安繼位為淮南王，由於怨恨父親被流放而死，懷有叛逆之心，於是招聚有道術者，為謀反的事宜作準備，而修道求仙終歸不成，又策略謀反被舉發後自殺，或說被處死。「世見其書，深冥奇怪，又觀八公之傳似若有效，則傳稱淮南王仙而升天。」（〈道虛〉）

上述與黃帝一同升天的包括妻妾及部分大臣，又伴隨劉安升天的不僅是全家，還有雞犬。全家升天的觀念是將世俗生活移植

---

110 錢穆按：「事詳《史記‧封禪書》，乃晚周神仙家言。」錢穆，《莊子纂箋》（東大圖書公司，1993 年），頁 52。

111 余英時著、侯旭東等譯，《東漢生死觀》（上海：上海古籍出版社，2005年），頁 34。

112 余英時根據《史記‧封禪書》提出此說，同註 111，頁 36。

到另一世界。[113]又《全後漢文》記載一則〈仙人唐公房碑〉：

> 君字公房，成固人。…耆老相傳，以為王莽居攝二年，君
> 為郡吏（缺四字）土域啖瓜，旁有真人，左右莫察。而君
> 獨進美瓜，又從而敬禮之。真人者遂與（缺）期塝谷口山
> 上，乃與君神藥，曰：「服藥以後，當移意萬里，知鳥獸
> 言語。」…府君（缺）賓燕，欲從學道。公房頃無所進，
> 府君怒敕尉部吏，收公房妻子。公房乃先歸于谷口，呼其
> 師，告以厄急。其師與之歸，以藥飲公房妻子曰：「可去
> 矣！」妻子戀家不忍去。又曰：「豈欲得家俱去乎？」妻
> 子曰：「固所願也。」於是乃以藥塗屋柱，飲牛馬六畜，須
> 臾有大風玄雲，來迎公房妻子。屋宅六畜，儵然與之俱去。[114]

　　該故事中的主角唐公房本為一郡府小吏，遇一真人，並得其
惠賜仙藥，因此雖仍在官府當差，但已成為仙人。後因未能滿足
郡守學習道術的願望，郡守大怒並令廷尉拘捕其妻兒，唐公房於
是求助於真人，真人令其妻兒服食藥物而後成仙，並且是全家及
屋宅、牛馬一同升天。這說明成仙獲得廣泛的社會基礎，不再是
方士或統治階級壟斷。[115]這一系列全家升天的傳說，意味升天之
說已廣為流行，也是一般人追求的願望。

（二）長壽為仙

　　王充舉漢武帝時李少君之例，說：

> 如武帝之時，有李少君，以祠竈、辟穀、卻老方見上，上

113　同註111，頁36。
114　（清）嚴可均輯，《全上古三代秦漢三國六朝文》〈全後漢文〉卷一〇六，
　　　同註77，頁982-983。
115　同註111，頁37。

> 尊重之。少君匿其年及所生長，常自謂七十，而能使物却
> 老。…以為少君數百歲人也。久之，少君病死。今世所謂
> 得道之人，李少君之類也。(〈道虛〉)

李少君以擅長「却老」術聞名，曾向漢武談及不死藥，可能
自稱有返老還童的煉丹却老藥物以延年益壽，獲得漢武帝高度信
任。《史記・封禪書》記載：

> 少君言上曰：「祠竈則致物，致物而丹沙可化為黃金，黃
> 金成以為飲食器則益壽，益壽而海中蓬萊僊者乃可見，見
> 之以封禪則不死，黃帝是也。臣嘗游海上，見安期生。安
> 期生食巨棗大如瓜。安期生僊者，通蓬萊中，合則見人，
> 不合則隱。」於是天子始親祠竈，遣方士入海求蓬萊安期
> 生之屬，而事化丹沙諸藥齊為黃金矣。居久之，李少君病
> 死。天子以為化去不死。[116]

「致物而丹沙可化爲黃金，黃金成以爲飲食器則益壽」，意
指服食煉丹所得的金丹可以延年。武帝聽聞後深信不疑，遣人入
海求仙鄉，並開始煉丹。《史記》此段陳述可知李少君藉以勸說
武帝的關鍵是黃帝的長壽，在神話中黃帝子孫不長壽的也有八百
歲，[117]黃帝有長壽傳說，因此方士以「黃帝且戰且學僊。患百姓
非其道者，乃斷斬非鬼神者。百餘歲然後得與神通。」[118]的說法，

---

116 《史記・封禪書》，頁 507-508。
117 如《山海經・海外西經》：「軒轅之國在此窮山之際，其不壽者八百歲。」
　　袁珂譯注，（晉）郭璞、（清）郝懿行舊注，《山海經》（台北：臺灣古
　　籍出版公司，1998 年），頁 279。軒轅爲黃帝之名，在人間至少有長達一
　　百多年的壽命，如皇甫謐說：「在位百年而崩，年百一十一歲。」《大戴
　　禮記》說：「宰我問孔子曰：『榮伊言黃帝三百年，請問黃帝何人也？抑
　　非人也？何以至三百年乎？』」《史記・五帝本紀》，《集解》引皇甫謐
　　所述，以及《索隱》引《大戴禮記》，頁 27。
118 《史記・封禪書》，頁 512。

以爲黃帝是學仙、封禪與神通而得以不死。學者研究指出，李少君是最先將「封禪」、「不死」、「蓬萊」、「成仙」觀念進行思想上的統整，使得帝王期盼藉由封禪天地、告山川神靈的神聖儀式，得以進入蓬萊不死的神聖空間，以致長生不死的願望實現。[119]這反映了與仙相見可帶來「不死」，也說明了漢武帝對長壽不死要比離世成仙更爲關切。[120]帝王求仙的努力，谷永曾說：

> 秦始皇初并天下，甘心於神僊之道，遣徐福、韓終之屬多齎童男童女入海求神采藥，因逃不還，天下怨恨。漢興，新垣平、齊人少翁、公孫卿、欒大等，皆以僊人黃冶祭祠事鬼使物入海求神采藥貴幸，賞賜累千金。大尤尊盛，至妻公主，爵位重絫，震動海內。元鼎、元封之際，燕齊之間方士瞋目扼掔，言有神僊祭祀致福之術者以萬數。[121]

又匡衡、張譚上疏說：

> 長安廚官縣官給祠郡國侯神方士使者所祠，凡六百八十三所，其二百八所應禮，及疑無明文，可奉祠如故。其餘四百七十五所不應禮，或復重，請皆罷。[122]

由上述引文可知全國共建造了六百八十三所神祠，這一事實和上述谷永所述，充分說明秦始皇、漢武帝時期求仙的普遍程度。[123]秦始皇、漢武帝醉心於求仙，其中根本原因就在「不死」，不死觀念對成仙思想有推波助瀾作用。

又世俗流傳李少君「嘗從武安侯飲，座中有年九十餘者，少

---

119 高莉芬，《蓬萊神話：神山、海洋與洲島的神聖敘事》（台北：里仁書局，2007 年），頁 36-37。

120 同註 111，頁 31。

121 《漢書・郊祀志》，頁 1260。

122 《漢書・郊祀志》，頁 1257。

123 同註 111，頁 29。

君乃言與其王父游射處，老人為兒時，從其王父，識其處。」又
說：「少君見上，上有古銅器，問少君，少君曰：『此器齊桓公
十五年陳於柏寢。』已而案其刻，果齊桓公器。」（〈道虛〉）不
論是說出同座九十歲老人做孩子時到過的地方，或說出古銅器時
間，只能證明他是長壽。而李少君病死，武帝以為是成仙而去，
文獻記載：「少君之將去也，武帝夢與之共登嵩山，半道，有使
者乘龍持節從雲中下，云上乙請少君。帝覺，以語左右曰：『如
我之夢，少君將舍我去也。』數日而少君稱病死。久之，帝令人
發其棺，無尸，唯衣冠在焉。」[124]所以「今世所謂得道之人，李
少君之類也」（〈道虛〉），是時人視長壽為成仙，長壽與成仙的
界線已模糊。王充以為「如實不死，尸解而去，太史公宜紀其狀，
不宜言死。」（〈道虛〉）所以李少君仙去的這類說法是虛妄不可
信的，不過這類長壽者的存在卻強化了可能成仙的信念。[125]

（三）老子之道可以度世

王充說：

> 世或以老子之道為可以度世，活淡無欲，養精愛氣。夫人
> 以精神為壽命，精神不傷，則壽命長而不死。成事：老子
> 行之：踰百度世，為真人矣。（〈道虛〉）

道家養生思想對人生活上的首要要求就是少私寡欲、恬淡自
樂，才能保持身心健康。老子曾說：「何謂貴大患若身？吾所以
有大患者，為吾有身，及吾無身，吾有何患？」[126]也就是老子的

---

124 （晉）葛洪，《抱扑子‧論仙》引《漢禁中起居注》，何淑貞校注，《新
　　編抱朴子內篇》（台北：國立編譯館，2002 年），頁 78。
125 同註 111，頁 40。
126 《老子》十三章，嚴靈峰，《老子達解》（台北：華正書局，1983 年），
　　頁 61。

「貴身」思想，以身（肉體生命）是我一切的根源，我所以有大患，其根源也是因為有這個「身」，但老子並不因此要「忘身」，而是對此身要因任自然之理去貴之。[127]所以老子說要「為腹不為目」[128]，是只求溫飽而不求縱情聲色的娛樂，也就是安於自然之理的自足生活。意味著道家重視順應自然的內在精神生活，不追求外在的物質生活。

　　因此，老子說：

　　　五色令人目盲，五音令人耳聾，五味令人口爽，馳騁畋獵，
　　　令人心發狂，貴難得之貨，令人行妨。[129]

　　是說過分重視外在物質生活，激起欲求之心，就會損生、害生。也就是「甚愛必大費，多藏必厚亡。」[130]貪圖愈多損失也愈多，所以老子強調「少私寡欲」[131]，主張「塞其兌，閉其門，挫其銳，解其分，和其光，同其塵。」[132]也就是消除嗜欲，收斂光芒，渾同於塵世。因此生活知足不貪，「知足不辱，知止不殆，可以長久。」[133]心理上能知足常樂，自可安享天年。老子寡欲不爭的價值觀，保持了內心的平靜。所以馮友蘭評論道家哲學：「並不能使不得志的人成為得志，也不能使不如意的事成為如意，它不能解決問題，但它能使人有一種精神境界。對於有這種精神境界的人，這些問題就不成問題了，它不能解決問題，但能取消問

---

127 陳鼓應，《老子註譯及評介》（北京：中華書局，1984年），頁112-113。
128 《老子》第十二章，同註126，頁57。
129 《老子》第十二章，同註126，頁56-57。
130 《老子》第四十四章，同註126，頁242。
131 《老子》第十九章，同註126，頁91。
132 《老子》第五十六章，同註126，頁298-299。
133 《老子》第四十四章，同註126，頁243。

題。」[134]

從預防疾病的角度來看，少私寡欲有養生作用，但成為仙人則不可能，所以王充說：

> 或時老子，李少君之類也，行恬淡之道，偶其性命亦自壽長。世見其命壽，又聞其恬淡，謂老子以術度世矣。（〈道虛〉）

從上述可知漢代人已從養生角度來理解《老子》，並與成仙思想結合。[135]

（四）辟穀不食

王充舉王子喬之例，他說：

> 世或以辟穀不食為道術之人，謂王子喬之輩，以不食穀，與恆人殊食，故與恆人殊壽，逾百度世，遂為仙人。（〈道虛〉）

文中指出民間有王子喬辟穀不食而長壽的傳說，仙人王子喬的事蹟，西漢劉向說：

> 王子喬者，周靈王太子晉也。好吹笙作鳳凰鳴。遊伊、洛之間，道士浮邱公接以上嵩高山。三十餘年後，求之於山上，見桓良，曰：「告我家，七月七日待我於緱氏山巔。」至時，果乘白鶴駐山頭。望之不得到，舉手謝時人，數日而去。亦立祠於緱氏山下，及嵩高首焉。[136]

緱氏城上的仙人之跡，當為王子喬。[137]王子喬是周靈王太子

---

134 馮友蘭，《中國哲學史新編》第二冊（台北：藍燈出版公司，1991 年），頁 150。

135 同註 111，頁 54。

136 《列仙傳・王子喬》，王叔岷，《列先傳校箋》（台北：中央研究院中國文哲研究所籌備處，1995 年），頁 65。

137 《史記・封禪書》：「公孫卿候神河南，言見僊人跡緱氏城上，有物如雉，往來城上。天子親幸緱氏城視跡。」頁 513。

晉，事蹟見《國語》〈周語‧太子晉諫靈王壅穀水〉，以及《逸周書‧太子晉解》，王符說：

> 周靈王之太子晉，幼有成德，聰明博達，溫恭敦敏。穀、洛水鬪，將毀王宮，王欲壅之。太子晉諫，以為不順天心，不若修政。晉平公使叔譽聘於周，見太子，與之言，五稱而三窮，逡巡而退，歸告平公曰：「太子晉行年十五，而譽弗能與言，君請事之。」平公遣師曠見太子晉。太子晉與語，師曠服德，深相結也。乃問曠曰：「吾聞太師能知人年之長短。」師曠對曰：「女色赤白，女聲清汗，火色不壽也。」晉曰：「然。吾後三年將上賓於帝，女慎無言，殃將及女。」其後三年，而太子死。孔子聞之曰：「惜夫！殺吾君也。」世人以其豫自知去期，故傳稱王子喬仙。仙之後，其嗣避周難於晉，家於平陽，因氏王氏。其後子孫世喜養性神仙之術。[138]

　　文中首先根據《國語》所錄，靈王時穀水與洛水同時發洪，威脅周王宮安全，靈王欲壅堵二水，太子晉極力勸阻。又據《逸周書》所載，晉國的叔譽、師曠先後拜訪太子晉，太子晉智慧尤勝經驗豐富的叔譽，並以賢德深受師曠信服，不過太子晉並無喜色，反而請求師曠預言其壽命，師曠說：「女聲清汗，汝色赤白。火色不壽。」太子晉並未怪罪師曠直言不諱，他也明白自己的生命將走到盡頭。世人感念其為有德賢能之人，也感傷其英年早逝，所以不願說其死去而改為僊去，一位真實存在的歷史人物也就成為人人欣羨的神仙王子喬了。與王子喬並稱的赤松子，劉向記載說：

138　《潛夫論‧志氏姓》，同註 21，頁 680。

> 赤松子者，神農時雨師也。服水玉，以教神農，能入火自
> 燒。往往至崑崙山上，帝止西王母石室中，隨風雨上下。
> 炎帝少女追之，亦得仙俱去。[139]

赤松子能入火自燒而不死，並到崑崙山成仙，後來炎帝女兒追隨他學習仙道，也成仙而去。王子喬與赤松子最初應是長壽的代表，[140]如說：「世世稱孤，而有喬松之壽。」[141]可知。《楚辭・遠遊》中赤松子和王子喬成為游仙，漫遊於空中：

> 聞赤松之清塵兮，願承風乎遺則。貴真人之休德兮，美往
> 世之登仙。…軒轅不可攀援兮，吾將從王喬而娛戲！餐六
> 氣而飲沆瀣兮，漱正陽而含朝霞。保神明之清澄兮，精氣
> 入而麤穢除，順凱風以從遊兮，至南巢而壹息。見王子而
> 宿之兮，審壹氣之和德。[142]

根據王逸所說：「遠遊者，屈原之所作也。屈原履方直之行，不容於世。上為讒佞所毀，下為俗人所困極，章皇山澤，無所告訴。乃深惟元一，修執恬漠。思欲濟世，則意中憤然，文采鋪發，遂敘妙思，託配仙人，與俱遊戲，周歷天地，無所不到。」[143]所以文中多是出世的神仙思想，篇中還提到追隨仙人王子喬的修練成仙工夫「餐六氣而飲沆瀣兮，漱正陽而含朝霞。」[144]是以呼吸

---

139 《列仙傳・赤松子》，同註136，頁1。
140 沈曉柔，《化生・復蘇・成仙：古代中國面對死亡的三種態度》（國立成功大學歷史研究所碩士論文，2009年1月），頁127。
141 《戰國策・秦策三・蔡澤見逐于趙》，（漢）劉向著、王守謙等譯注，《戰國策》上冊（台北：台灣書房出版有限公司，2007年），頁224。
142 《楚辭・遠遊》，（宋）洪興祖，《楚辭補注》（台北：頂淵文化事業有限公司，2005年），頁164-167。
143 《楚辭・遠遊》王逸〈序〉，同註142，頁163。
144 所謂「六氣」，王逸說：「春食朝霞。朝霞者，日始欲出赤黃氣也。秋食淪陰。淪陰者，日沒以後赤黃氣也。冬飲沆瀣。沆瀣者，北方夜半氣也。夏食正陽。正陽者，南方日中氣也。并天地玄黃之氣，是為六氣也。」王逸注引《陵陽子明經》，同註142，頁166。

六氣可修練成仙，所以《淮南子》說：「今夫王喬、赤誦子，吹嘔呼吸，吐故內新，遺形去智，抱素反真，以游玄眇，上通雲天。」[145]又說：「王喬、赤松去塵埃之間，離群慝之紛。吸陰陽之和，食天地之精，呼而出故，吸而入新。」[146]

《楚辭》《淮南子》提到王子喬已與食氣結合，至《史記》記載留侯張良也心生嚮往神仙不死的悠游自在生活，「願棄人間事，欲從赤松子游耳。」「乃學辟穀，道引輕身。」[147]辟穀不食以成仙的流行就可想見了。

（五）服食導氣

王充又提到服食和吐納導引兩類養生方法，服食有食氣、服藥、服玉等，王充說：

> 服食藥物，輕身益氣，頗有其驗。若夫延年度世，世無其效。百藥愈病，病愈而氣復，氣復而身輕矣。（〈道虛〉）
>
> 人恆服藥固壽，能增加本性，益其身年也。（〈無形〉）

是相信服藥對養生有益處，而漢代服食藥物已成為養生的重要方式，甚至有關於不死藥的傳說，[148]如《山海經》的昆侖之虛

---

145 《淮南子・齊俗訓》，劉文典，《淮南鴻烈集解》（北京：中華書局，1989年），頁361。
146 《淮南子・泰族訓》，同註145，頁676。
147 《史記・留侯世家》，頁810。
148 《山海經・海內西經》：「海內昆侖之虛，在西北，帝之下都。昆侖之虛，方八百里，高萬仞。上有木禾，長五尋，大五圍。面有九井，以玉為檻。面有九門，門有開明獸守之，百神之所在。在八隅之巖，赤水之際，非仁羿莫能上岡之巖。…昆侖南淵深三百仞。開明獸身大類虎而九首，皆人面，東嚮立昆侖上。開明西有鳳皇、鸞鳥，皆戴蛇踐蛇，膺有赤蛇。開明北有視肉、珠樹、文玉樹、玕琪樹、不死樹。鳳皇鸞鳥皆戴瞂。又有離朱、木禾、柏樹、甘水、聖木曼兌，一曰挺木牙交。開明東有巫彭、巫抵、巫陽、巫履、巫凡、巫相，夾窫窳之尸，皆操不死之藥以距之。窫窳者，蛇身人面，貳負臣所殺也。服常樹，其上有三頭人，伺琅玕樹。開明南有樹鳥，

高萬仞，形勢險峻阻絕，羿才能攀登進入。有九個大門都有開明獸鎮守，這是「百神之所在」。開明獸的四方，有著美妙的境域，西邊有鳳凰、鸞鳥；北邊有五彩玉樹、甘水聖木和視肉，尤其還有不死樹；東邊則有群巫操不死藥；而南邊亦是珍奇異獸、華美之木。昆侖充滿奇妙事物，特別是有夢寐以求的「不死」之藥。

東方蓬萊山傳說也有不死之藥，[149]所以而後有國君泛海求仙藥的活動，例如秦始皇兩次大規模泛海求仙活動，第一次是始皇二十八年，因聽信齊人徐市三神山之說，所以命徐市等人率數千童男女出海求仙。第二次是三十二年，始皇東巡至燕地，命燕人盧生、韓終、侯公、石生出海求仙不死之藥。[150]漢武帝也熱衷成仙求藥，[151]並繼秦始皇之後大規模泛海求仙藥。同時也開始煉丹，如前述李少君所煉金丹即是。

至於「食氣」已見前述王子喬成仙的方法，而《山海經》有

六首；蛟、蝮、蛇、蜼、豹、鳥秩樹，於表池樹木，誦鳥、（隼鳥）、視肉。」同註117，頁330-335。

149　《山海經・海內北經》：「蓬萊山在海中。大人之市在海中。」同註117，頁350。《史記・封禪書》：「自威、宣、燕昭使人入海求蓬萊、方丈、瀛洲。此三神山者，其傳在勃海中，去人不遠。患且至，則船風引而去。蓋嘗有至者，諸僊人及不死之藥皆在焉。其物禽獸盡白，而黃金銀為宮闕。未至，望之如雲。及到，三神山反居水下。」頁502。

150　《史記・秦始皇本紀》：「齊人徐市等上書，言海中有三神山，名曰蓬萊、方丈、瀛洲，僊人居之。請得齋戒與童男女求之。於是遣徐市發童男女數千人，入海求僊人。…始皇之碣石，使燕人盧生求羨門、高誓。…因使韓終、侯公、石生求仙人不死之藥。」頁121-122。

151　《史記・封禪書》：「齊人之上疏言神怪奇方者以萬數，然無驗者。乃益發船，令言海中神山者數千人求蓬萊神人。公孫卿持節常先行候名山，至東萊，言夜見大人長數丈，就之則不見，見其跡甚大，類禽獸云。群臣有言，見一老父牽狗，言「吾欲見巨公」，已忽不見。上即見大跡，未信，及群臣有言老父，則大以為僊人也。宿留海上，予方士傳車，及閒使求僊人以千數。」頁514。

黃帝食玉的傳說，[152]黃帝在人間有長壽之名，所以就把玉和黃帝結合。屈原也曾說：

> 折瓊枝以為羞兮，精瓊靡以為粻。[153]

洪興祖注解：「《周禮》有食玉，注云：玉，陽精之純者，食之以禦水氣。」[154]屈原將遠行，乃折取瓊枝，精鑿玉屑，作為儲糧。又說：「登崑崙兮食玉英，與天地兮同壽，與日月兮同光。」[155]可見一般的認知「玉」是神仙之食，有延年益壽功效。

「導氣」是古代一種強身怯病的養生術，指呼吸俯仰、屈伸手足，使氣血舒暢，對促進身體健康有很大幫助。「氣」是決定生死的構成要素，莊子曾說：「人之生，氣之聚也；聚則為生，散則為死。」[156]王充說：

> 人之所以生者，精氣也，死而精氣滅。（〈論死〉）

生既由氣構成，所以道家以增加「氣」獲得長壽或成仙，如：「吹呴呼吸，吐故納新，熊經鳥申，為壽而已矣。此道引之士，養形之人，彭祖壽考者之所好也。」[157]藉著呼吸方式吐故納新，再搭配體操運動，可以延年益壽。東漢仲長統就認為養生最簡便的方法是練習吐納，他說：

> 安神閨房，思老氏之玄虛；呼吸精和，求至人之彷彿。[158]

文中所說的即是指老莊著作中的養生方法。又《老子河上公

---

152 《山海經·西山經》：「丹水出焉，西流注於稷澤，其中多白玉，是有玉膏，其原沸沸湯湯，黃帝是食是饗。」同註 117，頁 51。沈曉柔，《化生·復蘇·成仙：古代中國面對死亡的三種態度》已提及。同註 140，頁 133。
153 《楚辭·離騷》，同註 142，頁 42。
154 《楚辭·離騷》，（宋）洪興祖補注，同註 142，頁 42。
155 《楚辭·九章·涉江》，同註 142，頁 129。
156 《莊子·外篇·知北遊》，同註 110，頁 173。
157 《莊子·外篇·刻意》，同註 110，頁 122。
158 《後漢書·仲長統傳》，頁 1644。

章句》是東漢時期一部注老之作，其中即認為呼吸行氣是養生健體的重要方法，他說：

> 不死之道，在於玄牝。玄，天也，於人為鼻；牝，地也，於人為口。天食人以五氣，從鼻入藏於心。五氣清微為精神聰明音聲，五性其鬼曰魂。魂者，雄也。主出入人鼻，與天通，故鼻為玄也。地食人以五味，從口入藏於胃。五性濁辱為形骸骨肉血脈，六情其鬼曰魄。魄者，雌也。出入於口，與天地通，故口為牝也。[159]

對於呼吸行氣的器官、功能及養生原理等，作了詳細說明。從文中可知，使人延年益壽的奧妙在於玄牝，即天地，而代表天的器官是鼻，代表地的器官是口。天以五氣滋養人，地則以五味養育人。人是透過鼻將五氣吸入胸，五氣使人精神清爽、思路清醒、聲質優美，並增強雄魂。又透過口將五味吸入胃，五味使人增盈骨肉、健全骸骨形體和血脈，並增強雌魄。呼吸器官是鼻口，所以說：「鼻口之門是乃通天地之元氣所從往來。」[160]通過鼻口呼吸天地自然之氣，才有益人體健康。鼻口對於元氣的吐納亦有大小程度的不同，所以說：

> 治身天門，謂鼻孔。開，謂喘息。闔，謂呼吸也。[161]

鼻孔張開大氣出入稱為喘息，鼻孔均勻吐納稱呼吸。「鼻口呼翕喘息，當綿綿微妙，若可存復，若無有。」[162]「用氣當寬舒，不當為急疾懃勞」，[163]就是吸入新氣要盈滿，吐出故氣要虛空，

---

159 （漢）河上公，《老子道德經‧章句第一‧成象第六》卷上，《四部叢刊初編》子部（台北：臺灣商務印書館，1965 年），頁 5。
160 同註 159。
161 同註 159，頁 6。
162 同註 159。
163 同註 159。

微妙連綿持續良久，可保有健康。可見漢代士人對呼吸吐納有助長壽的導氣運動是持接受的態度。

（六）變形羽化

王充說：

> 圖仙人之形，體生毛，臂變為翼，行於雲，則年增矣，千歲不死。（〈無形〉）

按其意漢代神仙圖像「臂變為翼」，近代學者曾以洛陽西漢卜千秋墓室為例，其以「升仙」為主題的壁畫中有羽人像，[164]為一人頭鳥身像，人頭上有髻，頭頂兩旁有長耳，面目姣好，自頸以下至足，皆為鳥形，兩翼上舉，作飛舞狀。[165]此外，「今傳世漢石刻，若武梁祠畫象，大將軍竇武墓門畫象，皆刻羽翼仙人游戲雲中。」[166]石刻及壁畫上的羽人之姿，推測羽化登仙是古代變形成仙的普遍觀念。仲長統說：

> 得道者生六翮於臂，長毛羽於腹，飛無階之蒼天，度無窮之世俗。[167]

又魏文帝詩歌：

> 西山一何高，高高殊無極。上有兩仙僮，不飲亦不食。與我一丸藥，光耀生五色。服藥四五日，身體生羽翼。輕舉乘浮雲，倏忽行萬億。流覽觀四海，芒芒非所識。彭祖稱

---

164 沈曉柔，《化生・復蘇・成仙：古代中國面對死亡的三種態度》提出此例證，同註 140，頁 128。

165 卜千秋墓於 1976 年 6 月發現，年代推測為西漢中期稍後，即昭帝至宣帝之間。墓葬壁畫採用長卷式展開法，自東向西，一目了然。孫作雲，〈洛陽西漢卜千秋墓壁畫考釋〉（《文物》1977 年第 6 期），頁 22。

166 劉盼遂，《論衡集解》，黃暉《論衡校釋》〈無形篇〉，頁 66。

167 （唐）馬總輯，《意林》卷五〈仲長統昌言〉，《叢書集成續編》第十六冊（台北：新文豐出版公司，1989 年），頁 221。

> 七百，悠悠安可原。老聃適西戎，于今竟不還。王喬假虛
> 詞，赤松垂空言。達人識真偽，愚夫好妄傳。追念往古事，
> 憤憤千萬端，百家多迂怪，聖道我所觀。[168]

是「飛天之說仍盛於東漢以後，直至唐、宋。敦煌石室壁畫，恆見飛天矣。」[169] 而「臂變為翼」即是佛家所謂的飛天，飛天之說由來已久，如《山海經》有：「神英招司之，其狀馬身而人面，虎文而鳥翼。」[170]

至於《山海經》有羽民國：「羽民國在其東南，其為人長頭，身生羽。」[171]「有羽民之國，其民皆生毛羽。」[172]「讙頭國在其南，其為人人面有翼，鳥喙。」[173] 上引《山海經》所敘述的人生羽翼，是生來即擁有的飛行能力，為神話人物異於常人之處。所以王充說：

> 海外三十五國，有毛民、羽民，羽則翼矣。毛羽之民，土
> 形所出，非言為道身生毛羽也。…毛羽之民，不言不死；
> 不死之民，不言毛羽。毛羽未可以效不死，仙人之有翼，
> 安足以驗長壽乎？（〈無形〉）

駁斥羽民非長壽變形，而是地理環境所形成。此外，王充又概述世人有「蟲蛇化為魚鼈」、「蝦蟆變為鶉」、「雀變為蜄蛤」的觀念，又有「魯公牛哀變為虎」、「鯀變為黃熊」的傳說。這種變形觀念起源很早，以「鯀變為黃熊」為例：

---

168 魏文帝，〈折楊柳行〉，（梁）沈約，《宋書》卷二十一〈樂志三〉（台北：藝文印書館，1957 年），頁 308。

169 劉盼遂，《論衡集解》，黃暉《論衡校釋》〈無形篇〉，頁 66。

170 《山海經·西山經》，同註 117，頁 55。

171 《山海經·海外南經》，同註 117，頁 258。

172 《山海經·大荒南經》，同註 117，頁 386。

173 《山海經·海外南經》，同註 117，頁 259。

鯀的出身有下列說法：

> 夏禹，名曰文命。禹之父曰鯀，鯀之父曰帝顓頊，顓頊之
> 父曰昌意，昌意之父曰黃帝。[174]

> 黃帝生駱明，駱明生白馬，白馬是為鯀。[175]

《史記》中鯀為黃帝的曾孫，在《山海經》的記載，鯀是黃帝的孫子，可確定的是鯀應該是黃帝後裔。鯀的事蹟最著名的是治理洪水，歷史家多視鯀為失敗的惡臣，說他「方命圮族」[176]或說鯀居功爭位，「欲得三公，怒甚猛獸，欲以為亂。」[177]《山海經·海內經》的神話記載，[178]鯀則為抱著犧牲決心平治水災的英雄，所以屈原對神話中的鯀殛死表現不平，他說：「鴟龜曳銜，鯀何聽焉？順欲成功，帝何刑焉？」[179]「鴟龜曳銜」是鴟龜互相牽引獻計於鯀，鯀聽從鴟龜的獻計，順了眾人心願，治水方將成功，忽遭天帝刑戮。屈原問「順欲成功，帝何刑焉」是對鯀之死打抱不平。

關於鯀的變形，《山海經·海內經》說：天帝下令火神誅殺鯀於羽郊之後，「鯀復生禹」，郭璞注：「鯀死三歲不腐，剖之以吳刀，化為黃龍。」[180]也就是說鯀生禹後，屍體變成一條黃龍。《左傳》、《國語》則言鯀化為黃熊，[181]《山海經》亦有另一則

---

174 《史記·夏本紀》，頁41。
175 《山海經·海內經》，同註117，頁462。
176 《尚書·堯典》，（漢）孔安國傳，（唐）孔穎達正義，《尚書正義》《十三經注疏》第一冊（台北：藝文印書館，1985年），頁26。
177 《呂氏春秋·恃君覽第八·行論》，同註66，頁1389。
178 《山海經·海內經》：「洪水滔天，鯀竊帝之息壤以堙洪水，不待帝命，帝令祝融殺鯀於羽郊。鯀復生禹，帝乃命禹卒布土以定九州。」同註117，頁467。
179 《楚辭·天問》，同註142，頁89-90。
180 《山海經·海內經》，（晉）郭璞注，同註117，頁468。
181 《左傳》昭公七年記載，（晉）杜預注，（唐）孔穎達正義，《春秋左傳

鯀化生爲「堬渚」的記述，[182]鯀的變形就有黃龍、黃熊、堬渚等數種記載。學者研究指出：鯀的名字如其字所示，本態是魚，可是在治水的時候，又變化了形態而成爲黃熊。熊在古代可能是被視爲治水和治生產的聖獸。[183]「熊擁有特殊的季節性活動規律，尤其是冬眠的習性，更加容易給人造成一種能夠死而復甦的印象。」[184]黃龍或堬渚，也與水有關。所以變形神話死亡不代表生命的終止，反而得以改變生命形態而繼續存在。

　　上述變形觀念王充很不以爲然，〈無形〉篇中陳述了形不可變，即使生物變形，如蟲鉈、蝦蟆、麻雀等改變了形體，反而遭人類捕捉，並不能延長壽命。魯國公牛哀變爲虎，或鯀變爲黃熊，虎和黃熊的壽命也不能超越人類。因此，王充說：「人欲變其形，輒增益其年，可也。如徒變其形，而年不增，則蟬之類也。」（〈無形〉）又說：「人稟氣於天，氣成而形立，則（形）命相須，以至終死，形不可變化，年亦不可增加。」（〈無形〉）在他看來，胚胎在母體所受「氣」的厚薄已決定一個人的壽夭，死亡是人所不可避免的，王充曾說：

> 有血脉之類，無有不生；生無不死。以其生，故知其死也。…夫有始者必有終，有終者必有始。唯無終始者，乃長生不死。人之生，其猶冰也。水凝而為冰，氣積而為人。冰極一冬而釋，人竟百歲而死。人可令不死，冰可令不釋乎？

正義》，《十三經注疏》第六冊，同註 176，頁 762。及《國語・晉語八・鄭子產來聘》的記載，（周）左丘明著、黃永堂譯注，《國語》下冊（台北：台灣古籍出版有限公司，2007 年），頁 673。

182　《山海經・中山經》：「又東十里，曰青要之山，實惟帝之密都。…是多駕鳥。南望堬渚，禹父之所化，是多僕累、蒲盧。」同註 117，頁 168。

183　白川靜著、王孝廉譯，《中國神話》（台北：長安出版社，1983 年），頁 44。

184　沈曉柔，《化生・復蘇・成仙：古代中國面對死亡的三種態度》，同註 140，頁 33。

諸學仙術，為不死之方，其必不成，猶不能使冰終不釋也。
（〈道虛〉）

其意是說，有開始就必定有結束，有結束就一定有開始。水
凝結成冰，氣積聚而成人，冰一過多天就融化，人活到百歲就會
死亡。這「有始必有終」的說法也見於揚雄，他說：「有生者必
有死，有始者必有終，自然之道也。」[185]東漢詩人也有相同體悟，
如詩句「人生非金石，豈能長壽考！」「服食求神仙，多爲藥所誤。
不如飲美酒，被服紈與素。」[186]所以王充有死不可避免的結論。

第二節　王充命定論的內容

一、「命」的內涵

上節分析王充之所以提出命定論的背景和原因，他認爲個人
壽命長短在生命開始時已被決定，流行的成仙或變形不死是不可
能實現的。而個人畢生的遇與不遇，即富貴窮通之命，從他在現
實政治中對不合理制度的體驗和歷史事件的分析來看，認爲多與
自身所處的時代和社會情況的偶合有關。也就是從個人經歷的事
實，得出人的窮通是偶然發生的事情，並不是根據他的才能而必
然的結果，個人的才能和操行與其所受的遭遇並不一致。面對年
壽和貴賤的不同情況，有必然性和偶然性的因素，王充歸因於

---

185 （漢）揚雄，《法言·君子》，汪榮寶，《法言義疏》下冊（北京：中華
　　書局，1987 年），頁 521。
186 （南朝梁）昭明太子編、（唐）李善注，《文選》第二十九卷〈古詩十九
　　首〉（台北：藝文印書館，1983 年），頁 419。

「命」的概念。

　　王充所謂的「命」有二種，一是「稟氣之命」，一是「所當觸值之命」（〈氣壽〉）。二者有何不同呢？王充曾加以區分。所謂「稟氣之命」，是先天氣稟，最初在母體還是胚胎時已形成，是與生俱有的，他說：「命，謂初所稟得而生也。人生受性，則受命矣。」（〈初稟〉）所謂「所當觸值之命」是指後天的遭遇，「觸值」的概念並沒有涉及到操行的好壞和天的意念，而是受外在影響，所以說「俱由外來」（〈累害〉），也稱之為「時」。

　　與生俱來的「稟氣之命」與後天社會面臨的「觸值之命」二者間相互影響，王充說：

> 凡人遇偶及遭累害，皆由命也。有死生壽夭之命，亦有貴賤貧富之命。自王公逮庶人，聖賢及下愚，凡有首目之類，含血之屬，莫不有命。命當貧賤，雖富貴之，猶涉禍患矣；命當富貴，雖貧賤之，猶逢福善矣。（〈命祿〉）

　　遇偶及遭累害「皆由命」的「命」，含有必然不可違逆的結果。來自外在影響的遇偶及遭累害等觸值之命看似偶然，但卻是命定必然。至於死生壽夭和貴賤貧富的先天命祿，也受觸值之命的制約，他說「命當貧賤者」仍有富貴的機會，「命當富貴者」也有貧賤的機會，雖其結果，貧賤者終失其富貴而歸於貧賤，富貴者也終離其貧賤而歸於富貴，但是可以證明其間有「觸值之命」的因素。所以個人命運在「稟氣之命」與「所當觸值之命」二者的制約中運行，這是王充命定論的重要理論。

（一）就死生壽夭而言：

　　他將人的壽命分作二種，說：「凡人稟命有二品，一曰所當觸值之命，二曰彊弱壽夭之命。所當觸值，謂兵、燒、壓、溺也。

彊弱壽夭，謂稟氣渥薄也。」（〈氣壽〉）所謂「彊弱壽夭，謂稟氣渥薄也。」是生死壽夭決定於生命形成時所稟受氣的厚薄多少。

在王充看來，萬物生成是不同的氣聚集而成，氣聚集成不同形體，即有不同的天年限制。所以氣聚集成人的形體，就有人的天年壽命限制，他說：

> 人以氣為壽，形隨氣而動。氣性不均，則於體不同。牛壽半馬，馬壽半人，然則牛馬之形與人異矣。稟牛馬之形，當自得牛馬之壽，牛馬之不變為人，則年壽亦短於人。（〈無形〉）

文中王充以牛馬人三種不同形體說明有不同天年。也就是：

> 器形已成，不可小大；人體已定，不可減增。用氣為性，性成命定。體氣與形骸相抱，生死與期節相須。形不可變化，命不可減加。（〈無形〉）

氣的性質構成形體，而形體決定天年。氣聚集成為人，人體已定就有人的天年限制。而強渥之氣使人活到天年之數，虛弱之氣不能活到人的天命之年，謂之夭壽。人所稟的元氣充實堅強，壽命就長久，反之則短暫。他以婦女生育為例：生育少，元氣充足，子女體質堅強，所生子女存活率就高，生育頻繁，元氣減少，子女的體質就會軟弱，子女存活率就低。[187]因此，「稟得堅彊之性，則氣渥厚而體堅彊，堅彊則壽命長，壽命長則不夭死。稟性軟弱者，氣少泊而性羸窳，羸窳則壽命短，短則蚤死。故言『有命』，命則性也。」（〈命義〉）王充解釋壽命的長短問題時，夭與壽都是稟氣強弱形成的生命力強弱問題，夭只是稟氣的缺乏，壽則是稟氣充足，與來自外在的「觸值之命」並無關連。

此外，王充又說「觸值之命」，包括了兵、燒、壓、溺等外

來的自然災害或人為災害。他舉歷陽城在一夜之間就變為湖泊；長平之役時，四十萬人在一夕之間，被埋入土坑之中，以及戰爭傷亡慘重和荒年災民死亡等例說：

> 而歷陽之都，男女俱沒；長平之坑，老少並陷，萬數之中，必有長命未當死之人，遭時衰微，兵革並起，不得終其壽。
>
> 人命有長短，時有盛衰，衰則疾病，被災蒙禍之驗也。(〈命義〉)

不論歷陽之都或長平之坑這成千上萬的人中，一定也有稟氣長命不該死的，但遇上衰敗亂世，壽命因而中斷。而且兵、燒、壓、溺等禍患，是意外不能預期所遭受的橫禍，未必有確切日期。[188]此外，又以為不僅人有命，國家也有命，而且是「國命勝人命」(〈命義〉)國家有天災人禍，無論個人之命如何好，也均受其殃，而死於非命。反之，他也根據歷史記載推算堯、舜活了一百多歲，周文王、武王、召公，活了九十多歲，得出「太平之世，多長壽之人」(〈氣壽〉)，證明了「觸值之命」對「稟氣之命」的制約。

（二）就貴賤貧富而言：

王充在〈命義〉篇解釋「富貴在天」說：

> 至於富貴所稟，猶性所稟之氣，得眾星之精。眾星在天，天有其象，得富貴象則富貴，得貧賤象則貧賤，故曰「在天」。(〈命義〉)

又說「人稟氣而生，含氣而長，得貴則貴，得賤則賤。」(〈命義〉)得到富貴象是稟受到精細的氣，得到貧賤象是因為稟受到粗劣的氣，王充以氣的精細程度說明形體形成的富貴資質的差別。是將富貴貧賤歸因於星象的精細所決定，是天生既定不可增減，

---

188 王充說：「兵、燒、壓、溺，遭以所稟為命，未必有審期也。」(〈氣壽〉)

即「稟氣之命」。他又說：

> 人生性命當富貴者，初稟自然之氣，養育長大，富貴之命
> 效矣。…命，謂初所稟得而生也。人生受性，則受命矣。
> （〈初稟〉）

按其意先天稟受到富貴的人，順著天賦的發展，富貴之命自然來到。人出生時被賦予的性就是受命，人的質性與命的限制都已決定。

此外，他又說：「賢不賢，才也；遇不遇，時也。」（〈逢遇〉）他將仕宦窮通由「時」決定，所謂的「時」，是後天社會生活中所發生的，也就是個人才性與社會時勢結合所致。換言之，此段之意是他將富貴貧賤歸於外在的偶合，即「觸值之命」。

富貴貧賤是屬於觸值之命或是稟氣之命呢？事實上，歸因於觸值之命較為合適。所持理由是，在他看來，個人才能的發揮需要相應的遭遇幸偶等條件的配合，他所目睹的命運，也無非是些偶然事件的遇合。譬如他舉姜太公早年窮困潦倒，晚年遇到周文王才尊為國師，以及衛國甯戚，行德善良而不見用於世，生活十分困苦，也是遇到齊桓公才被拔擢為官之例。[189]說明個人有時窮困有時通達，正是由「所當觸值的命」也就是「時」所決定。他對於人類生命所面臨的許多偶然現象，歸因於「所當觸值的命」（或稱作「時」），所謂「窮達有時，遭遇有命也。」（〈禍虛〉）胡適也認為富貴在天的說法，遠不如觸值遭逢說的圓滿，他說：

> 富貴貧賤與兵燒壓溺，其實都應該歸到外物的遭逢偶合。

---

189 王充說「凡人窮達禍福之至，大之則命，小之則時。太公窮賤，遭周文而得封，甯戚隱阨，逢齊桓而見官。非窮賤隱阨有非，而得封見官有是也。窮達有時，遭遇有命也。…一身之行，一行之操，結髮終死，前後無異，然一成一敗，一進一退，一窮一通，一全一壞，遭遇適然，命時當也。」（〈禍虛〉）

> 王充受了當時星命骨相迷信的影響，故把富貴貧賤歸到星
> 位的尊卑大小，却不知道這種說法和他的〈逢遇〉、〈幸
> 偶〉、〈累害〉等篇是不相容的。既說富貴定於天象，何以
> 又說福禍由於外物的累害呢？[190]

不過，王充所說的「仕宦貴賤，治產貧富」，同時兼具先天
「稟氣之命」和外在「觸值之命」二因素。不論是「稟氣之命」
或「觸值之命」（也稱「時」），不能靠個人努力而改變，其本
身是自然而然形成，並非天有意的安排。所以說：

> 仕宦貴賤，治產貧富，命與時也。命則不可勉，時則不可
> 力。（〈命祿〉）
> 命，吉凶之主也，自然之道，適偶之數，非有他氣旁物厭
> 勝感動使之然也。（〈偶會〉）
> 時命當自然也。（〈偶會〉）

王充論及富貴貧賤時，多側重偶然不可預期的「觸值之命」對
其形成的制約。譬如他藉由一位周朝老者自述一生不遇的原因是：

> 吾年少之時，學為文，文德成就，始欲仕宦，人君好用老。
> 用老主亡，後主又用武，吾更為武，武節始就，武主又亡。
> 少主始立，好用少年，吾年又老。是以未嘗一遇。（〈逢遇〉）

此例由老人一生無施展才幹機會的敘述，感慨「仕宦有時，
不可求也。」（〈逢遇〉）王充體會「時」對人的牽制，亦即來自
外在的「觸值之命」的影響。「觸值之命」作用於死生壽夭，則
生命遭受自然界或人為的意外災害，作用於富貴貧賤就為遭、偶、
幸、遇等際會。

他對遭、偶、幸、遇之意，曾作了界定：所謂「遭」是指「遭

---

190 胡適，〈王充的論衡〉，黃暉，《論衡校釋》第四冊，〈附編〉四，頁1291-1292。

逢非常之變，若成湯囚夏臺，文王厄牖里矣；以聖明之德，而有
囚厄之變，可謂遭矣。」（〈命義〉）就是遇到突如其來的事故，
對生命產生即大威脅。所謂「遇」是指「遇者，遇其主而用也。
雖有善命盛祿，不遇知己之主，不得效驗。」（〈命義〉）指獲得
君主「知遇」和提拔機會，而「遇」不在「才」而在「時」。所
謂「幸」是指「幸者，謂所遭觸得善惡也。獲罪得脫，幸也；無
罪見拘，不幸也。」（〈命義〉）指人所遭受到的各種出人意外事
件，有幸與不幸之別。他認為通常君子依正道而行，應得善報，
若遭逢意外遭遇只有不幸，而小人的遭遇只有所謂的幸。所謂「偶」
是指「偶者，謂事君也，以道事君，君善其言，遂用其身，偶也；
行與主乖，退而遠，不偶也。」（〈命義〉）因能符合君主心意而
受到重用及賞識。

　　遭、偶、幸、遇屬於偶然性不可預知，不過，就王充看來，
站在整體生命的角度，遭、偶、幸、遇又受「稟氣之命」的牽引，
他說：

> 遭、遇、幸、偶，或與命祿并，或與命祿離。遭遇幸偶，
> 遂以成完；遭遇不幸偶，遂以敗傷，是與命并者也。中不
> 遂成，善轉為惡，若是與命祿離者也。（〈命義〉）

　　因此，一個命運過程，「稟氣之命」與「觸值之命」配合一
致，則與生俱來的「稟氣之命」將實現。倘若「觸值之命」與「稟
氣之命」背離，與生俱來的「稟氣之命」將改變。

　　學者使用「必然性」或「偶然性」來詮釋王充命論，徐復觀
提到「偶然性」一詞，他說：

> 為了使命的觀念能對現實人生，發揮更大的解釋效力，便
> 須把命的觀念細分下來，以適應現實個各種情況。…此處
> 之所謂「祿」，亦即〈逢遇篇〉之所謂「時」。人的命應

當是統一的；但人的一生，卻有各種盛衰的變化，特賴時或祿的觀念加以彌縫。遭遇幸偶四個觀念，雖內涵的吉凶禍福，各不相同，但在「偶然」「突然」的意義上，則完全一致。因為這些都是「後驗」的（事後應驗）；既是後驗的，於是預定的命，又不易為人所預知，而時常感到是突然偶然的變化。所以王充又提出這四個觀念來加以補救。在「與命祿并」或「離」之間，使可以產生許多便宜的說法。[191]

　　指出用偶然性的遭遇幸偶四個觀念是王充為了能夠更有效的由命來解釋現實人生。黎惟東說：

王充又提出了「幸」和「偶」的觀念，不過他說的「遇」、「時」、「幸」、「偶」，指的都是客觀事物的聯繫和它發展過程中所表現出來的一種屬性——偶然性。換言之，自然界和人類社會產生的各種現象，若在時間和空間上發生一定的聯繫，那只是偶然性（遇、時、幸、偶）在起支配作用，彼此並沒有因果的聯繫。⋯其實是谷草「適自枯死」，而「秋風」適盛（偶然篇）這只是「偶然性」在作祟。[192]

不過他又說王充並未否定事物發展中有必然性的存在：

王充提出「命」這個重要的觀念，來反應和概括客觀事物的必然性。照他的看法，事物在發展過程中所出現的一切結果，都受偶然性的支配，而偶然性又受「命」的支配。命是不隨人類主觀意志轉移的必然規律。他把命分為「壽命」和「祿命」，前者決定人生的生死夭壽，後者決定人

---

191 徐復觀，《兩漢思想史》卷二，同註 56，頁 629。

192 黎惟東，《王充思想研究》（中國文化大學哲學研究所博士論文，1984 年6 月），頁 220。

的富貴貧賤，乃至吉凶禍福。[193]

　　認為王充說命有偶然性的遭遇幸偶四個觀念，也有必然性的命的概念，對人生形成一種制約作用，而不能改變更易。林麗雪用「必然」和「偶然」來分析王充，說：

> 命之與時，一為「必然」因素，一為「偶然」因素。王充既不主有意志的天，則此「必然」在稟氣之初，實為一偶然，一無理據可憑。而人一旦遭遇偶然之機遇，亦必因此偶然而帶來之相應必然。所以必然之「命」，其實是無數偶然之「時」互相結聚，互相牽制而成。因此，命與時，只有大小、先後之別，而無本質之異。[194]

上述偶然中必然性的「稟氣之命」與偶然性的「觸值之命」之間關係相當複雜，王充死生壽夭及富貴貧賤的「命定」思維即說明「稟氣之命」與「觸值之命」二者對人的自然生命和社會生命的影響及制約。

二、「性」與「命」的分途

「性」與「命」的分途最早見於《孟子》，文中說：

> 口之於味也，目之於色也，耳之於聲也，鼻之於臭也，四肢之於安佚也，性也，有命焉；君子不謂性也。仁之於父子也，義之於君臣也，禮之於賓主也，知之於賢者也，聖人之於道也，命也，有性焉；君子不謂命也。[195]

---

193 黎惟東，《王充思想研究》，同註 192，頁 222。
194 林麗雪，《王充》（台北：東大圖書公司，1991 年），頁 251。
195 《孟子・盡心下》，（漢）趙岐注，（宋）孫奭疏，《孟子注疏》，《十三經注疏》第八冊（台北：藝文印書館，1985 年），頁 253。

　　孟子的認知以生而即有的就是「性」與「命」，從來源看來並無差異，其間的不同在「命」必須求於外，相反的「性」可由自己擴充。如耳目口鼻四肢之嗜好是生而即有的自然之性，但聲色臭味安逸等須外求，故曰「有命焉」，而不以為「性」；仁義禮智等德性價值的實現在於主體性，求則可得，並非有外在條件的限定或決定，所以稱作「性」。

　　《莊子》文中也有「性」與「命」的對舉，他說：

> 物得以生謂之德，未形者有分，且然無間，謂之命；留動而生物，物成生理謂之形；形體保神，各有儀則，謂之性。[196]

　　是認為在物體未形成以前已存在的因素，稱之為命；物體已形成之後各自獨具的儀則，稱之為性。是性與命是先後之別，本質上並無不同。

　　王充《論衡》中「性」的內涵可分為三類：

（一）操行清濁的才性

> 夫性與命異，或性善而命凶，或性惡而命吉。操行善惡者，性也；禍福吉凶者，命也。（〈命義〉）
>
> 貴賤貧富，命也；操行清濁，性也。（〈骨相〉）
>
> 命有貴賤，性有善惡。（〈本性〉）

　　上引文中「性」與「命」分立，王充以貴賤貧富屬於命的範疇，以操行清濁屬於性的範疇。

（二）氣　性

> 稟得堅彊之性，則氣渥厚而體堅彊，堅彊則壽命長，壽命

---

196 《莊子・天地篇》，同註110，頁93-94。

> 長則不夭死。稟性軟弱者，氣少泊羸窳，羸窳則壽命短，
> 短則蚤死，故言「有命」，命則性也。（〈命義〉）

> 人生受性，則受命矣。性命俱稟，同時並得，非先稟性，
> 後乃受命也。（〈初稟〉）

> 王者一受命，內以為性，外以為體。（〈初稟〉）

上述引文中性即是命，性與命同時發生，所說的「性」不同於操行清濁的性，而是稟元氣強弱影響壽命的氣性。

（三）本　性

> 天道無為，聽恣其性，故放魚於川，縱獸於山，從其性命
> 之欲也。（〈自然〉）

> 夫人有不善，則乃性命之疾也，無其教治，而欲令變更，
> 豈不難哉？（〈率性〉）

上述引文中性與命連用為一詞，不過其意側重於「性」，是受於天所賦予的本性之意。

王充「性」與「命」的分途，「性」的定義是取第一義的操性清濁之性。在他看來，「才高行厚，命惡，廢而不進；智寡德薄，命善，興而超踰。」（〈命祿〉）由於壽命長短和窮達禍福是先天「稟氣之命」和外在「觸值之命」所決定，操行道德的好壞，沒有改變命運的可能，也就是「性」與「命」沒有必然的關係，所以說：

> 脩身正行，不能來福；戰栗戒慎，不能避禍。禍福之至，
> 幸不幸也。（〈累害〉）

> 使命吉之人，雖不行善，未必無福；凶命之人，雖勉操行，
> 未必無禍。（〈命義〉）

王充之所以有「性」與「命」分途的說法，主要是針對漢儒

所主張的「三命說」而來。漢代對命的解釋，有正命、隨命、遭命的三命說，例如《白虎通》說：「命有三科以記驗，有壽命以保度，有遭命以遇暴，有隨命以應行。」[197]是以三種命來解說人生，壽命是上天所賜給人的使命，遭命是突發不可預知的際遇，隨命則是相應於行為的結果。又說：

> 壽命者，上命也，若言文王受命唯中身，享國五十年。隨命者，隨行為命，若言息棄三正，天用勦絕其命矣，又欲使民務仁立義，無滔天，滔天則司命舉過言，則用以弊之。遭命者，逢世殘賊，若上逢亂君，下必災變暴至，天絕人命，沙鹿崩於受邑是也。冉伯牛危行正言而遭惡疾，孔子曰：「命矣夫！斯人也而有斯疾也！斯人也而有斯疾也！」[198]

其意是說，壽命是天所賜給人的命，正如周文王受命於天而擔任了五十年的君王。隨命是伴隨行為而獲得的命，倘若無德行，天就會奪其命，例如人民犯下滔天大錯刑法將嚴格追究，就是用隨命革除弊端。遭命是遇到不好的年代或事件，如遇到上位者為昏君，或民間忽然降臨天災等。

而趙歧區別「三命」說：

> 命有三名，行善得善曰受命，行善得惡曰遭命，行惡得惡曰隨命。[199]

趙歧隨命說與傳統觀點略有不同，[200]基本上是側重個人行為是命運形成的決定因素，只有遭命是行善得惡超出人力之外。此外，王符說：

---

197 孫人和，《論衡舉正》引《白虎通疏證・壽命篇》（上海：上海古籍出版社，1990年），頁5。
198 同註197。
199 孫人和，《論衡舉正》引趙歧，《孟子・盡心》注，同註197，頁6。
200 孫人和，《論衡舉正》，同註197，頁6。

故論士苟定于志行，勿以遭命。[201]

行有招召，命有遭隨。[202]

其意認爲評議士人應以其志節品行作標準，不宜依據遭遇命運，命運即使有「隨命」和「遭命」兩種，而他著重行爲言語可能招來的榮辱，可知王符是漢代強調行爲決定命運論點的重要學者。

王充就其對漢代三命說的理解作了區分：正命是「謂本稟之自得吉也。性然骨善，故不假操行以求福而吉自至。」隨命是「勠力操行而吉福至，縱情施欲而凶禍到。」遭命是「行善得惡，非所冀望，逢遭於外而得凶禍。」（以上〈命義〉）也就是說，正命是天賦獲得而不需操行上努力的福報，隨命是指努力修養操行就有福報，而放縱行爲就有災禍，遭命是努力爲善卻受到災禍，不是本來努力預期的結果。一般說來，強調正命的人對生活持聽天由命的態度，突出隨命重要性的人，則相信人爲的努力，而遭命則是一種偏離。[203]

王充認爲三命說有矛盾不可成立之處，他舉盜跖、莊蹻「橫行天下，聚黨數千，攻奪人物，斷斬人身，無道甚矣，宜遇其禍，乃以壽終。」隨命的說法並不能成立。顏淵、伯牛，都是「行善者也，當得隨命，福祐隨至，何故遭凶？顏淵困於學，以才自殺；伯牛空居而遭惡疾。」其他如屈原、伍子胥，「盡忠輔上，竭王臣之節，而楚放其身，吳烹其尸。」卻遇上「遭命」的命運。他以遭命的例證來反駁隨命說，因而得出「行善當得隨命之福，乃觸遭命之禍，何哉？言隨命則無遭命，言遭命則無隨命，儒者三

---

201 《潛夫論・論榮》，同註 21，頁 55。
202 《潛夫論・卜列》，同註 21，頁 460。
203 余英時，《東漢生死觀》，同註 111，頁 64。

命之說，竟何所定？」（以上〈命義〉）所以講隨命就不會有遭命，有遭命就不會有隨命，二者相互矛盾。

三、骨相與命的關係

王充認為人的壽命長短、貴賤貧富，決定於初稟之時，而且表現在骨相形體上，他說：

> 人有壽夭之相，亦有貧富貴賤之法，俱見於體。故壽命脩短，皆稟於天；骨法善惡，皆見於體。（〈命義〉）

> 人曰命難知。命甚易知。知之何用？用之骨體。人命稟於天，則有表候於體。察表候以知命，猶察斗斛以知容矣。表候者，骨法之謂也。（〈骨相〉）

認為骨相反應人的命運和本性，考察一個人的骨相形體、面貌長相，就可以知道這個人命和本性的好壞，就像看到斗和斛，便可以知道容量的多少。王充舉出春秋時趙簡子使姑布子卿相諸子之例：

> 趙簡子使姑布子卿相諸子，莫吉，至翟婢之子無恤而以為貴。無恤最賢，又有貴相，簡子後廢太子，而立無恤，卒為諸侯，襄子是矣。（〈骨相〉）

此故事《史記・趙世家》也有記載，姑布子卿是先秦精通相術人物，晉國趙簡子請姑布子卿為他的兒子們看相，都不吉利。但看到他和翟族婢女所生的兒子無恤時，卻認為有大貴之命。諸子之中無恤最為賢能，又有富貴的骨相，趙簡子後來廢掉太子伯魯而立無恤為太子。做了諸侯，就是趙襄子。

至於漢人普遍相信相術，有關的記載甚多，王充所舉當時流傳之例就不少，如漢高祖之例：

> 高祖隆準、龍顏、美鬚，左股有七十二黑子，單父呂公善
> 相，見高祖狀貌，奇之，因以其女妻高祖，呂后是也，卒
> 生孝惠帝、魯元公主。高祖為泗上亭長，當去歸之田，與
> 呂后及兩子居田。有一老公過，請飲，因相呂后曰：「夫
> 人，天下貴人也。」令相兩子。…老公去。高祖從外來，
> 呂后言於高祖，高祖追及老公，止使自相。老公曰：「鄉
> 者夫人嬰兒相皆似君，君相貴不可言也。」後高祖得天下，
> 如老公言。(〈骨相〉)

　　這相面故事也記載於《史記・高祖本紀》，劉邦和呂后、兒
子漢惠帝、女兒魯元公主都曾有相面的經驗。又如太尉周亞夫之例：

> 周亞夫未封侯之時，許負相之，曰：「君後三歲而入將相，
> 持國秉，貴重矣，於人臣無兩。其後九歲而君餓死。」亞
> 夫笑曰：「臣之兄已代侯矣，有如父卒，子當代，亞夫何
> 說侯乎？然既已貴，如負言，又何說餓死？指示我！」…
> 至景帝之時，亞夫為丞相，後以疾免。其子為亞夫買工官
> 尚方甲盾五百被可以為葬者，取庸苦之，不與錢。庸知其
> 盜買官器，怨而上告其子。景帝下吏責問，因不食五日，
> 嘔血而死。(〈骨相〉)

　　此故事也記載於《史記・絳侯周勃世家》，周亞夫在沒有被
封侯的時候，許姓的婦人曾看他的骨相，說他先貴為王侯，之後
則會餓死。周亞夫自認生於王侯家庭，不可能發生餓死之事。至
漢景帝時，因平七國之亂有功，升為丞相，後來因為生病被免去
官職。其子為他準備後事，就買了工官和尚方兩官署製造的鎧甲
和盾牌作為陪葬之用，雇用工人營造墓地，卻刻扣工錢，雇工知
道他家私買官方宮廷所用的器物是違法的，就上告其子。景帝將
此事交與司法官吏查辦，周亞夫因而五天不吃飯，吐血而死。又

根據《史記·外戚世家》，許姓婦女也曾爲漢文帝母親薄太后相面，其後亦應驗。王充還舉了漢代黥布、衛青、丞相黃霸、鄧通、韓太傅等例子，說明漢人常藉由考察人的骨相特徵，判斷其人的富貴貧賤和壽夭。[204]

　　王充認爲不但是富貴貧賤有骨相和形體可徵，操行的善惡也可從骨法與皮相紋理察看。富貴貧賤與操行善惡爲天生本然，命有骨法，本性善惡也有骨法。他舉范蠡說勾踐的面相「飛鳥盡，良弓藏；狡兔死，走犬烹。越王爲人，長頸鳥喙，可與共患難，不可與共榮樂。」（〈骨相〉）的例子，所以范蠡選擇功成身退，而文種捨不得離開，最終以自殺結束一生。又舉大梁人尉繚之例：

> 大梁人尉繚，說秦始皇以并天下之計。始皇從其冊，與之亢禮，衣服飲食與之齊同。繚曰：「秦王為人，隆準長目，鷙膺豺聲，少恩，虎視狼心。居約，易以下人；得志，亦輕視人。我布衣也，然見我，常身自下我，誠使秦王須得志，天下皆為虜矣。不可與交游。」乃亡去。（〈骨相〉）

　　上述二則故事也見於《史記·越王勾踐世家》及〈秦始皇本紀〉，范蠡、尉繚看勾踐和秦始皇面相，而避免與勾踐、秦始皇一類面相的人交往。

　　此外，王充又補充說明，考察人的本性和命運時，不能只憑藉形體、骨相或皮膚紋理，還必需考察人的聲音、氣質。所以說：「相或在內，或在外，或在形體，或在聲氣。察外者，遺其內；在形體者，亡其聲氣。」（〈骨相〉）所以說「以貌取人，失於子羽，以言取人，失之宰予也。」要考察入微才能看出骨相奧妙。

---

204 《論衡·骨相》

第三節 王充「命定論」反映漢代政治、社會現象的檢討

　　王充建立「氣」觀念的命定思維，認為人由氣所構成，人身上所稟之氣與其它物種也不同，「人受正氣，故體不變」（〈無形〉）或「人之所以生者，精氣也。」（〈論死〉）可推測正氣與精氣相類似，是人類所具備。氣對命有很大影響，「用氣為性，性成命定」（〈無形〉）傳達命依氣而有的關係。聖人凡人的不同，決定於稟氣的精粗，和稟氣的多少。所以在其觀念裏，人類胚胎成形所稟受不同量和不同性質的氣，也就有壽命長短、貴賤貧富或人性善惡的不同。這種命定思維形成宿命觀念，但也呈顯特定的時代問題，此理論的優缺點說明如下：

一、限定人為的努力和作用

　　我們從漢代現實的政治、社會背景來理解，會發現人的才能和操行，與其所受的待遇並不一致，人才並不能被公平對待。所以從王充的命定論，可以察覺其中有批判的意義。不過，在其命定論的概念下，人類道德的善惡和吉凶禍福的命，變成彼此毫不相干的個別範疇，認為人所付出行為善惡的努力，並不能改變自身的遭遇，也引發歷代學者的質疑。以下就歷代學者對王充命定論的評價作一檢討。

（一）對王充「命定論」持負面評價的說法：

唐呂才說：

> 王充《論衡》云：「見骨體而知命祿，觀命祿而知骨體。」
> 此即祿命之書行之久矣。多言或中，人乃信之；今更研尋，
> 本非實錄。…今時亦有同年同祿，而貴賤懸殊；共命共胎，
> 而夭壽更異。[205]

　　呂才之意認爲王充命定論陷入了骨相宿命論迷信思維，即便
是「同年同祿，而貴賤懸殊；共命共胎，而夭壽更異」，何況是
外在的骨相之說更不足信。命定論有使人認命而不勉力的消極
性，所以說王充是「徹底的命定論者」[206]。

　　清黃式三說：

> 人之命有三：有定命，有遭命，有隨命。隨命者，隨行爲
> 命，遏惡揚善之道也。…仲任詳言命之一定不可易，遂申
> 老子天道自然之說，而謂遏惡揚善，非天之道；且謂國祚
> 之長短，不在政事之得失。[207]

　　文中論述性與命分途的弊端，指出王充將道德操行的性與吉
凶禍福的命過分隔離，這本是對當時官吏選拔過程普遍存在「性
與命異」情況的反映，但此論點已失去「遏惡揚善」作用。此外，
對於王充認爲賢君無法改變國家命運，也表現了懷疑態度。

　　就王充論伍子胥、屈原、箕子、比干等例看來，[208]他不認爲
伍子胥和屈原二人被害是受他人的誣陷進讒，而說是二人命定壽

205　《舊唐書‧呂才傳》，黃暉，《論衡校釋》第四冊，〈附編〉三，頁1255。
206　陳拱，《王充思想評論》（台北：台灣商務印書館，1996年），頁130。
207　（清）黃式三，《儆居集》四〈讀子集一‧讀王仲任論衡〉，同註205，〈附編〉三，頁1249。
208　《論衡‧偶會》

夭，連帶產生了君不明、臣進讒的現象。箕子被囚禁，比干被挖心，他以為是二人壽命該結束，因而逢桀、紂惡虐之際。凡此「期數自至，人行偶合也。」（〈偶會〉）的說法對世道人心並無反省空間。又宋黃震說：

> 如謂窮達皆出於命，達者未必賢，窮者未必不肖，可矣。
> 乃推而衍之，至以治和非堯、舜之功，敗亡非桀、紂之罪，
> 亦歸之時命，焉可乎？[209]

清錢大昕說：

> 其尤紕繆者，謂國之存亡，在期之長短，不在政之得失，
> 世治非賢聖之功，衰亂非無道之致，賢君之立偶在當治之
> 世，無道之君偶生于當亂之時，善惡之證不在禍福。嗚呼！
> 何其悖也？後世誤國之臣，是今而非古，動謂天變不足
> 畏，詩、書不足信，先王之政不足法，其端蓋自充啟之。
> 小人哉！[210]

上引二說是就國家立場言性與命分途的缺點，質疑「國之存亡，在期之長短，不在政之得失。」和「世治非賢聖之功，衰亂非無道之致」的看法。由於王充曾說：

> 世謂古人君賢則道德施行，施行則功成治安；人君不肖，
> 則道德頓廢，頓廢則功敗治亂。…如實論之，命期自然，
> 非德化也。…夫賢君能治當安之民，不能化當亂之世。良
> 醫能行其針藥，使方術驗者，遇未死之人得未死之病也。
> 如命窮病困，則雖扁鵲末如之何。…故世治非賢聖之功，

209　（宋）黃震，《黃氏日抄》卷五十七〈諸子三〉，同註205，〈附編〉三，
　　頁1242。

210　（清）錢大昕，《潛研堂文集》卷二十七跋《論衡》，同註205，附劉盼遂
　　〈論衡集解附錄〉，頁1343。

> 衰亂非無道之致。國當衰亂，賢聖不能盛；時當治，惡人
> 不能亂，世之治亂在時不在政，國之安危在數不在教。賢
> 不賢之君，明不明之政，無能損益。（〈治期〉）

　　按王充之意，並不認為國治民安是賢君的努力，也不認同民
亂國危是無道之君所為。國家社會秩序的安定與否，與人類活動
無必然聯繫，即便賢君也無法改變國家命運，而將其委之於人力
所不及的時命歷數。王充此說甚為偏激，應是其自身「仕數不偶」
遭遇的感慨。所以學者認為此觀點無疑是喪失了人生價值和意
義，一切歸之於消極的命定，則人為教化的詩、書變為不足信，
先王之政也不足取法，不僅否定了人為的努力也否決了歷史的經驗。

（二）對王充「命定論」持正面評價的說法：

　　胡適認為王充之所以否定人的作用，與破除天人的感應有
關，他說：

> 王充的命定論，雖然有不能使人滿意的地方，但是我們都
> 可以原諒他，因為他的動機只是要打破「人事可以感動天
> 道」的觀念。…他要推翻天人感應的宗教，故不知不覺的
> 走到極端，主張一種極端的有命論。…王充痛恨當時的天
> 人感應的政治學說，故提倡這種極端的議論。他的目的只
> 是要人知道「禍變不足以明惡，福瑞不足以表善」。[211]

　　胡適並稱美王充〈治期〉篇中所說的：社會動亂起因於年歲
不豐，或遭逢水旱之災而糧食不足，這並非政治好壞所決定，而
是命期自然。如堯時有洪水，商湯執政有大旱，桀、紂當政反而
無自然災害，自然災害的發生取決於「時數」，與君主優劣、政

治好壞無關，「時數」是不以人的意志為轉移的。他認為這是王
充學說很精彩的部分。

　　胡適又進而指出，王充的「國命論」與班彪的〈王命論〉也
不同，班彪所說的命，是認為命由有意志、有目的的天所決定，
帝王之命則是天降大命於聖君。[212]這一說法與漢儒一般看法相
似，與王充〈治期〉篇思想則不同。王命論有告戒臣民不可起思
亂之念的作用，「王充『國命論』是規勸那些迷信災異祥瑞的君
主的。」[213]

　　綜合上述，由於王充對天人感應的質疑，所以他以事實經驗
表達天人感應及隨命說的不可信，於是將人生一切富貴貧賤、吉
凶禍福及生死壽夭歸為命定，而命定論雖擺脫了「天」的制約，
卻進而抹煞了人的作用。他本想彰顯人不受天影響的主體性，卻
反而更加低估了人為的努力和意義。不過，宜補充說明的是，就
王充《論衡》其它篇章的比較，其命定論仍有人為改變的空間。[214]
王充曾說：

> 「賜不受命，而貨殖焉。」賜本不受命天之富命，所加貨
> 財積聚，為世富人者，得貨殖之術也。夫得其術，雖不受
> 命，猶自益饒富。（〈率性〉）

文中「夫得其術，雖不受命，猶自益饒富。」所謂「術」指

---

212 （東漢）班彪〈王命論〉：「帝王之祚，必有明聖顯懿之德，豐功厚利積
　　累之業，然後精誠通於神明，流澤加於生民，故能為神所福饗，天下所歸
　　往。未見運世無本，功德不紀，而得崛起在此位者也。世俗見高祖興於布
　　衣，不達其故，以為適遭暴亂，得奮其劍，游說之士至比天下於逐鹿，幸
　　捷而得之，不知神器有命，不可以智力求也。」，同註 205，〈附編〉四，
　　頁 1294。
213 胡適，〈王充的論衡〉，同註 205，〈附編〉四，頁 1294。
214 黃雲生，《王充教育思想論》（台北：復文圖書出版社，1977 年），頁 64。
　　已有此觀點。

方法技術,是由學問經驗而得。其意是說子貢了解經商貿易方法,雖未稟受先天祿命,其命運仍可因術而獲得改變成為富者。又說:

> 周穆王之世,可謂衰矣,任刑治政,亂而無功。甫侯諫之,穆王存德,享國久長,功傳於世。夫穆王之治,初亂終治,非知昏於前,才妙於後也,前任蚩尤之刑,後用甫侯之言也。(〈非韓〉)

王充記載周穆王前期以刑法執政,後期以德治國,前後所用方法的不同,國命發展也因而各異的史料,無疑可證明「世治非賢聖之功,衰亂非無道之致」說法的矛盾。而且他陳述治國之道,也並不主張廢棄人事而放任其自然:[215]

> 治國之道,所養有二:一曰養德,二曰養力。養德者,養名高之人,以示能敬賢;養力者,養氣力之士,以明能用兵。此所謂文武張設,德力具足者也。(〈非韓〉)

倘若「世之治亂在時不在政,國之安危在數不在教。」的觀點可以成立,又何需要養德與養力呢?所以可以說王充的思想,尚非完全的命定論,而仍然有重道德教化的一面。

二、建立「仕途不等同才德」的價值觀

上述王充的命定論,不論是先天的「稟氣之命」或外在環境制約的「觸值之命」,與個人才能的高下、操行的修為並無必然的關聯。此論述固然有忽視人為努力和作用的缺失,不過也表現王充想匡正世人以成敗得失論才德優劣的觀念。一般世人的態度可從〈逢遇〉〈累害〉等篇了解,例如說:

---

215 同註214,頁66。

世俗之議曰：「賢人可遇，不遇，亦自其咎也。生不希世准主，觀鑒治內，調能定說，審詞際會。能進有補贍主，何不遇之有？今則不然，作無益之能，納無補之說，以夏進鑪，以冬奏扇，為所不欲得之事，獻所不欲聞之語，其不遇禍，幸矣，何福祐之有乎？」（〈逢遇〉）

其意是說，世俗認為受賞識重用是因為才能卓越，配合君主需要提出有益社會民生的建言，反之，不受重用的原因是能力不足，無法進獻有益國計的主張。王充提出不同的觀點，他說：

進能有益，納說有補，人之所知也；或以不補而得祐，或以有益而獲罪。且夏時鑪以炙濕，冬時扇以翣火。世可希，主不可准也。…世主好文，己為文則遇；主好武，己則不遇。主好辯，有口則遇；主不好辯，己則不遇。…士宦有時，不可求也。夫希世准主，尚不可為，況節高志妙，不為利動，性定質成，不為主顧者乎？（〈逢遇〉）

在王充看來，進納有益國君的言論而獲得賞識是眾人所周知的，但有進納無用的意見而受重用，進獻有益主張反遭獲罪的情況，這問題的關鍵在君主個人的喜好。換言之，才能優秀操行賢良不見得受重視，還必需得到國君喜愛的「時」運。他又說：

動百行，作萬事，嫉妬之人，隨而雲起，…豈徒六哉？六者章章，世曾不見。夫不原士之操行有三累，仕宦有三害，身完全者謂之潔，被毀謗者謂之辱，官升進者謂之善，位廢退者謂之惡。完全升進，幸也，而稱之；毀謗廢退，不遇也，而訾之。用心若此，必為三累三害也。論者既不知累害所從生，又不知被累害者行賢潔也，以塗搏泥，以黑點繪，孰有知之？（〈累害〉）

世人認為受到毀謗是因為操行有污點，仕宦遭受罷免是因能

力或操守不足,所以用「毀謗」「廢退」判斷個人的才德優劣。
王充認爲這種判斷標準可能有失公允,有時遭受「毀謗」「廢退」
是來自外在的累害,並非自己有什麼缺失,尤其有才識,能做事
的人,往往遭受讒嫉,以此判斷個人的才德優劣,反而更加助長
了三累三害的流弊。所以遭受累害也是「時」運不好,不見得才
德不好。

　　王充論述觀點無疑強調了「不以仕途成敗論定才德」的態
度,並主張「雖云有命,當須索之」(〈命祿〉),也就是盡自己
努力,不妄想富貴的心理。他說:「精學不求貴,貴自至矣;力
作不求富,富自到矣。」(〈命祿〉)專心學習,但不求尊貴,努
力做事,但不求財富,也就是盡人事而將成敗歸之於天。

三、認識生命的有限和善待生命

　　從漢代流傳的成仙和變形故事,世人普遍相信長壽不死的可
能,又多有鍊丹、服藥、呼吸吐納、辟穀不食等養生方法,無不
希望能成仙不死。王充主張人的壽命長短在生命形成初期已決定
的命定思想,有引導世人對生命重新認識的意義。

(一)生命有生必有死的認識

　　王充說生命過程的三部曲「生爲嬰兒,長爲丈夫,老爲父翁,
從生至死,未嘗變更者,天性然也。」(〈無形〉)這種從嬰兒到
老翁的生命遞變過程,對現代人來說,是無庸置疑的,所以也沒
有返老還童的妄想,但是對有「老翁變爲嬰兒」(〈無形〉)祈求
的漢人而言,王充強調身形和壽命不能變形或不死,就有重新認
識生命的作用。他說「人稟氣於天,氣成而形立,則(形)命相

須，以至終死。形不可變化，年亦不可增加。」（〈無形〉）以人的形體固定，壽命與形體互相依存，就有人的壽命限制，「人生長六七尺，大三四圍，面有五色，壽至於百，萬世不異。」（〈齊世〉）因此學仙術並不能成立。

（二）善待生命

王充認識並接受生命的有限性，其積極意義是進而更珍惜生命，所以王充對養生之道也有其獨到見解，他說：「飲食飽足則彊壯勇猛。」（〈論死〉）養生首重飽足飲食維持生命運作，拒絕飲食的辟穀不食有損健康，王充說：

> 夫人之不食也，猶身之不衣也。衣以溫膚，食以充腹。膚溫腹飽，精神明盛。如饑而不飽，寒而不溫，則有凍餓之害矣。凍餓之人，安能久壽？且人之生也，以食為氣，猶草木生以土為氣矣。拔草木之根，使之離土，則枯而蚤死。閉人之口，使之不食，則餓而不壽矣。（〈道虛〉）

其次，是認為情欲適度釋放，像「草木無欲，壽不踰歲；人多情欲，壽至於百。此無情欲者反夭，有情欲者壽也。」（〈道虛〉）並對日常事務宜勞佚均分，不可透支生命，因而他說董仲舒讀《春秋》，「三年不窺園菜」是不可取的。（〈儒增〉）

除個人養生外，王充也注重人和社會關係的諧調，他說：「太平之世，多長壽人。」（〈氣壽〉）社會的和平強盛，減少了生命的劫難。反之，「倉卒之世，穀食乏貴，百姓飢餓，自相啖食。」（〈遭虎〉）戰亂之際，如「秦將白起坑趙降卒於長平之下，四十萬眾，同時皆死。」（〈命義〉）窮兵黷武，人民生命遭受意外的中斷。又說：「家安人樂，富饒財用足也。」（〈治期〉）物資的富饒，有助生命的安定，「上世之民，飲血茹毛，無五穀之食，

後世穿地爲井，耕土種穀，飲井食粟，有水火之調。」（〈齊世〉）
「上古巖居穴處，衣禽獸之皮，後世易之以宮室，有布帛之飾。」
（〈齊世〉）由後世之民在食衣住行等各生活條件的改善，生命品
質也獲得提昇，說明社會的進步及物資的充裕，關係生命的發展。

　　此外，王充也不忘維持生態平衡，注意到人和自然有密切依
存關係，認爲對自然的過度索取將會釀成災害，他說：「剝巢破
卵，鳳皇爲之不翔。焚林而畋，漉池而漁，龜龍爲之不遊。」（〈指
瑞〉）人類行爲對大自然肆無忌憚的運用，並不理智也是王充遣責
的。

　　王充體認人的生命有限，有生必有死，如果能夠正確養生，
調和人和社會、自然的關係，那麼個體生命雖不能成仙或變形，
但可避免生命的意外傷害，確保百年的命期。

第四章 王充「無鬼論」的批判精神

　　「無鬼論」的提出基本上是社會導向的，信鬼是當時人的普遍信念，王充說：「世間淫祀非鬼之際，信其有神爲禍福矣。」（〈祭意〉）淫祀就是「非其所祭而祭之」[1]，時人祭祀不當祭拜的鬼神，是深信他們有靈，能造成禍福，這是人死後靈魂不滅而變成鬼的觀念。鬼既可作祟生者，也可福佑生者，爲使死去祖先在陰間富足並能使自己得到安寧，自然不惜物力和財力實行厚葬。王充「無鬼論」即是針對當時厚葬鋪張奢侈的社會風氣而發，他說：

> 論死、訂鬼，所以使俗薄喪葬也。（〈對作〉）

> 今著論死及死僞之篇，明死無知，不能爲鬼。冀觀覽者將
> 一曉解約葬，更爲節儉，斯蓋論衡有益之驗也。（〈對作〉）

　　這段話陳述王充之所以提出「明死無知，不能爲鬼」的論點，目的是希望讀者了解薄葬的意義，使花費變爲節儉而有益於社會，反映其說有使世俗薄喪葬的強烈社會意涵。此外，信奉鬼神影響所及的還有禁忌、解除、擇日、卜筮等現象，王充也極力反對。以下即就當時的社會問題和思想探討王充「無鬼論」的形成，有關無鬼論的具體內容、歷代的評價看法，以及學說的貢獻或缺失，也將一一探討說明。

---

1 《禮記・曲禮下》，（清）孫希旦，《禮記集解》（台北：文史哲出版社，1984 年），頁 137。

第一節　王充提出「無鬼論」的原因

一、批判東漢厚葬的社會現象

　　所謂厚葬是喪葬之制逾越某一公認標準，或鋪陳其事，而非其能力所能及者。[2]王充說：

> 世尚厚葬，有奢泰之失者。（〈薄葬〉）

> 論死不悉，則奢禮不絕，不絕則喪物索用。用索物喪，民貧耗之至，危亡之道也。（〈薄葬〉）

　　其意認為「明死無知，不能為鬼」的論述如果不夠周詳，那麼厚葬的奢侈浪費就不會斷絕，不能斷絕就會讓人傾家蕩產，國家將走上危險滅亡的後果。王充的關切是否誇大其詞呢？這點可從文獻的厚葬之例了解。《後漢書》崔寔傳記即記載厚葬其父的史例，「寔父卒，剝賣田宅，起冢塋，立碑頌。葬訖，資產竭盡，因窮困，以酤釀販鬻為業。」[3]不惜將家產、財物都消耗在厚葬上，以致於貧乏困窮，以鬻粥糊口，喪家送死必需耗盡家財的風氣，正可與王充所述的「畏死不懼義，重死不顧生，竭財以事神，空家以送終。」（〈薄葬〉）互相參證，所付出的社會成本相當慘重。

　　事實上，此風氣始於在上位者，漢代天子地位崇高，天子對喪葬十分重視。《晉書》記載：

> 漢天子即位，一年而為陵，天下貢賦，三分之一供宗廟，

---

2 蒲慕州，《墓葬與生死》（台北：聯經出版社，1993 年），頁 227。
3 《後漢書・崔駰列傳・崔寔》，頁 1731。

一供賓客，一充山陵。[4]

是漢天子即位一年即開始修陵，並以三分之一的貢賦爲之，規模之宏大可見。文獻也多記載漢代皇帝陵墓隨葬品奢華豐富，以較儉約的霸陵、茂陵爲例，文帝所修霸陵「皆瓦器，不得以金銀銅錫爲飾。」[5]遺詔中亦說：

> 朕聞之，蓋天下萬物之萌生，靡不有死，死者天地之理，物之自然者，悉可甚哀。當今之世，咸嘉生而惡死，厚葬以破業，重服以傷生，吾甚不取。…今乃幸以天年得復供養於高廟，朕之不明與嘉之，其奚哀念之有。其令天下吏民，令到出臨三日，皆釋服。毋禁取婦嫁女祠祀飲酒食肉。自當給喪事服臨者，皆無踐。絰帶無過三寸，無布車及兵器，無發民哭臨宮殿中。殿中當臨者，皆以旦夕各十五舉音，禮畢罷，非旦夕臨時，禁無得擅哭。以下，服大紅十五日，小紅十四日，纖七日，釋服。它不在令中者，皆以此令比類從事。[6]

可知文帝主張薄葬，較前代君王節儉。然而，晉建興中，「三秦人伊桓、解武等數千家盜發漢霸杜二陵，多獲珍寶。」[7]此外，《晉書》記載武帝的茂陵：

> 漢武帝饗年久長，比崩而茂陵不復容物，其樹皆已拱。赤眉取陵中物，不能減半，于今猶有朽帛委積，珠玉未盡。[8]

---

4 《晉書・索綝傳》，（唐）房喬撰，王雲五主編，《晉書》（台北：台灣商務印書館，2010 年）卷三十，頁 441。
5 《漢書・文帝紀》，頁 134。
6 《漢書・文帝紀》，頁 131-132。
7 同註 4，頁 441。
8 同註 4，頁 441。

　　文帝、武帝二陵尚儉，[9]其陵墓尚且如是，其餘則更甚之。又貢禹記載昭帝的厚葬：

> 昭帝幼弱，霍光專事，不知禮正，妄多藏金錢財物，鳥獸魚鱉牛馬虎豹生禽，凡百九十物，盡瘞臧之，又皆以後宮女置於園陵，大失禮，逆天心，又未必稱昭帝意也。[10]

《漢書》記載成帝修昌陵時的耗費：

> 昌陵因卑為高，積土為山，度便房猶在平地上，…卒徒工庸以鉅萬數，至燃脂火夜作，取土東山，且與穀同賈。作治數年，天下徧被其勞，國家罷敝，府臧空虛，下至眾庶，熬熬苦之。[11]

　　元帝的墓葬亦極盡豪華，據考古發現漢元帝渭陵，至今尚不斷出土罕見之文物。例如一九六六年出土透雕羊脂玉羽人飛馬，之後陸續出土線刻鎏金銅鼎、鎏金編鐘及玉雕等，「其雕刻之精，體裁之廣，是漢玉中較少見的。」[12]此外，《西京雜記》記載：「漢帝送死皆珠襦玉匣，匣形如鎧甲，連以金縷。武帝匣上，皆鏤為蛟、龍、鸞、鳳、龜、麟之象，世謂為蛟龍玉匣。」[13]臣民不得擅用。以上所述，可為漢代國君陵墓的奢華作見證。

　　此種厚葬風氣，王公貴戚及下民則轉相倣效，成帝曾下詔說：

> 方今世俗奢僭罔極，靡有厭足。公卿列侯親屬近臣，四方所則，未聞修身遵禮，同心憂國者也。或乃奢侈逸豫，務廣第宅，治園池，多畜奴婢，被服綺縠，設鐘鼓，備女樂，

9　《晉書・索綝傳》：「此二陵是儉者耳，亦百世之誡也。」同註4，頁441。

10　《漢書・貢禹傳》，頁3070。

11　《漢書・陳湯傳》，頁3024。

12　〈漢元帝渭陵調查記〉（《考古與文物》，1980年創刊號）。

13　（漢）劉歆，《西京雜記》卷一，向新陽、劉克任，《西京雜記校註》（上海：上海古籍出版社，1991年），頁37。

　　車服嫁娶葬埋過制。吏民慕效，寖以成俗，而欲望百姓儉
　　節，家給人足，豈不難哉！[14]

　　可推知當時公卿列侯踰制奢僭，吏民效慕，競相爲之的現
象。例如桓帝永興元年，「有宦者趙忠喪父，歸葬安平，僭爲璵
璠、玉匣、偶人。」[15]杜預注：「璵璠，美玉名也，君所佩也。」
[16]宦者喪父僭用璵璠、玉匣、偶人，即是喪葬踰制過節的事實。

　　蒲慕州曾對中原、楚粵及秦一帶之貴族漢墓陪葬品作一統
計，得知厚葬風氣遍及全國[17]。可印證王符所說：

　　計一棺之成，功將千萬夫。夫既其終用，重且萬斤，非大
　　眾不能舉，非大車不能輓。東至樂浪，西至敦煌，萬里之
　　中，相競用之，此之費功傷農，可為痛心！…今京師貴戚，
　　郡縣豪家，生不極養，死乃崇喪，或至刻金縷玉，（木需）
　　梓梗柟，良田造塋，黃壤致藏，多埋珍寶、偶人、車馬，
　　造起大冢，廣種松柏，廬舍祠堂，崇侈上僭。[18]

　　文中即反映奢華厚葬不獨京師爲然，且遍及全國。不過，東
漢皇帝曾力圖扭轉此風。歷代國君都有下詔糾正厚葬風尚，光武
帝建武七年（西元三十一年）下詔：

　　世以厚葬為德，薄終為鄙，至於富者奢僭，貧者單財，法
　　令不能禁，禮義不能止，倉卒乃知其咎。其布告天下，令
　　知忠臣、孝子、慈兄、悌弟薄葬送終之義。[19]

14　《漢書・成帝紀》，頁 324-325。
15　《後漢書・朱暉傳附朱穆傳》，頁 1470。
16　同註 15，頁 1470。
17　同註 2，頁 249-250。
18　《潛夫論・浮侈》，（東漢）王符撰，胡楚生集釋，《潛夫論集釋》（台北：
　　鼎文書局，1979 年），頁 218-223。
19　《後漢書・光武帝紀下》，頁 51。

　　此詔所謂「倉卒」，為王莽失敗至此詔下達之間的戰亂時期。暗示在戰亂中，人們仍不肯放棄厚葬之俗[20]。至於所謂「乃知其咎」，據李賢注：「諸厚葬者皆被發掘，故乃知其咎。」[21]指東西漢之交時，赤眉挖掘諸陵之事。《後漢書》記載：

> 赤眉貪財物，復出大掠。…至陽城、番須中，逢大雪，坑谷皆滿，士多凍死，乃復還，發掘諸陵，取其寶貨，遂汙辱呂后屍。凡賊所發，有玉匣殮者率皆如生，故赤眉得多行婬穢。[22]

　　實際上受害者當不止皇陵，《呂氏春秋》早已提出厚葬有如立碑招人盜掘：

> 今有人於此，為石銘置之壟上，曰：「此其中之物，具珠玉玩好財物寶器甚多，不可不扣。扣之必大富，世世乘車食肉。」人必相與笑之，以為大惑。世之厚葬也有似於此。[23]

　　所以貴族富豪陵墓恐亦遭赤眉之挖掘。然而，厚葬之風未止，明帝永平十二年（西元六十九年）下詔：

> 昔曾、閔奉親，竭歡致養，仲尼葬子，有棺無槨。喪貴致哀，禮存寧儉。今百姓送終之制，競為奢靡。生者無擔石之儲，而財力盡於墳土。伏臘無糟糠，而牲牢兼於一奠。靡破積世之業，以供終朝之費，子孫飢寒，絕命於此，豈祖考之意哉！[24]

章帝建初二年（西元七十七年）下詔：

20　同註 2，頁 241。
21　《後漢書・光武帝紀下》，頁 51。
22　《後漢書・劉盆子列傳》，頁 483-484。
23　《呂氏春秋・安死篇》，陳奇猷，《呂氏春秋校釋》（台北：華正書局，1988年），頁 536。
24　《後漢書・明帝紀》，頁 115。

比年陰陽不調，飢饉屢臻，深惟先帝憂人之本，詔書曰：
不傷財，不害人，誠欲元元去末歸本。而今貴戚近親，奢
縱無度，嫁取送終，尤為僭侈。有司廢典，莫肯舉察。[25]

和帝永元十一年（西元九十九年）下詔：

吏民踰僭，厚死傷生，是以舊令節之制度。頃者貴戚近親，
百僚師尹，莫肯率從。有司不舉，怠放日甚，又商賈小民，
或忘法禁，奇巧靡貨，流積公行。其在位犯者，當先舉正，
市道小民，但且申明憲綱，勿因科令，加虐羸弱。[26]

安帝永初元年（西元一○七年）下詔：

秋九月庚午，詔三公明申舊令，禁奢侈，無作浮巧之物，
殫財厚葬。[27]

元初五年（西元一一八年）又下詔：

舊令制度，各有科品，欲令百姓務崇節約。遭永初之際，
人離荒戹，朝廷躬自菲薄，去絕奢飾，食不兼味，衣無二
綵。比年雖獲豐穰，尚乏儲積。而小人無慮，不圖久長，
嫁娶送終，紛華靡麗，至有走卒奴婢被綺縠，著珠璣。京
師尚若斯，何以示四遠？[28]

明帝詔中的「今百姓送終之制，競爲奢靡。」章帝詔中的「貴
戚近親，奢縱無度，嫁取送終，尤爲僭侈。」和帝詔中的「吏民
踰僭，厚死傷生。」安帝詔中的「殫財厚葬」，無疑和當時整個
社會的經濟力有關。而詔令之一再下達，也表示豪族貴戚及富人
行爲不易改正。

25　《後漢書・章帝紀》，頁 134 至 135。
26　《後漢書・和帝紀》，頁 186。
27　《後漢書・安帝紀》，頁 207。
28　《後漢書・安帝紀》，頁 228。

　　厚葬習俗日益嚴重與貴戚互相鼓動也有密切關係，因此，王符曾說「今京師貴戚郡縣豪家，生不極養，死乃崇喪。」[29]班固也說：「列侯貴人車服僭上，眾庶放效，羞不相及，嫁娶尤崇侈靡，送死過度。」[30]。關於貴戚豪族的厚葬行為，據王符〈浮侈篇〉所述，漢代喪葬多以楩梓梗柟等名木為棺，而貴戚尤有甚者。《後漢書》記載：中山簡王焉，和帝永元二年薨，「大為修冢塋，開神道，平夷吏人冢墓以千數，作者萬餘人。發常山、鉅鹿、涿郡柏黃腸雜木，三郡不能備，復調餘州郡工徒及送致者數千人。凡徵發搖動六州十八郡。」[31]已崇侈上僭。

　　又有起大冢，多種松柏，乃至競修廬舍祠堂者。按墳之高低，原有定制，鄭玄記載：「漢律：列侯墳高四丈，關內侯以下至庶人各有差。」[32]而「造起大冢」則必高於此數，例如：桓帝時侯覽喪母還家，「大起塋冢，…前後請奪人宅三百八十一所，田百一十八頃。起立第宅十有六區，皆有高樓池苑，堂閣相望，飾以綺畫丹漆之屬。…又預作壽冢，石槨雙闕，高廡百尺。」[33]

　　此外，墳上又多種植松柏，古詩〈孔雀東南飛〉記載：「兩家求合葬，合葬華山傍，東西種松柏，左右種梧桐。」[34]又《西京雜記》說：「杜子夏葬長安北四里，…墓前種松柏樹五株，至今茂盛。」[35]可知，富人則有「積土成山，列樹成林」[36]的現象。

29　（東漢）王符，《潛夫論・浮侈》，同註 18，頁 222-223。
30　《漢書・地理志下》，頁 1643。
31　《後漢書・光武十王列傳・中山簡王焉》，頁 1450。
32　《周禮・春官・冢人》鄭玄注，（漢）鄭玄注，（唐）賈公彥疏，《周禮注疏》，《十三經注疏》第三冊（台北：藝文印書館，1985 年），頁 334。
33　《後漢書・宦者列傳・侯覽傳》，頁 2523。
34　（南朝陳）徐陵編，《玉臺新詠》〈無名人古詩為焦仲卿妻作〉（台北：世界書局，2001 年），頁 42。
35　（漢）劉歆，《西京雜記》卷三，同註 13，頁 144。

至於盧舍祠堂，則為富人喪葬習俗所易見，《漢書》記載：「勝因敕以棺斂喪事：『衣周於身，棺周於衣。勿隨俗動吾冢，種柏，作祠堂』。」[37]而龔勝違俗不作祠堂，則漢時築祠堂應是當時風俗。其中有制作工麗者，如《水經注》說：

> 車隆山之西側，有漢日南太守胡著碑，子珢騎都尉，尚湖陽長公主，即光武之伯姊也。廟堂皆以青山為階陛。廟北有石堂，珢之玄孫桂陽太守場，以延熹四年，遭母憂，於墓次立石祠，勒銘於梁。石宇傾頹，而梁宇無毀。…隆山南有一小山，山坂有兩石虎，相對夾隧道，雖處蠻荒，全無破毀，作制甚工，信為妙矣。[38]

又說：

> 黃水東南流，水南有漢荊州刺史李剛墓，…有石闕，祠堂石室三間，椽架高丈餘，鏤石作椽瓦屋，施平天造，方井側荷梁柱，四壁隱起，雕刻為君臣官屬龜龍鳳之文，飛禽走獸之像，作制工麗，不甚傷毀。[39]

呈現漢世厚葬的奢麗實況。此外，漢世送葬也競為舖張。如《漢書》記載：（孔）光薨，公卿百官會弔送葬，車萬餘兩。[40]《後漢書》記載：都平王蒼薨，肅宗「遣大鴻臚持節，五官中郎將副監喪，及將作使者凡六人，令四姓小侯諸國王主悉會詣東平奔喪，賜錢前後一億，布九萬匹。及葬，…加賜鸞輅乘馬，龍旂九旒，

---

36 《鹽鐵論·散不足》，（漢）桓寬撰，（清）張敦仁考證，《鹽鐵論》（台北：世界書局，1958年），頁34。
37 《漢書·龔舍傳》，頁3085。
38 （北魏）酈道元，《水經注·泚水篇》卷二十九，（清）王國維，《水經注校》（台北：新文豐出版公司，1987年出版），頁949。
39 （北魏）酈道元，《水經注·濟水篇》卷八，同註38，頁290。
40 《漢書·孔光傳》，頁3364。

虎賁百人，奉送王行。」[41]「及（黃）瓊卒，歸葬江夏，四方名豪會帳下者六七千人。」[42]又說：「（樓望）卒於官，門生會葬者數千人。」[43]以及鄭玄卒，「自郡守以下嘗受業者，縗絰赴會千餘人。」[44]

又有賵贈之送，王侯貴戚死，天子有賵錢至億萬者。如《後漢書》記載：中山簡王焉，永平二年薨，「自中興至和帝時，皇子始封薨者，皆賵錢三千萬，布三萬匹。嗣王薨，賵錢千萬，布萬匹。是時竇太后臨朝，竇憲兄弟擅權，太后及憲等，東海出也，故睦於焉而重於禮，加賵錢一億。」[45]至於竇融、馬廖、杜詩、樊儵、中山王焉、濟北惠王壽等，死後天子賵送甚厚。分見《後漢書》之〈竇融傳〉、〈馬援列傳附馬廖傳〉、〈杜詩傳〉、〈樊宏列傳附樊儵傳〉、〈光武十王傳〉以及〈章帝八王傳〉。

至於民間在王公貴人倡導下，人民亦多倣效。成帝永始四年詔書說：「公卿列侯親屬近臣，四方所則，未聞修身遵禮，同心憂國者也。或乃奢侈逸豫，…車服嫁娶葬埋過制。吏民慕效，寖以成俗，欲望百姓儉節，家給人足，豈不難哉！」[46]此正是王符指陳的厚葬之俗，「邊遠下土，亦競相倣傚」[47]，亦即貢禹所謂「眾庶葬埋，皆虛地上以實地下，其過自上生，皆在大臣循故事之咎也。」[48]即上行下效的現象。

漢世厚葬久喪之風氣瀰漫於社會而無所節制，甚至成為誇富

41　《後漢書·光武十王列傳·東平憲王蒼》，頁 1441。
42　《後漢書·申屠蟠傳》，頁 1752。
43　《後漢書·儒林傳·樓望》，頁 2580。
44　《後漢書·鄭玄傳》，頁 1211。
45　《後漢書·光武十王列傳·中山簡王焉》，頁 1450。
46　《漢書·成帝紀》，頁 324-325。
47　《潛夫論·浮侈》，同註 18，頁 218。
48　《漢書·貢禹傳》，頁 3071。

鄉里的手段。如《呂氏春秋》所說：

> 今世俗大亂，之主愈侈，其葬則心非為乎死者慮也，生者
> 以相矜尚也。侈靡者以為榮，儉節者以為陋，不以便死為
> 故，而徒以生者之誹譽為務。[49]

至於與厚葬相反之例也有，但為數不多。如「張禹性篤厚節
儉。父卒，汲吏人賻送前後數百萬，悉無所受。又以田宅推與伯
父，身自寄止。」[50]馬融死後，令其家人為其薄葬。[51]又如靈帝時，
范冉卒於家，臨命遺令敕其子：「吾生於昏闇之世，值乎淫侈之
俗，生不得匡世濟時，死何忍自同於世！氣絕便斂，斂以時服，
衣足蔽形，棺足周身，斂畢便穿，穿畢便埋。其明堂之奠，干飯
寒水，飲食之物，勿有所下。墳封高下，令足自隱。…制之在爾，
勿令鄉人宗親有所加也。」[52]又有盧植命其子，將其埋於土穴中
不設棺槨，除隨身衣物外，不置其它器物。[53]學者認為這是覺醒
士人薄葬運動的興起。[54]

漢代趙咨曾討論喪葬風氣的變遷，他說：

> 易曰：「古之葬者，衣以薪，藏之中野，後世聖人易之以
> 棺槨。」棺槨之造，自黃帝始，爰自陶唐，逮于虞、夏，
> 猶尚簡樸，或瓦或木，乃至殷人而以有加焉。周室因之，
> 制兼二代。復重以牆翣之飾，表以旌銘之儀，招復含斂之
> 禮，殯葬宅兆之期，棺槨周重之制，衣衿稱襲之數，其事

---

49 《呂氏春秋‧節喪篇》，同註 23，頁 525。
50 《後漢書‧張禹傳》，頁 1497。
51 《後漢書‧馬融傳》記載：「延壽九年卒于家，遺令薄葬。」頁 1972。
52 《後漢書‧范冉傳》，頁 2690。
53 《後漢書‧盧植傳》：「臨困，勅其子儉葬於土穴，不用棺槨，附體單帛而
　　已。」頁 2119。
54 余英時，《東漢生死觀》（上海：上海古籍出版社，2005 年），頁 102。

煩而害實，品物碎而難備。然而秩爵異級，貴賤殊等。自
成、康以下，其典稍乖。至於戰國，漸至積陵，法度衰毀，
上下僭雜。終使晉侯請隧，秦伯殉葬，陳大夫設參門之木，
宋司馬造石槨之奢。爰暨暴秦，違道廢德，滅三代之制，
興淫邪之法，國貲糜於三泉，人力單於酈墓，玩好窮於糞土，
伎巧費於窀穸。自生民以來，厚終之敝，未有若此者。[55]

喪葬的規範至成康之時「其典稍乖」，戰國之後「漸至積陵，
法度衰毀，上下僭雜」，爰及秦世「違道廢德，滅三代之制，興
淫邪之法，國貲糜於三泉，人力單於酈墓，玩好窮於糞土，伎巧
費於窀穸。」陳述厚葬相習成風的惡果。所以至漢代更充斥侈靡
氣息，權貴豪門極盡奢華，老百姓則爲厚葬傾家蕩產，造成極大
浪費，也影響社會的價值取向。

二、批判儒家厚葬思想

學者分析形成漢代厚葬風氣的原因甚多，認爲：

厚葬久喪的行爲不能完全由風氣奢華、經濟富裕，甚至孝
道思想所完全解釋。人之所以願意厚葬死者，總是基於某
種對靈魂或死後世界之相信。…漢代厚葬風氣的形成與這
種對死後世界的想像的具體化應該有相當密切的關係。[56]

舉凡風氣奢華、經濟富裕、孝道思想，以及對死後世界的想
像等，多有助於厚葬風氣的推展。至於王充是強調了儒家維護孝
道，昧於死人無知的事實，形成或發展了厚葬的問題，他說：

孔子非不明死生之實，其意不分別者，亦陸賈之語指也。

---

55 《後漢書‧趙咨傳》，頁 1314-1315。
56 蒲慕州，《墓葬與生死》，同註 2，頁 246-247。

> 夫言死無知，則臣子倍其君父。故曰：「喪祭禮廢，則臣
> 子恩泊；臣子恩泊，則倍死亡先。倍死亡先，則不孝獄多。」
> 聖人懼開不孝之源，故不明死無知之實。（〈薄葬〉）

　　其意是說孔子對鬼神問題存而不論，正如《論語》記載孔子
所說「子不語怪力亂神」「未能事人，焉能事鬼？」「未知生，
焉知死？」「敬鬼神而遠之，可謂知矣」[57]等言行，對鬼神採取
了回避的態度。但孔子教導孟懿子及樊遲盡孝時，則強調父母活
著時，要「事之以禮」，去世時要「葬之以禮」，去世後要「祭
之以禮」。[58]葬祭以禮與「敬鬼神而遠之」似乎有矛盾，實際上
二者並不衝突。孔子喪祭以禮主要是表現了「孝」的人倫情感，
父母活著時，依禮數奉養，去世時，依禮數辦喪事，去世後，依
禮數祭祀就能盡到孝道了。

　　因而王充評論孔子不言明鬼神問題，倘若論及死後無知可能
會造成臣子背離其君父，動搖儒家的倫常基礎，也就是孔子不明
言死後無知，與其提倡孝道有密切關係。又論者說：「厚葬久喪
以送死，孔子之所立也。」[59]其意正如王充所論，不明死後無知
之實雖是維護孝道，但對厚葬的習俗卻起了重要的推動作用。有
關儒家孝道思想對於厚葬習俗的影響說明如下：

---

57 以上參見《論語・述而篇》《論語・先進篇》《論語・雍也篇》，（魏）何
　　晏注，（宋）邢昺疏，《論語注疏》，《十三經注疏》第八冊（台北：藝文
　　印書館，1985 年），頁 63、54、97。
58 《論語・爲政篇》：「子曰：『生，事之以禮，死，葬之以禮，祭之以禮。』」
　　同註 57，頁 16。
59 《淮南子・氾論訓》，劉文典，《淮南鴻烈集解》（北京：中華書局，1989
　　年），頁 436。

（一）孔子喪葬之禮的精神

　　孔子的思想核心是「仁」，又說：「孝悌也者，其爲仁之本與！」[60]孝既爲仁之本，孔子自然十分重視，並將孝的落實分作「生」和「死」二種不同情形：

　　「生事之以禮」要做到「事父母能竭其力」[61]，要對父母有真誠敬意，所以說「今之孝者，是謂能養。至於犬馬，皆能有養。不敬，何以別乎？」[62]要使「父母唯其疾之憂。」[63]也就是「子事父母，唯其疾病，然後可使父母憂之，疾病之外，不得妄爲非法，貽憂於父母也。」[64]等等。

　　至於父母過世，要「葬之以禮，祭之以禮」，最重要的態度必需哀戚和恭敬。孔子說：

　　　　敬爲上，哀次之，瘠爲下，顏色稱其情，戚容稱其服。[65]

　　「敬爲上」是喪事要懷誠敬之情，他又說：「禮，與其奢也，寧儉；喪，與其易也，寧戚。」[66]「易」指儀式周到。也就是「喪禮，與其哀不足而禮有餘也，不若禮不足而哀有餘也。」[67]因而認爲「居上不寬，爲禮不敬，臨喪不哀，吾何以觀之哉！」[68]也就是將弔喪的哀傷視爲行爲的根本。在喪事中能體現至孝之情的，孔子多加以肯定，例如：

60　《論語・學而篇》，同註 57，頁 5。
61　《論語・學而篇》，同註 57，頁 7。
62　《論語・爲政篇》，同註 57，頁 17。
63　《論語・爲政篇》，同註 57，頁 17。
64　《論語・爲政篇》，邢昺疏，同註 57，頁 17。
65　《禮記・雜記下》，同註 1，頁 997。
66　《論語・八佾篇》，同註 57，頁 26。
67　《禮記・檀弓上》，同註 1，頁 182。
68　《論語・八佾篇》，同註 57，頁 32。

> 孔子在衛，有送葬者，而夫子觀之，曰：「善哉！足以為
> 法矣。小子識之。」子貢曰：「夫子何善爾也！」曰：「其
> 往也如慕，其反也如疑。」子貢曰：「豈若速反而虞乎？」
> 子曰：「小子識之，我未之能行也。」[69]

「其往也如慕」是孝子以親往葬於墓，欲從之而不能，如嬰兒之思慕其親而啼泣。「反也如疑」是既葬後迎神而反，不知神之來否，故遲疑而不欲遽還也。[70]流露孝子不相信親人已死，而期待與己同歸的真誠心情，孔子並認為自己尚未能企及此境界而深自反省。

所以宰我認為為父母守喪三年，時間太長，他的理由是「君子三年不為禮，禮必壞，三年不為樂，樂必崩，舊穀既沒，新穀既升，鑽燧改火，期可已矣。」而孔子的著眼點不同，他從親子感情來衡量，說：「食夫稻，衣夫錦，於女安乎？」換言之，守喪三年這是在父母過世後表示敬愛父母的孝心。對不想服三年喪的弟子宰我，孔子痛斥其為「不仁」。[71]

在現實生活中孔子也以身作則，落實這「著誠去偽」[72]的精神。例如「子食於有喪者之側，未嘗飽也。子於是日哭，則不歌。」[73]「子見齊衰者，冕衣裳者，與瞽者，見之，雖少必作，過之必趨。」[74]表現孔子對喪者的誠敬之情。又子「見齊衰者，雖狎必變。」[75]也就是見到穿喪服的人，雖平素親近熟悉，也應變容以示哀悼。據此，禮雖有外在儀節與內在精神二個層面，孔子尤重

69　《禮記・檀弓上》，同註 1，頁 175。
70　《禮記・檀弓上》，同註 1，頁 176。
71　《論語・陽貨篇》，同註 57，頁 157。
72　《禮記・樂記》，同註 1，頁 925。
73　《論語・述而篇》，同註 57，頁 61。
74　《論語・子罕篇》，同註 57，頁 78-79。
75　《論語・鄉黨篇》，同註 57，頁 91。

視「禮」的內在精神。

　　至於喪葬儀式的外在規範就必需遵循「禮」，孔子主張「非禮勿視，非禮勿聽，非禮勿言，非禮勿動。」[76]喪祭之禮亦然。例如：季氏要去祭泰山，古時天子始能祭泰山，季氏違背周禮，孔子曾怪罪為季氏宰的弟子冉有未能阻止。[77]他對待自己的喪禮也能言行一致，這可由孔子病重，子路派同學當孔子家臣，準備喪葬之事得知，孔子病愈後說：

> 無臣而為有臣，吾誰欺？欺天乎？且予與其死於臣之手也，無寧死於二三子之手乎！且予縱不得大葬，予死於道路乎？[78]

　　是孔子反對子路欲僭用卿大夫的葬禮辦理其喪事，至於其對待弟子也是如此，例如他最得意的弟子顏淵過世，孔子感傷說：「噫！天喪予！天喪予！」[79]又說：「有慟乎？非夫人之為慟而誰為？」[80]儘管十分悲痛顏回之死，但反對門人越禮厚葬顏回。弟子仍厚葬之，孔子則說：「非我也，夫二三子也。」[81]申明不是孔子的主張，堅持喪禮宜遵循標準，不宜僭禮。

　　上述可知，孔子不主張厚葬，而要求孝的精神和禮的原則規範，強調與其重視儀節，還不如注重敬愛之心。有促進自身道德修養，和家庭社會安定的正面效用。之後孟子荀子承繼並發展孔子孝道思想，但薄葬觀念至孟子卻產生了轉變。

76　《論語・顏淵篇》，同註 57，頁 106。
77　《論語・八佾篇》，同註 57，頁 26。
78　《論語・子罕篇》，同註 57，頁 79。
79　《論語・先進篇》，同註 57，頁 97。
80　《論語・先進篇》，同註 57，頁 97。
81　《論語・先進篇》，同註 57，頁 97。

（二）孟子荀子的厚葬思想

孟子的孝道思想不僅承襲孔子，同時也有匡正社會風氣的作用。當時社會不孝行爲可概括爲五方面，其中就有三項是不顧父母之養的不孝行爲。[82]除父母生時的奉養問題外，也忽視父母死後的喪葬之禮。[83]所以孟子相當重視孝道的培養。他說：「謹庠序之教，申之以孝悌之義，頒白者不負戴於道路矣。」[84]希望透過學校教育加強一般人的孝道觀念。

在「生，事之以禮」部分，他承繼孔子養親觀念，也提出尊親的愛敬父母之情。[85]認爲事親有「養口體」和「養志」的不同，[86]養志才是真正的孝。荀子同樣認爲孝最重要的是以忠厚之心對父母敬之，做到「敬愛而致恭」[87]。孟子又說：「尊親之至，莫大乎以天下養。」[88]能以天下奉養父母，是對父母最大的尊敬。

在「死，葬之以禮，祭之以禮」部分，孟子認爲「養生不足以當大事，惟送死可以當大事。」[89]朱熹闡釋說：

> 事生固當愛敬，然亦人道之常耳；至於送死，則人道之大

---

82 《孟子・離婁下》，（漢）趙岐注，（宋）孫奭疏，《孟子注疏》，《十三經注疏》第八冊（台北：藝文印書館，1985 年），頁 154。

83 例如：《左傳・襄公十九年》：「衛石共子卒，悼子不哀。」《左傳・昭公十一年》：「五月，齊歸（昭公母）薨，大蒐于比浦，非禮也。…九月，葬齊歸，公不慼。」（晉）杜預注，（唐）孔穎達正義，《春秋左傳正義》，《十三經注疏》第六冊（台北：藝文印書館，1985 年），頁 587 及頁 786-787。

84 《孟子・梁惠王上》，同註 82，頁 12。

85 《孟子・萬章上》：「孝子之至，莫大乎尊親。」同註 82，頁 164。《孟子・離婁上》：「不得乎親，不可以爲人；不順乎親，不可以爲子。」同註 82，頁 137。

86 《孟子・離婁上》，同註 82，頁 135。

87 《荀子・君道篇》，（清）王先謙，《荀子集解》（台北：藝文印書館，1988 年），頁 422。

88 《孟子・萬章上》，同註 82，頁 164。

89 《孟子・離婁下》，同註 82，頁 144。

變。孝子之事親，舍是無以用其力矣。故尤以為大事，而必誠必信，不使少有後日之悔也。[90]

其意是說父母死後的喪葬、祭祀，其重要性更甚於養生。荀子也說：

生，人之始也；死，人之終也；終始俱善，人道畢矣。…夫厚其生而薄其死，是敬其有知，而慢其無知也，是姦人之道而倍叛之心也。[91]

文中以厚待人的生存卻薄待人的死亡，是尊敬人的有知有覺而怠慢人的無知無覺，荀子稱作奸人之道。所以厚葬父母是自然的事，孟子說：

蓋上世嘗有不葬其親者，其親死，則舉而委之於壑。他日過之，狐狸食之，蠅蚋姑嘬之；其顙有泚，睨而不視。夫泚也，非為人泚，中心達於面目。蓋歸反虆梩而掩之。掩之誠是也，則孝子仁人之掩其親，亦必有道矣。[92]

孟子說安葬父母「必有其道」，此「道」的內涵就在「孝」。他並提倡以精美的棺槨衣衾厚葬父母，其厚葬母親也是如此。孟子帶著母親靈柩從齊國到魯國安葬，命學生充虞請匠人趕制棺槨，以精美棺槨埋葬母親。他說：

非直為觀美也，然後盡於人心。不得，不可以為悅；無財，不可以為悅；得之為有財，古之人皆用之，吾何為獨不然？[93]

認為使用精美的棺槨不僅是外表的美觀，更是盡孝心的表現，埋葬父母「無使土親膚，於人心獨無恔乎？吾聞之也，君子

---

90 《孟子·離婁下》，（宋）朱熹集注，趙順孫纂疏，《四書纂疏·孟子纂疏下》（台北：文史哲出版社，1984 年），頁 1967。
91 《荀子·禮論篇》，同註 87，頁 599-600。
92 《孟子·滕文公上》，同註 82，頁 102。
93 《孟子·公孫丑下》，同註 82，頁 80。

不以天下儉其親。」[94]「不以天下儉其親」其意是不在父母身上
省錢,由此可見孟子厚葬與孔子的薄葬不同。

荀子主張厚喪,並將喪禮視為一種等級制度,他說:

> 天子棺槨十重,諸侯五重,大夫三重,士再重,然後皆有
> 衣衾多少厚薄之數,皆有翣菨文章之等,以敬飾之,使生
> 死終始若一。[95]

其意說明「喪祭械用皆有等宜」,[96]同時敬始慎終始終如一,
就是禮義之文。所以荀子看來:「喪禮者,無它焉,明死生之義,
送以哀敬,而終周藏也。故葬埋,敬藏其形也;祭祀,敬事其神
也,其銘誄繫世,敬傳其名也。事生,飾始也;送死,飾終也;
終始具而孝子之事畢,聖人之道備矣。」[97]

至於孝子親喪,首先要有哀戚之情,送葬者「不哀不敬,則
嫌於禽獸矣。」[98]並且要守喪三年,孟子說:

> 三年之喪,齊疏之服,飦粥之食,自天子達於庶人,三代
> 共之。[99]

對於不想行三年之喪的人,則要「教之孝悌」。[100]荀子也認
為三年之喪是「稱情而立文,因以飾群,別親疏貴賤之節,而不
可益損也。」[101]失去至親的巨痛,非三年之喪不足以表達這分感
情,所以守喪三年凸顯外飾之文對人感情的顯現意義。

基本上孔子實行薄葬,但由於提倡孝道,孟荀已將養生與送
死等量其觀,講求孝觀念的喪葬遂日益隆重,儒家的孝道思想客

94　《孟子‧公孫丑下》,同註82,頁80。
95　《荀子‧禮論篇》,同註87,頁600-602。
96　《荀子‧王霸篇》,同註87,頁407。
97　《荀子‧禮論篇》,同註87,頁616-617。
98　《荀子‧禮論篇》,同註87,頁605。
99　《孟子‧滕文公上》,同註82,頁89。
100　《孟子‧盡心上》,同註82,頁242。
101　《荀子‧禮論篇》,同註87,頁617。

觀上爲厚葬提供了理論依據，在厚葬習俗的形成和發展上，產生了重要的推動作用。更有世人：

> 死以奢侈相高，雖無哀戚之心，而厚葬重幣者則稱以為孝，顯名立於世，光榮著於俗。故黎民相慕效，至於發屋賣業。[102]

據此段可知已視喪葬厚薄爲衡量子女是否行孝的重要標準，所以爲避免不孝的惡名，爲父母辦喪事時，不惜發屋賣業以治喪。甚至將服喪三年延至六年，如東漢安帝薛包「行六年服」[103]，造成「厚葬靡財而貧民，久服喪生而害事」[104]的結果。由於厚葬習俗受儒家孝道觀念的影響，王充因此感慨的認爲：

> 事生厚，化自生，雖事死泊，何損於化？使死者有知，倍之非也；如無所知，倍之何損？明其無知，未必有倍死之害；不明無知，成事已有賊生之費。（〈薄葬〉）

也就是說，對活著的人奉養優厚，良風善俗自然就會形成，而且對死去的人儉約淡薄，於風俗教化上並沒有什麼損害。如今不闡明死人無知，事實上已經形成損害活人的浪費現象。所以王充除批評儒家因避免後人「倍死亡先」而未清楚交代死後是否有知外，並進而否定死人有知。

三、批判墨家明鬼的論述

王充反對墨家「人死輒爲神鬼而有知，能形而害人。」（〈薄葬〉）的思想，認爲墨家的明鬼論也是助長鬼神迷信和厚葬的原

---

102 《鹽鐵論・散不足》，同註 36，頁 34。
103 《後漢書・劉趙淳于江劉周趙列傳》，頁 1294。
104 《淮南子・要略》，同註 59，頁 709。

因，他說：

> 墨家之議右鬼，以為人死輒為神鬼而有知，能形而害人，
> 故引杜伯之類以為效驗。儒家不從，以為死人無知，不能
> 為鬼，然而賻祭備物者，示不負死以觀生也。…又見病且
> 終者，墓中死人來與相見，故遂信是，謂死如生。（〈薄葬〉）

也就是一般人將墨家的右鬼之說，與儒家的喪祭以禮二者合而觀之，會使人深信人死後將變成鬼神，有知覺，能現出形體害人，所以往往藉厚葬、祭祀表示不背棄死去的人。

事實上，墨子雖主張明鬼卻是強調節葬的，孟子說：「墨子之治喪也，以薄為其道。」[105]墨子的薄葬思想表現在〈節葬〉篇，他說：

> 故衣食者，人之生利也，然且猶尚有節；葬埋者，人之死
> 利也，夫何獨無節於此乎。[106]

其看法以人生活應力求節用，喪葬更不可過分舖張浪費，這種思想是以「利民」為考量的，他說：

> 計厚葬久喪，請（誠）可以富貧眾寡，定危治亂乎，則仁
> 也，義也，孝子之事也，為人謀者，不可不勸也。…厚葬
> 久喪，實不可以富貧眾寡，定危治亂乎，則非仁也，非義
> 也，非孝子之事也，為人謀者，不可不沮也。[107]

文中以「富貧、眾寡、定危治亂」為衡量依據，對於只會增加人民負擔又不能為人民帶來利益的事，如厚葬久喪是不建議實行。他並列舉厚葬的弊端，說：

---

105 《孟子‧滕文公上》，同註 82，頁 101。

106 《墨子‧節葬》下，（清）孫詒讓，《墨子閒詁》（台北：世界書局，1969
年），頁 117。

107 《墨子‧節葬》下，同註 106，頁 115。

> 王公大人有喪者，曰：棺槨必重，葬埋必厚，衣衾必多，
> 文繡必繁，丘隴必巨。存乎匹夫賤人死者，殆竭家室。（存）
> 乎諸侯死者，虛車府，然後金玉珠璣比乎身。…曰天子殺
> 殉，眾者數百，寡者數十；將軍大夫殺殉，眾者數十，寡
> 者數人。[108]

　　文中指出王公大人之喪，棺槨必定多層，葬埋之處要深，隨
葬衣裳要多，裝飾棺槨的錦繡要繁複，起造的墳塋要大。至於諸
侯死亡，則耗盡府藏財物，將金玉珠寶裝飾在死者身上，而平民
喪家也傾家蕩產。又天子諸侯的殉葬，多的數百，少的數十，減
少了生產勞動人口；人民則將賴以維生的養家之具掩埋於墓穴，
當作祭品棄而不用。足見厚葬不僅耗費財力、浪費物資，又傷害
無辜殉葬人民。

　　墨子又陳述當時久喪情形是：

> 哭泣不秩聲翁，縗絰垂涕，處倚廬，寢苫枕凷，又相率強
> 不食而為飢，薄衣而為寒，使面目陷陬，顏色黧黑，耳目
> 不聰明，手足不勁強，不可用也。[109]

　　也就是久喪哭泣無度，直到哽咽不成聲；披著麻衣淚流滿
面，住在臨時搭起的茅屋裏，睡在茅草上，將一個土塊作枕頭；
又互相強忍不吃食物，穿單薄衣物，任其寒冷，以致面目瘦削，
顏色黝黑，耳目昏瞶，手足無力，一切事都不能做。所以墨子說：
「細計厚葬，為多埋賦之財者也；計久喪，為久禁從事者也。財
以成者，扶而埋之，後得生者，而久禁之，以此求富，此譬猶禁
耕而求穫也，富之說無可得焉。」[110]厚葬既掩埋資產，久喪又禁

108　《墨子·節葬》下，同註 106，頁 106-107。
109　《墨子·節葬》下，同註 106，頁 107。
110　《墨子·節葬》下，同註 106，頁 108-109。

止生產活動，其主張節葬是針對當時淫侈厚葬而有所感發的。墨子認為厚葬久喪不能得到鬼神福佑，而且節葬之說與鬼神存在並不衝突，他說：

> 今唯無以厚葬久喪者為政，國家必貧，人民必寡，刑政必亂，若苟貧，是粢盛酒醴不淨潔也；若苟寡，是事上帝鬼神者寡也；若苟亂，是祭祀不時度也。今又禁止事上帝鬼神，為政若此，上帝鬼神，始得從上撫之曰：「我有是人也，與無是人也，孰愈？」曰：「我有是人也，與無是人也，無擇也。」則惟上帝鬼神，降之罪屬之禍罰而棄之，則豈不亦乃其所哉？[111]

認為主張厚葬久喪，國家必貧，人民必寡，刑政必亂，如果貧，祭祀的粢盛酒醴就不能潔淨；如果寡，敬拜上帝鬼神的人也就少；如果亂，祭祀的時間就無法準確，上帝鬼神將不福佑。若加上又禁止敬事上帝鬼神，則上帝鬼神將會降下禍罰。他透過鬼神的賞罰無遠弗屆，來說服人們實行節葬，由此可見墨子明鬼有其社會理想。

墨子「明鬼」在《淮南子》作「右鬼」，高誘注「右，猶尊也。」[112]其論證鬼存在的思想可以歸納為下列三點：

（一）證明鬼的存在。首先他以「眾之耳目之實」[113]的實際見聞說明鬼神實有，他舉周人杜伯成為鬼而復仇等等的事蹟為例論述。其次以「昔者三代聖王為法」，例如他以「武王必以鬼神為有，是故攻殷伐紂，使諸侯分其祭。若鬼神無有，則武王何祭

111　《墨子・節葬》下，同註 106，頁 111。
112　《淮南子・氾論訓》，同註 59，頁 436。
113　《墨子・明鬼下》，同註 106，頁 139。

分哉？」[114]爲例，證明鬼的實有。而後，以「先王之書」爲證，列舉《詩經》、《尚書》、《周書》的記載，例如他舉《詩經·大雅》「文王陟降，在帝左右」認爲「若鬼神無有，則文王既死，彼豈能在帝之左右哉？」[115]等論證鬼的存在。

（二）鬼神無所不在，替天賞善罰惡。「故鬼神之明，不可爲幽間廣澤，山林深谷，鬼神之明必知之。」「雖有深谿博林，幽澗毋人之所，施行不可以不董，見有鬼神視之。」[116]鬼神是無所不能、無所不在關照人間，世人也無可逃避。因此鬼神的禍罰，「不可爲富貴眾強，勇力強武，堅甲利兵，鬼神之罰必勝之。」[117]雖王公貴族也不能仗著富貴眾強，而逃避鬼神之誅。

（三）明鬼的目的在於止亂興利。墨子說：

> 逮至昔三代聖王既沒，天下失義，諸侯力正，是以存夫爲人君臣上下者之不惠忠也，父子弟兄之不慈孝弟長貞良也，正長之不強於聽治，賤人之不強於從事也，民之爲淫暴寇亂盜賊，以兵刃毒藥水火，退無罪人乎道路率徑，奪人車馬衣裘以自利者並作，由此始，是以天下亂。此其故何以然也？則皆以疑惑鬼神之有與無之別，不明乎鬼神之能賞賢而罰暴也。今若使天下之人，偕若信鬼神之能賞賢而罰暴也，則夫天下豈亂哉！[118]

墨子認爲君臣倫理的不惠忠、父兄子弟的不慈孝、不弟長、不貞良，政治上不認真聽治、不努力工作，社會上人民做出淫暴寇亂盜賊之行爲，奪人車馬衣裘等，多由於對鬼神的存在心懷疑

---

114 《墨子·明鬼下》，同註 106，頁 146。
115 《墨子·明鬼下》，同註 106，頁 148。
116 《墨子·明鬼下》，同註 106，頁 151，145。
117 《墨子·明鬼下》，同註 106，頁 151。
118 《墨子·明鬼下》，同註 106，頁 138-139。

惑，不能信服鬼神的能力，而導致社會政治與倫理大亂。墨子主張明鬼，以鬼神爲賞善罰惡的力量，使人人有所畏懼而能愛人利人，所以墨子說：「今天下之王公大人士君子，中實將欲求興天下之利，除天下之害，當若鬼神之有也，將不可不尊明也，聖王之道也。」[119]興天下之大利、除天下的大害，實爲墨子明鬼的旨意所在。

王充認爲墨子「薄葬」和「明鬼」的二種觀念是自相衝突的，他說：

> 墨家之議，自違其術，其薄葬而又右鬼。右鬼引效，以杜伯爲驗。杜伯死人，如謂杜伯爲鬼，則夫死者審有知。如有知而薄葬之，是怒死人也。人情欲厚而惡薄，以薄受死者之責，雖右鬼，其何益哉？如以鬼非死人，則其信杜伯非也；如以鬼是死人，則其薄葬非也。術用乖錯，首尾相違，故以爲非。（〈薄葬〉）

其意指出鬼若不是死人變的，那麼相信杜伯死後變成了鬼就不對；如果認爲鬼是死人變的，那麼對他薄葬也就不對。所以王充認爲墨家學說前後矛盾，不可探行。

此外，王充對《墨子・明鬼篇下》記載死人變鬼的事例也作了細密的辨析。墨子所舉之例：一是周宣王無辜殺害大臣杜伯，而宣王到野外打獵的途中，杜伯化爲原形出現在道路，用赤色的弓箭射死宣王。二是燕簡公殺害了大臣莊子義，而後簡公將要進入軍營大門時，莊子義化爲原形出現在道旁，用赤色木棒擊打簡公，簡公被打死於車下。這兩件事例，是墨子以實際見聞論死人變鬼。王充駁斥的理由是：

---

119 《墨子・明鬼下》，同註106，頁154。

（一）「人生萬物之中，物死不能爲鬼，人死何故獨能爲鬼？」

（二）「如以人貴能爲鬼，則死者皆當爲鬼，杜伯、莊子義何獨爲鬼也？」

（三）「如以被非辜者能爲鬼，世間臣子被非辜者多矣。」而比干、子胥之輩卻不爲鬼。

（四）杜伯、莊子義報仇殺其君，「罪莫大於弒君」則「鬼之尊者當復誅之，非杜伯、莊子義所敢爲也。」

（五）「杜伯、莊子義怨宣王、簡公，不宜殺也，當復爲鬼，與己合會。」況且「兩臣殺二君，二君之死亦當報之」。（以上〈死僞〉）

王充從嚴謹的邏輯推理，論證所聞見的杜伯之鬼和莊子義之鬼是荒誕不可信的，深切認爲釐清鬼神的問題才是改善厚葬的治本之法，他說：

> 死人之議，狐疑未定；孝子之計，從其重者。如明死人無知，厚葬無益，論定議立，較著可聞，則璵璠之禮不行。（〈薄葬〉）

> 論死不悉，則奢禮不絕。（〈薄葬〉）

其意說明儒家礙於孝道，所以對於鬼神是否真實存在，既未肯定又未否定。而墨子學說基於鬼神的確立，可興天下之大利，除天下的大害，則強調鬼的實有。儒墨二家各有主張又互相矛盾，人們不能確定是否有鬼神的存在。因此對祖先要像他們生前一樣祀奉，以厚葬、祭祀表示孝心，以免背負忘祖的罪名。

根據上述，一方面迷信鬼神，一方面崇尚孝悌下，厚葬、祭祀的表現便積習成風。漢代詔令、奏疏反對厚葬、淫祀，多是以經濟的角度立論，以爲厚葬之害是在於奢侈無度、耗竭資財。但是厚葬、祭祀的情形，一直到東漢仍很嚴重，可見以經濟的角度

來說服人們摒棄厚葬之習並沒有切中人民心理。王充從釐清鬼神存在與否的問題切入，藉由解除人們在心理上對鬼神的畏懼與崇敬，以期達到「明死無知，不能爲鬼，冀觀覽者將一曉解約葬，更爲節儉。」（〈對作〉）的社會理想。

四、批判漢代的社會習俗

王充觀察社會民間的普遍現象，是當有人犯了過錯，或是遭受刑法處治，不說是由於自己的過失所造成的，反而說是「家有負」，「負」指觸犯禁忌之意。若居家不謹慎，飲食不節制而遭受疾病之害，不說是自己的居處、飲食不當，反而說是「徙觸時」，也就是歸因於搬遷時沒有選好良辰吉曰。有時死亡的人接連發生，不說是得病的污濁之氣相互傳染，反而說是「葬日凶」，也就是以爲埋葬的日期選在凶日所造成的。遇上凶禍，不是歸之於觸犯禁忌，就是把它歸之於居住的地方不好。動輒就歸究於鬼神帶來的凶禍，一概說是觸犯了禁忌。所以王充說：「世俗信禍祟，以爲人之疾病死亡，及更患被罪，戮辱歡笑，皆有所犯。起功、移徙、祭祀、喪葬、行作、入官、嫁娶，不擇吉日，不避歲月，觸鬼逢神，忌時相害。故發病生禍，絓法入罪，至於死亡，殫家滅門，皆不重慎，犯觸忌諱之所致也。」（〈辨祟〉）也就是日常生活包括生病死亡與鬼神多有關連，可想見鬼神觀念對當時的社會生活和民眾心理產生極大影響，形成了漢代特有的社會習俗。說明如下：

（一）四　諱

王充於〈四諱〉篇說「俗有大諱四」，指出兩漢時代影響廣

泛又深入民心的有四種忌諱：

　　1.忌諱在住宅西邊擴建房屋。

　　2.忌諱做過刑徒的人去上墳。

　　3.忌諱婦人生孩子認爲不吉。

　　4.忌諱養育正月、五月出生的孩子。

　　此外，「曲俗微小之諱，眾多非一」，例如：「諱作豆醬惡聞雷」、「諱居刀井上」、「毋承屋檐而坐」、「毋反懸冠」、「毋偃寢」、「毋以箸相受」、「毋相代掃」、「毋摶飯，毋流歠」（以上〈四諱〉）等，將許多難以把握的事情，也列爲禁忌的範圍。

　　這種種禁忌形成的原委，由於經過輾轉流傳已無法了解真實起因，又由於「必託之神怪，若設以死亡，然後世人信用畏避。」（〈四諱〉）因而演變成攸關禍福的習俗迷信，以及畏懼心態。王充認爲禁忌形成與生活的行爲方式或「禮義之禁」有密切關係，但未必與吉凶有關，例如：

1.禮儀的忌諱

　　王充評論「諱西益宅」說：

> 夫西方，長老之地，尊者之位也。尊長在西，卑幼在東。尊長，主也，卑幼，助也。主少而助多，尊無二上，卑有百下也。西益宅，益主不增助，二上不百下也，於義不善，故謂不祥。不祥者，不宜也。於義不宜，未有凶也。（〈四諱〉）

　　應劭《風俗通》也有相似的記載，[120]可見西邊接連新房爲不

120　《太平御覽》卷一八○引《風俗通》：「宅不西益，俗說西者爲上，上益宅者，妨家長也。原其所以西益者，《禮記》曰：『南向北向，西方爲上。』《爾雅》曰：『西南隅謂之隩。』尊長之處也。不西益者，恐動搖之耳。」

祥由來已久，而之所以爲不祥，是由於西方爲年長者所居之地，尊長宜少晚輩宜多，向西邊擴建住房，意味增添長輩而未增添晚輩，有違常情。這是禮儀上的禁忌，不是吉凶的禁忌。

　　王充評論「諱被刑爲徒，不上丘墓」，指出「刑餘之人，不可爲宗廟社稷之主。」（〈四諱〉）的原意，是刑徒不能擔任主祭人，而非不能掃墓。刑徒不上墳，有「先祖全而生之，子孫亦當全而歸之」的用意，此心態受「身體、髮、膚，受之父母，弗敢毀傷。」的觀念影響。它有二層涵義：一是遭受刑罰，「刻畫身體，毀傷髮膚」多是道德淺薄，行爲不慎所造成，由於「愧負刑辱，深自刻責，故不升墓祀於先。」二是推測祖先「見子孫被刑，惻怛傷，恐其臨祀，不忍歆享，故不上墓。」（以上〈四諱〉）

　　這是關於禮儀的常情而不是吉凶的忌諱，世人知其不可，而不知其不可之意，甚至演變成刑徒不弔唁鄰里鄉親喪葬的社會習俗。

2.生活常識的聯想

　　王充評論「諱婦人乳子，爲不吉」說：「江北乳子，不出房室，知其無惡也。至於犬乳，置之宅外，此復惑也。江北諱犬不諱人，江南諱人不諱犬，謠俗防惡，各不同也。」（〈四諱〉）依王充所言，漢代這一習俗流行於江南，江北並無此一忌諱。之所以爲不吉的原由，是「欲使人常自潔清，不欲使人被污辱也。」（〈四諱〉）這是對腐臭的畏懼，而後附上神祕的禁忌。

　　此外，又流傳「諱舉正月、五月子。以爲正月、五月子殺父與母，不得舉也。」（〈四諱〉）[121]這一習俗流傳久遠，所以王充說

　　《景印文淵閣四庫全書》子部〈類書類〉第 894 冊（台北：台灣商務印書館，1986 年），頁 721。

121　《史記·孟嘗君列傳》《索隱》引《風俗通》：「俗說五月五日生子，男

「世傳此言久矣，拘數之人，莫敢犯之。」例如，戰國時齊孟嘗君田文五月生，即險被棄養。這一禁忌的起因是「正月歲始，五月陽盛」（〈四諱〉），嬰兒在正月或五月出生「精熾熱烈」，父母恐無法承受而受到傷害。此外，不同地區生子所忌時日又有不同，[122]在知識有限下，便以回避方式以避免災禍的發生，世俗傳相效仿，所以有忌諱的謬傳但無實際凶禍。

3.生活習慣的經驗

王充評論「諱作豆醬惡聞雷」，其原因是「欲使人急作，不欲積家踰至春也。」（〈四諱〉）以避免豆子儲存超過春季而陳腐發霉。又說「諱懸刀井上」的原因是恐刀墜井中的生活經驗，輾轉形成禁忌後，世俗卻流傳「『刑』之字，井與刀也，懸刀井上，井刀相見，恐被刑。」（〈四諱〉）的忌諱。「毋承屋檐而坐」是畏懼「瓦墜擊人首」（〈四諱〉），也就是不坐在屋檐下的忌諱，實際上是基於安全性的考量。「毋以箸相受」是「為其不固也」，「毋反懸冠」是「為似死人服」，「毋偃寢」是「為其象尸也」（以上〈四諱〉）等，多為某種不祥事物的聯想或比附，並非本身有禍害。

上述王充對於社會禁忌習俗的來源說明，可粗略得知漢代禁忌流行的面貌，以及對於當時社會生活及民眾心理的影響力。至於王充側重客觀事實，明確表達「吾不從其諱」的態度。

（二）太　歲

害父，女害母。」頁 949。

122 如《後漢書‧張奐傳》言其為武威太守時：「（武威）其俗多妖忌，凡二月、五月產子及與父母同月生者，悉殺之。奐示以義方，嚴加賞罰，風俗遂改。」頁 2139。《太平御覽》卷三六一引《風俗通》也記載：「不舉父同月子，俗云妨父也。」同註 120，第 896 冊，頁 319。

　　漢代忌諱太歲，世俗以爲「太歲，歲、月之神。」（〈調時〉）相信「起土興功，歲、月有所食，所食之地，必有死者。」（〈調時〉）又以爲「方今行道路者，暴溺仆死，何以知非觸遇太歲之出也？」（〈難歲〉）這太歲禁忌起源甚早，[123]流行的太歲禁忌主要表現在修造、移徙和戰爭等方面。王充引〈移徙法〉說：

> 「徙抵太歲凶，負太歲亦凶。」抵太歲名曰歲下，負太歲名曰歲破，故皆凶也。假令太歲在子，天下之人皆不得南北徙，起宅嫁娶亦皆避之。（〈難歲〉）

　　是通常將太歲所在的方位及與之相反的方位視爲凶方，不可出行移徙起宅嫁娶等。《淮南子・天文訓》也記述：「歲星之所居，五穀豐昌，其對爲衝，歲乃有殃。」[124]

　　在王充看來，「歲」不過是日、月積聚的名稱，[125]《周禮・春官・馮相氏》也說：「掌十有二歲。」鄭玄注：「歲謂太歲。」賈公彥疏：「歲星爲陽右行於天」，「太歲爲陰」，「左行於地」，[126]可見太歲和歲星是不同的兩種星。歲星是可觀察到的星體，太歲在地與歲星相應，是假設性的星。《淮南子・天文訓》又說：「天神之貴者，莫貴於青龍，或曰天一，或曰太陰。太陰所居，不可背而可鄉（向）。北斗所擊，不可與敵。」[127]青龍、天一、太陰都是指太歲之名，太歲於是由代表與歲星相對的星體，發展

123　《荀子・儒效篇》：「武王之伐紂也，行之日以兵忌，東面而迎太歲。」是作戰忌沖抵太歲，可見至晚到殷末周初就有忌避太歲的信仰。劉道超，〈論太歲信仰習俗〉（《西南民族大學學報》第二十五卷第九期，2004 年），頁 341。

124　《淮南子・天文訓》，同註 59，頁 123。

125　王充說：「積分爲日，累日爲月，連月爲時，結時爲歲。歲則日、月、時之類也。」《論衡・難歲》

126　《周禮・春官・馮相氏》，同註 32，頁 404。

127　《淮南子・天文訓》，同註 59，頁 126。

爲歲星之神的至尊地位，而且吉凶都以太歲的向背爲依歸。太歲
又具有「人君之象」[128]，所以文化上對人間皇帝的崇拜，轉化爲
民俗中對太歲的崇拜與敬畏。[129]

　　兩漢盛行搬遷要忌諱太歲的迷信，王充說：

> 俗人險心，好信禁忌，知者亦疑，莫能實定。是以儒雅服
> 從，工伎得勝。吉凶之書，伐經典之義；工伎之說，凌儒
> 雅之論。今略實論，令（世）親覽，揔核是非，使世一悟。
> （〈難歲〉）

　　其意說明因居處有搬遷，工伎之家就歸咎於搬遷冒犯太歲禁
忌，一般人在免禍心理下不能判定真假，甚至儒生也深信不疑，
所以宣傳禁忌的書籍反而超越了經典的道理，因此作〈難歲〉篇
使世人參考以核定是非。篇中王充以假設方式質疑太歲禁忌：

1. 太歲之神出行，同一般人相似，不可能只向南北直走。
2. 如太歲不行動，則應有宮室營堡居住，人不可能觸犯它。
3. 太歲若像氣體或分散在民間，就算不南北搬遷也將相抵觸。
4. 赤縣神州（中國）在東南部，並不當子午位，不應有太歲。
5. 太歲立於天邊，短距離遷徙，不可能侵犯太歲。
6. 百神不害人，太歲若有神也不可能害人。
7. 據〈移徙法〉太歲在甲子位就不能往南北遷移。甲與子方
   位不同，但只禁向子位遷移而不禁向甲位遷移是不合理。

　　在〈譋時〉篇也指出，社會習俗相信某年某月某地建築房屋，

128　《協紀辨方書》卷三引《神樞經》：「太歲，人君之象，率領諸神統正方
　　位，斡運時序總成歲功。」梁湘潤，《協紀辨方書》（台北：武陵出版有
　　限公司，1999 年），頁 83。
129　劉道超，〈論太歲信仰習俗〉，同註 123，頁 342。

另外一地的住家就會遭受到歲神、月神的侵害，[130]被侵害的人多運用方士的「壓勝」法術，也就是利用五行相生相克的道理，懸掛能壓勝對方的金木水火等物以避免禍害，「假令歲、月食西家，西家懸金，歲月食東家，東家懸炭。」（〈譋時〉）或者「祭祀以除其凶，或空亡徙以辟其殃。」（〈譋時〉）王充批評這種歲神習俗是虛假不實的，其論證要點如下：

1. 巳、酉之家，對於歲神月神毫無過錯，而子、寅之地的人家建房，他們卻被侵害。又歲神侵害正西方的酉地，建造房屋的人，他本身房屋中也有酉地，不受侵害，反而去侵害別家，不合常理。

2. 歲、月之神乃上天從屬之神，飲食和上天相同；上天飲食不侵害人，則歲、月之神侵害人不能成立。

3. 歲、月有神，日也有神，歲、月之神侵害人，日神卻不侵害，並不合理。

4. 歲、月之神於建造房屋才吃食物，一年之中建造房屋的不多，則歲、月之神常饑餓，並不合理。

5. 蓋房子要整地挖土，耕地要開渠掘溝，前者受歲、月之神侵害，後者則否，不合常理。

6. 工程愈浩大，歲、月之神之侵害愈大。如建造長城及營建洛邑，人民必定凶多吉少，但事實並不然。

7. 少不能勝多，小不能勝大，要使歲、月之神有所畏懼，就該使用與建築工程數量相當的五行之物來壓制，而以小小的壓勝法術欲免除禍殃，是不合理的。

上述王充以客觀的假設批判太歲禁忌的虛妄，用意是說明太

---

130 太歲運行於地稱為「歲神」，簡稱為歲。韓復智，《論衡今註今譯》（台北：國立編譯館，2005 年），頁 2597。

歲不是神，「神莫過於天地，天地不害人。人謂百神，百神不害
人。太歲之氣，天地之氣也，何憎於人，觸而爲害？」（〈難歲〉）
此一習俗是「竟妄不可用也」。

（三）擇　日

漢代擇日辦事之風極爲盛行，不僅深信歲、月有禁忌，而且
也認爲日子有吉凶，王充說：

> 舉事若病、死、災、患，大則謂之犯觸歲、月，小則謂之
> 不避日禁。歲、月之傳既用，日禁之書亦行。（〈譏日〉）

文中指出有關記載歲月禁忌和日子禁忌的書籍流傳很廣
泛，一般人迷信這種禁忌，有識之士也不能把握這些禁忌是否可
信，爲免禍避災，「世人舉事，不考於心而合於日，不糅於義而
致於時。時日之書，眾多非一。」（〈譏日〉）按王充所羅列的許
多事例，歸納漢代擇日術有以下特徵：

1.擇日術已概括社會生活各層面：

不論是喪葬、移徙、嫁娶、祭祀、祭品、出行、上官赴任，
甚至洗頭髮、剪裁縫紉衣服、起宅蓋屋、學習寫字和奏樂等，都
要擇日而後行。

2.擇日之書種類繁多：

「時日之書，眾多非一」（〈譏日〉）是擇日之書各有專曆，以
方便人民辦事選用。有記載葬禮日子的《葬歷》，有專用於祭祀
的祭歷，有專用於選擇洗頭髮日子的《沐書》，有專用於剪裁縫
紉衣服的《裁衣書》，[131]有專用於蓋房造舍時選擇日子避凶逢吉

---

131 《漢書・藝文志》雜占有《武禁相衣器》十四卷，《隋書・經籍志》梁有
　　《裁衣書》一卷。孫人和，《論衡舉正》（上海：上海古籍出版社，1990
　　年），頁120。

的工伎之書和《圖宅書》，[132]也有專用於搬遷禁忌的《移徙法》等。[133]

由於擇日之書繁多，又內容包含了社會生活各層面，一般人難以掌握，不得不依賴專業的解說，也就形成眾多的擇吉流派，例如：

> 孝武帝時，聚會占家問之，某日可取婦乎？五行家曰可，堪輿家曰不可，建除家曰不吉，叢辰家曰大凶，歷家曰小凶，天人家曰小吉，太一家曰大吉。辯訟不決，以狀聞。
> 制曰：避諸死忌，以五行為主。[134]

武帝為了擇日娶婦，請五行、堪輿、建除、叢辰、歷家、天人、太一等七家擇日流派來卜日，此七家無疑是當時重要擇日家，且同一時同一事各家解說也大為不同，有小吉、大吉、小凶、大凶等說法。

關於日子的禁忌，王充持懷疑的態度，於〈譏日〉篇有種種說明：

1.《葬歷》說：「『葬避九空、地臽，及日之剛柔，月之奇耦。』日吉無害，剛柔相得，奇耦相應，乃為吉良。不合此歷，轉為凶惡。」（〈譏日〉）也就是《葬歷》規定下葬要避開九空、地臽兩個凶日，還要根據死者逝世的月分奇偶、日屬剛柔，選擇相應的剛日和柔日相配、奇月和偶月相配的吉日。王充質疑的理由有四：

（1）春秋時期，天子、諸侯、卿大夫的死亡，人數多以千百數計，但考察他們下葬的日子，不一定全都符合《葬

---

132 參見《論衡・譏日》。
133 參見《論衡・難歲》。
134 《史記・日者列傳》，頁 1337。

歷》上的規定。

（2）《禮記》記載：「天子七月而葬，諸侯五月，卿、大
　　　夫、士三月。」假若天子正月死，七月下葬，不符合
　　　奇月和偶月相配的規定。

（3）隱、哀之間，埋葬的日子，並不講求忌諱，《春秋》
　　　也未曾加以批評，可推測並無《葬歷》上的規定。

（4）《禮記》記載：「內事以柔日，外事以剛日。」內事
　　　指祭祀祖先與婚喪等事宜，外事指戰爭、朝覲、聘禮、
　　　盟會等。區別剛日和柔日，是慎重對待內事和外事，
　　　並不是認為有吉凶。

　　2.「祭祀之歷，亦有吉凶。假令血忌、月殺之日固凶，以殺
牲設祭，必有患禍。」（〈譏日〉）也就是逢到血忌、月殺的凶日，
忌諱見血和殺牲，供給鬼神的供品不宜殺牲。王充有關祭祀之曆
的批判如下：

（1）活人飲食沒有禁忌的日子，鬼神飲食有禁忌的日子，
　　　類推不合理。

（2）如果鬼神無知，即使選擇日子避開禁忌，也沒有意義。

（3）各式各樣的祭祀並無鬼的存在，祭和不祭不會帶來禍
　　　害，日子吉凶也不可能有禍福影響。

　　3.《沐書》曰：「子日沐，令人愛之；卯日沐，令人白頭。」
（〈譏日〉）王充的批判如下：

（1）「沐」是洗去首垢，「洗」是洗去足垢，「盥」是洗
　　　去手垢，「浴」是洗去身垢。洗、盥、浴不擇日，唯
　　　獨洗頭要擇日並不合理。

（2）醜女嫫母在子日洗頭不能令人喜愛；十五歲少女在卯
　　　日洗頭，也不能使髮白。

4.「裁衣有書，書有吉凶。凶日製衣則有禍，吉日則有福。」（〈譏日〉）王充的批判如下：

（1）《尙書・洪範》有「八政」，其中首列飲食，次爲衣服。首要者不選日，次要者要求選日並不合理。

（2）「九錫」的禮節，首列車馬，次列衣服，但造車不選日，裁衣選日不合理。

5.「工伎之書，起宅蓋屋必擇日。」（〈譏日〉）王充的批判如下：

（1）起宅蓋屋掘地破土，不過是有起居安息之處，並無惡意。

（2）鬼神諒察人們起宅的本意，即使不選擇建造房屋的日子，仍然是沒有禍害。

此外，如學習寫字諱丙日，又《周禮》不以子、卯奏樂，原因是倉頡以丙日死，殷、夏以子、卯日亡。換言之，以丙日學習寫字，子、卯日奏樂，未必有禍，是「重先王之亡日，悽愴感動，不忍以舉事。」（〈譏日〉）由此可知，擇日是可能有所諱，但未必有凶禍。所以對於日子吉凶的忌諱或鬼神主宰日子的說法，王充是「吾不從其諱」。

王充除運用客觀事實論證擇日的不可信，也說明迷信禁忌之所以流行和久傳不息的原因，他說：

> 凡人在世，不能不作事，作事之後，不能不有吉凶。見吉則指以爲前時擇日之福；見凶則剋以爲往者觸忌之禍。多或擇日而得禍，觸忌而獲福。…人君惜其官，人民愛其身，相隨信之，不復狐疑。故人君興事，工伎滿閣；人民有爲，觸傷問時，奸書僞文，由此滋生。（〈辨祟〉）

其意說明一般人有趨吉避凶心理，擇日習俗自然就牢不可

破。事實上，擇日的作用不大，譬如說並非「高大尊貴舉事以吉日，下小卑賤以凶時也。」（〈辨祟〉）但官位職務有升降、產業經營有富貧，「以此論之，則亦知禍福死生，不在遭逢吉祥、觸犯凶忌也。」（〈辨祟〉）

王充雖然認為不必擇日不避禁忌，卻主張一切在「命定」，他說：

> 然而禍福之至，時也；死生之到，命也。人命懸於天，吉凶存於時。命窮操行善，天不能續；命長操行惡，天不能奪。天，百神主也。道德仁義，天之道也；戰栗恐懼，天之心也。廢道滅德，賤天之道；嶮隘恣睢，悖天之意。世間不行道德，莫過桀、紂；妄行不軌，莫過幽、厲。桀、紂不早死，幽、厲不夭折。由此言之，逢福獲喜，不在擇日避時；涉患麗禍，不在觸歲犯月，明矣。（〈辨祟〉）

王充看來，禍福生死在於時命，這就陷入「命定論」的思維中了。

（四）解　除

解除之意為祭鬼神祈求消除一切災殃，是透過祭祀除災。王充說：

> 解除初禮，先設祭祀。比夫祭祀，若生人相賓客矣。先為賓客設膳，食已，驅以刃杖。（〈解除〉）

此概念始見於《莊子》，[135]郭象說：「巫祝解除，棄此三者，

---

135 《莊子・人間世》：「故解之以牛之白顙者與豚之亢鼻者，與人有痔病者，不可以適河。此皆巫祝以知之矣，所以為不祥也。」錢穆，《莊子纂箋》（台北：東大圖書公司，1993 年），頁 37。

必妙選辟具，然後敢用。」[136]《說文》：「祝，祭主贊詞者。」
可知舉行解除由巫祝禱告，其過程和儀式王充曾說：

> 世間繕治宅舍，鑿地掘土，功成作畢，解謝土神，名曰「解
> 土」。為土偶人，以像鬼神，令巫祝延，以解土神。已祭
> 之後，心快意善，謂鬼神解謝，殃禍除去。（〈解除〉）

文中舉修建住宅房舍、挖掘土地為例，事情完成，就舉行解
除向土神致歉，這種儀式稱為「解土」。儀式中以土偶人象徵鬼
神，由巫師禱告，用來禳解土神。文獻也記錄了這一史例：

> 意在堂邑，為政愛利，輕刑慎罰，撫循百姓如赤子。初到
> 縣，市無屋，意出奉錢帥人作屋。人齎茅竹或持材木，爭
> 起趨作，（決）〔浹〕日而成。功作既畢，為解土，祝曰：
> 「興功役者令，百姓無事。如有禍祟，令自當之。」人皆
> 大悅。[137]

解除法是祭祀祈禱，關於其緣起，王充認為是從古代逐疫的
習俗、禮法演化而來的，他說：

> 解逐之法，緣古逐疫之禮也。昔顓頊氏有子三人，生而皆
> 亡，一居江水為虐鬼，一居若水為魍魎，一居區隅之間，
> 主疫病人。故歲終事畢，驅逐疫鬼，因以送陳、迎新、內
> 吉也。世相仿效，故有解除。（〈解除〉）

此段記載反映了鬼魅致病的古老觀念，其它文獻也有相似記
錄，如：「疫，役也，言有鬼行疫也。」[138]「凶事興，即鬼大盛，

---

136 （晉）郭象注，《莊子》（台北：藝文印書館，1983 年），頁 104。
137 《後漢書・鍾離意傳》注引《東觀記》，頁 1411。
138 （東漢）劉熙，《釋名・釋天》，《四部叢刊》第三冊（台北：台灣商務
　　印書館，1979 年），頁 5。

共疾殺人，人不得竟其天命。」[139]等，《後漢書‧禮儀志》也有一段歲末趨除疫鬼的敘述。[140]事實上陰陽不和、逆於四時是致病的主要原因，王充說：「人之疾病，希有不由風濕與飲食者。」（〈辨祟〉）但是時人「當風臥濕，握錢問祟；飽飯饜食，齋精解禍，而病不治，謂祟不得；命自絕，謂筮不審，俗人之知也。」（〈辨祟〉）當時人相信一些疑難病症是鬼魅所致，所以用解除之術祭鬼求福的方法來消除疾病，清楚可見鬼神致病的觀念普遍存在。但是解除法的應用範圍不限於防疫和解土，凡欲除去殃咎都可使用，所以說：「解除之法，眾多非一。」（〈解除〉）

　　社會上一般人相信「祭祀必有福」「解除必去凶」，為了避禍求福，不惜重金酬謝巫祝，王充曾批評世人「不修其行而豐其祝，不敬其上而畏其鬼。」（〈解除〉）他認為「夫論解除，解除無益；論祭祀，祭祀無補；論巫祝，巫祝無力。」（〈解除〉）在〈解除〉篇批駁了舉行祭祀以驅除鬼神的解除之術是不可信的，文中所舉論證歸納如下：

　　1.解除之祭為驅逐鬼神，若有知必不接受。

　　2.祭祀時，會避開躲藏，驅逐停止再返回原處。

　　3.虎狼之來，預示失政；盜賊之至，預示世亂；鬼神之集，
　　　預示命絕。殺虎狼，卻盜賊，不能使政治清明，解除儀式
　　　驅逐鬼神，也不能使凶去而命延。

　　4.宅中有主神十二位，客鬼是十二神留宿，宅主驅逐，不能

139　《太平經》卷四十九〈急學真法第六十六〉，（漢）于吉編撰，《太平經合校》（台北：鼎文書局，1979 年），頁 164。

140　《後漢書‧禮儀志中》記載：漢代的儺祭，由主持其事的方相氏戴上黃金色的上有四眼的假面具，蒙上熊皮，上衣為黑色，下裳為赤紅色，手持戈盾。率領十二位穿上有毛角獸形衣的人，一起歌舞、歡呼，最後並以火炬，驅疫鬼出門外。頁 3127-3128。

得吉。

5.假設「祭祀可以得福，解除可以去凶」成立，則王者、富者可竭盡天下之財，舉行延長國期的祭祀和祈求長壽。

6.人民居於土地，如同蚤虱附著人身，蚤虱在肌膚旁進行厚謝，人不能知，可類推解土，土神也不能明白百姓的語言。

7.按禮制規定，祭祀鬼神應只設立象徵性坐位，現行解土的儀式，卻製作土偶人，與禮的規定相違背。

王充主張「祭祀無鬼神」、「祭祀不為福，福不由祭祀」（〈解除〉），認為凶禍「在人不在鬼，在德不在祀」（〈解除〉）。例如「周之季世，信鬼修祀，以求福助。愚主心惑，不顧自行，功猶不立，治猶不定。」（〈解除〉）其說有助於釐清解除和祭祀的虛妄，但是王充又說：「國期有遠近，人命有長短。」（〈解除〉）「天下人民，夭壽貴賤，皆有祿命，操行吉凶，皆有衰盛。」（〈解除〉）用「命」來代替鬼神的影響，是掙脫了鬼神信仰卻又陷入命定論的思維。

（五）占　卜

漢代占卜之風大盛，一般人遇到事故往往去占卜算卦，寧可違反可行的道理，而相信卜蓍所指示的吉凶，王充描述說：

> 俗信卜筮，謂卜者問天，筮者問地，蓍神龜靈，兆數報應，故捨人議而就卜筮，違可否而信吉凶。其意謂天地審告報，蓍龜真神靈也。（〈卜筮〉）

也就是交通鬼神，以卜占疑為自己的行為作一決定，《說文解字》說：「占，視兆問也。」[141]占卜者審視兆紋，詢問神靈的

---

141 （清）段玉裁，《說文解字注》（台北：漢京文化事業公司，1983 年），

旨意，以便在神的指引下預知未來趨吉避凶，所以說：「卜筮者，先聖王之所以使民信時日、敬鬼神、畏法令也，所以使民決嫌疑，定猶豫也。」[142]王充有〈卜筮〉篇專門評議漢代的占卜，世人篤信的態度可想而知。所謂「卜」「筮」之意，是「龜為卜，策為筮。」[143]策即占筮用的蓍草。洪興祖說：「〈龜策傳〉曰：『揲策定數，灼龜觀兆。』」[144]漢賦有記述「文君為我端蓍兮，利飛遁以保名。…懼筮氏之長短兮，鑽東龜以觀禎。」[145]是占卜的方法多用龜卜草筮。

漢代推崇占卜的價值，除受三代的影響外，[146]也和漢文帝由代王入繼王統是以卜兆為依據有關係，[147]對卜筮者極為尊敬，例如司馬遷對占卜名家司馬季主的記敘中就推崇說：「吾聞古之聖人，不居朝廷，必在卜醫之中。」[148]在當時占卜的內容十分廣泛，

頁 127。

142　《禮記・曲禮上》，同註 1，頁 86。

143　《禮記・曲禮上》，同註 1，頁 86。

144　（宋）洪興祖，《楚辭補注》〈卜居〉第六（台北：頂淵文化事業有限公司，2005 年），頁 176。

145　（東漢）張衡，〈思玄賦〉，張啓成、徐達譯注，《漢賦今譯》（貴陽：貴州人民出版社，2000 年），頁 425。

146　《史記・龜策列傳》太史公曰：「自古聖王，將建國受命，興動事業，何嘗不寶卜筮以助善。唐虞以上、不可記已。自三代之興，各據禎祥。塗山之兆從，而夏啓世。飛燕之卜順，故殷興百穀之筮吉，故周王。王者決諸疑，參以卜筮，斷以蓍龜，不易之道也。」頁 1338。又《詩經・緜》「周原膴膴，菫荼如飴。爰始爰謀，爰契我龜。曰止曰時，築室于茲。」裴普賢，《詩經評註讀本》下冊（台北：三民書局，1985 年），頁 396。《尚書・金縢篇》有周公為祈禱周武王之病早日康復而進行占卜的情形。（漢）孔安國傳，（唐）孔穎達正義，《尚書正義》，《十三經注疏》第一冊，（台北：藝文印書館，1985 年），頁 185-186。

147　《史記・日者列傳》：「代王之入，任於卜者。太卜之起，由漢興而有。」頁 1334。

148　《史記・日者列傳》，頁 1334。

舉凡建國立家、生子、嫁娶、出行、謀求財物、升遷、調動、免職、生病、禍患、居家、捕魚、打獵、下雨等，[149]都可藉由占卜而解除困惑或教化愚昧。占卜在當時自然有可觀的市場需求，所以宋忠與賈誼「同輿而之市，游於卜肆中。」[150]蜀地隱士嚴君平「卜筮於成都市」等，[151]反映了在都城長安或如成都市一類的市井中，多有卜肆的存在。

王充看來，「天地審告報，蓍龜真神靈」是虛妄的無稽之談，在〈卜筮〉篇中他舉出了種種論證加以說明，歸納如下：

1. 他引用孔子之言：「夫蓍之爲言『耆』也，龜之爲言『舊』也。明狐疑之事，當問耆舊也。」認爲蓍草不神，龜甲不靈，這是取其名稱涵義，不一定有實質上的意義。

2. 相互提問，要親自看見對方，「天爲氣，不能爲兆」「地耳遠，不聞人言」，認爲天地會答覆人的詢問並無依據。

3. 認爲「微小之人，問巨大天地」，體積不同，聲音語言並不能相通。

4. 天地是活的而蓍草和龜甲是死的，以死問生，不能得到回答。

5. 他引孔子之言：「天何言哉？四時行焉，百物生焉。」認爲天道自然無爲，若人問天地，天地答覆人，是自然有爲以應人。

6. 假使令卜筮之人無故的鑽龜而卜，無目的擺蓍而筮，戲弄天地，亦得兆數。

7. 卜筮一定會有吉凶，論者或謂隨人行爲的善惡而相應。這

149　《史記・龜策列傳》《史記・日者列傳》，頁 1346-1351。

150　《史記・日者列傳》，頁 1334。

151　《漢書・王貢兩龔鮑傳》，頁 3056。

些話好像是對的，但是並不符合占卜算卦的實際情形。這
是因爲吉人走在路上看到吉祥的事物，並不是吉祥的事物
專爲吉人出現。

上列論述證明了占卜的虛而不實。不過，王充也沒有完全否
定占卜，他說：

> 鑽龜撲著，兆數輒見。見無常占，占者生意。吉兆而占謂之
> 凶，凶數而占謂之吉，吉凶不效，則謂卜筮不可信。（〈卜筮〉）

其意是說兆數變化多端，也沒有固定不變的解說，而是由占
卜的人根據兆數主觀的判斷加以說明。卜筮者往往也有占斷錯誤
的可能性，出現吉兆而占卜的人說它是凶禍，出現凶兆而說它是
吉祥，王充舉《史記・齊世家》的記載，武王占卜問伐紂之事，
結果凶兆，姜太公以爲「枯骨死草，何知而凶？」終於戰勝紂王
一例，就是兆數的解說顛倒。又舉《左傳・僖公二十八年》晉楚
城濮之戰，晉文公夢見與楚成王博鬥，楚王伏在其身吸食腦汁。
占夢者以爲是凶兆，然而與楚交戰卻戰勝，此一例也是論斷兆象
偏離事實，所以是「蓍龜可以參事，不可純用。」（〈卜筮〉）基
本上占卜不過是號召群眾的一種方式，因此說「聖人舉事，先定
於義。義已定立，決以卜筮，示不專己，明與鬼神同意共指，欲
令眾下信用不疑。」（〈卜筮〉）

上述漢代的習俗多有濃厚的鬼神氣息，王充《論衡》對世人
四諱、太歲、擇日、解除和占卜的評論，可以看出流行的情形和
左右大眾的生活狀況。王充重視效驗，以種種客觀事實論證習俗
迷信的不可信，他認爲禁忌有些是基於生活禮儀、生活習慣或常
識，太歲也不是神，不能害人。擇日之術並不合理，或者有所諱，
但不一定有吉凶。又「祭祀無鬼神」，解除祭祀消災爲無妄，而
占卜以爲蓍龜有靈，也是無稽不實之談。王充以實事求是精神試

圖修正或消解世人的鬼神觀念。

第二節　王充「無鬼論」的內容

　　漢代有靈魂不滅的觀念，王充記錄了當時世俗的說法，例如一般人以爲「人死輒爲鬼而有知」（〈薄葬〉）又說：「世間死者，今生人殄，而用其言，及巫叩元絃，下死人魂，因巫口談。」（〈論死〉）相信人死成爲鬼，能使活人處於昏迷狀態，然後借用他的嘴巴說話，以及巫師彈著絃樂器，召來死人的靈魂，而通過巫師的口說話。應劭援引具體事例：

> 謹案陳國漢直，到南陽從京兆尹延叔堅讀左氏傳，行後數月，鬼物持其女弟言：「我病死喪在陌上，常苦飢寒，操一量不借掛屋後楮上，傳子方送我五百錢，在北墉中，皆亡取也。又買李幼一頭牛，本券在書篋中。」往求索之，悉如其言。婦尚不知有此妹，新從婿家來，非其所及，人哀傷，益以為審。父母諸弟，衰絰到來迎喪，去精舍數里，遇漢直與諸生十餘相隨。漢直顧見其家，怪其如此。家見漢直，謂其鬼也。徜悯良久，漢直乃前為父拜，說其本末，且悲且喜。凡所聞見，若此非一。[152]

　　應劭所說的是精怪趁張漢直外出求學，假借爲漢直之魂，附於其妹身上，並交待家中瑣碎細物。而王充所載「巫叩元絃，下死人魂，因巫口談。」（〈論死〉）則是死者借巫身而與家屬交談。此外，世俗認爲鬼神「歆氣，不能食也。」（〈祀義〉）「死人歆

152　（漢）應劭，《風俗通義》，王利器，《風俗通義校注》（台北：漢京文化事業有限公司，2004 年），頁 409。

看食氣，故能言。」（〈論死〉）又說：「死人之精，神於生人之
精，故能歆氣爲音。」（〈論死〉）鬼神可經由吸取祭品香味的方
式而有氣力發出聲音，並非像活人一樣吃掉上供祭品。所以相信
鬼能說話，能用手打人，當時流傳的例子：

> 宋公鮑之身有疾。祝曰夜姑，掌將事於厲者。厲鬼杖楯而
> 與之言曰：「何而粢盛之不膏也？何而蒭犧之不肥碩也？
> 何而珪璧之不中度量也？而罪歟？其鮑之罪歟？」夜姑順
> 色而對曰：「鮑身尚幼，在襁褓，不預知焉。審是掌之。」
> 厲鬼舉楯而掊之，斃於壇下。此非能言用手之驗乎？（〈祀義〉）

　　由以上說法可想見時人對鬼神的存在是深信不疑的，而鬼神
問題也是複雜難知的，因爲「世無祭祀復生之人，故死生之義未
有所定。實者死人闇昧，與人殊途，其實荒忽，難得深知。有知
無知之情不可定，爲鬼之實不可是。通人知士，雖博覽古今，窺
涉百家，條入葉貫，不能審知。」（〈薄葬〉）以下先就王充〈訂
鬼〉篇中所載「鬼」的各種說法，[153]作一整理說明。

一、「鬼」的意涵

（一）幻覺妄想的精神作用

　　王充認爲一般人所見之鬼是幻覺妄想形成的，他說：

> 凡天地之間有鬼，非人死精神爲之也，皆人思念存想之所
> 致也。致之何由？由於疾病。人病則憂懼，憂懼則鬼出。

153　劉見成認爲《論衡》中鬼的概念可分作靈魂、陰氣之名、歸也、幻覺妄想
　　之相、妖祥之氣及老物精。劉見成，〈王充的形神論思想及其社會意涵〉
　　（《中國文化月刊》，204 期，1997 年 3 月），頁 42-43。

> 凡人不病則不畏懼。故得病寢衽，畏懼鬼至。畏懼則存想，
> 存想則目虛見。(〈訂鬼〉)

在他看來，天地間本來沒有什麼鬼，鬼是活人的思念存想，在事實上並不存在。人所以會產生鬼的觀念，是由人生病所引起的，人在病中會產生畏懼，畏懼就會產生幻覺，看見鬼的出現。因此，所謂鬼只是人的目見虛象，不是真有實物。他又說：

> 人之畫也，氣倦精盡，夜則欲臥，臥而目光反，反而精神
> 見人物之象矣。人病亦氣倦精盡，目雖不臥，光已亂於臥
> 也，故亦見人物象。病者之見也，若臥若否，與夢相似。
> 當其見也，其人不自知覺與夢，故其見物不能知鬼與人，
> 精盡氣倦之效也。何以驗之？以狂者見鬼也。狂癡獨語，
> 不與善人相得者，病困精亂也。夫病且死之時，亦與狂等。
> 臥、病及狂，三者皆精衰倦，目光反照，故皆獨見人物之
> 象焉。(〈訂鬼〉)

文中說在白天操勞疲累，到了晚上想睡覺，睡覺時閉上眼睛視力就向內反照，向內反照而看見人和物的虛象。又生病時身體虛弱也會感到精神疲憊，眼睛雖然沒有像睡覺時那樣閉上，但視力已經比正常人睡覺時還要昏亂，所以也會看見人和物的虛象。病人看見虛象的時候，似睡非睡，和做夢相似。當他看到人和物的虛象的時候，不知道自己是醒著，還是在夢中，所以將虛象的鬼當成真實的。精神病者也是由於病得厲害精神錯亂的緣故，只能看見人和物的虛象。以上藉由人的睡眠、患病和精神病人的狀態比較，論證鬼是人在生病時的幻覺。

(二) 陰氣之名

「鬼」是陰氣之名，王充說：

> 或說：鬼神，陰陽之名也。陰氣逆物而歸，故謂之鬼；陽
> 氣導物而生，故謂之神。神者，伸也，申復無已，終而復
> 始。（〈論死〉）

文中所說的鬼神，是陰氣和陽氣的名稱。陰氣主殺，阻止萬
物和人生長，而使他們的形體死後歸於地，因此稱之爲「鬼」。
陽氣主生，助長萬物和人生長，因此稱爲「神」，是萬物和人獲
得生命的意思。這是就陽氣和陰氣的特性而賦與鬼神之名，與「人
死不爲鬼」的「鬼」之意不符。

（三）魑魅、老物精和各種不祥之氣

1.魑　魅

> 一曰：鬼者，物也。⋯天地之間，有鬼之物，常在四邊之
> 外，時往來中國，與人雜則，凶惡之類也，故人病且死者
> 乃見之。⋯故凶禍之家，或見蜚尸，或見走凶，或見人形，
> 三者皆鬼也。或謂之鬼，或謂之凶，或謂之魅，或謂之魑，
> 皆生存實有，非虛無象類之也。（〈訂鬼〉）

當時人以爲天地之間是有鬼這種東西的存在，常在四方邊遠
的地區，有時往來於中原一帶，和人混雜在一起，是一種凶惡的
東西，所以人生病將要死時看到它。有人稱它是鬼，有人稱它是
凶物，有人稱它魑魅。文獻中也記載：

> 投諸四裔，以禦螭魅。[154]
>
> 鬼國在貳負之尸北，為物人面一目。[155]
>
> 《山海經》曰：「東海中有度朔山，上有大桃樹，蟠屈三

---

154 《左傳・文公十八年》，同註 83，第六冊，頁 355。
155 《山海經・海內北經》，（晉）郭樸、（清）郝懿行舊注，袁珂譯注，《山
　　海經》（台北：台灣古籍出版社，1998 年），頁 343。

干里，其卑枝門曰東北鬼門，萬鬼所出入也。上有二神人，
一曰神荼，一曰鬱櫑，主閱領眾鬼之惡害人者，執以葦索，
而用食虎。」於是黃帝法而象之。毆除畢，因立桃梗於門戶
上，畫鬱櫑持葦索，以御凶鬼，畫虎於門，當食鬼也。[156]

所以這裏所說的鬼是魑魅一類，也就是類似老物精和妖祥之
氣的不好事物。[157]並非人死轉化而來的，是病人周圍事物的精氣
凝聚而成的。

2.老物精

一曰：鬼者，老物精也。夫物之老者，其精為人；亦有未
老，性能變化，象人之形。(〈訂鬼〉)

引文中的「鬼」是指老物精，一般人觀念以為一些動植物會
成精，例如：《風俗通義》有狗鬼怪的傳說，「世間多有狗作變
怪，撲殺之，以血塗門戶然免得咎殃。」[158]是流傳將狗怪血塗於
門上可避禍殃的說法。[159]此外，又有桂陽太守李叔堅家也出現狗
怪，因其泰然處之，未受傷害。[160]並且老樹也可成精，《風俗通
義》說「世間多有伐木血出以為怪者」的說法，並記錄一則樹精
故事：

桂陽太守江夏張遼叔高，去鄢令，家居買田，田中有大樹

---

156 《後漢書・禮儀志》中，注引《山海經》及李賢註語，頁 3129。
157 《論衡・訂鬼》，頁 934-940。
158 王利器，《風俗通義校注》，同註 152，頁 418。
159 又流傳：「魯相右扶風臧仲英為侍御史，家人作食，設按，欻有不清塵土
投污之，炊臨熟，不知釜處，兵弩自行，火從篋簏中起，衣物燒盡，而簏
故完；婦女婢使悉亡其鏡，數日堂下擲庭中，有人聲言：「汝鏡。」女孫
年三四歲，亡之，求不能得，二三日乃於清中糞下啼：若此非一。汝南有
許季山者，素善卜卦，言：「家當有老青狗物，內中婉御者益喜與為之。
誠欲絕，殺此狗，遣益喜歸鄉里。」皆如其言，因無纖介，仲英遷太尉長
史。」王利器，《風俗通義校注》，同註 152，頁 423。
160 王利器，《風俗通義校注》，同註 152，頁 418。

十餘圍，扶疏蓋數畝地，播不生穀，遣客伐之，六七血出，
客驚怖，歸具事白叔高。叔高大怒曰：「老樹汁出，此何
等血？因自嚴行，復斫之，血大流灑，叔高使先斫其枝，
上有一空處，白頭公可長四五尺，忽出往赴叔高，叔高乃
逆格之，凡殺四頭，左右皆怖伏地，而叔高恬如也。徐熟
視，非人非獸也，遂伐其樹。其年司空辟侍御史兗州刺史，
以二千石之尊，過鄉里，薦祝祖考，白日繡衣，榮羨如此，
其禍安居？春秋國語曰：「木石之怪夔魍魎。」物惡能害
人乎？[161]

　　《搜神記》也記載此故事。[162] 狗怪和老樹成精，反映時人相
信動物、植物會變成精怪的觀念。王充也說，世人以爲樹木、禽
獸老了，其精氣可以離開形體而虛構成人的模樣。或者有些還未
老的東西，它們生來精氣就能離開形體而變化像人一樣的形狀。
而人病重看見鬼來，是「人之受氣，有與物同精者，則其物與之
交。及病，精氣衰劣也，則來犯陵之矣。」（〈訂鬼〉）在王充看
來，「氣」產生人和物，物所含的陽氣和陰氣，和人所含的是相
同的，所以人和物的氣可以交接。人在生病、精氣衰弱時，那種
凶惡之物的精氣就會去侵犯他，因此病重的人會看見鬼。

3.值日神

一曰：鬼者，甲乙之神也。甲乙者，天之別氣也，其形象
人。人病且死，甲乙之神至矣。假令甲乙之日病，則死見
庚辛之神矣。何則？甲乙鬼，庚辛報甲乙，故病人且死，
殺鬼之至者，庚辛之神也。…天道難知，鬼神闇昧，故具
載列，令世察之也。（〈訂鬼〉）

---

161 王利器，《風俗通義校注》，同註152，頁434。
162 王利器，《風俗通義校注》，同註152，頁437。

此處所說的「鬼」是指依照甲乙丙丁戊己庚辛壬癸等天干順序排列的值日神。甲乙之神就是在甲乙二日的值班神，是天的另外一種不正常的氣構成的，它的形狀像人。人病將死就會看見值日的甲乙之神到來。如果恰巧遇到天干是甲、乙的日子生病，那麼死的時候就會見到值日神當中的庚、辛之神。這是根據陰陽五行說法，甲、乙屬木，庚、辛屬金，金克木，因此庚辛克甲乙。所以甲乙日病患的人，往往在庚辛日死去。

4.妖 怪

> 一曰：人且吉凶，妖祥先見。人之且死，見百怪，鬼在百
> 怪之中。故妖怪之動，象人之形，或象人之聲為應，故其
> 妖動不離人形。天地之間，妖怪非一，言有妖，聲有妖，
> 文有妖。或妖氣象人之形，或人含氣為妖。象人之形，諸
> 所見鬼是也；人含氣為妖，巫之類是也。（〈訂鬼〉）

此處所說的「鬼」是指妖怪之氣，世人以為天地之間，妖怪不止一種，妖氣可以變成人形、聲音、語言、文字等各種人事物。「世稱紂之時，夜郊鬼哭，及倉頡作書，鬼夜哭。」（〈訂鬼〉）這是妖氣「能象人聲而哭」，而且「亦能象人形而見，則人以為鬼矣。」（〈訂鬼〉）王充認為妖象的出現，代表一種徵兆，並非鬼能殺人。他舉例說：

> 齊襄公將為賊所殺，游于姑棼，遂田于貝丘，見大豕。從
> 者曰：「公子彭生也。」公怒曰：「彭生敢見！」引弓射
> 之，豕人立而啼。公懼，墜于車，傷足，喪履，而為賊殺
> 之。夫殺襄公者，賊也。先見大豕於路，則襄公且死之妖
> 也。（〈訂鬼〉）

也就是齊襄公將要被賊殺害時，他本是巡遊姑棼之地，接著就在貝丘打獵，路途中看見了一隻大野豬，像彭生形狀，認為是

彭生變的。大野豬妖象的出現，是襄公要死前的徵兆。

5、病　氣

> 一曰：鬼者，人所見得病之氣也。氣不和者中人，中人為
> 鬼，其氣象人形而見。故病篤者氣盛，氣盛則象人而至，
> 至則病者見其象矣。假令得病山林之中，其見鬼則見山林
> 之精。人或病越地者，病見越人坐其側。（〈訂鬼〉）

此處所說的「鬼」，是人們見到的使人得病的一種邪氣。氣不協調將會傷人，這種傷害人的邪氣就是鬼，且不協調的邪氣會構成人形出現。若為這不和之氣所傷害而生病的人，在病重時就會看到這種氣表現的形象。在山林得病的人，看到的鬼就是山林中的精怪，在越地得病的人，就看見似越人的鬼坐在身旁。

（四）生而亡去

> 一曰：鬼者，本生於人。時不成人，變化而去。（〈訂鬼〉）

文中之意以為鬼是人所生育，出生時夭折死去不成人，就會變作鬼。禮緯記載：「顓頊氏有三子，生而亡去為疫鬼。」（〈訂鬼〉）傳說顓頊有三個兒子，生下就死了而變成疫鬼。以為「諸鬼神有形體法，能立樹與人相見者，皆生於善人，得善人之氣，故能似類善人之形，能與善人相害。」（〈訂鬼〉）

（五）鬼者，歸也

王充說：

> 鬼神，荒忽不見之名也。人死精神升天，骸骨歸土，故謂
> 之鬼（神）。鬼者，歸也；神者，荒忽無形者也。（〈論死〉）

他的看法，鬼神是荒忽不見形體的名稱，而看得見形體的，就不是鬼神。人死後構成形體的精氣消散，精氣消失形體腐朽，

回復到無形的狀態，所以「鬼」，是歸的意思。「神」是恍惚無形的意思。

根據上述，王充除對「鬼者，甲乙之神也。」的說法持保留態度外，對「鬼者，物也。」「鬼者，老物精也。」「鬼者，人所見得病之氣也。」「鬼者，本生於人。時不成人，變化而去。」等觀念並未駁斥，無疑是同意人間有鬼的存在，不過又和〈訂鬼〉篇最後所論「凡世間所謂妖祥，所謂鬼神者，皆太陽之氣之為也。」矛盾。[163]上述可知王充有關鬼的定義和理解，其所強調的「人死不為鬼，無知，不能害人。」（〈論死〉）的論點，是為導正當時社會厚葬奢華的社會風氣而發。

二、「人死為鬼」的批判

王充否定鬼的實有存在，他說：

> 謂人死為鬼，有知，能害人。試以物類驗之，人死不為鬼，無知，不能害人。夫論死不為鬼，無知，不能害人，則夫所見鬼者，非死人之精，其害人者，非其精所為。（〈訂鬼〉）

王充不認同鬼的存在，主張「人死不為鬼」、「死人無知」、「死人不能害人」。

「死人不為鬼」方面，他主要以「神滅則形毀」這論點來說明鬼具有活人的形體是不可信的。他說：

> 人見鬼若生人之形。以其見若生人之形，故知非死人之精也。何以效之？以囊橐盈粟米，米在囊中，若粟在橐中，滿盈堅彊，立樹可見。人瞻望之，則知其為粟米囊橐。何

---

163 朱珮瑜，《王充論衡思維方法探析》（東吳大學哲學系，碩士論文 2002 年），頁 55。

> 則？囊橐之形，若其容可察也。如囊穿米出，橐敗粟棄，
> 則囊橐委辟，人瞻望之，弗復見矣。人之精神，藏於形體
> 之內，猶粟米在囊橐之中也。死而形體朽，精氣散，猶囊
> 橐穿敗，粟米棄出也。粟米棄出，囊橐無復有形，精氣散
> 亡，何能復有體，而人得見之乎！〈〈論死〉〉

他以口袋裝粟米為喻，人死而形體腐朽，精神散失，好比口
袋破孔，粟米即灑漏出來。粟米灑漏，口袋則不再具有形狀。如
同人死精氣散亡，形體即不存在。認為精神是先形體而存在，精
神盡則形體朽，形體朽則精神不存。又說：

> 夫為鬼者，人謂死人之精神。如審鬼者死人之精神，則人
> 見之，宜徒見裸袒之形，無為見衣帶被服也。何則？衣服
> 無精神，人死，與形體俱朽，何以得貫穿之乎?精神本以血
> 氣為主，血氣常附形體。形體雖朽，精神尚在，能為鬼可
> 也。今衣服，絲絮布帛也，生時血氣不附著，而亦自無血
> 氣，敗朽遂已，與形體等，安能自若為衣服之形?〈〈論死〉〉

其意是說有鬼論認為鬼是死人的精神，若可成立，則所見之
鬼不當以衣繫帶的形象出現。王充以衣服和人的軀體俱朽，人死
後若精神不朽，所穿衣服卻不可能不朽。進而說明所見之鬼形體
與衣服與活人相似，而鬼一定不是死人的精神。

在「死人無知」方面，他以「精氣與形體是相輔相成」的論
點，來說明人死是沒有知覺的，不能變成鬼。他說：

> 人之所以聰明智惠者，以含五常之氣也；五常之氣所以在
> 人者，以五藏在形中也。五藏不傷，則人智惠；五藏有病，
> 則人荒忽。荒忽則愚癡矣。人死，五藏腐朽，腐朽則五常
> 無所託矣，所用藏智者已敗矣，所用為智者已去矣。形須
> 氣而成，氣須形而知。天下無獨燃之火，世間安得有無體

獨知之精？（〈論死〉）

以人之所以具有聰明智慧，是由於含有仁義禮智信五常之氣。五常之氣寄託在五臟裡，五臟又在人體之內。人死形體腐朽，則五常之氣喪失寄託之處，而回到沒有知覺狀態。又說：

> 人為人所毆傷，詣吏告苦以語人，有知之故也。或為人所殺，則不知何人殺也，或家不知其屍所在。使死人有知，必恚人之殺己也，當能言於吏旁，告以賊主名；若能歸語其家，告以尸之所在。今則不能，無知之效也。（〈論死〉）

引文中以人死無知覺，不能告知官吏和家人為例，說明精氣主管知覺，精氣一旦脫離形體，即喪失知覺能力。王充並舉了「孔子不修母墓」之例，來說明聖人也明白死人無知，他說：

> 孔子葬母於防，既而雨甚至，防墓崩。孔子聞之，泫然流涕曰：「古者不修墓。」遂不復修。使死有知，必恚人不脩也。孔子知之，宜輒修墓，以喜魂神。然而不修，聖人明審，曉其無知也。（〈論死〉）

「死人不能害人」方面，王充以「無力」來說明人死不能害人。他說：

> 夫人之怒也用氣，其害人用力，用力須筋骨而彊，彊則能害人。忿怒之人，呴呼於人之旁，口氣喘射人之面，雖勇如賁、育，氣不害人。使舒手而擊，舉足而蹴，則所擊蹴無不破折。夫死，骨朽筋力絕，手足不舉，雖精氣尚在，猶呴吁之時無嗣助也，何以能害人也？（〈論死〉）

又說：

> 人之所以勇猛能害人者，以飲食也，飲食飽足則彊壯勇猛，彊壯勇猛則能害人矣。人病不能飲食，則身羸弱，羸弱困甚，故至於死。病困之時，仇在其旁，不能咄叱，人

> 盜其物，不能禁奪，羸弱困劣之故也。夫死，羸弱困劣之
> 甚者也，何能害人？（〈論死〉）

文中以生命虛弱的時候，即使仇人在他的身邊，也不能大聲
呵斥，或有人偷他的東西，也不能阻止搶奪的一般現象，說明形
體衰弱就不能害人。人死後手腳不能舉動，骨頭腐朽筋力喪失，
可說衰弱至極，不能害人。

王充〈訂鬼〉篇中「鬼」的內容意涵有不同說法，而在「人
死不爲鬼」論點中，與「鬼」相符合的概念是「歸」之義。人死之
後骸骨歸土，精氣回歸自然，成爲荒忽無形之物，稱爲鬼神。學界
公認王充是以「氣」爲宇宙萬事萬物形構的根本要素，例如說：

> 王充思想…以氣為中心，氣源於天，而為創生萬事、萬物
> 的唯一成份，宇宙間的一切都以氣為成因。[164]
> 王充認為氣是天地萬物以生以長的根源，就是元氣。[165]

而當王充強調宇宙根源義時，會特別使用「元氣」的字詞。
[166]他說：「一天一地，並生萬物，萬物之生，俱得一氣。」（〈齊
世〉）「萬物之生，皆稟元氣。」（〈言毒〉）認爲天地萬物由氣構
成，人是天地萬物之一，人和萬物一樣也是稟氣而成。他說：

> 人，物也，萬物之中有知慧者也。其受命於天，稟氣於元，
> 與物無異。（〈辨祟〉）

王充看來，人有智慧這一特點是最珍貴的，但人也是稟氣而
生。有關氣形構萬事萬物的過程，王充說：

> 天地合氣，萬物自生。（〈自然〉）

---

164 陳拱，《王充思想評論》自序，（台中：東海大學出版社，1968 年）。
165 陳正雄，《王充學術思想述評》（台北：文津出版社，1987 年），頁 88。
166 陳正雄說：「王充認爲氣是天地萬物以生以長的根源，就是元氣。」同註
　　165。此外，曾漢塘，〈試論王充氣的觀念 —— 從宇宙論的角度談起〉（《文
　　史哲學報》四十五期，1996 年 12 月）也提出此說法。

> 夫人之施氣也，非欲以生子，氣施而子自生矣。天動不欲
> 以生物，而物自生，此則自然也。施氣不欲為物，而物自
> 為，此則無為也。（〈自然〉）

引文中他用「自生」說明萬物的生成是自然而然的，學者依此多認為王充強調萬物的稟氣而生沒有目的，是天的自然無為，藉此理念以反駁漢代的天人感應。

在王充的思想中，氣是萬事萬物的根源，氣也是稟性善惡、壽命長短及貧富貴賤的決定要素。他說：

> 稟氣有厚泊，故性有善惡也。…人之善惡，共一元氣。氣
> 有多少，故性有賢愚。（〈率性〉）
> 夫稟氣渥則其體彊，體彊則其命長；氣薄則其體弱，體弱
> 則命短，命短則多病壽短。…稟壽夭之命，以氣多少為主
> 性也。（〈氣壽〉）
> 至於富貴所稟，猶性所稟之氣，得眾星之精。眾星在天，
> 天有其象，得富貴象則富貴，得貧賤象則貧賤。（〈命義〉）

由引言中可知王充主張人稟氣而生，而稟氣量的厚薄多少，決定了人的善惡、壽夭和貴賤，氣渥充實則性善、壽長、命貴。人既然稟氣而生，而氣的呈現有二，他說：

> 夫人所以生者，陰、陽氣也。陰氣主為骨肉，陽氣主為精
> 神。人之生也，陰、陽氣具，故骨肉堅，精氣盛。精氣為
> 知，骨肉為強，故精神言談，形體固守。骨肉精神，合錯
> 相持，故能常見而不滅亡也。（〈訂鬼〉）

他認為人之所以生，是由於承受了上天施放出來的陰陽之氣。陰氣形成骨肉，陽氣形成精神，精氣產生知覺，骨肉產生筋力，所以有精神才能說話有形體才維持生存。骨肉與精神，互相依存。而「精氣為知」就是人具有智慧的要素。所以他說：

> 人之所以生者，精氣也。（〈論死〉）
>
> 人用神氣生，其死復歸神氣。（〈論死〉）

　　文中將構成人的氣稱之為「精氣」「神氣」，《論衡》書中「氣」的使用，可以簡分為下列數類：[167] 一、氣之在於天者，如「天氣」、「元氣」等。二、氣之在於人者，如「人氣」、「精氣」、「血氣」、「神氣」等。三、氣之在於自然界者，如「歲氣」、「節氣」、「寒溫之氣」等。四、氣之在於人事者，如「刑氣」、「賞氣」等。而人由於有了「精氣」「神氣」才能生存，至於「精氣」或「神氣」的「氣」與萬物的區別，就在「天地之性人為貴，貴其識知也」（〈別通〉）的智慧，人與萬物的差異也在此。

　　基本上，上述引文的「精氣」是指「陽氣」，是精神活動，除此之外，還有「陰氣」形成骨肉。也就是說一個有具體生命的人，是形體和精神同時存在，所以他說：

> 形須氣而成，氣須形而知。（〈論死〉）

　　文中的「氣」指精氣，也就是說人的形體須有精氣才能成為人的形體，而「精氣」也須有人的形體才能產生精神活動，這也就是王充的形神觀點。他說：

> 人之所以生者，精氣也，死而精氣滅。能為精氣者，血脉也。人死血脉竭，竭而精氣滅，滅而形體朽，朽而成灰土，何用為鬼？（〈論死〉）

　　引言中主要說明，人死了血脈就枯竭，血脈枯竭而精氣就消失，精氣消失形體就會腐朽化成灰土。「精氣」無形體可依，精神活動自然無法展現，也就隨即消散，精氣消亡，又如何能變成鬼。他並說「天下無獨燃之火，世間安得有無體獨知之精？」（〈論

167　林麗雪，《王充》（台北：東大圖書公司，1991 年），頁 215-216。

死〉）是以燭火譬喻人死神滅，[168]否定人死神存爲鬼的說法。

　　上述「人死不爲鬼」的內容，是王充反對鬼神的論述，其目的無非是說明當時社會昧於「人死爲鬼」而形成的厚葬之風，是無益於孝道和報恩的。

第三節　「無鬼論」反映社會現象的檢討

　　王充否定鬼神的存在，重點是反對鬼神爲人民實際生活所帶來的奢侈厚葬問題，希望透過「人死不爲鬼」的論證和認知，導正世俗風氣。王充對社會不合理現象提出建言，表現他的社會關懷和責任。至於無鬼的主張和對社會問題的因應，以下分別從祭祀觀念、論證方式以及生命價值的主觀認知等方面檢討其得失。

一、建立「慎終追遠」的祭祀觀念

　　學者對於「鬼」字有不同的解說：

　　（一）甲骨文中有「鬼」字，據卜辭及金文其形原應作 𢇛，象其全身，非从人也。从厶者，乃後變之體。疑指爲害於人之異

---

168 這是王充發揮桓譚的「燭火之喻」，桓譚說：「精神居形體，猶火之燃燭矣。…燭無，火亦不能獨行于虛空，…人之耆老，齒墮髮白，肌肉枯臘，而精神弗爲之能潤澤內外周遍，則氣索而死，如火燭之俱盡矣。」《新論・祛蔽》，（清）嚴可均輯，《全上古三代秦漢三國六朝文》〈全後漢文〉卷十四桓譚〈新論〉（河北：教育出版社，1997 年），第二冊，頁 144。他以燭火喻形神，來說明人死神滅。桓譚是王充最爲欽佩的漢代思想家之一，他的「燭火之喻」對王充發生了很大的影響。參見李維武，《王充與中國文化》（貴州：人民出版社，2000 年），頁 76。

類怪物。[169]

（二）與「禺」同爲類人異獸之稱，引申爲異族人種之名，又引申爲抽象的「畏」，及其它奇偉譎怪的形容詞，並借以形容人死後的靈魂。[170]

（三）「鬼」意味著戴上模擬祖先假面的人，祖先即是以此爲人們帶來幸福而驅除邪惡的一種存在。[171]

可知「鬼」字不一定指祖先，但有代表死者靈魂的概念。《禮記・祭法》說：「大凡生於天地之間者皆曰命。其萬物死皆曰折，人死曰鬼。」[172]《說文解字》說：「人所歸爲鬼」[173]，在這種「人死爲鬼」的意識下，祭祀往往就形成人死有知心理下的祈福或避凶。例如：

> 越人勇之乃言：「越人俗鬼，而其祠皆見鬼，數有效。昔東甌王敬鬼，壽百六十歲。後世怠慢，故衰耗。」乃令越巫立越祝祠，安臺無壇，亦祠天神上帝百鬼。[174]

是越國地方上認爲鬼可以幫助長壽，所以王充說：

> 世信祭祀，以為祭祀者必有福，不祭祀者必有禍。是以病作卜祟，祟得脩祀，祀畢意解，意解病已，執意以為祭祀之助，勉奉不絕。謂死人有知，鬼神飲食，猶相賓客，賓客悅喜，報主人恩矣。其脩祭祀，是也；信其享之，非也。（〈祀義〉）

---

169 沈兼士，〈鬼字原始意義之試探〉，收入《沈兼士學術論文集》（北京：中華書局，1986 年），頁 189 及 199。
170 同註 169，頁 199。
171 廣田律子，《鬼之來路 —— 中國的假面與祭儀》（北京：中華書局，2005年），頁 4。
172 《禮記・祭法》，同註 1，頁 1097。
173 （清）段玉裁，《說文解字注》九篇上，同註 141，頁 434。
174 《史記・封禪書》，頁 516。

上述引文其要意有二：

（一）當時人祭祀是因爲相信「死人有知」、鬼神能飮食，祭祀就好像款待賓客一樣，賓客一高興，就會報答主人恩情。所以生病即求神問卜以爲能得福佑。《後漢書》就記載了漢代人往往將財力耗費在祭祀鬼神上，形成淫祀的現象。例如：

> 會稽俗多淫祀，好卜筮。民常以牛祭神，百姓財產以之困匱。其自食牛肉而不以薦祀者，發病且死，先為牛鳴，前後郡將莫敢禁。倫到官，移書屬縣，曉告百姓，其巫祝有依託鬼神，詐怖愚民，皆案論之，有妄屠牛者，吏輒行罰。民初頗恐懼，或祝詛妄言，倫案之愈急，後遂斷絕，百姓以安。[175]

文中指出淫祀造成百姓財產困匱，巫者也藉此向百姓斂財，形成的經濟問題相當嚴重，第五倫採取強硬方式才禁止此風。又城陽景王爲朱虛侯劉章，是齊悼王之子、高祖之孫，與周勃共誅諸呂之亂並尊立文帝，受封爲城陽王。他死後廣受山東、河北地區居民祭祀，而且祭祀的方式頗奢華，如：

> 自瑯琊青州六郡，及渤海都邑鄉亭聚落，皆為文祠，造飾五二千石車。商人次第為之，立服帶綬，備置官屬，烹殺謳歌，紛籍連日，轉相誑曜，言有神明，其譴問禍福立應，歷載彌久，莫之匡糾。[176]

之後雖經陳蕃、曹操禁絕，但其後又依然如故。應劭出任營陵令後，再次禁絕。從漢文帝到應劭這段期間，城陽景王之祀始終不衰，王充深切體認淫祀現象的流弊，所以從心理層面論證「人死不爲鬼」，使世人了解祭祀之義並不能、也不在得福佑。

---

175 《後漢書・第五倫列傳》，頁 1397。
176 王利器，《風俗通義校注》，同註 152，頁 394-395。

（二）王充雖然主張「人死無知，不為鬼」，不過他仍重視祭祀，且在人死無知的前提下，建立了祭祀的作用在報功和修先的觀念。他說：

> 凡祭祀之義有二：一曰報功，二曰修先。報功以勉力，修先以崇恩，力勉恩崇，功立化通，聖王之務也。（〈祭意〉）宗廟，己之先也。生存之時，謹敬供養，死不敢不信，故脩祭祀，緣生事死，示不忘先。（〈祀義〉）

文中說明祭祀的意義在二方面：一是報功，二是修先。就報功而言：是要報答盡心竭力有功於人民國家的人，那些是有功的人呢？他舉出：

> 是故聖王制祭祀也，法施於民則祀之，以死勤事則祀之，以勞定國則祀之，能禦大災則祀之，能捍大患則祀之。（〈祭意〉）

文中強調聖王制定祭祀的對象是：凡制定法律能「法施於民」、勤勞國事「以死勤事」、有戰功「以勞定國」或能禦大災、能捍大患的有功者。例如：

> 傳或曰：少昊有四叔，曰重，曰該，曰修，曰熙，實能金木及水。使重為句芒，該為蓐收，修及熙為玄冥，世不失職，遂濟窮桑，此其三祀也。顓頊氏有子曰犁，為祝融；共工氏有子曰句龍，為后土，此其二祀也。后土為社。稷，田正也。有烈山氏之子曰柱，為稷，自夏以上祀之。周棄亦為稷，自商以來祀之。（〈祭意〉）

也就是對於遠古時代有貢獻的先民，以祭祀形式表現敬仰之義。「四叔」指子孫四人，杜預注作少皞氏的弟輩，名叫重、該、修、熙，重為句芒，掌管木的官；該為蓐收，管金的官；修及熙

為玄冥,管水的官;[177]顓頊氏子犂為祝融,是火官;共工氏之子句龍,當土官。祭祀這五個神的五祀之祭或社稷之祀,王充說「皆為思其德,不忘其功也。」(〈祭意〉)又舉出:帝嚳、堯、舜、鯀、禹、黃帝、顓頊、契、湯、文王、武王等,「凡此功烈,施布於民,民賴其力,故祭報之。」(〈祭意〉)[178]為百姓建立功業,就以祭祀來報答和追念。此外,又說:

> 山川以下,報功之義也。緣生人有功得賞,鬼神有功亦祀之。山出雲雨潤萬物。六宗居六合之間,助天地變化,王者尊而祭之,故曰六宗。社稷,報生萬物之功,社報萬物,稷報五穀。五祀,報門、戶、井、竈、室中霤之功,門、戶人所出入,井、竈人所飲食,中霤人所托處,五者功鈞,故俱祀之。(〈祭意〉)

王充看來,山中雲雨滋潤萬物,六方游神,輔助天地的變化,社稷神生育萬物,社神生育萬物,穀神生育五穀,祭祀山川以下諸神,用意在於報答他們的功勞。進行五祀,是報答門神、戶神、井神、灶神、室中霤神的功勞。門、戶是人們出入的地方,井、灶是供人飲食的處所,中霤是人依託和居住的地方,五種神的功勞都應當祭祀,以盡到報答恩情的心意。

就修先而言,也就是敬奉祖先,「生時有養親之道,死亡義不可背」(〈祭意〉),以尊崇其恩德。是祭祀表達了對先賢先烈的尊崇和對祖先養育之恩的追念。

---

177 《左傳‧昭公二十九年》杜預注,參見韓復智,《論衡今註今譯》(台北:國立編譯館出版,2005 年),頁 2828-2829。

178 王充說:「帝嚳能序星辰以著眾。堯能賞均刑法以義終。舜勤民事而野死。鯀勤洪水而殛死。禹能修鯀之功,黃帝正名百物,以明民共財;顓頊能脩之;契為司徒而民成。冥勤其官而水死,湯以寬治民而除其虐,文王以文治,武王以武功去民之災。」《論衡‧祭意》

　　此外，王充也提出「衰世好信鬼，愚人好求福」（〈解除〉）的現象，他說：

> 周之季世，信鬼脩祀，以求福助。愚主心惑，不顧自行，功猶不立，治猶不定。故在人不在鬼，在德不在祀。（〈解除〉）

文中指出周朝末期政治衰微，君主昏庸，爲求福佑和幫助，多講究祭祀，但功業仍無法建立，政權也不能穩定。所以強調國家的興衰在施行德政而不在祭祀。王充又以中行寅爲例，他本是晉國大夫，被當權大夫趙簡子打敗而逃離晉國。他將失敗責任推卸給掌管祭祀的太祝「犧牲不肥澤」「齋戒不敬」，太祝以先君中行密子「有車十乘，不憂其薄也，憂德義之不足也。今主君有革車百乘，不憂德義之薄也。唯患車之不足也。夫船車飭則賦斂厚，賦斂厚則民謗詛。」（〈解除〉）強調治國在德政而不在祭祀。所以王充說：

> 今世信祭祀，中行子之類也。不脩其行而豐其祝，不敬其上而畏其鬼；身死禍至，歸之於祟，謂祟未得；得祟脩祀，禍繁不止，歸之於祭，謂祭未敬。未論解除，解除無益；論祭祀，祭祀無補；論巫祝，巫祝無力。竟在人不鬼，在德不在祀，明矣哉！（〈解除〉）

在充滿迷信風氣的漢代，這種態度有建設性的貢獻。

二、樹立客觀理性思維態度和方法

　　王充對於人死不爲鬼的論證有其獨特的思維方法，他說：

> 夫論不留精澄意，苟以外效立事是非，信聞見於外，不詮訂於內，是用耳目論，不以心意議也。夫以耳目論，則以虛象爲言，虛象效，則以實事爲非。是故是非者不徒耳目，

> 必開心意。墨議不以心而原物，苟信聞見，則雖效驗章明，
> 猶為失實。（〈薄葬〉）

引文中說明論證問題假若不經過思考，只是透過表面現象判斷事理的是非，也就是只依靠耳目感官從外界得來的見聞，卻不通過內心理性的分析判斷，很容易將虛假的現象當作是真實的。因此他強調認知不僅要「任耳目」，更要「開心意」。他說墨家的有鬼言論，不是經過用心思考，而只是考察事物的表面現象得出來的。如果相信耳目的見聞，縱使效驗十分顯著，仍然是違背死人無知不能變鬼的事實。所以「不徒耳目，必開心意。」是他不同於墨子有鬼論的思維態度。

透過「開心意」的理性認知，能夠客觀的推理和判斷，例如：

> 凡天地之間有鬼，非人死精神為之也，皆人思念存想之所致也。致之何由？由於疾病。人病則憂懼，憂懼則鬼出。…傳曰：「伯樂學相馬，顧玩所見，無非馬者。宋之庖丁學解牛，三年不見生牛，所見皆死牛也。」二者用精至矣，思念存想，自見異物也。人病見鬼，猶伯樂之見馬，庖丁之見牛也。伯樂、庖丁所見非馬與牛，則亦知夫病者所見非鬼也。（〈訂鬼〉）

此例以「人病見鬼」與「伯樂、庖丁所見為異物」二件事進行類比推論。王充歸納出伯樂與庖丁因精神的專心一致，使官能產生虛象的事實，得知思念存想所見為異物的結論。並藉此類比推理：世間有些鬼神的說法，是因為人的精神想念，而擾亂感官的認知能力，被擾亂的感官，不能認清事物的真相，因而產生異常的幻像。又如：

> 人為人所毆傷，詣吏告苦以語人，有知之故也。或為人所殺，則不知何人殺也，或家不知其尸所在。使死人有知，

> 必恚人之殺己也，當能言於吏旁，告以賊主名；若能歸語
> 其家，告以尸之所在。今則不能，無知之效也。（〈論死〉）

此例假設「死人有知」，則遭凶殺的人依常情將會向官吏伸
冤，「能言於吏旁，告以賊主名；若能歸語其家，告以尸之所在。」
並由此推論今受冤死之人「不能」為自己伸冤，所以死人有知的
前提不能成立。又如：

> 天地開闢，人皇以來，隨壽而死，若中年夭亡，以億萬數，
> 計今人之數，不若死者多。如人死輒為鬼，則道路之上，
> 一步一鬼也。人且死見鬼，宜見數百千萬，滿堂盈廷，填
> 塞巷路，不宜徒見一兩人也。（〈論死〉）

此例是以鬼的形體類比人的形體，並從人對數量的概念論證
人死為鬼說法的不合理。王充說：

> 使死者有知，倍之非也；如無所知，倍之何損？明其無知，
> 未必有倍死之害；不明無知，成事已有賊生之費。（〈薄葬〉）

其意是從「明死人無知」和「不明死人無知」的結果衡量。認
為不明死後無知的後果，已造成人民浪費財物，影響百姓的生計，
至於明死人無知，則不一定有禍害。從現實生活實踐的結果來看，
得出了不明講死後無知，是不智的舉動。這是藉由實行的結果來推
論，認為不足以解決問題，甚至會引發社會問題的思想是不可取的。

王充從類比、邏輯推理和事實經驗等論證無鬼的存在，是否
具有科學精神，後人看法不同。但在論證過程中，是以客觀性和真
實性反駁世俗的臆測和虛構，可說是建立了客觀理性的思維空間。

三、生命價值的限定

王充於〈死偽〉篇言及一般人認為鬼有吉凶禍福的能力，例

如：無辜被殺害向周宣王、燕簡王報仇的大臣杜伯之鬼和莊子義之鬼，為感恩而幫助魏顆俘虜杜回的結草老人，呂后用鴆酒毒殺趙王如意，趙王之鬼變化成蒼犬嚙呂后左腋報仇等。（〈死偽〉）上述是當時流行的鬼神報仇或感恩的故事，史書中也多有記載，例如：

> 其春武安侯病，專呼服謝罪。使巫視鬼者視之，見魏其、灌夫共守欲殺之，竟死。[179]

是魏其侯竇嬰和灌夫被武帝舅舅武安侯田蚡害死，二人死後鬼魂向武安侯田蚡索命，最後導致田蚡死亡。又如：

> 高后八年三月，祓霸上，還過枳道，見物如倉狗，撠高后掖，忽而不見。卜之，趙王如意為祟。遂病掖傷而崩。先是高后鴆殺如意，支斷其母戚夫人手足，摧其眼以為人彘。[180]

是呂后殘殺劉邦寵妃戚夫人及其兒子趙王如意，趙王如意鬼魂報仇而騷擾呂后。又如：

> 長吏殺生自己，死者多非其罪，魂神冤結，無所歸訴，淫屬疾疫，自此而起。[181]

這是冤魂引起瘟疫的傳播。上述流傳死後變鬼的怪異現象，是死人能變化，以實現生前的私念或意願。實際上，人死後是否有知覺？是否能成為鬼神禍福人類呢？對這些渺茫不可知的問題，王充透過「人死不為鬼」之說，論述了人鬼之別。

王充認為「死不能識生時所為」（〈論死〉）「已死，形體壞爛，精神散亡，無所復依，不能變化。」（〈論死〉）生命由有形的體骸和無形的精神構成，人死形滅後精神也就消亡，人的知行

---

179 《史記・魏其武安侯列傳》，頁 1172。
180 《漢書・五行志》，頁 1397。
181 《後漢書・襄楷傳》，頁 1078。

能力即不復存在，也不能記得生前之事。所以死後的復仇、報恩
或禍福生人等，王充認為是思念存想的想像。

此外，他又說：「天地之性人為貴」（〈別通〉）來肯定人的
價值，強調「為世用者」[182]，也就是提醒世人不必寄望死後荒誕
的超人能力，人的生命意義在實現社會的利益。[183]上述王充為世
用的理念有正面價值，但是，個人才能的發揮，因受社會狀況、
國家情勢的左右，於是王充強調人的努力需要「遭遇幸偶」的條
件配合。他虛構一位白髮老人的遭遇說：

> 昔周人有仕數不遇，年老白首，泣涕於塗者。人或問之：
> 「何為泣乎？」對曰：「吾仕數不遇，自傷年老失時，是
> 以泣也。」人曰：「仕奈何不一遇也？」對曰：「吾年少
> 之時，學為文。文德成就，始欲仕官，人君好用老。用老
> 主亡，後主又用武，吾更為武。武節始就，武主又亡。少
> 主始立，好用少年，吾年又老。是以未嘗一遇。（〈逢遇〉）

這習文又習武之例，陳述了君主專制時期人民無法預測政府
行為，又無共同規範，使得個人的前途只能依靠運氣，並進而把
人的一切作為歸之於「命」。

王充一方面理性的否定了世俗的鬼神論，重視人的生命價
值，同時，又認為在「命」的運作下，人的作為是有限的。也就
是他講無鬼的存在，人應努力當下，但人又受限於時命。所以從
「命」的一面看不到人生的價值，當其體悟生命的有限性後，卻
無法為生命開創出無限的可能，不能不說是其思想的一大缺點。

由上述王充無鬼論的得失探討，可知其有正面的影響性，也

---

182 王充說：「為世用者，百篇無害；不為用者，一章無補。」《論衡・自紀》
183 樊琪，〈人生價值的變聲吶喊 ── 王充認定死人不為鬼〉（《揚州職業大
　　學學報》，第四卷第三期，2000 年 9 月），頁 7 至 8。

有思想上的局限性。而褒揚者說：

> 《論衡》一書，發明孔子之道者也。何以發明孔子之道？
> 曰：不信妖異，不信鬼怪也。[184]

　　基本上，褒揚者認為王充不信妖異、不信鬼怪，是發明「孔子之道」的說法，有過當之嫌。因為孔子對於鬼神是存而不論，認為「未能事人，焉能事鬼？」「未知生，焉知死？」將事鬼神的問題轉移到事人的問題。此點王充與孔子學說有相似之處。至於孔子講「命」，則不僅能體悟「命」的有限性，說「道之將行也歟，命也；道之將廢也歟，命也。」[185]同時，又開創「天生德於予」[186]的道德自覺的無限性，所以不需求助鬼神而操之在己。反觀王充雖有人死不為鬼而當「為世用」的識見，但卻受限於時命，落入幸偶的宿命觀，無法開展人生價值的無限性，這與孔子之道實有不同。

　　反對王充無鬼論者則說：

> 至〈死偽〉篇盡掃鬼神之說，壹似聖王之制為祭祀，皆虛
> 而無憑者。夫鬼神若有若無，聖王不敢褻。鬼神所以厚人
> 心而輔治道也，充烏能知之？[187]

　　貶抑者的看法認為「鬼神所以厚人心而輔治道也」，無鬼論是違反了聖人之制，此評論基本上是不能成立。根據本文回溯漢代厚葬奢靡的社會背景，史料中反映了上位者未能有效疏緩解決，以致於社會瀰漫著「空家以送終」的現象。王充為挽救此弊端，從根本上打破世人敬畏鬼神的心理，企圖推翻人死有知、人

184　（清）王清作，〈熊鍾陵無何集序〉，黃暉，《論衡校釋》第四冊，附劉盼遂〈論衡集解附錄〉，頁1341。
185　《論語·憲問篇》，同註57，頁129。
186　《論語·述而篇》，同註57，頁63。
187　（清）趙坦，《保甓齋文錄》卷上〈書論衡後〉，同註184，附劉盼遂〈論衡集解附錄〉，頁1348。

死變鬼的觀念，冀望能使世俗節約喪葬而重視人生實際問題。而且在「人死不爲鬼」的前提下，並未忽略祭祀，且強調祭祀的意義在建功和報恩的慎終追遠心情，是將宗教迷信的祭祀活動提昇到人文道德的層次。

　　總上所述，王充論證「人死不爲鬼」的過程，應用了不同的論證方法，大量歸納歷史記載和客觀推理而歸結出薄葬，以校正當時厚葬的流弊。其援引事例的考察精神，與科學求真態度相近，因其客觀理性的思考，提高了論證結果的正確性和可信度。所以，王充無鬼論是體現在社會日常生活中，有廓清時疾的意義。

第五章　王充「人性論」的批判精神

　　王充的人性論思想主要見於〈本性〉〈率性〉二篇，主張人性「定有善有惡」（〈率性〉），人性之所以有善惡的差別，是先天所稟之陰陽二氣的比例所決定。在「物偶自生」的過程中，元氣下貫人身，「稟之泊少，故其操行不及善人。」（〈率性〉）這種人性的或善或惡是由稟氣過程中的或多或少，或薄或厚的偶然所形成。在王充看來，先天所稟之氣的多寡不能改變，不過，他並不認爲承先天之氣的性情不能改善，因而主張人的情性可以經由後天的修養和教化方式，將善的觀念表現於生活之中。因此，王充的人性論將性的有善質有惡質，和行爲上的作善作惡區分，所以其人性論思想也就特別著重後天的教化與修養，有重視制禮作樂的社會理想醞含其中，肯定了社會發展的意義。

　　由於王充持人性有善有惡的主張，與世碩、公孫尼子之徒相同，在諸儒之中也就「唯世碩、公孫尼子之徒」受到王充推崇，以爲「頗得其正」（〈本性〉），其它諸如孟子、告子、荀子、陸賈、董仲舒、劉向之說，則作了批判。以下即探討王充對上述各家人性論的辨正。

第一節　王充對先秦以來各家人性論的批判

　　自先秦以來，各家對於人性的善惡本質所執的意見不同，基

本上可分為五種說法：

> 儒者言性有五家：無善無不善，是告子也；善，是孟子也；
> 惡，是孫卿也；善惡混，是楊子也；善惡以人異殊上中下，
> 是漆雕開、世碩、公孫尼、王充也。[1]

　　至後人論及人性思想也不脫這五家說法，王充在〈本性〉篇中對於上述各家曾加以討論，說明如下：

一、批判孟子的性善論

　　王充陳述孟子的性善論，說：

> 孟子作性善之篇，以為「人性皆善，及其不善，物亂之也。」
> 謂人生於天地，皆稟善性，長大與物交接者，放縱悖亂，
> 不善日以生矣。若孟子之言，人幼小之時，無有不善也。
> （〈本性〉）

　　此段王充認為孟子性善論是人性皆為善，所以有不善，是成長過程與外物交接，由環境習染而改變，所以惡是「物亂之」、「放縱悖亂」所導致。若依孟子所述，則「人幼小之時，無有不善也。」王充並不認同孟子性善之說，進而舉出反面例證加以批判：

（一）孩子始生而不善之例：

> 紂為孩子之時，微子睹其不善之性，性惡不出眾庶，長大
> 為亂不變。…羊舌食我初生之時，叔姬視之，及堂，聞其
> 啼聲而還，曰：「其聲，豺狼之聲也，野心無親。非是莫
> 滅羊舌氏。」（〈本性〉）

1　章炳麟，《國故論衡》下〈辨性上篇〉，黃暉，《論衡校釋》第四冊〈附編〉
　　三，頁 1255。

（二）環境不能改變本性之例：

> 丹朱生於唐宮，商均生於虞室。唐、虞之時，可比屋而封，所與接者，必多善矣，二帝之旁，必多賢矣，然而丹朱慠，商均虐，並失帝統，歷世為戒。（〈本性〉）

（三）性本自然，善惡有質之例：

> 心清而眸子瞭，心濁而眸子眊。人生目輒眊瞭，眊瞭稟之於天，不同氣也，非幼小之時瞭，長大與人接乃更眊也。
> （〈本性〉）

第一例質疑人若性善，「孩子始生，未與物接」紂之不善之性和羊舌食我不善之聲，是從何而發呢？為什麼微子和叔姬可以看出其不善呢？第二例是認為人性中有惡的成分，即便善良環境也不能改變，如同丹朱、商均生長於唐虞風俗淳樸之時，與賢善之輩交流，亦不能改易其惡質。第三例眸子之「眊」指眼珠昏暗不明，「瞭」指明亮靈活，說明無論眊或瞭是稟氣而生，如同人性本質有善有惡，為稟受元氣的不同所致。所以王充看來，孟子「言人性善者，中人以上者也。」（〈本性〉）

以上王充批判孟子性善的論點，是以才性批判孟子的心性；同時，又誤以為孟子性善是指「中人以上」而言。事實上，孟子主張性善的論證是從人心立論，肯定人性的道德主體是心，從以下三點說明：

（一）人禽之辨

孟子從人禽之辨處，說明人性的本質及異於禽獸的特點，他說「人之所以異於禽獸者，幾希。庶民去之，君子存之。舜明於

庶物，察於人倫。由仁義行，非行仁義也。」[2]其要意有二：

1. 人與禽獸相同有飢、渴等生理反應，只在幾希處，與禽獸
不同。所以，人性要從此幾希處把握。

2. 人性異於禽獸的幾希處，就在人有仁義。所以說：「由仁
義行，非行仁義也。」第一個仁義指人所具有的，因此人
要從內在的仁義處行；第二個仁義指外在的，所以說，非
行外在的仁義。人本身具有仁義的道德，也就是人異於禽
獸處。

（二）人心有四端

人異於禽獸處在人有仁義，而仁義的產生在人心，孟子說：

> 人皆有不忍人之心。……今人乍見孺子將入於井，皆有怵
> 惕惻隱之心。非所以內交於孺子之父母也，非所以要譽於
> 鄉黨朋友也。非惡其聲而然也。由是觀之，無惻隱之心，
> 非人也；無羞惡之心，非人也；無辭讓之心，非人也；無
> 是非之心，非人也。惻隱之心，仁之端也；羞惡之心，義
> 之端也；辭讓之心，禮之端也；是非之心，智之端也。[3]

此段孟子以見孺子將入於井為例，證明人有惻隱之心。在剎
那間，未考慮到利害得失的急切情況下，人皆呈露出怵惕惻隱之
心。所以自覺應救助孺子，根本不受是否內交孺子父母及譽於鄉
黨朋友等外在因素影響。又說：

> 蓋上世嘗有不葬其親者，其親死則舉而委之於壑。他日過
> 之，狐狸食之，蠅蚋姑嘬之，其顙有泚，睨而不視。夫泚
> 也，非為人泚，中心達於面目。蓋歸反虆梩而掩之。掩之

---

2 《孟子・離婁下》，（漢）趙岐注，（宋）孫奭疏，《孟子注疏》，《十三
經注疏》第八冊（台北：藝文印書館，1985 年），頁 145。

3 《孟子・公孫丑上》，同註 2，頁 65-66。

> 誠是也，則孝子仁人之掩其親，亦必有道矣。[4]

孟子強調爲人子者，見其親屍體被蟲螞所食，心有不忍，故「額有泚，睨而不視」。這是爲人子者發自內心而產生的羞惡、是非之心。所以說：

> 所欲有甚於生者，所惡有甚於死者，非獨賢者有是心也，人皆有之。賢者能勿喪耳。一簞食，一豆羹，得之則生，弗得則死，嘑爾而與之，行道之人弗受，蹴爾而與之，乞人不屑也。[5]

引文中以饑餓之人爲例，假設其可得一簞食、一豆羹，則能存活，但施者態度不恭敬，行人乞人雖將餓死溝壑也不願接受，可知人皆有羞惡之心。孟子以三個比喻，說明人生而具有惻隱、羞惡、辭讓、是非之心，仁、義、禮、智四端是人生而固有，不假外求的。

（三）人人皆可成堯舜

人人皆可成堯舜，即人人皆可成聖賢，此爲孟子性善說發展的極致。孟子以「人皆可以爲堯舜」[6]「堯舜與人同」，[7]主張堯舜可成聖，常人亦可成聖，若能自覺人性本善，並從善端處擴充，則仁、義、禮、智即可呈露，所以說：「仁義禮智，非由外鑠我也，我固有之也，弗思耳矣。」[8]能思則可反省，進而提起本心之善，並漸近於舜的境界。

上述，孟子從人心之本然處，說明人有仁、義、禮、智四端，此爲人禽相異點，也是成聖成賢的基礎。並從心有四端處證明人

---

4 《孟子・滕文公上》，同註 2，頁 102。
5 《孟子・告子上》，同註 2，頁 201-202。
6 《孟子・告子下》，同註 2，頁 210。
7 《孟子・離婁下》，同註 2，頁 156。
8 《孟子・告子上》，同註 2，頁 195。

性本善，實即從心善言性善。[9]孟子確立人性道德主體是心，並以心善爲性善，即是從心善處證明性善。[10]孟子直言心善爲性善，又因人心有反省思考的自主能力，所以性善的實現可由人作主。仁、義、禮、智四端是人與生俱來，又可由人心之自覺而提起。這與當時人視耳目口腹之欲爲人性者不同，孟子說：

> 口之於味也，目之於色也，耳之於聲也，鼻之於臭也，四肢之於安佚也，性也，有命焉，君子不謂性也。[11]

耳目口腹之欲，雖爲人與生俱來，但實現時，須由外物滿足，即須求於外，與仁、義、禮、智是與生俱來，又由人自身完成者不同。所以，孟子將耳目口腹之欲稱爲命，將仁義禮智稱爲性。可知孟子的性善論不同於當時人，此爲孟子心性論的發明，也是其性善論的大要。

因此，王充批判孟子的性善論有以才性爲心性的盲點，以及忽略孟子以心論性，性善就不限於中人以上，是人人皆有成爲堯舜的可能。

二、批判告子的性無善惡說

王充陳述告子的人性論，說：

9　徐復觀，《中國人性論史》先秦篇（台北：台灣商務印書館，1988 年），頁163。

10　公都子曰：「告子曰：『性無善不善也。』或曰：『性可以爲善，可以爲不善。』…或曰：『有性善，有性不善。…』今曰性善，然則彼皆非與？」孟子曰：「乃若其情，則可以爲善矣，乃所謂善也。若夫爲不善，非才之罪也。惻隱之心，人皆有之；羞惡之心，人皆有之；恭敬之心，人皆有之；是非之心，人皆有之。惻隱之心，仁也；羞惡之心，義也；恭敬之心，禮也；是非之心，智也。仁義禮智，非由外鑠我也，我固有之也，弗思耳矣。故曰：求則得之，舍則失之。」《孟子・告子上》，同註 2，頁 194-195。

11　《孟子・盡心下》，同註 2，頁 253。

> 告子與孟子同時，其論性無善惡之分，譬之湍水，決之東
> 則東，決之西則西。夫水無分於東西，猶人性無分於善惡
> 也。（〈本性〉）

文中指出告子的人性無善惡之分，如同水一般，引導它往東流即東流，引導它往西流即西流，可見性是中性的，依外在環境而改變。王充並不認同性無善惡的論點，從二方面批判告子的說法：

（一）主張性有善有惡

王充說：

> 夫告子之言，謂人之性與水同也。使性若水，可以水喻性，
> 猶金之為金，木之為木也。人善因善，惡亦因惡。（〈本性〉）

文中之意認為人性是有善惡的，人性善是本質裏性善，人性惡是本質裏性惡，如同水之本質為水，木之本質為木，金之本質為金一般。進而提出：

> 實者，人性有善有惡，猶人才有高有下也，高不可下，下
> 不可高。謂性無善惡，是謂人才無高下也。稟性受命，同
> 一實也。命有貴賤，性有善惡。謂性無善惡，是謂人命無
> 貴賤也。（〈本性〉）

（二）引孔子之言批判告子的人性論

王充說：

> 無分於善惡，可推移者，謂中人也，不善不惡，須教成者
> 也。故孔子曰：「中人以上，可以語上也；中人以下，不
> 可以語上也。」告子之以決水喻者，徒謂中人，不指極善
> 極惡也。孔子曰：「性相近也，習相遠也。」夫中人之性，

> 在所習焉。習善而為善，習惡而為惡也。至於極善極惡，
> 非復在習。故孔子曰：「惟上智與下愚不移。」性有善不
> 善，聖化賢教，不能復移易也。…故知告子之言，未得實
> 也。（〈本性〉）

王充認為告子以水喻性，說明性的利導特性，而這只限於中
人，不能包含極善極惡之性。中人之性可學習教化改變，極善極
惡之性不能改變。上引文中借孔子之言說明唯中人之性可教，以
批判告子性無善惡的論證，然而其中有二項錯誤：

1.王充於上述〈本性〉篇提出唯中人之性可教的說法，與其
〈率性〉篇所述相出入。他說：「論人之性，定有善有惡。其善
者，固自善矣；其惡者，故可教告率勉，使之為善。凡人君父審
觀臣子之性，善則養育勸率，無令近惡；近惡則輔保禁防，令漸
於善。善漸於惡，惡化於善，成為性行。」（〈率性〉）「夫人之
質猶鄴田，道教猶漳水也，患不能化，不患人性之難率也。」（〈率
性〉）顯然於〈率性〉篇對人性的教化是持普遍積極看法，評告子
卻局限於中人之性。

2.王充引孔子的「惟上智與下愚不移。」「中人以上，可以
語上也，中人以下，不可語上也。」二段話批判告子，偏於才性，
與告子人性論屬於自然之質層次不同：

（1）就告子的人性論而言：

告子的人性論觀點見於《孟子・告子上》，是透過告子與孟
子的人性之辯所呈顯。在人性義涵上，告子提出「生之為性」「食、
色，性也。」[12]的主張，對人性理解是從人的自然本質展開論述。
所以其所認為的性並不含有善惡，如同水的流向，不論向東或向

---

12 《孟子・告子上》，同註2，頁193。

西，是受外力的影響。他也說明人性與仁義的關係：「性，猶杞柳也；義，猶桮棬也；以人性爲仁義，猶以杞柳爲桮棬。」[13]也就是性可以導向仁義，但仁義並不等同於人性，如同杞柳可以製作成桮棬，但二者並不是同一物。又說：「食、色，性也。仁，內也，非外也；義，外也，非內也。」[14]把「仁」歸屬於「性」，其解釋是：「吾弟則愛之，秦人之弟則不愛也，是以我爲悅者也，故謂之內。」[15]以仁視爲發之於內的親情之愛，因而「仁內」；「義」則不屬於「性」，他解釋：「長楚人之長，亦長吾之長，是以長爲悅者也，故謂之外也。」[16]認爲義是依據外在客觀的年長條件，並非內在有敬長之意念，因此，承認仁由內發，義則由外鑠。可知告子以性爲與生俱有，飲食男女爲人性本能，性是中性，無所謂善或不善，人之行善是受後天環境影響所形成的。

（2）就孔子的「惟上智與下愚不移」「中人以上，可以語
　　上也，中人以下，不可以語上也。」而言：

「惟上智與下愚不移。」可以與孔子所說的「生而知之者，上也；學而知之者，次也；困而學之，又其次也；困而不學，民斯爲下矣。」[17]並觀，屬於智力等級問題。「生而知之者」代表先天智力最高者，「學而知之者」是智力其次者，「困而學之」的「困」指智力有所不通，「學之」代表尙能學習，「不學」代表智力低到不能學習。[18]「上智」即是「生而知之者」，「困而

---

13 《孟子・告子上》，同註 2，頁 192。
14 《孟子・告子上》，同註 2，頁 193。
15 《孟子・告子上》，同註 2，頁 193。
16 《孟子・告子上》，同註 2，頁 193。
17 《論語・季氏》，（魏）何晏注，（宋）邢昺疏，《論語注疏》，《十三經注疏》第八冊（台北：藝文印書館，1985 年），頁 149。
18 陳大齊，《孔子學說論集》（台北：正中書局，1979 年），頁 87。

不學」即是下愚。又孔子說:「中人以上,可以語上也,中人以下,不可語上也。」是屬於因材施教的方式。「中人以上」和「中人以下」分屬二種不同對象,前者指智慧較高者,可以領悟高深的道理;後者智慧較低,應教以淺易的道理,以高深道理為教材內容,無法領悟則不能受益。教材隨不同對象的智力調整,使其能吸收而有助於知識的推展。中人以上、中人以下及上智、下愚是智慧問題,與善惡範疇無涉。

（3）就孔子的人性論而言:

《論語》裡孔子甚少言及人性,子貢說:「夫子之文章,可得而聞也,夫子之言性與天道,不可得而聞也。」[19]所以無法得知孔子對人性的確切看法。孔子言人性者,據《論語》所載僅有:「性相近也,習相遠也。」一章,[20]學者從此處推論孔子對人性的看法,意見多相左。[21]一般對「性」的理解是人生而即有者,是人所不假外求者,因此,推論孔子的「天生德於予」,其中的天生之德即是人與生即俱有的,可見天生之德應為人性之一部分。所以,孔子雖未言明「性」是善是惡或無善無惡,但已流露人性具有善的端倪。而且孔子曾說「有能一日用其力於仁矣乎?我未見力不足者。」[22]「仁遠乎哉?我欲仁,斯仁至矣!」[23]「為

---

19 《論語・公冶長》,同註 17,頁 43。
20 《論語・陽貨》,同註 17,頁 154。
21 大約可分成二派:或主張人性無善無惡及善惡來自習染。陳大齊,《孔子言論貫通集》(台北:台灣商務印書館,1987 年),頁 115。或認為孔子以仁為人生而即有,性是善的。錢穆,《孔子與論語》(台北:聯經出版事業公司,1988 年),頁 256-258。徐復觀,《中國人性論史》先秦篇,同註 9,頁 97-100。
22 《論語・里仁》,同註 17,頁 36。
23 《論語・述而》,同註 17,頁 64。

仁由己，而由人乎哉？」[24]據此可知，人誠能一日用其力脩仁，未見力不足，行仁乃由心的自覺而發動，不假外求。所以，仁存於己心，是人類與生俱來的內在本質。

由上所述，告子以水喻性，王充於是強調能夠教化成為性善之人，只限於中人之性，極善極惡之人即便聖賢教化也不能改易，此說法與其主張的教化具有普遍作用相衝突。又告子人性論是「生之所以然者」的自然之質，無分善惡，王充以孔子「惟上智與下愚不移。」「中人以上，可以語上也，中人以下，不可以語上也。」評論告子，是以才性論告子的自然之質性，二者實屬不同層次的問題。同時王充以孔子有關智力高低的言論來詮釋孔子的人性觀，不僅偏頗，也疏忽孔子人性論具備「善」端的特色。

三、批判荀子性惡說

王充批判荀子的性惡論，說：

> 若孫卿之言，人幼小無有善也。稷為兒，以種樹為戲；孔子能行，以俎豆為弄。石生而堅，蘭生而香。生稟善氣，長大就成，故種樹之戲，為唐司馬；俎豆之弄，為周聖師。稟蘭石之性，故有堅香之驗。夫孫卿之言，未得其實。…劉子政非之曰：「如此，則天無氣也。陰陽善惡不相當，則人之為善，安從生？」（〈本性〉）

文中闡述的要點有二：

（一）荀子性惡論主張「人幼小無有善」，王充舉「稷為兒，以種樹為戲」、「孔子能行，以俎豆為弄」，以及「石生而堅，

蘭生而香」的「生稟善氣」之例，論證荀子之說不符合實際情況。

（二）劉子政評論荀子「陰陽善惡不相當，則人之為善安從生？」王充引之用以說明元氣有陰陽之分，人性也有善惡之別。

上述王充的評論有失公允，為什麼這樣說呢？可以從荀子的性惡論理解：

（一）荀子所論「性」的涵義不是如王充所指的種樹、俎豆等才能，而是先天具有的生理、心理欲望，荀子說：

> 凡性者，天之就也，不可學，不可事。[25]

> 生之所以然者謂之性，性之和所生，精合感應，不事而自然謂之性。[26]

> 若夫目好色，耳好聲，口好味，心好利，骨體膚理好愉佚，是皆生於人之情性者也。[27]

> 飢而欲食，寒而欲煖，勞而欲息，好利而惡害，是人之所生而有也，是無待而然者也，是禹桀之所同也。[28]

> 夫貴為天子，富有天下，名為聖王，兼制人，人莫得而制也，是人情之所同欲也，而王者兼而有是者也。[29]

聖人與普通人對飲食、寒暖、利害、榮辱、權力等欲望是共同的，這種自然的生理本能並沒有善或惡，所以說：「性者，本始材朴也。」[30]而且上述引文中性、情、欲三者密切關聯，荀子曾說：「性者，天之就也。情者，性之質也。欲者，情之應也。」

---

25 《荀子·性惡》，（清）王先謙，《荀子集解》（台北：藝文印書館，1988年），頁705。

26 《荀子·正名》，同註25，頁672。

27 《荀子·性惡》，同註25，頁708。

28 《荀子·榮辱》，同註25，頁188。

29 《荀子·王霸》，同註25，頁399。

30 《荀子·禮論》，同註25，頁609。

³¹楊倞注疏：「性者成於天之自然，情者性之質體，欲又情之所
應，所以人必不免於有欲也。」³²是「雖然在概念上把性、情、
欲三者加以界定，但在事實上，性、情、欲，是一個東西的三個
名稱。而荀子性論的特色，正在于以欲爲性。」³³

　　「惡」其實是指人爲欲望而爭，導致社會秩序的混亂，荀子
說：

> 今人之性，生而有好利焉，順是，故爭奪生而辭讓亡焉；
> 生而有疾惡焉，順是，故殘賊生而忠信亡焉；生而有耳目
> 之欲，有好聲色焉，順是，故淫亂生而禮義文理亡焉。³⁴

以上諸多惡的表現關鍵在「順是」，由順從人的欲望、疾恨、
耳目貪欲的追求，辭讓、忠信、禮義文理便泯滅消失，社會秩序
的維持也失去平衡。荀子正視個人與社會之間的矛盾衝突現象，
主張唯有符合倫理規範的才屬於善，反之則爲惡。也就是「性惡」
的內容已注入「群」的概念，這也是人與其它動物不同之處，³⁵因
此，荀子所論的善惡是以社會秩序的建立與否爲標準，他說：

> 凡古今天下之所謂善者，正理平治也；所謂惡者，偏險悖
> 亂也：是善惡之分也已。³⁶

　　按其意荀子特別重視人的社會性，³⁷此外，他又提出「分」
的觀念：

31　《荀子·正名》，同註 25，頁 694。
32　《荀子·正名》，（唐）楊倞注，同註 25，頁 694。
33　徐復觀，《中國人性論史》先秦篇，同註 9，頁 205。
34　《荀子·性惡》，同註 25，頁 703-704。
35　《荀子·王制》：「水火有氣而無生，草木有生而無知，禽獸有生而無義，
　　人有氣、有生、有知，亦且有義，故最爲天下貴也。力不若牛，走不若馬，
　　而牛馬爲用，何也？曰：人能群，彼不能群也。」同註 25，頁 325。
36　《荀子·性惡》，同註 25，頁 711。
37　王孝春，〈論荀子的群〉（《東北師大學報》，2010 年第 1 期），頁 8。

> 故人生不能無群，群而無分則爭，爭則亂，亂則離，離則
> 弱，弱則不能勝物。[38]

　　換言之，人類結為群體若無分別差異，往往形成爭奪。在「生而有欲」及「欲不可盡」的前提下，現實有限物資不足以滿足人群眾多的欲求，放縱欲望或無限制追求，將形成社會的紛爭混亂。「分」的觀念可以避免爭奪，「故先王案為之制禮義以分之，使有貴賤之等，長幼之差，知愚、能不能之分，皆使人載其事而各得其宜。然後使慤祿多少厚薄之稱，是夫群居和一之道也。故仁人在上，則農以力盡田，賈以察盡財，百工以巧盡械器。士大夫以上至於公侯，莫不以仁厚知能盡官職，夫是之謂至平。」[39]形成社會生產分工、階級分工，才能身分長幼不同，使各居其位，各司其職，釐清義務和權利。所以王先謙說：「余謂性惡之說，非荀子本意也。…余因以悲荀子遭世大亂，民胥泯棼，感激而出此也。」[40]

　　（二）值得注意的是，荀子能「化性起偽」，不是王充所指的「人之善，若不在人性之中，善安所生？」的觀念。荀子有與「心」相應，而與「性」相對的概念，稱作「偽」，他說：

> 情然而心為之擇謂之慮，心慮而能為之動謂之偽。慮積
> 焉、能習焉而後成謂之偽。[41]

　　可知「偽」是人為，由心慮而來，透過學習積累的功夫而臻至。「心知」的抉擇作用也包含在與生俱來的本質之性中，荀子

38　《荀子・王制》，同註 25，頁 326。
39　《荀子・榮辱》，同註 25，頁 197-198。
40　（清）王先謙，《荀子集解》序，同註 25，頁 1。
41　《荀子・正名》，同註 25，頁 672-673。

說：「凡以知，人之性也。」[42]「然而塗之人也，皆有可以知仁義法正之質，皆有可以能仁義法正之具，然則其可以爲禹明矣。」[43]可知。心可以由「虛壹而靜」的工夫「知道」，所謂「心知道，然後可道，可道然後守道以禁非道。」[44]因此，「心之所可中理，則欲雖多，悉傷於治！欲不及而動過之，心使之也。心之所可失理，則欲雖寡，悉止於亂！故治亂在於心之所可，亡於情之所欲。」[45]指出心知道、認可道、守道又依道而行，心的明理尚義認同社會規範而不踰矩，則欲望雖不可減少但可獲得引導而節制。換言之，「心」之所可中理與否，方爲社會治亂的根源，顯然心是溝通性、僞的重要媒介。

　　「僞」也就是後天的禮義教化，可以美化人性，性與僞二者宜互相依存，荀子說：

　　　　無性則僞之無所加，無僞則性不能自美。性僞合，然後聖人之名，一天下之功於是就也。故曰：天地合而萬物生，陰陽接而變化起，性僞合而天下治。[46]

　　　　故聖人化性而起僞，僞起而生禮義，禮義生而制法度。然則禮義法度者，是聖人之所生也。[47]

也就是禮義法度是生於聖人之僞，而不是生於聖人之性。由於「僞」出自於外在的禮義教化，就有「必將求賢師而事之，擇良友而友之。得賢師而事之，則所聞者堯舜禹湯之道也；得良友而友之，則所見者忠信敬讓之行也。身日進於仁義而不自知也者，

---

42 《荀子・解蔽》，同註 25，頁 664。
43 《荀子・性惡》，同註 25，頁 716。
44 《荀子・解蔽》，同註 25，頁 648-649。
45 《荀子・正名》，同註 25，頁 694。
46 《荀子・禮論》，同註 25，頁 609-610。
47 《荀子・性惡》，同註 25，頁 709。

靡使然也。」[48]所以就荀子理論邏輯看來，透過「化性起僞」方式，以賢師良友的潛移默化培養理想人格，每個人也就有成爲聖人的可能性。

由上所述，王充評荀子性惡說有「性」的內涵界定不清的問題，同時忽略荀子「化性起僞」的可能性，而誤以爲荀子性惡論是「中人以下者也。」〈本性〉）

四、批判陸賈的禮義之性

王充陳述陸賈的人性論，說：

> 天地生人也，以禮義之性。人能察己所以受命則順，順之謂道。（〈本性〉）

也就是陸賈以禮義的善性是天所賦予與生俱來，顯然是就人的道德心性而言。人能明察受之於天的性，就可順應禮義之性而合於道；反之，不察天命之性，將順應自然之性而悖於道。

基本上，陸賈以儒家爲宗，《四庫全書總目提要》稱：

> 今但據其書論之，則大旨皆崇王道、黜霸術，歸本於修身用人。其稱引《老子》者，惟〈思務篇〉引「上德不德」一語，餘皆以孔氏爲宗，所援據多《春秋》、《論語》之文，漢儒自董仲舒外，未有如是之醇正者。流傳既久，其真其贋，存而不論可矣。[49]

嚴可均也說：

> 漢代子書，《新語》最純最早，貴仁義，賤刑威，述《詩》、

48　《荀子‧性惡》，同註 25，頁 725。
49　（清）紀昀等撰，《四庫全書總目提要》第三冊，子部（台北：台灣商務印書館，1983 年），頁 6。

> 《書》、《春秋》、《論語》，紹孟、荀而開賈、董，卓
> 然儒者之言。[50]

　　從學術淵源看來，陸賈受儒家薰陶，其中以禮樂、仁義爲重，並實踐於治國之中。[51]故以禮義之性與生俱來，必然承自於孔孟的心性論。王充評論陸賈的人性看法：

> 夫陸賈知人禮義為性，人亦能察己所以受命。性善者，不
> 待察而自善，性惡者，雖能察之，猶背禮畔義。義把於善，
> 不能為也。故貪者能言廉，亂者能言治。盜跖非人之竊也，
> 莊蹻刺人之濫也，明能察己，口能論賢，性惡不為，何益
> 於善？陸賈之言，未能得實。（〈本性〉）

　　文中之意以人稟氣而生，性善固自善，性善或性惡自然生成，所以察與不察無關性的善惡，所以「性惡不爲，何益於善？」是王充以氣性的內涵批判，因而忽略陸賈心性論的道德自覺，不知察其放失的良心是有爲善的可能性。

五、批判董仲舒的性善情惡說

　　王充陳述董仲舒的人性論，說：

> 董仲舒覽孫、孟之書，作情性之說曰：「天之大經，一陰

50　（清）嚴可均，〈新語序〉，王利器，《新語校注》（北京：中華書局，1997
　　年）〈附錄〉三，頁 215。
51　陸賈說：「禮義不行，綱紀不立，後世衰廢，於是聖乃定五經，明六藝，
　　承天統地，窮事察微，原情立本，以緒人倫，宗諸天地，纂脩篇章，垂諸來
　　世，被諸鳥獸，以匡衰亂，天人合策，原道悉備，智者達其心，百工窮其巧，
　　乃調以管弦絲竹之音，設鐘鼓歌舞之樂，以節奢侈，正風俗，通文雅。」《新
　　語・道基篇》，同註 50，卷上，頁 18。「是以聖人居高處上，則以仁義爲
　　巢，乘危履傾，則以聖賢爲杖，故高而不墜，危而不仆。」《新語・輔政篇》，
　　同註 50，卷上，頁 50。

一陽；人之大經，一情一性。性生於陽，情生於陰。陰氣
鄙，陽氣仁。曰性善者，是見其陽也；謂惡者，是見其陰
者也。」（〈本性〉）

按其意王充認爲董仲舒人性論是：（一）承孟、荀而修正，
（二）本於陰陽的天道，（三）人性有善有惡，也就是性善情惡。

以下說明董仲舒人性論內容，以檢視王充敘述的真確與否，
董仲舒說：

今世闇於性，言之者不同，胡不試反性之名。性之名非生
與？如其生之自然之資謂之性。…天地之所生，謂之性
情。性情相與爲一瞑。情亦性也。謂性已善，奈其情何？
故聖人莫謂性善，累其名也。身之有性情也，若天之有陰
陽也。言人之質而無其情，猶言天之陽而無其陰也。[52]

文中之意所謂「今世暗於性」，是認爲孟子、荀子不能真正
把握人性的內容，因而對人性正名，界定人性是「生之自然之資
謂之性」，進而提出人性的本質和來源問題。文中所說的「天地
之所生，謂之性情。」即他在天人合一的基礎上，[53] 以人的情性
由天所決定。又說：「性者，生之質也；情者，人之欲也。」[54] 即
情與性都是人天生的資質，又性包含情，「情是惡的，但又在人
的質中。」[55] 即廣義的人性含「性」和「情」二者。

此外，上述引文中董仲舒又以天之陰陽解釋人的情性，認爲

52　（漢）董仲舒，《春秋繁露・深察名號》，蘇輿，《春秋繁露義證》（北京：
　　中華書局，1992 年），頁 291 及 298-299。
53　《春秋繁露・爲人者天》：「爲人者天也。人之爲人本於天，天亦人之曾祖
　　父也。…人之形體，化天數而成；人之血氣，化天志而仁；人之德性，化天
　　理而義。…天之副在乎人，人之情性有由天者矣。」同註 52，頁 318-319。
54　《漢書・董仲舒傳》對策一，頁 2501。
55　馮友蘭，《中國哲學史新編》第三冊（台北：藍燈文化事業有限公司，1991
　　年），頁 78。

「身之有性情也，若天之有陰陽也。」所以說「以陰陽言情性，則本於董。」[56]天之陰陽屬性是：「陽氣暖而陰氣寒，陽氣予而陰氣奪，陽氣仁而陰氣戾。」[57]「惡之屬盡爲陰，善之屬盡爲陽。」[58]人既然具有來自於天的陰陽之氣，體現在人性上，也就是「天兩有陰陽之施，身亦兩有貪仁之性。」[59]即稟受天之陽氣形成仁，稟受陰氣形成貪，若「言人之質而無其情，猶言天之陽而無其陰也。」即說明情惡與性善的對立關係內在於性之中，可見董仲舒的人性論包含向善和向惡的二種可能。

至於人性中之情與性，孰重孰輕？這可從天道之陰陽關係推論，董仲舒認爲：「陽之出也，常縣（懸）於前而任事；陰之出也，常縣（懸）於後而守空處。此見天之親陽而疏陰，任德而不任刑也。」[60]天道任陽不任陰，即以陽爲主，以陰爲從。推之人道即性善爲主，情惡爲從。所以董仲舒對人性的看法，往往只言性善而未言及性惡，如說：「天之爲人性命，使行仁義而羞可恥，非若鳥獸然，苟爲生，苟爲利而已。」[61]「凡人之性，莫不善義。」[62]此種說法似乎與「情亦性也」，即廣義人性之中含有性善與情惡的說法衝突，學者認爲是人性論的一種夾雜，[63]或認爲正表現了董仲舒人性論善主惡從的特徵。[64]本文採用後者說法。

董仲舒曾以「性禾善米」爲例：

56　（漢）董仲舒，《春秋繁露・深察名號》，同註 52，頁 299-300。
57　（漢）董仲舒，《春秋繁露・陽尊陰卑》，同註 52，頁 327。
58　（漢）董仲舒，《春秋繁露・陽尊陰卑》，同註 52，頁 326。
59　（漢）董仲舒，《春秋繁露・深察名號》，同註 52，頁 296。
60　（漢）董仲舒，《春秋繁露・基義》，同註 52，頁 351。
61　（漢）董仲舒，《春秋繁露・竹林》，同註 52，頁 61。
62　（漢）董仲舒，《春秋繁露・玉英》，同註 52，頁 73。
63　徐復觀，《兩漢思想史》卷二（台北：學生書局，1990 年），頁 248-250。
64　劉國民，〈悖立與整立—論董仲舒對孟子、荀子之人性論的解釋〉（《衡水學院學報》第十一卷，第三期，2009 年 6 月），頁 25。

> 故性比於禾，善比於米。米出禾中，而禾未可全為米也。
> 善出性中，而性未可全為善也。善與米，人之所繼天而成
> 於外，非在天所為之內也。天之所為，有所至而止，止之
> 內謂之天性，止之外謂之人事。事在性外，而性不得不成
> 德。民之號，取之瞑也。[65]

此段文意，將人性比喻為禾，善比喻為米，米出於禾，但米
只是禾的部分，如同善出於人性，但善也只是人性的部分。性雖
不等於善，但性之所以能夠成為善，在「善出性中」，人性本身
具有成為善的潛在可能。他又有繭為絲之喻：

> 性如繭如卵。卵待孵而成雛，繭待繅而為絲，性待教而為
> 善。[66]

文中強調了人性成善還須要後天的教化，所以禾之與米，卵
之與雛，繭之與絲，是內在本質加上外在力量，才成就了米、雛
與絲，如同「性待教而為善」。董仲舒曾言及教化的功用說：「聖
王已沒，而子孫長久安寧數百歲，此皆禮樂教化之功也。」「教
化行而習俗美也。」[67]可見教化關係社會風俗和國家存亡。至於
何種人性可以教化呢？董仲舒有「性」分三級的說法：

> 聖人之性，不可以名性。斗筲之性，又不可以名性。名性
> 者，中民之性。[68]

引文中董仲舒將人性分成三等，聖人之性、斗筲之性和中民之
性；聖人之性純善、斗筲之性極惡，多指極少數的聖人或惡人，而
中民性善情惡兼具，此類也最普遍，所以可以稱之為性者只有中民

65　（漢）董仲舒，《春秋繁露・深察名號》，同註 52，頁 296-297。
66　（漢）董仲舒，《春秋繁露・深察名號》，同註 52，頁 300。
67　《漢書・董仲舒傳》，頁 2499 及 2504。
68　（漢）董仲舒，《春秋繁露・實性》，同註 52，頁 311-312。

之性。又說：

> 中民之性，如繭如卵。卵待覆二十日，而後能為雛；繭待
> 繰以涫湯，而後能為絲。性待漸於教訓，而後能為善。[69]

以中民之性比作繭和卵，有內在善的本質，由後天外在人為的教化，可引導而成善，所以說：「天生民性有善質，而未能善，於是為之立王以善之，此天意也。民受未能善之性於天，而退受成性之教於王。王承天意，以成民之性為任者也。」[70]這就不同於孟子強調的道德自覺，而認為通過王者教化才能為善。

王充對董仲舒的性善情惡說提出批判，他說：

> 若仲舒之言，謂孟子見其陽，孫卿見其陰也。處二家各有
> 見，可也；不處人情性有善有惡，未也。夫人情性，同生
> 於陰陽，其生於陰陽，有渥有泊。玉生於石，有純有駁；情
> 性（生）於陰陽，安能純善？仲舒之言，未能得實。（〈本性〉）

上引文意，批判董仲舒性只有善、情只有惡的性善情惡說，在他看來，人稟天地之氣而生，情性同生於陰陽，稟氣有渥有泊，情性也各有善惡。王充主張人性不應只是性善情惡的中人之性，應是有善人、有惡人和善惡混的中人之性。

六、批判劉子政的外陽內陰說

王充陳述劉子政的人性論，說：

> 劉子政曰：「性，生而然者也，在於身而不發；情，接於
> 物而然者也，出形於外。形外，則謂之陽；不發者，則謂
> 之陰。」（〈本性〉）

69　（漢）董仲舒，《春秋繁露・實性》，同註 52，頁 312。
70　（漢）董仲舒，《春秋繁露・深察名號》，同註 52，頁 302。

　　按其意，劉向的人性論包含性和情，與董仲舒的情性說相似，不同處是劉向以性爲陰，情爲陽；董仲舒以情爲陰，性爲陽。劉向這種情性之說是本於〈樂記〉「人生而靜，天之性也；感於物而動，性之欲也。」而來，[71]性是與生俱來，不表露於外的內在本質；情是接於物，感於物而動的慾望或情感。二者相應，本質一致。

　　王充認爲劉子政只見情外性內的關係，而未見性的善惡問題，他批評說：

> 夫子政之言，謂性在身而不發。情接於物，形出於外，故謂之陽；性不發，不與物接，故謂之陰。夫如子政之言，乃謂情爲陽，性爲陰也。不據本所生起，苟以形出與不發見定陰陽也。必以形出爲陽，性亦與物接，造次必於是，顛沛必於是。惻隱不忍，仁之氣也；卑謙辭讓，性之發也，有與接會，故惻隱卑謙，形出於外。謂性在內，不與物接，恐非其實。不論性之善惡，徒議外內陰陽，理難以知。且從子政之言，以性爲陰，情爲陽，夫人稟性，竟有善惡不也？（〈本性〉）

　　王充看來，劉子政的性陰情陽說法，未依據情性產生的原因推論，而只就外顯或不外顯區分，以性內爲陰、情外爲陽，這將形成情性的混淆而難以分辨。並以「惻隱不忍，仁之氣也。卑謙辭讓，性之發也。」爲例，惻隱卑謙具爲人性，與物相接，亦「形出於外」，此「性」與「情」具爲外顯，有何差別呢？不從人情性的善惡問題立論，而僅就表現的內外來分別，所以「理難以知」。

　　事實上，王充的批判前後矛盾，在〈本性〉篇他曾引述劉子

---

71 林麗雪，《王充》（台北：東大圖書公司，1991 年），頁 299。

政評述荀子人性論的一段話：

> 劉子政非之曰：「如此，則天無氣也。陰陽善惡不相當，
> 則人之為善，安從生？」（〈本性〉）

據此，劉向之意元氣有陰陽之分，人性自然有善惡之別，甚
至質疑荀子人性論只有惡無善，則人為後天所表現之善，又是從
何而發的呢？可推知劉向肯定人性之中有善的本質。又荀悅說：

> 劉向曰：「性情相應，性不獨善，情不獨惡。」曰：「問
> 其理？」曰：「性善則無四凶，性惡則無三仁，人無善惡，
> 文王之教一也，則無周公、管蔡；性善情惡，是桀紂無性
> 而堯舜無情也；性善惡皆渾是上智懷惡，而下愚挾善也。」
> 理也，未究矣，唯向言為然。[72]

此段文意，荀悅指出劉向人性看法偏向上中下三等，認為情
有善有惡之本質，性也有善有惡之本質，而且情與性的善惡一致
相應。並且劉子政強調教化的重要性，他說：「人之善惡非性也，
感於物而後動，是故先王慎所以感之。」[73]以為善為惡是先天稟
賦在教育影響後的展現。「凡善之生也，皆學之所由。…孔子家
兒不知罵，曾子家兒不知怒，所以然者，生而善教也。」[74]基本
上，以人性「生而然者也」，有善之質也有不善之質，透過教育
可發展人性善之質，而成就善性。所以劉向有論及情性的善惡問
題，而王充只注意其「性內情外」一點而已。

72　（東漢）荀悅，《申鑒・雜言下》，《四部叢刊》第十八冊（台北：台灣商
　　務印書館，1979 年），頁 33。
73　（漢）劉向，《說苑・脩文》卷十九，左松超，《說苑集證》下冊（台北：
　　國立編譯館，2001 年），頁 1275。
74　（漢）劉向，《說苑・雜言》卷十七，同註 73，頁 1104。

第二節　王充人性論的內容

王充於〈本性〉篇批判先秦以來學者的人性論之後，提出：

> 自孟子以下，至劉子政，鴻儒博生，聞見多矣。然而論情
> 性，竟無定是。唯世碩、公孫尼子之徒，頗得其正。…實
> 者，人性有善有惡，猶人才有高有下也。高不可下，下不
> 可高。謂性無善惡，是謂人才無高下也。稟性受命，同一
> 實也。命有貴賤，性有善惡。謂性無善惡，是謂人命無貴
> 賤也。…人稟天地之性，懷五常之氣，或仁或義，性術乖
> 也；動作趨翔，或重或輕，性識詭也。面色或白或黑，身
> 形或長或短，至老極死，不可變易，天性然也。…余固以
> 孟軻言人性善者，中人以上者也；孫卿言人性惡者，中人
> 以下者也；揚雄言人性善惡混者，中人也。若反經合道，
> 則可以為教；盡性之理，則未也。（〈本性〉）

這段引文闡述要義有三：

一、認為孟子、荀子至揚雄、劉子政等人的人性論皆有缺失，
　　「反經合道，則可以為教。盡性之理，則未也。」唯獨
　　贊同世碩、公孫尼子的人性觀點。

二、王充主張人性有善有惡，人稟天地之氣而生，懷五常之
　　氣而或仁或義，行為或重或輕等差異，如同在形體上有
　　白或黑，身形上有或長或短的不同，是無法改變。

三、將人性分成三等，即「性分三品」。不同於孟子性善是
　　就中人以上之性立論，荀子性惡是就中人以下立論，揚
　　雄善惡混是就中人之性立論。

進一步詳細說明於下：

一、王充的有善有惡人性觀

王充肯定世碩的人性說，曾引用其人性有善有惡的主張，說：

> 周人世碩以為「人性有善有惡。舉人之善性，養而致之則善長；惡性，養而致之則惡長。」如此，則情性各有陰陽，善惡在所養焉。故世子作養性書一篇。密子賤、漆雕開、公孫尼子之徒，亦論情性，與世子相出入，皆言性有善有惡。（〈本性〉）

根據《漢書‧藝文志》記載：「世子二十一篇。」注：「名碩，陳人也。七十子之弟子。」[75]可知世碩是孔門再傳弟子。世碩人性有善有惡的主張究竟是指人性都有善有惡呢？還是指有的人性善，有的人性惡呢？前者之意，相當於揚雄主張的人性善惡混；後者之意，是指有的人性善，有的人性惡，有的是善惡混的中人之性。從王充評論揚雄人性善惡混之說僅為中人之性，而論世碩人性主張是「頗得其正」看來，顯然已為揚雄和世碩的人性主張作一區分。

揚雄的人性善惡混，見於《法言》：

> 人之性也，善惡混。修其善則為善人；修其惡則為惡人。
> 氣也者，所以適善惡之馬也與？[76]

揚雄的善惡混說，是善惡在性中同時兼而有之。司馬光注解指出：「夫性者，人之所受於天以生者也，善與惡必兼有之，猶

---

75 《漢書‧藝文志‧諸子略》，頁 1724。
76 （漢）揚雄，《法言‧修身篇》，汪榮寶，《法言義疏》（北京：中華書局，1997 年），頁 85。

陰之與陽也。是故雖聖人不能無惡，雖惡人不能無善。其所受多少之間則殊矣。善至多而惡至少，則爲聖人，惡至多而善至少，則爲愚人；善惡相半，則爲中人。聖人之惡不能勝其善，愚人之善不能勝其惡。不勝則從而亡矣。故曰：『惟上智與下愚不移。』雖然，不學則善日消而惡日滋，學焉則惡日消而善日滋。…必曰聖人無惡，則安用學矣，必曰愚人無善，則安用教矣？…混者，善惡雜處於心之謂也。」[77]將揚雄人性說理解爲三品，不過，是聖人也有惡，惡人也有善的聖人、愚人、中人的三品。所以認爲善惡是心所同時具有，不可能有至善或至惡的區分。

又揚雄說「氣也者，所適善惡之馬歟？」汪榮寶注解「司馬云：夢得曰：『志之所至，則氣隨之。』言不可不養以適正也。乘而之善，則爲忠，爲義；乘而之惡，則爲慢，爲暴。」[78]據此，「氣也者，所適善惡之馬歟？」的「氣」，含有人心自覺發動的概念。

揚雄的人性三品，以王充看來，不出「中人之性」。黃暉注解即說：「《孟子・告子》篇：『或曰：有性善，有性不善。』蓋即謂此輩。今人陳鐘凡《諸子通誼下・論性篇》以世碩之論謂性善惡混，非也。揚雄主善惡混、世碩主有善有惡，兩者自異。故仲任以世碩頗得其正，而揚雄未盡性之理。」[79]可知世碩的人性有善有惡，包含了至善之性，至惡之性，和揚雄的人性善惡混的中人之性。所以王充以「情性各有陰陽」來理解，情性稟於陰陽二氣，有善的本質也有惡的本質。這種稟氣理論是有可能稟得至善之性和至惡之性的。

---

77 （漢）揚雄，《法言・修身篇》司馬光注，同註76，頁85。
78 （漢）揚雄，《法言・修身篇》汪榮寶注，同註76，頁88。
79 黃暉，《論衡校釋》第一冊〈本性〉，頁133。

　　王充也就是從純善、純惡的基礎上，將人性分為三品，接近
世碩看法，他評論孟荀人性論說：

> 若仲舒之言，謂孟子見其陽，孫卿見其陰也。處二家各有
> 見，可也；不處人情性有善有惡，未也。夫人情性，同生
> 於陰陽，其生於陰陽，有渥有泊。玉生於石，有純有駁，
> 情性生於陰陽，安能純善？（〈本性〉）

　　此段之意，王充認為孟子只看到人性陽的一面，所以說人性
善；荀子只看到人性陰的一面，所以說人性惡。他本人觀點是性
情各有陰陽，不可能如孟子只有純善之性，也不可能如荀子只有
純惡之性。所以情性有善、有惡和善惡混的中人之性三種，只是
至善至惡之性較少而已。處子賤、漆雕開、公孫尼子的人性主張
也和世碩相似。

　　至於是否為善或為惡，則在存養的工夫。世碩以「舉人之善
性，養而致之則善長；惡性，養而致之則惡長。」「善惡在所養
焉。」說明人性有善之質、有惡之質，包括中人以上之性、中人
之性和中人以下之性，然而實踐上的為善為惡，在存養的方向和工
夫，說明「養」才是行為或善或惡的關鍵，也因此專門著作《養書》。

二、氣與性的關係

　　上述王充以情性同生於陰陽二氣，人性稟氣而生，所以有善
有惡，這是根據「天道自然無為」的學說基礎而提出，認為：「天
地合氣，人偶自生也。」（〈物勢〉）「人未生，在元氣之中；既
死，復歸元氣。」（〈論死〉）又說：「用氣為性，性成命定。」（〈無
形〉）以性和命都是生而俱有，氣生化萬物，性與命即同時賦予萬
物之中。不過性與命不同，命就吉凶禍福而言，性就操行善惡而

言，他說：

> 凡人受命，在父母施氣之時，已得吉凶矣。夫性與命異，
> 或性善而命凶，或性惡而命吉。操行善惡者，性也；禍福吉
> 凶者，命也。或行善而得禍，是性善而命凶；或行惡而得福，
> 是性惡而命吉也。性自有善惡，命自有吉凶。使命吉之人，
> 雖不行善，未必無福；凶命之人，雖勉操行，未必無禍。孟
> 子曰：「求之有道，得之有命。」性善乃能求之，命善乃
> 能得之。性善命凶，求之不能得也。(〈命義〉)

認為性與命在父母施氣時已決定，而且性主善惡，命主吉
凶，命運和道德行為二者互不相干，富貴貧賤與是否賢愚，也沒
有必然的關係。

王充在說明人性善惡形成的根源問題，是從本體所稟受的
「元氣」及「五常之氣」二個層面立論：

（一）就本體元氣而言

王充認為在物偶自生過程中，每個人所稟之氣或多或少，形
成的「性」也就有善有惡的不同，所謂「人之善惡，共一元氣。
元氣有多少，故性有賢愚。」「稟氣有厚泊，故性有善惡也。」
(〈率性〉)元氣的多少、厚薄是性有善有惡的原因。而「元氣」
是一純和之氣，他說：

> 上世之民，下世之民也，俱稟元氣。元氣純和，古今不異，
> 則稟以為形體者，何故不同？(〈齊世〉)

又說：

> 至德純渥之人，稟天氣多，故能則天，自然無為。稟氣薄
> 少，不遵道德，不似天地，故曰不肖。不肖者，不似也。
> 不似天地，不類聖賢，故有為也。(〈自然〉)

也就是稟受純和之氣多則性善，反之則性不善。

（二）就五常之氣而言

王充也提到五常之氣左右人性善惡，他說：「人稟天地之性，懷五常之氣，或仁或義，性術乖也。」（〈本性〉）「人生稟五常之性，好道樂學，故辨於物。」（〈別通〉）就王充看來，五行之氣是稟受宇宙陰陽之氣而生，五臟之內有五行之氣，五常內在於五行之氣中，是五常亦稟受而來，由陰陽之氣具於五臟，表現於活動之中。他說：

> 人受五常，含五臟，皆具於身。稟之泊少，故其操行不及善人。…人之善惡，共一元氣。氣有少多，故性有賢愚。（〈率性〉）

> 且一人之身，含五行之氣，故一人之行，有五常之操。五常，五行之道也。五藏在內，五行氣俱。（〈物勢〉）

黃暉注解：

> 《白虎通・情性篇》：「人生而應八卦之體，得五氣以為常，仁義禮智信是也。人本含六律五行氣而生，故內有五藏六府。五藏，肝心肺腎脾也。《元命苞》曰：『肝者木之精，肺者金之精，心者火之精，腎者水之精，脾者土之精。』此今文歐陽《尚書》說。」…《五經異義》載古《尚書》說：「脾，木也。肺，火也。心，土也。肝，金也。腎，水也。」仲任今文家，知主前說。[80]

指出王充受「時代背景」影響，也是今文家，五常、五行之氣及五臟之間的關係，與《白虎通》相同。據此，說明肝肺心腎

---

80 黃暉，《論衡校釋》第一冊〈物勢〉，頁148。

脾五臟，稟含木氣、金氣、火氣、水氣、土氣，而具有仁義禮智
信五常操守，五常隨陰陽、五行之氣，內化於五臟而俱於人身之
中。而這裡人所稟受於身的氣，就不是指物質之性，而是屬於操
行清濁之氣。他也曾說：「殘則授仁之氣泊，而怒則稟勇渥也。
仁泊則戾而少慈，勇渥則猛而無義，而又和氣不足，喜怒失時，
計慮輕愚。」（〈率性〉）所謂的仁氣、勇氣、和氣等，即是五常
之氣一類，所以性之中有五常之氣（德性），只是所稟厚薄不同，
而決定人性善惡行為。

三、影響人性善惡的其它因素

　　王充主張人「受命於天，稟氣於元，與物無異。」（〈辨祟〉）
以所稟受的元氣和五常之氣決定人性的善或惡，但與外物交接過
程，人性也可能受智慧高低、情欲多寡和糧食充足與否的影響。[81]
他說：

　　人，物也，萬物之中有知慧者也。（〈辨祟〉）

　　夫不肖者皆懷五常，才劣不逮，不成純賢。（〈藝增〉）

　　是不肖之人亦稟有五常之氣，不過並不能表現純賢的操行，
主要是因為才智低劣的關係。此外，又認為情欲也是影響人性不
善的原因，他說：

　　知力耕可以得穀，勉貿可以得貨，然而必盜竊，情欲不能
　　禁者也。以禮進退也，人莫不貴，然而違禮者眾，尊義者
　　希，心情貪欲，志慮亂溺也。（〈答佞〉）

---

81 林麗雪指出：王充人性論，「智慧與德性，其實是決定人性善惡的兩大因素。
　　此外，王充以為尚有一決定人性善惡的因素為『情』。…所以王充所謂人性，
　　在『才』之外，實又涵括了『情』的成分。」同註71，頁291。並參見張靜環，
　　〈揚雄、王充自然說之人性論〉（《嘉南學報》第二十九期，2003年），頁394。

也就是說情欲會阻礙性善的行為。又說：

> 讓生於有餘，爭起於不足。穀足食多，禮義之心生；禮豐
> 義重，平安之基立矣。故饑歲之春，不食親戚；穰歲之秋，
> 召及四鄰。不食親戚，惡行也；召及四鄰，善義也。為善
> 惡之行，不在人質性，在於歲之饑穰。由此言之，禮義之
> 行，在穀足也。（〈治期〉）

在正常情況下，穀糧充足食物豐富，禮義之心才會產生。從這點來看，作物的豐收與否也左右人性善惡的行為。

四、性分三品

王充將人性分為三品：孟子性善是中人以上之性，荀子性惡是中人以下之性，揚雄善惡混是中人之性。這應該是受孔子的「惟上智與下愚不移」影響而作的人性區分。所以他將人性分作三等，為才性的差異，與孔孟以心論性不同。

至於性分三品的觀念影響到唐代的韓愈，學者指出：「韓退之之性有三品之說，亦承藉於其〈本性〉篇也。」[82]韓愈提到性情分三品，內容是：

> 性也者，與生俱生者也；情也者，接於物而生也。性之品
> 有三，而其所以為性者五；情之品有三，而其所以為情者
> 七。曰何也？曰：性之品有上中下三：上焉者善焉而已矣；
> 中焉者可導而上下也；下焉者惡焉而已矣。其所以為性者
> 五：曰仁，曰禮，曰信，曰義，曰智。上焉者之於五也，
> 主於一而行於四。中焉者之於五也，一不少有焉，則少反
> 焉，其於四也混。下焉者之於五也，反於一而悖於四。性

82　（清）劉熙載，《藝概》，同註1，〈附編〉三，頁1250。

之於情，視其品情之品。有上中下三，其所以為情者七：
曰喜，曰怒，曰哀，曰懼，曰愛，曰惡，曰欲。上焉者之
於七也，動而處其中。中焉者之於七也，有所甚，有所亡，
然而求合其中者也。下焉者之於七也，亡與甚，直情而行
者也。情之於性，視其品。[83]

韓愈所述「性也者，與生俱生者也」「性之品有上中下三」
和王充觀點一致。中人之性可導而上下，所以導而為善，就在仁
義禮智信的存養氣質。除性有三品外，也說情分三品，且依據性
三品而定。

五、教化的重要

王充以人性有善有惡，於〈率性〉篇並強調人的本性可透過
後天環境的勸勉、輔導、指引、制止約束而化惡為善。黃暉注解
「率性」：「率，（彳率亍）之叚字。《玉篇》（彳率亍），導
也。」[84]劉盼遂說：「性善者，勸率無令近惡；性惡者，率勉使
之為善。開篇數語，即王氏為〈率性〉篇解題而作。黃暉釋『率』
為（彳率亍）之叚字，疑失之曲。」[85]由劉盼遂所述，可知「率」
有教導勸勉之意。王充於〈率性〉篇首段說：

論人之性，定有善有惡。其善者，固自善矣；其惡者，故
可教告率勉，使之為善。凡人君父審觀臣子之性，善則養
育勸率，無令近惡；近惡則輔保禁防，令漸於善。善漸於

83　（唐）韓愈，《韓昌黎全集》（台北：新興書局，1956年）卷十一〈原性〉，
　　頁4。
84　黃暉，《論衡校釋》第一冊〈率性〉，頁68。
85　同註84，頁68。

惡，惡化於善，成為性行。（〈率性〉）

文中論述人性修養分別從善者和惡者二方面立說，性善者本質固然善，自我約束力強，仍要「養育勸率」借由教化勸勉加強內在善性，不使變惡。尤值得注意的是，性惡者可透過「輔保禁防」的外在制約，使惡性化為善。基本上，王充人性論肯定後天的修養，特別是強調了教化的重要性，所以王充又說：

> 十五之子，其猶絲也。其有所漸化為善惡，猶藍丹之染練絲，使之為青赤也。青赤一成，真色無異。…人之性，善可變為惡，惡可變為善，猶此類也。蓬生麻間，不扶自直；白沙入緇，不練自黑。彼蓬之性不直，紗之質不黑，麻扶緇染，使之直黑。夫人之性猶蓬紗也，在所漸染而善惡變矣。（〈率性〉）

文中以蓬之質性不直、紗之質性不黑，麻扶緇染，則不扶自直、不練自黑為例，比喻人性可隨環境而變化。人性雖有善有惡的本質，外在環境善則引導人性向善發展，外在環境惡劣則受到惡的影響，說明後天「漸染」而善惡變的重要。又以「堯、舜之民，可比屋而封；桀、紂之民，可比屋而誅。」「斯民也，三代所以直道而行也。」為例，論述「聖主之民如彼，惡主之民如此，竟在化不在性也。」（〈率性〉）足見情性的可變性極大，教化的影響深遠。

王充一再強調教化的重要，有一定的教育貢獻，說明如下：

（一）教化的作用

王充提到人性可因教化學習而改變，雖然他在〈本性〉篇也有「極善極惡，非復在習。」的看法，不過，〈率性〉篇又說性惡之人「得聖之教，志行變化。」至惡的丹朱，「亦可將勉」。

基本上善惡固然可變化，至於性善者較易於受教，性惡者改變較難。相較之下，使不善之人變善，就更加難能可貴，如同王良御馬，能夠馴服劣馬使成為良馬的境界。由於王充以性惡可化為善，因此，「不患性惡，患其不服聖教」（〈率性〉）「患不能化，不患人性之難率也。」（〈率性〉）並舉例說：

> 夫肥沃墝埆，土地之本性也。肥而沃者性美，樹稼豐茂；墝而埆者性惡，深耕細鋤，厚加糞壤，勉致人功，以助地力，其樹稼與彼肥沃者相似類也。地之高下，亦如此焉。（〈率性〉）

不外說明「鐵石天然，尚為鍛鍊者變易故質，況人含五常之性，賢聖未之熟鍊耳，奚患性之不善哉？」（〈率性〉）顯然如有不善，「無其教治，而欲令變更，豈不難哉？」（〈率性〉）表現他對教化的肯定。

（二）教化的目的

王充說：「凡含血氣者，教之所以異化也。」（〈率性〉）此言教育的目標在變化氣質，他舉例：

1. 三苗之民無論賢與不肖，堯舜施予教化，三苗之民皆向善。
2. 楚越之人，遷居齊都城臨淄，經歷歲月，變為舒緩，風俗移易之效果。
3. 孔門弟子子路，未入孔門時，戴雞佩豚，勇猛無禮，孔子教之，卒能政事，序在四科。

以上例證，說明教化目的在改變本性，使化性向善。

（三）教化的內容

王充主張以禮樂作為教化內容，認同外在禮樂制度對於情性

的陶冶及改變作用，他說：

> 情性者，人治之本，禮樂所由生也。故原情性之極，禮為
> 之防，樂為之節。性有卑謙辭讓，故制禮以適其宜；情有
> 好惡喜怒哀樂，故作樂以通其敬。禮所以制，樂所為作者，
> 情與性也。（〈本性〉）

按其意，以禮樂可以調節性情，無禮樂之化，易縱情任性。
禮樂制度既依人情而定，自然應當以禮樂為教材，以節制人的情
性，使各得其宜。這從王充引「叔孫通制定禮儀，拔劍爭功之臣，
奉禮拜伏，初驕倨而後遜順，聖教威德，變易性也。」（〈率性〉）
的例子，說明了制禮作樂的重要。

（四）教化的方法

王充提出的教化方法，可分為下列三項：

1.因材施教：

他說「凡人君父審觀臣子之性，善則養育勸率，無令近惡；
近惡則輔保禁防，令漸於善。」（〈率性〉）可知王充主張依人性
情的不同而施以不同的教法。他以西門豹性情急燥、董安于性情
緩慢為例，二人都失之中庸，因而藉由佩韋以自緩、帶弦以自促，
以警惕提醒自己。即是依各別情形，取長補短的因材施教方式。

2.輔以法制力量：

教育可化性向善，輔以法制力量更具積極的意義。所以說：
「王法不廢學校之官，不除獄理之吏，欲令凡眾見禮義之教，學
校勉其前，法禁防其後，使丹朱之志，亦將可勉。」（〈率性〉）
除教育之外，法制的「施善以賞，加惡以罪。」（〈譴告〉）也是
教化的重要方法。

3.漸化工夫：

　　王充以「钁鍤鑿地，以埤增下，則其下與高者齊。如復增钁鍤，則夫下者不徒齊者也，反更爲高，而其高者反爲下。」（〈率性〉）的例證，說明性惡者不但因教化勉學而變善，若持續不斷存養，甚而優於一般善者。並舉孔門弟子七十之徒：「皆任卿相之用，被服聖教，文才雕琢，知能十倍，教訓之功而漸漬之力也。」（〈率性〉）強調教育透過逐漸感化的力量，使善的一面漸漸獲得涵養，惡的一面漸漸轉變爲善，「教導以學，漸漬以德」（〈率性〉）的教化漸染，達到修養內化仁義操行的理想。

　　由上所述，王充論人性有善有惡，是從社會運作的角度開展，有肯定禮樂制度的社會理想蘊含其中。所以學者指出：「王充雖然認爲，社會的治亂興衰，與人事沒有關係，而是取決於自然之數。『命期自然，非德化也』，『皆在命時，非人力也。』但他的人性論，卻又爲社會禮治提供了理論基礎。禮樂制度出於性情這一思想，正是儒家『內聖外王』之學的具體表現。『禮義至重，不可失也。』可見，王充所謂性情善惡，是以倫理道德爲基礎。」[86]

第三節　王充人性論的檢討

　　總上所述，對於王充人性論有下列認識：

一、教化之功與命定思想矛盾

　　人性的善惡和命運的吉凶禍福、貴賤貧富，王充認爲都是決

---

86 蒙培元，《中國心性論》（台北：台灣學生書局，1990 年），頁 173。

定於初稟之氣，他說：

> 小人君子，稟性異類乎？譬諸五穀皆為用，實不異而效殊
> 者，稟氣有厚泊故性有善惡也。（〈率性〉）
>
> 凡人受命，在父母施氣之時，已得吉凶矣。（〈命義〉）

　　既然性與命皆稟氣而生，稟氣渥泊的差異性，就有人性善惡
之分和命運的不同。至於命與性二者之間又沒有必然的聯繫，行
善可能得禍，作惡可能致福，在初稟之命已決定。按此理論架構，
強調教化修養人性，化惡為善並不能對命運的改變有所助益。因
此，又何需致力於聖人之教呢？顯然王充藉由人性論提出禮樂制
度等教化，在徹底命定論的前提下，是顯得十分突兀的。

二、評論先秦以來的人性論點有失公允

　　王充主張人性有善有惡，「性」的本質除稟受五常之氣的厚
薄外，又受智慧高低和情欲的影響。所以其所論及的「性」是屬
於才性，而其評論孟子、陸賈的人性，也就犯了以才性批判心性
的錯誤。同理，其評論告子、荀子的人性，也就犯了以才性批判
自然之質性的錯誤。至於王充和董仲舒雖以陰陽之氣解釋人性的
稟受，但王充的人性，並不同於董仲舒的性善情惡之說，而是主
張情性同生於陰陽，情性也各有善惡。所以他評論董仲舒的人性
不分善人、惡人和善惡混的中人之性。又王充看來，劉子政的性
陰情陽說法，未依據情性產生的根源推論，而只就外顯或不外顯，
區分為性內為陰、情外為陽，認為這將形成情性的混淆，事實上，
劉向有論及情性的善惡問題，而王充只注意其「性內情外」一點
而已。由上述，王充對於先秦以來諸子的人性論述，可再注意「性」
的內涵界定問題，及加強全面的理解。

三、性分三品的地位

　　王充認為人性依所稟德性、智慧及情欲的不同，分為中人以上、中人以下和中人三等。性分三品的觀念，董仲舒和揚雄已有類似的區分，董仲舒並未直言性分三品，但其所述聖人之性、斗筲之性、中人之性，已初具人性三品之分；揚雄的人性三品，是就善惡混的人性，依據其中的善惡多寡再區分為「聖人、愚人、中人」三品。王充承襲前人說法，也將人性分三等，包括了有的人性善，有的人性惡，有的人性善惡混三品，不同於孟子、荀子以及揚雄的人性立論。王充人性三品說並影響唐代韓愈將人「性情」分為三品，在人性論的發展上，王充有其承先啟後的地位。

第六章　王充「先秦諸子論」的批判精神

　　《論衡》書中有〈非韓〉、〈問孔〉、〈刺孟〉等批判諸子學說的篇章。各諸子學派的不同見解，對王充思想的建構、知識視野的形成以及批評的內容，多有影響。然而，王充為什麼要非韓、問孔與刺孟呢？本文希望藉由王充對韓非、孔子、孟子的評論，分析其吞吐百家之言的現實批判意義，探究其間可能隱含的時代意涵，印證《論衡》寫作「其本皆起人間有非」的宗旨，同時呈現王充思辨先秦諸子學說的態度。一方面說明王充評論內容的多樣性和多面性，更重要的是說明其批判聖賢孔孟或法家韓非，仍不脫時代問題，具有思想史和政治社會歷史的價值。至於〈非韓〉、〈問孔〉、〈刺孟〉的內容為何？歷代有何評價？對於學術有何貢獻？也將逐一分析探討於下。

第一節　王充〈非韓〉的批判精神

　　由於王充《論衡》之作「其本皆起人間有非，故盡思極心以譏世俗。」（〈對作〉）當時社會偏離正軌，對這不實風氣的批判和導正是《論衡》立論的重點。〈非韓〉是非難韓非法家學說的

部分論點，篇中大多篇幅在闡述法家「任刑用誅」不重視德治的學說現象。王充為什麼要非韓呢？也就是王充質疑法家「任刑用誅」之說與漢代的政治或法律背景是否有關聯呢？是否有質疑韓非的部分言行，來借古諷今呢？以下說明其〈非韓〉的原因：

一、王充〈非韓〉的用意

　　〈非韓〉是一篇評論法家學說的文章，篇中闡述的重點有二：一是法家「任刑用誅」不重視德治的學說特色，例如他說：

> 宋人有御馬者，不進，拔劍剄而棄之於溝中。又駕一馬，馬又不進，又剄而棄之於溝。若是者三。以此威馬，至矣，然非王良之法也。王良登車，馬無罷駑；堯、舜治世，民無狂悖。王良馴馬之心，堯、舜順民之意。…治國之道，當任德也。韓子任刑，獨以治世，是則治身之人，任傷害也。（〈非韓〉）

　　此段之意無疑是藉王良馴馬的心，和宋人殘忍剄馬的比較，非難韓非的「任刑」之說，強調治國之道不可專任刑法，施行仁義才是上策的政治理念。王充〈非韓〉篇中又引用《韓非子》的故事：

> 齊有高節之士，曰狂譎、華士。二人，昆弟也，義不降志，不仕非其主。太公封於齊，以此二子解沮齊眾，開不為上用之路，同時誅之。韓子善之，以為二子無益而有損也。…周公聞太公誅二子，非而不是，然而身執贄以下白屋之士。白屋之士，二子之類也。周公禮之，太公誅之。二子之操，孰為是者？（〈非韓〉）

　　內容是陳述姜太公與周公之爭，姜太公尚力重耕戰，狂譎及

華士有賢才但不爲所用，故殺之。反之，周公重賢則欲禮賢之。韓非認同姜太公的作法，此例又涉及「尊君」與「尚賢」觀念的爭論。韓非認爲理想的君臣關係是順從、竭力爲上，奉其主若高天泰山之尊，賤己身若壑谷隔洴之卑。如同《韓非子・說疑篇》所列的后稷、皋陶、伊尹、周公旦、太公望、管仲、隰朋、百里奚、蹇叔等賢臣，「皆夙興夜寐，卑身賤體」、「明刑辟，治官職」以事其君。進善言，則「不敢矜其善」；立事功，而「不敢伐其勞」，才可稱作賢臣。至於許由、卞隨、務光、伯夷、叔齊之類，「見利不善，臨難不恐」，不慕厚賞，乃不畏嚴刑之不令之民。[1]而王充〈非韓〉所引的狂譎、華士二人，行事風格類似許由、卞隨、務光、伯夷、叔齊一類，在韓非強化君權的思路中並不屬於賢臣之列，王充批評韓非此例是觸犯了「賞無功，罰無罪」的錯誤。他說：

> 夫執不仕者，未必有正罪也，太公誅之。如出仕未有功，太公肯賞之乎？賞須功而加，罰待罪而施。使太公不賞出仕未有功之人，則其誅不仕未有罪之民，非也，而韓子是之，失誤之言也。（〈非韓〉）

由王充的評論可見他對法家名實觀念的重視，但不認同「任刑用誅」。

除此之外，〈非韓〉篇闡述的另一重點，是評論韓非「非儒」的不當。王充曾陳述當時人的風氣是：

> 世俗學問者，…義理略具，同趨學史書，讀律諷令，治作情奏，習對向，滑習跪拜，家成室就，召署輒能。徇今不顧古，趨讎不存志，競進不案禮，廢經不念學。（〈程材〉）

---

1 陳奇猷，《韓非子集釋》（台北：漢京文化事業有限公司，1983 年），頁 917-919。文中所引《韓非子》出自此書，以下只註明頁數。

　　此為一般俗儒汲汲於利祿的價值趨向，是粗識義理就一窩蜂
的學習律令，習作公文，為迎合此風氣，已不修習先王之道，而習
文法吏事以舞文弄法，並非修習經書的儒士。例如西漢薛宣曾說：

> 吏道以法令為師，可問而知。及能與不能，自有資材，何
> 可學也。[2]

　　「吏道以法令為師」一語反映漢代吏職仍限於執行法令的角
色，仍未發揮「民之師帥」的教化功能。[3]成帝時琅邪太守朱博也說：

> 博尤不愛諸生，所至郡輒罷去議曹，曰：「豈可復置謀曹
> 邪！」文學儒吏時有奏記稱說云云，博見謂曰：「如太守
> 漢吏，奉三尺律令以從事耳，亡奈生所言聖人道，何也！
> 且持此道歸，堯、舜君出，為陳說之」。其折逆人如此。[4]

　　朱博擔任太守要職，但拒聽聖人之道，代表儒術對負責實際
政務的「吏」仍起不了作用。所以：「禮樂教化如果是出於朝廷
的旨意，則朱博何敢如此理直氣壯地拒斥『聖人之道』？…這時
儒教表面上定於一尊已超過了一個世紀，然而像朱博這樣一個鄙
薄儒教的人竟能一帆風順地攀登至官僚系統的頂峰。這一事實也
逼使我們不能不重新思考漢廷和儒教之間的微妙關係。」[5]以下即
從上述〈非韓〉篇論述的二項要點，討論漢代律法是否有「任刑
用誅」的現象，以及文吏輕視儒教的時代意涵：

（一）批判漢代「任刑用誅」的律法

　　梁玉繩曾記載：

2 《漢書・薛宣傳》，頁 3397。
3 余英時，〈漢代循吏與文化傳播〉，收入余英時，《中國思想傳統的現代詮
　釋》（台北：聯經出版社，1987 年），頁 216-223。
4 《漢書・朱博傳》，頁 3400。
5 同註 3，頁 220 至 221。

《漢書‧刑法志》曰：漢興，約法三章，網漏吞舟之魚，然其大辟尚有夷三族之令。又考惠帝四年，始除挾書律。呂后元年，始除三族罪、妖言令。文帝元年，始除收孥諸相坐律令。二年，始除誹謗律。十三年，除肉刑。然則秦法未嘗悉除，三章徒為虛語，《續古今考》所謂一時姑為大言以慰民也。蓋三章不足禁姦，蕭何為相，采摭秦法，作律九章，疑此等皆在九章之內。[6]

這段記載，明白說「秦法未嘗悉除，三章徒為虛語」，所以分別在漢惠帝四年（西元前一九一年）除挾書律，文帝元年、二年及十三年（西元前一六七年）除相坐律、誹謗律及肉刑。蕭何作《九章律》也是以秦法為本，此說若成立，則漢律基礎仍為嚴厲的秦法。

根據程樹德《九朝律考》之〈漢律考〉，漢律令有律、令、科、比四種形式。[7]

1.「律」是漢代法律的主要形式。漢以律命名的綜合性法典，有下列幾部：

《九章律》：共有九篇：盜律、賊律、囚律、捕律、雜律、具律、興律、廄律、戶律。為蕭何受劉邦之命，「捃摭秦法，取其宜於時者，作律九章。」

《傍章律》：叔孫通制定，共十八篇。[8]其篇目名稱已不可考，據《漢書》記載：「今叔孫通所撰禮儀，與律令同錄，臧於理官，…

---

6 （清）梁玉繩，《史記志疑》卷六，《叢書集成新編》第六冊（台北：新文豐出版公司，1985 年），頁 179。

7 薛梅卿、葉峰，《中國法制史稿》（北京：高等教育出版社，1990 年），第四章。

8 《晉書‧刑法志》：「叔孫通益律所不及，傍章十八篇。」（唐）房喬撰，王雲五主編，《晉書》卷三十（台北：台灣商務印書館，2010 年），頁 237。

今學者不能昭見…故君臣長幼交接之道寖以不章。」[9]所以叔孫通益律所不及,而著作的《傍章律》,可推知是有關禮儀制度的儀法。[10]

　　《越宮律》:由張湯制定,共二十七篇,[11]篇目名稱已無從考查。據沈家本考證,有「闌入宮殿門」、「闌入甘泉上林」、「無引籍入宮司馬殿門」以及「犯蹕」等法條,乃有關宮廷護衛之法律。

　　《朝律》:由趙禹制定,共六篇,[12]篇目已無存。此外,見於文獻者又有以律命名之單行法規,如〈尉律〉、〈酎金律〉、〈上計律〉、〈錢律〉、〈左官律〉、〈大樂律〉、〈田律〉、〈田租稅律〉、〈尚方律〉、〈挾書律〉。

　　2.「令」爲律的補充,乃國君更改法律的重要法寶。[13]令所涉及的範圍廣泛,今所知篇目有〈令甲〉、〈令乙〉、〈令丙〉、〈功令〉、〈金布令〉、〈宮衛令〉、〈秩祿令〉、〈品令〉、〈祠令〉、〈祀令〉、〈齋令〉、〈公令〉、〈獄令〉、〈箠令〉、〈小令〉、〈田令〉、〈馬復令〉、〈胎養令〉、〈養老令〉、

9　《漢書·禮樂志》,頁 1035。

10　漢律有禮與法不分之現象,程樹德曾說:「漢時去古未遠,合禮與律爲一,禮樂志謂叔孫通所撰禮儀與律同錄藏於理官,應劭傳亦言刪定律令爲漢儀,此漢以禮入律之證,是朝覲享廟之儀,吉凶喪祭之典,後人以之入禮者,而漢時多屬於律也」程樹德,《九朝律考》〈漢律律名考〉(台北:台灣商務印書館,1965 年),頁 11。又陶希聖提及漢律,禮與律不分時曾說:「禮既是身份等級的規範,刑祇是擔保此種規範的執行的手段。漢代的禮刑已漸從對立變爲相輔。蕭何九章之律固然是刑的規定,叔孫通傍章十八篇大約是朝儀,也算是律的一部。張湯越宮律二十七篇,趙禹朝律六篇,都是禮儀,也以刑罰作擔保,而爲律的一部。」陶希聖,《中國政治思想史》第二冊(台北:食貨出版社,1972 年),頁 151。

11　《晉書·刑法志》,同註 8,頁 237。

12　《晉書·刑法志》,同註 8,頁 237。

13　《史記·酷吏列傳》:「前主所是著爲律,後主所是疏爲令。」頁 1303。

〈任子令〉、〈緡錢令〉、〈廷尉挈令〉、〈光祿挈令〉、〈樂浪挈令〉，數量亦多。成帝時律令繁多已達百萬餘言，[14]令甲以下即有三百餘篇。[15]

3.「科」，顏師古說「科謂事條」[16]及《釋名》記載「科，課也。課其不如法者，罪責之也」。[17]科有依法論罪科刑之意，數量繁多，所以說「憲令稍增，科條無限。」[18]

4.「比」，《周禮》注疏記載：「今律有斷事皆依舊事斷之，其無，條取比類以決之，故云決事比也。」[19]說明此乃經朝廷批准，具有法律效力的斷案成例。武帝時「死罪決事比萬三千四百七十二事」[20]，運用十分普遍。

上述漢律令與韓非學說相通者可歸納爲三點：

1.「令」爲律的補充，由國君增修。換言之，漢代國君掌握制定、增刪等修改法令及決定賞罰之權，[21]與韓非主張立法權原

---

14 《漢書‧刑法志》，頁 1103。
15 《晉書‧刑法志》，同註 8，頁 237。
16 《後漢書‧桓譚傳上》，頁 959。
17 （東漢）劉熙，《釋名》卷六〈釋典藝〉第二十。《四部叢刊》第三冊（台北：台灣商務印書館，1979 年），頁 27。
18 《後漢書‧陳寵傳》，頁 1554。
19 《周禮‧大司寇》，（漢）鄭玄注，（唐）賈公彥疏，《周禮注疏》，《十三經注疏》第三冊（台北：藝文印書館，1985 年出版），頁 518。
20 《漢書‧刑法志》，頁 1101。
21 《漢書‧酷吏傳》：「武帝時，禹以刀筆吏積勞，遷爲御史。上以爲能，至中大夫與張湯論定律令，作見知，吏傳相監司以法，盡自此始。」頁 3651。說明武帝曾修改漢律，《魏書‧刑罰志》亦有記載：「孝武世以姦宄滋甚，增律五十餘篇。」（北齊）魏收撰，《魏書》卷一百一十一，志第十六，《四部備要‧史部，二十四史》第七冊（台北：中華書局，1960 年），頁 893。主持者爲張湯、趙禹。張湯制定〈越官律〉二十七篇，趙禹作〈朝律〉六篇。武帝修改律令後之現象，據《漢書‧刑法志》：「律令凡三百五十九章，大辟四百九條，千八百八十二事，死罪決事比萬三千四百七十二事。文書盈於几閣，典者不能遍睹。是以郡國承用者駭，或罪同而論異。姦吏因緣爲市，

自國君「無慶賞之勸，刑罰之威，釋勢委法，堯舜之說而人辯之，不能治三家。」[22]「賞罰者，邦之利器也。在君則制臣，在臣則勝君。」[23]認為「賞罰下共則威分」[24]，國君掌握法令才足以鞏固權威的思想相通。

2.漢律條目詳細明白，且內容涉及範圍寬廣，與韓非所說的：「書約而弟子辯，法省而民萌訟。是以聖人之書必著論，明主之法必詳事。」[25]的觀點相似。

3.漢律條目繁多，班固曾感慨的說：「今郡國被刑而死者歲以萬數，天下獄二千餘所。」[26]人民受刑法的威脅可想而知。這與韓非所說的：「夫嚴刑重罰者，民之所惡也，而國之所以治也；哀憐百姓，輕刑罰者，民之所喜也，而國之所以危也。」[27]「誅莫如重，使民畏之。毀莫如惡，使民恥之。」[28]嚴刑峻法相通。重罰的目的無非想要以刑去刑，韓非曾比喻說：「十仞之城，樓季弗能踰者，峭也。千仞之山，跛牂易牧者，夷也。故明主峭其法而嚴其刑也。」[29]漢興律法多承襲秦制，受韓非影響，而刑重繁多。

所欲活則傅生議，所欲陷則予死比，議者咸冤傷之。」頁1101。漢律經此修改後，條目更加增多，內容亦更加龐雜。迄於成帝，漢律已發展為「大辟之刑千有餘條，律令煩多，百有餘萬言，奇請它比，日益以滋，自明習者不知所由。」成帝遂「與中二千石、二千石、博士及明習律令者議減死刑及可蠲除約省者。」頁1103。

22 《韓非子・難勢篇》，頁888-889。
23 《韓非子・喻老篇》，頁392。
24 《韓非子・八經篇》，頁996。
25 《韓非子・八說篇》，頁976。
26 《漢書・刑法志》，頁1109。
27 《韓非子・姦劫弒臣篇》，頁248。
28 《韓非子・八經篇》，頁997。
29 《韓非子・五蠹篇》，頁1052。

　　至於漢初雖然實行黃老之治，但是《史記‧張釋之馮唐列傳》記載文帝乘輿，有人犯蹕，張釋之依法罰金；〈酷吏列傳〉記載景帝重用酷吏郅都、寧成之屬，人人惴恐。可知文景時期的政治運作中，黃老之治與嚴刑峻罰實際上是並存的。

　　又武帝奉儒術為正統，有「春秋斷獄」的政策，也就是用《春秋》的觀點作為定罪量刑的依據。因此，事實上並不是不用律法，而是用儒術來包裝律法罷了。[30]舉例如下：

　　　廣陵王荊有罪，帝以至親悼傷之，詔儵與羽林監南陽任隗雜理其獄。事竟，奏請誅荊。引見宣明殿，帝怒曰：「諸卿以我弟故，欲誅之，即我子，卿等敢爾耶！」儵仰而對曰：「天下高帝天下，非陛下之天下也。春秋之義，『君親無將，將而誅焉。』…如令陛下子，臣等專誅而已。」[31]

文中「春秋之義，君親無將，將而誅焉」的「將」是叛逆之義。廣陵王有犯上作亂的思想，於是引春秋之義認為應受死刑。春秋斷獄是有流弊的，因為經典文字簡約，非規範性文字，直接引用往往斷章取義，甚至執政者可拋開法律，根據主觀意識決定

30　所謂儒術，「術」的涵義為何呢？晁錯曾說：「人主所以尊顯功名，揚於萬世之後者，以知術數也。」依顏師古注，此術數之意為：法制治國之術。（《漢書‧晁錯傳》，頁 2278。）公孫弘則說：「擅殺生之柄，通壅塞之塗，權輕重之數，論得失之道，使遠近情偽必見於上，謂之術。」（《漢書‧公孫弘列傳》，頁 2616。）因此，所謂儒術，限指儒家學說中尊君御下之方法，並未涵蓋所有的儒家學說。所以熊十力認為兩漢所尊之儒術絕非真孔學。他說：「孔門群籍，雖自漢興，多獻於朝，而漢朝固任其廢棄，莫肯護惜。所以然者，漢武與董仲舒定孔子為一尊，實則其所尊者非真孔學，乃以祿利誘一世之儒生，盡力發揚封建思想與擁護君主統治之邪說，而托於孔子，以便號召。故漢儒所弘宣之六藝經傳，實非孔門真本。」又說：「漢人尊孔，乃以竄亂之經書及其偽說，假藉孔子，以達其擁護皇帝之私圖，自是偽儒學興，而孔門相傳之真儒學，不可睹矣。」熊十力，《原儒》（台北：明倫書局，1971 年），頁 20 及 34。

31　《後漢書‧樊儵傳》，頁 1123。

刑罰，並無固定標準。當時執行法律者多「習文法吏事」，所以反而讓有心人，得外藉儒術而內行嚴刑峻法。[32]

由上述，漢代有形成酷吏的環境，而酷吏橫行也是漢代普遍的現象，[33]司馬遷就是生長在這一酷吏橫行的時代，而且深受其害。所以在《史記・循吏列傳》中，介紹五位善良官吏：孫叔敖、子產、公儀休、石奢及李離，多是春秋時代之人物。反之，〈酷吏列傳〉所介紹之人物，例如：郅都、甯成、周陽由、趙禹、張湯、義縱、王溫舒、尹齊、減宣、杜周等人，多為漢武帝時代人物。司馬遷曾論述說：

> 自張湯死後，網密多詆嚴，官事寖以秏廢。九卿碌碌奉其官，救過不贍，何暇論繩墨之外乎！[34]

張湯修改律令後，律法嚴密繁多，所以官員碌碌奉其官，「救過不贍，何暇論繩墨之外乎！」官吏誠惶誠恐的謹守繩墨，不敢逾越職分也不敢作事，這是酷吏氾濫導致官員碌碌的行徑。加上漢代律令繁多，「今大辟之刑千有餘條，律令煩多，百有餘萬言，奇請它比，日以益滋，自明習者不知所由，欲以曉喻眾庶，不亦

---

32 誠如劉師培所說：「援公羊以傅今律，名曰引經決獄，實則便于酷吏之舞文。時公孫弘亦治春秋，所對之策尚德緩刑，約符仲舒之旨，然諳習文法吏事，緣飾儒術，外寬內深，睚眦必報。此則外避法吏之名，內行法吏之實，以儒術輔法吏，自此始矣。」劉師培，《儒學法學分歧論》，《劉申叔先生遺書》第二冊（台北：大新書局，1965 年），頁 1759。

33 《史記・酷吏列傳》《後漢書・酷吏傳》《漢書・刑法志》多有記載。《史記・酷吏列傳》所記載之酷吏，有郅都、甯成、周陽由、趙禹、張湯、義縱、王溫舒、尹齊、減宣、杜周等人。其治獄之殘烈，據《漢書・刑法志》：「今之聽獄者，求所以殺之；古之聽獄者，求所以生之。…今之獄吏，上下相驅，以刻為明，深者獲功名，平者多後患。」可知。頁 1109-1110。《後漢書・酷吏傳》記載東漢光武帝、章帝、順帝及桓帝時期之酷亦不乏其人。

34 《史記・酷吏列傳・太史公曰》，頁 1304。

難乎！」[35]可以想見人民並未因「法」而得利，反而深受其刑害。

漢代國君曾有禁止這種酷吏專橫、嚴刑峻法的現象：

（建武二年）三月乙未，大赦天下，詔曰：「頃獄多冤人，用刑深刻，朕甚愍之。孔子云：『刑罰不中，則民無所措手足。』其與中二千石、諸大夫、博士、議郎議省刑法。」[36]

（建武五年）五月丙子，詔曰：「久旱傷麥，秋種未下，朕甚憂之。將殘吏未勝，獄多冤結，元元愁恨，感動天氣乎？其令中都官、三輔、郡、國出繫囚，罪非犯殊死一切勿案，見徒免為庶人。務進柔良，退貪酷，各正厥事焉。」[37]

（建武十八年四月）詔曰：「今邊郡盜穀五十斛，罪至於死，開殘吏妄殺之路，其蠲除此法，同之內郡。」[38]

（中元二年十二月）詔曰：「…今選舉不實，邪佞未去，權門請託，殘吏放手，百姓愁怨，情無告訴。有司明奏罪名，并正舉者。又郡縣每因徵發，輕為姦利，詭責羸弱，先急下貧。其務在均平，無令枉刻。」[39]

（永平三年正月）詔曰：「…夫春者，歲之始也。始得其正，則三時有成。比者水旱不節，邊人食寡，政失於上，人受其咎。有司其勉順時氣，勸督農桑，去其螟蜮，以及蠡賊，詳刑慎罰，明察單辭，夙夜匪懈，以稱朕意。」[40]

（永平四年二月）詔曰：「…有司勉遵時政，務平刑罰。」[41]

---

35 《漢書・刑法志》，頁1103。
36 《後漢書・光武帝紀上》，頁29。
37 《後漢書・光武帝紀上》，頁39。
38 《後漢書・光武帝紀上》，頁69。
39 《後漢書・明帝紀》，頁98。
40 《後漢書・明帝紀》，頁105。
41 《後漢書・明帝紀》，頁107。

　　不過，即便有禁止嚴刑的詔書和想法，卻又與統治者自身的行事作風矛盾，如史書記載「世承二帝（光武、明帝）吏化之後，多以苛刻為能」[42]即反映光武、明帝實行苛政的影響。

　　如建武十四年群臣請求增設科禁，[43]可說是光武帝苛政的寫照，針對增設「任刑」之策，杜林上疏請緩設：

> 夫人情挫辱，則義節之風損；法防繁多，則苟免之行興。孔子曰：『導之以政，齊之以刑，民免而無恥。導之以德，齊之以禮，有恥且格。』古之明王，深識遠慮，動居其厚，不務多辟，周之五刑，不過三千。大漢初興，詳覽失得，故破矩為圓，斲彫為樸，蠲除苛政，更立疏網，海內歡欣，人懷寬德。及至其後，漸以滋章，吹毛索疵，詆欺無限。果桃菜茹之饋，集以成臧，小事無妨於義，以為大戮，故國無廉士，家無完行。至於法不能禁，令不能止，上下相遁，為敝彌深。臣愚以為宜如舊制，不合翻移。」帝從之。[44]

　　此外，朱浮上書說：「陛下哀愍海內新離禍毒，保育生人，使得蘇息。而今牧人之吏，多未稱職，小違理實，輒見斥罷，豈不粲然黑白分明哉！然以堯舜之盛，猶加三考，大漢之興，亦累功效，吏皆積久，養老於官，至名子孫，因為氏姓。當時吏職，何能悉理，論議之徒，豈不喧譁。…尋其視事日淺，未足昭見其職，既加嚴切，人不自保，各相顧望，無自安之心。有司或因睚眦以聘私怨，苟求長短，求媚上意。二千石及長吏迫於舉劾，懼於刺譏，故爭飾詐偽，以希虛譽。…願陛下遊意於經年之外，望

42　《後漢書・韋彪傳》，頁 918。

43　建武十四年，羣臣上言：「古者肉刑嚴重，則人畏法令，今憲律輕薄，故姦詭不勝，宜增科禁，以防其源。」詔下公卿。《後漢書・杜林傳》，頁 937。

44　《後漢書・杜林傳》，頁 937-938。

化於一世之後。天下幸甚。」[45]反映光武帝時期苛察官吏，各級
長官多有人心不安的負面壓力，而無助於吏治的改善。

又桓譚上書說：「又見法令決事，輕重不齊，或一事殊法，
同罪異論，姦吏得因緣為市，所欲活則出生議，所欲陷則與死比，
是為刑開二門也。今可令通義理明習法律者，校定科比，一其法
度，班下郡國，蠲除故條。如此，天下知方，而獄無怨濫矣。」[46]
告知刑法實行不公，有「獄多怨濫」的流弊。

杜林、朱浮、桓譚等大臣的勸戒並無太多實效，從明帝、章
帝多沿襲重刑罰的施政風氣可推知，徵之史實：

> （曹褒）初舉孝廉，再遷圉令，以禮理人，以德化俗。時
> 它郡盜徒五人來圉界，吏捕得之，陳留太守馬嚴聞而疾
> 惡，風縣殺之。褒勑吏曰：「夫絕人命者，天亦絕之。皋
> 陶不為盜制死刑，管仲遇盜而升諸公。今承旨而殺之，是
> 逆天心，順府意也，其罰重矣。如得全此人命而身坐之，吾
> 所願也。」遂不為殺。嚴奏褒耎弱，免官歸郡，為功曹。[47]

曹褒於章帝時為官，行「以禮理人，以德化俗」的儒學理念，
主張免除盜賊死罪，而被視作軟弱，貶為功曹。

又章帝時，「承永平故事，吏政尚嚴切，尚書決事率近於重。」
尚書陳寵以章帝新即位，宜改前世苛俗，乃上疏：

> 「臣聞先王之政，賞不僭，刑不濫，與其不得已，寧僭不
> 濫。…而有司執事，未悉奉承，典刑用法，猶尚深刻。斷
> 獄者急於篣格酷烈之痛，執憲者煩於詆欺放濫之文，或因
> 公行私，逞縱威福。夫為政猶張琴瑟，大弦急者小弦絕。

---

45 《後漢書・朱浮傳》，頁1142。
46 《後漢書・桓譚傳》，頁959。
47 《後漢書・曹褒傳》，頁1202。

故子貢非臧孫之猛法，而美鄭喬之仁政。詩云：『不剛不柔，布政優優。』方今聖德充塞，假于上下，宜隆先王之道，蕩滌煩苛之法。輕薄箠楚，以濟羣生；全廣至德，以奉天心。」帝敬納寵言，每事務於寬厚。其後遂詔有司，絕鈷鑽諸慘酷之科，解妖惡之禁，除文致之請讞五十餘事，定著于令。是後人俗和平，屢有嘉瑞。[48]

陳寵兒子陳忠「略依寵意，奏上二十三條，爲決事比，以省請讞之敝。又上除蠶室刑；解臧吏三世禁錮；狂易殺人，得減重論；母子兄弟相代死，聽，赦所代者。事皆施行。」[49]是陳寵父子掌管司法，用心務在寬和，上書隆先王之道，蕩滌煩苛之法，而當時施行的是苛政嚴刑就可想而知了。又如和帝時：

建初中，有人侮辱人父者，而其子殺之，肅宗貰其死刑而降宥之，自後因以為比。是時遂定其議，以為輕侮法。敏駁議曰：「夫輕侮之法，先帝一切之恩，不有成科班之律令也。夫死生之決，宜從上下，猶天之四時，有生有殺。若開相容恕，著為定法者，則是故設姦萌，生長罪隙。」…臣伏見孔子垂經典，皋陶造法律，原其本意，皆欲禁民為非也。未曉輕侮之法將以何禁？必不能使不相輕侮，而更開相殺之路，執憲之吏復容其姦枉。…臣愚以為天地之性，唯人為貴，殺人者死，三代通制。今欲趣生，反開殺路，一人不死，天下受敝。…和帝從之。[50]

也是當時犯罪以屬行重典加以制約的例子。所以兩漢政治形勢是一面尊崇儒學，又一面屬行法治的格局。此外，又有大臣加

---

48 《後漢書‧陳寵傳》，頁1549。
49 《後漢書‧陳忠傳》，頁1555-1556。
50 《後漢書‧張敏傳》，頁1503。

深了任刑的強度，例如：

> 至周為廷尉，詔獄亦多矣。…廷尉及中都官詔獄，逮至六
> 七萬人，吏所增加十萬餘人。…天子以為盡力無私，遷為
> 御史大夫。…其治暴酷皆甚於王溫舒等矣。[51]

所以班固說：「今郡國被刑而死者歲以萬數，天下獄二千餘
所。」[52]東漢時期亦然：

> （光武帝時）董宣…累遷北海相。到官…大姓公孫丹…乃
> 令其子殺道行人，…宣知，即收丹父子殺之。丹宗族親黨
> 三十餘人，操兵詣府，稱冤叫號。…使門下書佐水丘岑盡
> 殺之。

> 樊曄…為天水太守，政嚴猛，好申韓法，善惡立斷。人有
> 犯其禁者，率不生出獄。

> 李章…遷千乘太守。坐誅斬盜賊過濫，徵下獄免。

> （章帝時）周，…為人刻削少恩，好韓非之術。…收考姦
> 臧，無出獄者。以威名遷齊相，亦頗嚴酷，專任刑法，…
> 坐殺無辜，復左轉博平令。

> （順帝時）黃昌…後拜宛令，政尚嚴猛，好發姦伏。人有
> 盜其車蓋者，昌初無所言，後乃密遣親客至門下賊曹家掩
> 取得之，悉收其家，一時殺戮。

> （桓帝時）王吉…中常侍甫之養子也，…以父秉權寵，年
> 二十餘，為沛相。

> 若有生子不養，即斬其父母，合土棘埋之。凡殺人皆磔屍
> 車上，隨其罪目，宣示屬縣。夏月腐爛，則以繩連其骨，
> 周偏一郡乃止，見者駭懼。視事五年，凡殺萬餘人，其餘

---

51 《史記・酷吏列傳》，頁 1303 至 1304。
52 《漢書・刑法志》，頁 1109。

　　　慘毒刺刻，不可勝數。[53]

　　形成漢代的任刑現象，其中原因可說是：

　　　國家對於人民，有無上之權威，所以務在嚴刑以臨民。…
　　　特是國家與君主不分，刑罰太峻，君權必尊。極其流弊，
　　　法律將失效力，此君主之意思，強使人民之必從，造成君
　　　主專制之政治。[54]

　　也就是說，在君主專制體制下，君權無限，最能表現君主權
威者，則為賞罰之行使。人君具有制定法律的權力，執行賞罰的
權力又出自人君，所以法治中的最高權威並非法律而是國君。漢
代酷吏專橫、嚴刑峻法，法不但不能發揮它正面的價值，反而成
為摧殘臣民的殘酷工具，造成「尚法而無法」[55]的現象。至於王
充〈非韓〉篇批判韓非「任刑用誅」之說，無疑有不滿漢代陽儒
陰法現象，而借非韓來批判漢代律令的嚴苛。

（二）批判文吏的流弊

　　王充有文吏與儒生的比較，不少學者已認為這涉及法治與禮
治之爭。[56]王充對文吏的定位曾說：

　　　五經以道為務，事不如道，道行事立，無道不成。然則儒
　　　生所學者，道也；文吏所學者，事也。假使材同，當以道
　　　學。如比於文吏，洗洿泥者以水，燔腥生者用火。水火，
　　　道也，用之者，事也，事末於道。儒生治本，文吏理末，

53　以上見《後漢書・酷吏傳》頁 2489 至 2501。
54　胡樸安，《商君書解詁・初印本胡序》，朱師轍，《商君書解詁定本》（台
　　北：世界書局，1975 年），頁 7。
55　《荀子・非十二子篇》，（清）王先謙，《荀子集解》第三卷（台北：藝文
　　印書館，1988 年），頁 228。
56　黃宛峰，〈論王充的儒生觀〉（《齊魯學刊》，2004 年第 2 期），頁 17。

道本與事末比，定尊卑之高下，可得程矣。(〈程材〉)

其意是說，儒生以五經爲業，而「五經以道爲務」，在學習五經之教的積累下，造就了儒生的「聖人之操」。所以王充曾說：

蓬生麻間，不扶自直；白紗入緇，不染自黑。此言所習善惡，變易質性也。儒生之性，非能皆善也，被服聖教，日夜諷詠，得聖人之操矣。(〈程材〉)

文吏則通曉文法吏事，辦事效率高，行事又能「阿意苟取」(〈程材〉)。是文吏與儒生各有優劣，也就是「儒生、文吏皆有材智，非文吏材高而儒生智下也；文吏更事，儒生不習也。」(〈程材〉)不過，基本上是儒生治本，文吏理末，而且本勝於末，因此說：「儒生治本，文吏理末」「文吏瓦石，儒生珠玉也」(〈程材〉)「儒生能爲文吏之事，文吏不能立儒生之學。」(〈程材〉)

王充又將儒生分作俗儒與雅儒二者，意味儒生有其差異性。如同荀子有俗儒、雅儒、大儒之分。[57]王充說俗儒「以儒名而俗行，以實學而僞說，貪官尊榮，故不足貴。」(〈非韓〉)是俗儒心態汲汲功利，雅儒對社會則有助益，他說：「賢明之將，程吏取材，不求習論高，存志不顧文也。稱良吏曰忠，忠之所以爲效，非簿書也。夫事可學而知，禮可習而善，忠節公行不可立也。文吏、儒生皆有所志，然而儒生務忠良，文吏趨理事。苟有忠良之業，疏拙於事，無損於高。」(〈程材〉)因此雅儒爲官則匡諫規勸，「令將檢身自勑，不敢邪曲」(〈程材〉)，爲民則在「重禮愛義，率無禮之士，激無義之人，人民爲善，愛其主上。」(〈非韓〉)使風俗淳美。

不過，儒生在漢代並不被重視，王充說：「儒生有闕，俗共

---

57 《荀子・儒效篇》，同註 55，頁 289。

短之；文吏有過，俗不敢訾。歸非於儒生，付是於文吏也。」（〈程材〉）這是因爲儒生或直言勸諫，又不善處理吏事，所以「儒生不曉簿書，置之於下第。」（〈程材〉）文吏反受重用，能夠「長大成吏，舞文巧法，徇私爲己，勉赴權利；考事則受賂，臨民則采漁，處右則弄權，幸上則賣將；一旦在位，鮮冠利劍。一歲典職，田宅并兼。」（〈程材〉）當時文吏勢力坐大由此可見。王充批評說：

> 孔子曰：「孝悌之至，通於神明。」張釋之曰：「秦任刀筆小吏，陵遲至於二世，天下土崩。」張湯、趙禹，漢之惠吏，太史公序累，置於酷部，而致土崩。孰與通於神明令人塡膺也？（〈程材〉）

也就是說儘管孔子提倡孝悌德治的修養，張釋之又以秦任法治而滅亡爲警戒，但是一般人仍認爲張湯、趙禹是「漢之惠吏」，武帝修改律令，就是倚重張湯、趙禹。[58]但是在王充看來，這些文吏包括張湯、趙禹，都不足以成爲賢者，所以說：「以敏於筆，文墨兩（兩）集爲賢乎？夫筆之與口，一實也。口出以爲言，筆書以爲文。口辯，才未必高，然則筆敏，知未必多也。且筆用何爲敏？以敏於官曹事？事之難者，莫過於獄，獄疑則有讞讞。蓋世優者，莫過張湯，張湯文深，在漢之朝，不稱爲賢。太史公序累，以湯爲酷，酷非賢者之行。魯林中哭婦，虎食其夫，又食其子，不能去者，善政不苛，吏不暴也。夫酷，苛暴之黨也，難以爲賢。」（〈定賢〉）

至於漢代文吏又有輕視經書的現象，王充已正視此問題，他曾說：

---

58 《漢書・酷吏列傳》：「武帝時，禹以刀筆吏積勞，遷爲御史。上以爲能，至中大夫。與張湯論定律令，作見知，吏轉相監司以法，盡自此始。」頁3651。

論者以…法令比例，吏斷決也。文吏治事，必問法家。縣
官事務，莫大法令。必以吏職程高，是則法令之家宜最為
上。或曰：「固然。法令，漢家之經，吏議決焉。事定於
法，誠為明矣。」曰：夫五經亦漢家之所立，儒生善政，
大義皆出其中。董仲舒表春秋之義，稽合於律，無乖異者。
然則春秋，漢之經，孔子制作，垂遺於漢。論者徒尊法家，
不高春秋，是闇蔽也。（〈程材〉）

「比」即「判例」，[59]漢代凡是在法令上沒有規定，而比照
類似條文處理事務或判案，經皇帝批准後具有與法同等的效力
的，叫做「比」或「比例」。[60]上述引文說明漢代人有重法令而
輕乎《春秋》義理的趨向，王充看來《春秋》的義理與法律符合
一致，且是孔子制作具有代表性的經書，但世人並不推崇。反到
是文吏處理事情，一定要請教精通法令的人，文吏的議論取決於
法令，天子政務又以法令最重要，所以世人以法令辦事能力來衡
量人才智能的高低，精通法令最受尊重。

由於儒生修習五經，文吏則是「幼則筆墨，手習而行，無篇
章之誦，不聞仁義之語。」（〈程材〉）加上社會對文吏的看重，
無視文吏忽視經學的風氣，導致「古經廢而不修，舊學闇而不明，
儒者寂於空室，文吏譁於朝堂。」（〈程材〉）而改變文吏的方法
在研習經典，王充認為：「五經以道為務，事不如道，道行事立，
無道不成。」「夫五經亦漢家之所立，儒生善政，大義皆出其中。
董仲舒表《春秋》之義，稽合於律，無乖異者。」（〈程材〉）基
本上，文吏與儒生二者各有不及之處，倘若文吏學習經學，吏治

---

59 黃暉按語，《論衡·程材》，頁 542。
60 韓復智，《論衡今註今譯》中冊，第十二卷〈程材篇〉（台北：國立編譯館
主編，2005 年），頁 1345。

改觀也有益於教化，並且儒生與文吏之間的對立也可淡化。不過，文吏弊端難以修正，之後的王符也說：

> 君不明則百官亂而奸宄興，法令弱而役賦繁，則細民困於吏政…正士懷冤結而不得信，猾吏崇奸宄而不痛坐，郡縣所以易侵小民，而天下所以多饑窮也。[61]

所以王充揭示了文吏為社會造成的危害，尤其反映了重法治輕禮治的現實困境。

二、王充〈非韓〉的內容

〈非韓〉篇中王充對韓非法家學說的問難內容，可分作三部分說明：

（一）批判韓非「非儒」的不當

首先王充提出韓非非儒原因是：「其論儒也，謂之不耕而食，比之於一蠹。」（〈非韓〉）又說：「韓子非儒，謂之無益有損。」（〈非韓〉）

韓非於〈五蠹篇〉將學者、言談者、帶劍者、商人、工人列為蠹蟲，以學者儒生不能耕戰、無利於富國強兵而視為五蠹之一，他說：

> 國平養儒俠，難至用介士，所利非所用，所用非所利。是故服事者簡其業，而游學者日眾，是世之所以亂也。[62]

從社會思想上看，韓非排斥知識分子或反知識分子，主張「富

61　《潛夫論‧愛日》，（東漢）王符撰，胡楚生集釋，《潛夫論集釋》（台北：鼎文書局，1979 年），頁 335-345。

62　《韓非子‧五蠹篇》，頁 1058。

國以農，距敵恃卒。」[63]此觀念承自李悝盡地力，及商鞅厲農戰，至韓非更屢言耕戰的切要。他說：

> 簡本教而輕戰攻者，可亡也。[64]

> 能越（趨）力於地者富，能起（趨）力於敵者強，強不塞者亡。[65]

「簡本教」指廢農事，又「輕戰攻」則甲兵廢弛，國家易於敗亡，是勸民勤於本業，勇於公戰，則霸王之業可期。韓非有感於當時耕戰之士多危苦而不得賞賜，非耕戰者則多富貴，他說：

> 倉廩之所以實者耕農之本務也，而慕組錦繡刻畫為末作者富。名之所以成，城池之所以廣者戰士也。今死士之孤飢惡乞於道，而優笑酒徒之屬乘車衣絲。賞祿所以盡民力易下死也。今戰勝攻取之士勞而賞不霑，而卜筮視手理狐蠱為順辭於前者日賜。[66]

> 畏死難，降北之民也，而世尊之曰：「貴生之士」。學道立方，離法之民也，而世尊之曰：「文學之士」。游居厚養，牟食之民也，而世尊之曰：「有能之士」。語曲牟知，詐偽之民也，而世尊之曰：「辯智之士」。行劍攻殺，暴憿之民也，而世尊之曰：「磏勇之民」。活賊匿姦，當死之民也，而世尊之曰：「任譽之士」。此六民者，世之所譽也。…姦偽無益之民六，而世譽之如彼；耕戰有益之民六，而世毀之如此，此之謂六反。[67]

引文中韓非將全體人民劃分為兩類：一是農夫及戰士，韓非

---

63 《韓非子・五蠹篇》，頁 1058。
64 《韓非子・亡徵篇》，頁 269。
65 《韓非子・心度篇》，頁 1135。
66 《韓非子・詭使篇》，頁 939-940。
67 《韓非子・六反篇》，頁 948。

稱之爲有益之民；另一種是貴生之士、文學之士、有能之士、辯智之士、辯勇之士及任譽之士，韓非稱之爲「姦僞無益之民」。在韓非社會政策中，農人及戰士最具價值，然而，往往「名賞在乎私惡當罪之民，而毀害在乎公善宜賞之士，索國之富強，不可得也。」[68]所以韓非力倡事耕戰，則必賞予爵祿，儒士無益於耕戰，則加以抨擊。他說：

> 博習辯智如孔、墨，孔墨不耕耨，則國何得焉？修孝寡欲如曾、史，曾、史不戰攻，則國何利焉？[69]

上述韓非在富國強兵的理念下推崇耕戰之士，並視儒士爲無益之民，王充有不同的看法。他認爲儒生有益於社會，不能視爲蠹蟲，其理由是：

> 儒者之在世，禮義之舊防也。有之無益，無之有損。…儒生，道官之吏也，以爲無益而廢之，是棄道也。夫道無成效於人，成效者須道而成。…故事或無益，而益者須之；無效，而效者待之。儒生，耕戰所須待也，棄而不存，如何也？（〈非韓〉）

王充之意說明若儒生無用就將其廢棄，其實也拋棄了禮義，禮義對於人不直接產生具體效果，但是任何能產生效果的事務都要依靠禮義才能成功。王充進一步論證「韓子非儒，謂之無益有損」（〈非韓〉）說法的不可成立。首先，他提出俗儒與禮義之士的不同，他說：

> 俗儒無行操，舉措不重禮，以儒名而俗行，以實學而僞說，貪官尊榮，故不足貴。（〈非韓〉）

所以「實學僞說」「貪官尊榮」的陋習是針對漢代俗儒而言。王

---

68 《韓非子・六反篇》，頁949。
69 《韓非子・八說篇》，頁974。

充對漢俗儒的感受，從史實中可舉出顯著之例，如：制定博士弟子制度的公孫弘就是典型的例子，司馬遷描述其言行，對這位位至三公的大儒，認爲只不過是「曲學以阿世」、[70]「希世用事」[71]的諛儒。此外，又有「公孫布被」之譏，[72]其矯俗干名、諂媚國君，不敢面折廷爭，與「君語及之，即危言；語不及之，即危行。國有道，即順命；國無道，即衡命。」[73]的人格不同。又「公孫弘以春秋，白衣爲天子三公，封以平津侯，天下之學士，靡然鄉風矣！」[74]無疑的儒士末流只是僞託禮義，以取得博士的官職，其目的只是具官待問。

　　王充提出俗儒並非禮義之士，真正的禮義之士對國家有具體貢獻，他說：

> 志潔行顯，不徇爵祿，去卿相之位若脫躧者，居位治職，功雖不立，此禮義爲業者也。國之所以存者，禮義也。民無禮義，傾國危主。今儒者之操，重禮愛義，率無禮之士，激無義之人，人民爲善，愛其主上，此亦有益也。（〈非韓〉）

他認爲重禮愛義的儒士能引導不知禮節之士，鼓勵無道義之人，使人爲善向上，愛國敬君，這是對國家社會有益的貢獻。王充舉魏文侯禮敬段干木高士，秦國不敢攻魏之例，說明魏文侯靠

70　《史記・儒林傳》：「固之徵也，薛人公孫弘亦徵，側目而視固。固曰：『公孫子，務正學以言，無曲學以阿世。』」頁1289。

71　《史記・儒林傳》：「公孫弘治春秋不如董仲舒，而弘希世用事，位至公卿。董仲舒以弘爲從諛。」頁1291至1292。

72　《史記・平津侯主父列傳》：「弘爲布被，食不重肉，…每朝會議，開陳其端，令人主自擇，不肯面折庭爭。…嘗與公卿約議，至上前，皆倍其約以順上旨。汲黯庭詰弘曰：『齊人多詐而無情實，始與臣等建此議，今皆倍之，不忠。』…汲黯曰：『弘位在三公，奉祿甚多，然爲布被，此詐也。』」頁1215。

73　《史記・管晏列傳》，頁851。

74　《史記・儒林傳》，頁1287。

禮敬段干木穩定國勢，可見禮義之士是有益於國的人，而反駁了韓非以儒者爲有損無益的說法。

王充認爲韓非重耕戰之力而輕德治的不當，同時也提出重德治無耕戰之力的偏頗，例如：「徐偃王脩行仁義，陸地朝者三十二國，彊楚聞之，舉兵而滅之。此有德守，無力備者也。」（〈非韓〉）因爲二者各有不足，他主張養德與養力並重，所以說：

> 治國之道，所養有二：一曰養德，二曰養力。養德者，養名高之人，以示能敬賢；養力者，養氣力之士，以明能用兵。此所謂文武張設、德力具足者也。事或可以德懷，或可以力摧。外以德自立，內以力自備，慕德者不戰而服，犯德者畏兵而卻。（〈非韓〉）

主張外以德自立，內以力自備，使有慕德者不戰而屈服，犯德者有畏懼武力而知退。

（二）批判韓非未落實名實主張

王充以韓非指責魯繆公的事例來說明，事件詳細內容是：

> 魯繆公問於子思曰：「吾聞龐㨖是子不孝。不孝，其行奚如？」子思對曰：「君子尊賢以崇德，舉善以勸民。若夫過行，是細人之所識也，臣不知也。」子思出，子服厲伯見。君問龐㨖是子，子服厲伯對以其過，皆君子（之）所未曾聞。自是之後，君貴子思而賤子服厲伯。（〈非韓〉）

韓非對這事件看法是：

> 韓子聞之，以非繆公，以為明君求姦而誅之，子思不以姦聞，而厲伯以姦對，厲伯宜貴，子思宜賤。今繆公貴子思，賤厲伯，失貴賤之宜，故非之也。（〈非韓〉）

也就是魯繆公分別向子思及子服厲伯詢問龐㨖是子不孝的

事情，子思隱惡揚善，未回答龐𢤿是子的過錯，子服厲伯則將過錯告知魯繆公。不過魯繆公並未因此看重子服厲伯，反而看重子思，所以韓非斥責魯繆公的不當。

　　王充對韓非的看法不以為然，提出韓非指責魯繆公的不當是犯了「虛聞空見，實試未立」的弊端，他說：

> 使韓子聞善，必將試之，試之有功，乃肯賞之。夫聞善不輕加賞，虛言未必可信也。若此，聞善與不聞，無以異也。夫聞善不輕賞，則聞惡不輕罰矣。聞善必試之，聞惡必考之，試有功乃加賞，考有驗乃加罰。虛聞空見，實試未立，賞罰未加。賞罰未加，善惡未定。未定之事，須術乃立，則欲耳聞之，非也。（〈非韓〉）

　　在王充看來，道聽塗說，善惡無法確定，須考以實情才可論斷。魯繆公只憑耳聞口問來理解事情真相，不足以取信，須要「試有功乃加賞，考有驗乃加罰」。

　　王充又舉鄭子產聞婦人哭聲「不哀而懼」而知奸的事例，詳細過程是：

> 鄭子產晨出，過東匠之宮，聞婦人之哭也，撫其僕之手而聽之。有間，使吏執而問之，手殺其夫者也。翼日，其僕問曰：「夫子何以知之？」子產曰：「其聲不慟。凡人於其所親愛也，知病而憂，臨死而懼，已死而哀。今哭夫已死，不哀而懼，是以知其有奸也。」（〈非韓〉）

韓非對這事件看法是：

> 韓子聞而非之曰：「子產不亦多事乎？奸必待耳目之所及而後知之，則鄭國之得奸寡矣。不任典城之吏，察參伍之正，不明度量，待盡聰明、勞知慮而以知奸，不亦無術乎？」韓子之非子產，是也；其非繆公，非也。（〈非韓〉）

　　此例中韓非以為鄭子產不依行官吏分職制度，不依實情可察，只憑自己耳聞口問去察奸是不正確的。

　　這二件事例同樣是不任分職官吏，只憑自己耳聞口問去察奸，但是韓非對鄭子產及魯繆公評論是：反對鄭子產以耳聞知奸，也反對魯繆公不以耳聞知奸。韓非理念看似矛盾，所以王充說「韓子之非子產，是也；其非繆公，非也。」

　　王充的評論有失公允。為什麼這樣說呢？根據韓非的學說分析：韓非評鄭子產「聞婦人哭而知奸」一例，表現的是法家「虛靜無為」的「術」論。至於魯繆公問龐𢢼是子不孝一例，表現的是韓非「術」的獎告奸的主張。韓非主張告奸，曾說：

> 子思不以過聞，繆公貴之；子服屬伯以奸聞，繆公賤之，人情皆喜貴而惡賤，故季氏之亂成而不上聞，此魯君之所以劫也。（〈非韓〉）

　　按其意，即是針對魯繆公不重視子服屬伯告奸而發的，結果是魯國有季氏之亂而上不聞。也就是韓非反對魯繆公不以耳聞知奸一例，他的原意是認為：

> 主道者，使人臣必有言之責，又有不言之責。言無端末，辯無所驗者，此言之責也。以不言避責，持重位者，此不言之責也。人主使人臣言者必知其端以責其實；不言者必問其取捨以為之責，則人臣莫敢妄言矣，又不敢默然矣。言默則皆有責也。[75]

　　也就是韓非以為不論是言而不當或不言，二者都有罪責。言者要真實正確，使不妄發詭辯。不言者，默然以避責，君上則應詢問而使其回答。所以韓非反對魯繆公未看重子服屬伯告奸的態

度，其原因是將會導致眾人皆寐、皆默，則無法得知國情。

　　不過，爲了解眾人言論的真確與否，韓非也有一套君主於聽言問對時應具備的原則：一是須具有「聽無門戶」修養。韓非說：「聽有門戶則臣壅塞。」[76]君主聽言專由一人傳達，則此人傳達與否，以及是否作正確傳達，皆影響下情的傳達。所以「聽無門戶，故智者不得詐欺。」[77]二是具備「不以多爲信」的態度。韓非說：「言之爲物也以多信。」[78]眾口一言有三人成虎現象，「不以多爲信」可避免多數人朋黨比周。三是君主當「一聽而公會」[79]所謂「一聽」，是一一聽取。「公會」的「公」爲「眾」之意。會合眾人議論稱之公會。是使臣下各陳其言而一一聽之，可以分別愚智。韓非主張「明君之道，賤得議貴，下必坐上，決誠以參，聽無門戶，故智者不得詐欺。計功而行賞，程能而授事，察端而觀失，有過者罪，有能者得，故愚者不得任事。智者不敢欺，愚者不得斷，則事無失矣。」[80]所以雖然是獎告姦，但也落實「循名實而定是非，因參驗而審言辭。」的方法。[81]

　　至於韓非反對鄭子產以耳聞知姦之例，是認爲以個人耳目考察百官，則日不足、力不給，且不免爲臣下僞飾所欺蒙。他說：「夫爲人主而身察百官，則日不足、力不給。且上用目則下飾觀；上用耳則下飾聲；上用慮則下繁辭。」[82]又說：「人主者，非目若離婁乃爲明也；非耳若師曠乃爲聰也。不任其數，而待目以爲

76　《韓非子‧內儲說上篇》，頁518。
77　《韓非子‧八說篇》，頁973。
78　《韓非子‧八經篇》，頁1029。
79　《韓非子‧八經篇》，頁1001。
80　《韓非子‧八說篇》，頁973。
81　《韓非子‧姦劫弑臣篇》，頁246。
82　《韓非子‧有度篇》，頁87。

明，所見者少矣，非不弊之術也。不因其勢，而待耳以爲聰，所聞者寡矣，非不欺之道也。」[83]其因應之道在使臣下能夠目視聽聞，「使天下不得不爲己視，天下不得不爲己聽。故身在深宮之中而明照四海之內。」[84]

至於王充只從魯繆公問子思和子服厲伯有關龐撊是子不孝的例子，認爲韓非有違法家學說重視名實觀的理念，應有以偏概全之嫌。

（三）批判韓非不專意於「明法」

龐撊是子不孝，王充說「子思不言，繆公貴之。韓子非之，以爲明君求善而賞之，求奸而誅之。」是認爲韓非法不明，不能止姦，所以需要察姦、求姦，他說：

> 設明法於邦，有盜賊之心，不敢犯矣；不測之者，不敢發矣。姦心藏於胸中，不敢以犯罪法，罪法恐之也。明法恐之，則不須考姦求邪於下矣。使法峻，民無姦者；使法不峻，民多爲姦。⋯世不專意於明法，而專心求姦，韓子之言，與法相違。（〈非韓〉）

此段王充的評論有過當之嫌，此例並無礙法家「明法」的思想。韓非主張明法，他說：

> 人主使人臣雖有智能不得背法而專制。雖有賢行不得踰功而先勞。雖有忠信不得釋法而不禁，此之謂明法。[85]

強調以法治國，所謂「明法者強，慢法者弱。」[86]「法」關

---

83 《韓非子・姦劫弒臣篇》，頁 247。
84 《韓非子・姦劫弒臣篇》，頁 247。
85 《韓非子・南面篇》，頁 297。
86 《韓非子・飾邪篇》，頁 309。

係一國的強弱盛衰，實爲治亂興亡的所繫。至於刑法的施行，也特別講求賞厚罰重，韓非說：「賞莫如厚，使民利之。譽莫如美，使民榮之。誅莫如重，使民畏之。毀莫如惡，使民恥之。」[87]「賞譽薄而漫者，下不用。」「賞譽厚而信者下輕死。」[88]他一再強調賞厚罰重效果，認爲「重一姦之罪而止境內之邪，此所以爲治也。」[89]不過，韓非除明法之外，也講求察姦之術。他有知五雍、察八姦、六微，又有「倒言反是」等察姦方法。[90]所以就韓非學說而言，求姦與明法兼用，並無衝突。

韓非十分重視法術勢三者間的相互關係，[91]「術」的因任授官循名責實，要以「法」作爲規範，才有實行的標準依據，須有「勢」作憑藉與力量，才得以運作。「法」的信賞必罰、功罪得當，要透過因任授官循名責實的「術」，才有執行的方法，須有「勢」作後盾力量，才得以逐步推行。國君的權「勢」要藉信賞必罰的「法」來確立，也要以「法」來制約使賞罰公正，要有「術」

---

87 《韓非子・八經篇》，頁 997。
88 《韓非子・內儲說上篇》，頁 521。
89 《韓非子・六反篇》，頁 951。
90 《韓非子・主道篇》五雍之說即：臣蔽其主，主失明。臣制財利，主失德。臣擅行令，主失制。臣得行義，主失名。臣得樹人，主失黨。頁 68。《韓非子・八姦篇》所記八姦爲：同床，託於燕處醉飽之時，而求其所欲。在旁，以左右近習移主心。父兄，託側室公子，爲進爵益祿。養殃，以美宮室臺池，重賦斂、飾子女、狗馬，娛其主。民萌，散公財，行小惠，使譽己，以塞其主。流行，求諸侯之辯士，養國中之能說者，使之以語其私。爲巧言、流辭，以壞其主。威強，聚帶劍之客，養必死之士，以彰其威，而行其私。四方，爲人臣者、重賦斂、盡府庫、虛其國，以事大國，而用其威。頁 151-152。《韓非子・內儲說下篇》所謂「六微」是：「一曰、權借在下，二曰、利異外借，三曰、託於似類，四曰、利害有反，五曰、參疑內爭，六曰、敵國廢置。此六者，主之所察也。」頁 570。
91 詳見拙著〈韓非學說「法勢術」均衡運作的困難〉（《僑生大學先修班學報》第九期，2001 年 7 月），頁 160-163。

才得以知人任人，責求其功效並察姦止亂。是以「法」與「術」補救君「勢」的不足，君「勢」也要以公開、公平、公正的「法」和因任受官、循名責實的「術」，作為運作的依據。三者之間各有作用，更須互相補足與運用，可說是一正三角形的平衡發展關係。[92]但是王充卻說：

> 水之性勝火，如裹之以釜，水煎而不得勝，必矣。夫君猶火也，臣猶水也，法度釜也，火不求水之姦，君亦不宜求臣之罪也。（〈非韓〉）

是王充以火比喻國君，以水喻臣，以鍋釜喻法制。以火沒有被盛在鍋裡的水滅掉為例，認為君主也不用查察舉發姦邪。顯然在王充看來，「明法」即可，不必有察姦之術。這是王充的政治理念與韓非的側重點不同。

三、王充〈非韓〉的檢討

王充對韓非學說提出質疑，看似是抱持否定法家學說的態度，事實上並不全然。其中「觀其深斥韓非鹿馬之喻以尊儒」[93]外，亦有重視法家「明法」及「名實」的觀念。是〈非韓〉一文有以「任刑用誅」諷刺漢代律令嚴苛的用意，同時也提出「養德」與「養力」並重的理念。說明於下：

（一）不認同陽儒陰法的現象：

清顧炎武說：「漢興以來，承用秦法，以至今日者多矣。」

---

92 王邦雄，《韓非子的哲學》（台北：東大圖書公司，1983年），頁204。
93 （清）章學誠，《文史通義・匡謬》（台北：台灣商務印書館，1968年），卷四，內篇四，頁28。

[94]這句話頗令人玩味，也就是漢代獨尊儒術後，孔子之道是否實行於政治並爲大多數人所遵循呢？亦或是實行的是「外儒內法」的格局呢？王充〈非韓〉篇無疑的反映了兩漢陽儒陰法的問題，文中批判韓非否定儒士的不當，對照〈程材〉篇對漢代文吏的譴責，格外突顯出兩漢重文吏輕儒生、重律法輕經學的問題，同時兩漢「任刑用誅」的嚴刑峻罰背景，更爲文吏提供舞文弄法的環境。顯然的漢代律法與儒術的結合，重點不在減輕刑罰，反而形成「法家儒學化」或「儒學法家化」的運作模式。〈非韓〉篇觸及兩漢儒法隱顯的困局，[95]不過他也試圖建議由研習儒家義理以改善或補救文吏的缺失，無論在思想上或政治上多有一定的貢獻。

（二）重視德治的政治理念：

王充生長在律令嚴苛的時代環境，深有所感，他說：「論者徒尊法家，不高春秋，是闇蔽也。」（〈程材〉）因此，王充〈非韓〉表達他重視德治的政治理念，主張治國須以道德爲重。「推治身以況治國，治國之道，當任德也。韓子任刑，獨以治世，是則治身之人，任傷害也。韓子豈不知任德之爲善哉？以爲世衰事變，民心靡薄，故作法術，專意於刑也。…謂世衰難以德治，可謂歲亂不可以春生乎？人君治一國，猶天地生萬物。天地不爲亂歲去春，人君不以衰世屏德。」（〈非韓〉）認爲治國之道在行德化，而且道行則事立，無道則事不成。而五經爲道德所寄，因此認爲治國者須尊重五經，他說「五經亦漢家之所立，儒生善政，

---

94 （清）顧炎武，《日知錄》卷十三〈秦紀會稽山刻石條〉（萬有文庫第九冊，台北：台灣商務印書館，1939 年）。

95 岳宗偉說：「王充對於法家學說的這種否定態度，更爲重要的意義，是昭示了當時『任德』與『任刑』之爭的史實。」岳宗偉，《論衡引書研究》（復旦大學歷史學系博士論文，2006 年），頁 161。

大義皆出其中。」(〈程材〉)又舉宗叔庠和陳子瑀之例說：

> 東海相宗叔犀（庠）廣召幽隱，春秋會饗，設置三科，以
> 第捕吏，一府員吏，儒生什九。陳留太守陳子瑀，開廣儒
> 路，列曹掾史，皆能教授；簿書之吏，什置一二。兩將知
> 道事之理，曉多少之量，故世稱褒其名，書記紀累其行也。
> (〈程材〉)

　　由此可見他抑文吏而揚儒生，以儒生學道，文吏習事，道為
事本，事為道末。主張顯用儒生，以揚道德仁義之治。他又有「志
在修德，務在立化，則夫文吏瓦石，儒生珠玉也。」(〈程材〉)
「儒生，道官之吏也，以為無益而廢之，是棄道也。」(〈非韓〉)
等言論，多以儒者為仁義道德的代表，強調治理國家當重仁義道
德。

（三）提出「德主刑輔」的原則：

　　王充是既反對韓非的求奸之「術」，也反對外儒內法的尊君
重「勢」態度。此外，他也反對「任刑用誅」，但對「法」的作
用並未忽略，只是落實「法」的原則在「德主刑輔」，他說：「王
法不廢學校之官，不除獄理之吏，欲令凡眾見禮義之教。學校勉
其前，法禁防其後，使丹朱之志，亦將可勉。」(〈率性〉)所謂
「學校勉其前，法禁防其後」即是「德主刑輔」之意。所以〈非
韓〉是借古諷今，有批判漢代律令繁多嚴苛之意，實立足於時代
的深沉憂患而發，仍不脫《論衡》寫作「其本皆起人間有非」的
宗旨。

第二節　王充〈問孔〉〈刺孟〉的批判精神

　　從〈問孔〉與〈刺孟〉的篇名看來，是指對孔孟言行矛盾處提出質疑或譏刺。不過，王充對孔孟儒家學說是持正面肯定的態度，又列孔孟於聖賢地位，為什麼有〈問孔〉與〈刺孟〉的想法呢？若從王充《論衡》的創作目的在明辨是非道理，解釋世俗疑惑，即「銓輕重之言，立真偽之平。」（〈對作〉）的立場看來，〈問孔〉與〈刺孟〉是否與漢代社會問題有關聯呢？至於〈問孔〉與〈刺孟〉歷代的褒貶評價二極，王充批判孔孟的內容，究竟是誣妄誤解，亦或是真實不誣呢？此外，這兩篇文章對學術界的貢獻究竟為何？將逐一探討於下。

一、王充〈問孔〉〈刺孟〉的用意

　　王充曾說明其質疑孔孟的原因是：

> 世儒學者，好信師而是古，以為賢聖所言皆無非，專精講習，不知難問。夫賢聖下筆造文，用意詳審，尚未可謂盡得實，況倉卒吐言，安能皆是？不能皆是，時人不知難；或是，而意沉難見，時人不知問。案賢聖之言，上下多相違；其文，前後多相伐者，世之學者，不能知也。（〈問孔〉）

　　其意是說，當時人在迷信聖人，崇拜權威的心態下，往往忽略聖人是人，不是神，聖賢所說的話也有缺點和錯誤，況且在倉卒狀況下也有解釋不清之處。但是漢代儒生由於過度信師好古，而不知懷疑和問難，經典錯誤之處也就難以釐清。

這種對經典的批判精神並不代表王充對孔孟儒家學說的不敬態度，他曾稱道孔子是「道德之祖」（〈本性〉）、「百世之聖」（〈別通〉）、「諸子之中最卓者」（〈本性〉），「可效放者，莫過孔子」（〈自紀〉）又說：「孔子聖人，孟子賢者。」（〈命祿〉）列孔孟於聖賢地位有很高評價。但是王充就其所考察，發現聖賢所說的話也有前後不一，他們的文章，也有相互矛盾之處，於是有〈問孔〉〈刺孟〉。換言之，批判孔孟言行的矛盾和錯誤，其重點在破解儒者對聖人的迷思，提醒世人不要盲從信師好古而不知思考。

有關漢代信師好古的學術風氣表現以及王充的評論說明於下：

（一）批判漢代信師好古的學術風氣

王充說：

> 凡學問之法，不為無才，難於距師，核道實義，證定是非也。問難之道，非必對聖人及生時也。世之解說說人者，非必須聖人教告乃敢言也。苟有不曉解之問，追難孔子，何傷於義？誠有傳聖業之知，伐孔子之說，何逆於理？（〈問孔〉）

文中所述王充認為應建立問難的態度和習慣，問難態度可落實在日常生活中，不見得是針對聖人或古人，並以用心思考、獨立判斷來「距師」，對學問有核、實、證、訂之功，不理解的問題師生之間能追問或辯難，對義理實無何損。

王充所表現考論實虛的精神，事實上是他試圖改善漢代學風的作法。漢儒為學相當重視家法師法，「先有師法，而後能成一

家之言。師法者，溯其源，家法者，衍其流也。」[96]師法是傳習
一經之始祖所留傳的說經典範，一經往往只有一位始祖，如司馬
遷說：

> 今上即位，趙綰、王臧之屬明儒學，而上亦鄉之。於是招
> 方正賢良文學之士。自是之後，言詩，於魯則申培公，於
> 齊則轅固生，於燕則韓太傅。言尚書，自濟南伏生。言禮，
> 自魯高堂生。言易，自菑川田生。言春秋，於齊魯自胡毋
> 生，於趙自董仲舒。[97]

師法是一學派解經的指導原則，漢武帝獨尊儒術，[98]始置五
經，為《詩》《書》《禮》《易》《春秋》置博士。五經之師就
是上引《史記‧儒林列傳》所載的魯詩申培公、齊詩轅固生、韓
詩韓嬰、尚書濟南伏生、禮魯高堂生、易菑川田生、春秋胡毋生、
董仲舒等人。於宣帝元帝時發展為十四博士之學。[99]

---

96 皮錫瑞，《經學歷史》（台北：鳴宇出版社，1980 年），頁 55。
97 《史記‧儒林傳》，頁 1286。
98 漢武帝建元元年（西元前一四〇年），產生選拔人才的重要方法。《漢書‧
　武帝紀》載：「詔丞相、御史、列侯、中二千石、二千石、諸侯相舉賢良方
　正直言極諫之士。丞相綰奏：『所舉賢良，或治申、商、韓非、蘇秦、張儀
　之言，亂國政，請皆罷』。奏可。」頁 155-156。當時除衛綰之外，舉凡田
　蚡、竇嬰、趙綰、王臧等人多重儒學。《史記‧魏其武安侯列傳》載：「太
　后好黃老之言，而魏其、武安、趙綰、王臧等，務隆推儒術，貶道家言。是
　以竇太后滋不說魏其等。」頁 1168。因此只言罷黜申商等雜家，尚未膽敢明
　言罷黃老。因以太皇太后攝政之竇太后篤信黃老之學，建元六年竇太后過
　世，儒學始得以代替黃老之學地位，《史記‧孝武本紀》即載：「後六年（建
　元六年）竇太后崩。其明年（元光元年）上徵文學之士公孫弘等。」頁 212。
　又《史記‧儒林列傳》載：「及竇太后崩，武安侯田蚡為丞相，絀黃老、刑
　名百家之言，延文學儒者數百人，而公孫弘以春秋白衣為天子三公，封以平
　津侯。天下之學士靡然鄉風矣。」頁 1287。即丞相田蚡罷百家之言。而後董
　仲舒提出賢良對策，內容是以儒家學說為基礎，而宗旨則在更化，呼籲統治
　者應將現行政治思想及政策作一改弦更張，以儒家之德教作為治國之道。
99 西漢至元帝世見存之今文經學博士有十五家：易學 —— 施讎（宣帝立）、孟

漢代重師法，以傳師學爲榮，如：

> （元帝）召問奉：「來者以善日邪時，孰與邪日善時？」
> 奉對曰：「師法用辰不用日。」[100]
>
> （尋）治《尚書》，與張孺、鄭寬中同師，寬中等守師法
> 教授。[101]
>
> 甘露中，諸儒薦禹，有詔太子太傅蕭望之問，禹對《易》
> 及《論語》大義，望之善焉，奏禹經學精習，有師法，可
> 試事。奏寢，罷歸故官。[102]

又如：

> 喜好自稱譽，得《易》家候陰陽災變書，詐言師田生且死
> 時枕喜膝，獨傳喜。諸儒以此耀之。同門梁丘賀疏通證明
> 之，曰：「田生絕於施讎手中，時喜歸東海，安得此事？」…
> 博士缺，眾人薦喜，上聞喜改師法，遂不用喜。[103]

　　孟喜不守師法而失去博士地位之例，說明漢重師法，非特以
傳師學爲榮，對不守師法者朝廷也不予重用。

　　後漢說經，師法之下又分家法。家法是由師法而衍生，章帝
建初四年下詔：「蓋三代導人，教學爲本。漢承暴秦，褒顯儒術，
建立五經，爲置博士。其後學者精進，雖曰承師，亦別名家。」[104]
李賢注解說：「言雖承一師之業，其後觸類而長，更爲章句，則

喜（宣帝立）、梁丘賀（宣帝立）、京房（元帝立）。書家 —— 大小夏侯
（宣帝立）。詩家 —— 魯申公（文帝立）、齊轅固生（景帝立）、韓嬰（文
帝立）。禮家 —— 大小戴（宣帝立）、慶普（宣帝立）。
100 《漢書·翼奉傳》，頁 3107。
101 《漢書·李尋傳》，頁 3179。
102 《漢書·張禹傳》，頁 3347。
103 《漢書·孟喜傳》，頁 3599。
104 《後漢書·章帝紀》，頁 137。

別爲一家之學。」[105]是分經分家，各習其專門之學，說經也就愈趨詳密，班固說：

> 說五字之文，至於二三萬言，後進彌以馳逐。故幼童而守
> 一藝，白首而後能言；安其所習，毀所不見，終以自蔽，
> 此學者之大患也。[106]

說字之文，至於二三萬言之多，章句訓詁的繁瑣，令儒生以畢生之力耗費在煩言碎辭上。師法家法對於經學流傳有一定的幫助，但是「倘若一字一句，盡守師法的話，則是死法，而成爲什麼學問也沒有的學問。」[107]皮錫瑞說：「漢人最重師法，師之所傳，弟子所受，一字毋敢出入，背師說即不用。」[108]試想「一字毋敢出入，背師說即不用」學術欲有創見或發展也不可能了。所以王充有〈問孔〉〈刺孟〉強調懷疑問難的爲學態度。

此外，王充又說：

> 儒者說五經，多失其實。前儒不見本末，空生虛說；後儒
> 信前師之言，隨舊述故。滑習辭語，苟名一師之學，趨爲
> 師教授，及時蚤仕，汲汲競進，不暇留精用心，考實根核，
> 故虛說傳而不絕，實事沒而不見，五經並失其實。(〈正說〉)

在這段文字中王充反映了二個問題：一是儒家經典在流傳過程中，前代儒者的憑空編造，和後代儒者的信守竄臼迷信師法，所以有許多錯誤產生。二是盲目的相信前儒老師的說法，與汲汲於利祿的心態、背景有關。說明於下：

---

105 《後漢書・章帝紀》李賢注，頁 138。
106 《漢書・藝文志》，頁 1723。
107 羅義俊，〈論兩漢博士家法及其株生原因〉（《中國文化月刊》第一一六期 1989 年 6 月），頁 40。引用本田成之，《中國經學史》之言。
108 皮錫瑞，《經學歷史》同註 96，頁 64。

1.就儒家經典在流傳過程中，有許多錯誤產生而言：

有經書文字誇大其實，五經流傳的錯誤說法和漢代儒書的虛妄之言三種現象。

（1）經書文字誇大其實

儒家經典在流傳過程中，由於前代儒者的憑空編造，和後代儒者的迷信師法，錯誤多未加以考訂。王充在〈藝增〉篇就舉了經書中誇大其詞的八個事例，由於「言審莫過聖人，經藝萬世不易，猶或出溢，增過其實。」（〈藝增〉）在他看來，經書中非字字可靠、句句正確，但漢代經生多未加考訂，治學求實的王充對世人「信虛妄之書，以爲載於竹帛上者，皆賢聖所傳，無不然之事，故信而是之，諷而讀之。」（〈書虛〉）的態度，除以批判眼光審視外，更認爲應從循故說、守師訓，形成盲目推崇儒家經典的氛圍中覺醒，所以說：

> 經增非一，略舉較著，令恍惑之人，觀覽采擇，得以開心通意，曉解覺悟。（〈藝增〉）

由於經書上的誇大其實非止一端，他舉較爲顯著的提出說明，例如：

> 《尚書》：「協和萬國」，是美堯德致太平之化，化諸夏並及夷狄也。言協和方外，可也；言萬國，增之也。夫唐之與周，俱治五千里內。周時諸侯千七百九十三國，荒服、戎服、要服及四海之外不粒食之民，若穿胸、耳、焦僥、跛踵之輩，并合其數，不能三千。天之所覆，地之所載，盡於三千之中矣。而尚書云萬國，褒增其實，以美堯也。（〈藝增〉）

王充論述說：唐堯和西周的土地約有五千里，西周有一千七百餘國，加上邊遠地區和海外各國，也不過三千國。《尚書・堯典》卻說「萬國」，雖是褒揚堯的盛德，但「褒增過實」。

《尚書》）祖伊諫紂曰：「今我民罔不欲喪。」罔，無也，
我天下民無不欲王亡者。夫言欲王之亡，可也；言無不，
增之也。（〈藝增〉）

王充認爲天下人民希望紂王滅亡，所謂「無不欲王亡者」是
誇大其詞，紂雖惡，民臣仍有蒙受其恩惠的，「而祖伊增語，欲
以懼紂也。」（〈藝增〉）

《尚書·武成篇》）血流浮杵，亦太過焉。（〈藝增〉）

王充從地理環境論述，「武王伐紂於牧之野，河北地高，壤
靡不乾燥，兵頓血流，輒燥入土，安得杵浮？」若士兵死傷雖多，
所流的血將被北方乾燥的砂土吸收，不可能血流浮杵。況且周、
殷士卒，攜帶乾糧，不需杵臼春米，所以「無杵臼之事，安得杵
而浮之？」（〈藝增〉）

詩云：『鶴鳴九皋，聲聞于天。』言鶴鳴九折之澤，聲猶
聞於天，以喻君子修德窮僻，名猶達朝廷也。（言）其聞
高遠，可矣；言其聞於天，增之也。（〈藝增〉）

「鶴鳴九皋，聲聞於天」的詩句出自《詩經·小雅·鶴鳴》，
王充以爲「耳目所聞見，不過十里，使參天之鳴，人不能聞也。」
漢人的觀察，天距離人有萬里遠，是目不能見，耳不能聞。仙鶴
鳴聲是在地面聽到，表示牠的聲音很近，「從下聞其聲，則謂其
鳴於地，當復聞於天，失其實矣。」（〈藝增〉）

詩曰：「維周黎民，靡有孑遺。」是謂周宣王之時，遭大
旱之災也。詩人傷旱之甚，民被其害，言無有孑遺一人不愁
痛者。夫旱甚，則有之矣；言無孑遺一人，增之也。（〈藝增〉）

王充以周宣王之時，遭逢大旱之災，詩人感傷旱災的嚴重，
民受其害，所以「靡有孑遺」是說沒有一人不愁苦。他以漢代旱
災經驗推論，雖然大旱仍有「富人穀食饒足者，稟困不空，口腹

不飢」，又「山林之間不枯，猶地之水，丘陵之上不湛也。」推論山林之間，富貴之人，必有免於大旱的，而言「靡有孑遺，增益其文，欲言旱甚也。」（〈藝增〉）

> 《易》曰：「豐其屋，蔀其家，窺其戶，闃其無人也。」非其無人也，無賢人也。《尚書》曰：「毋曠庶官。」曠，空；庶，眾也。毋空眾官，置非其人，與空無異，故言空也。（〈藝增〉）

王充以爲《周易》作者明知備位充數的官吏在屋裡，卻說屋中沒有人；《尚書‧皋陶謨》說到眾官員，其中也包括有才能的人，卻說不要所任非人。在王充看來，「今《易》宜言『闃其少人』，《尚書》宜言『無少眾官』。以少言之，可也；言空而無人，亦尤甚焉。」（〈藝增〉）

> 《論語》曰：「大哉，堯之爲君也，蕩蕩乎民無能名焉。」傳曰：有年五十擊壤於路者，觀者曰：「大哉！堯德乎！」擊壤者曰：「吾日出而作，日入而息，鑿井而飲，耕田而食，堯何等力？」此言蕩蕩無能名之效也。言蕩蕩，可也；乃欲言民無能名，增之也。四海之大，萬民之眾，無能名堯之德者，殆不實也。（〈藝增〉）

王充以爲擊壤歌詞是說明堯治理國家有潛移默化之功，並非百姓不知堯之盛德，所以觀者也說「大哉，堯之德乎！」「此何等民者，猶能知之。實有知之者，云無，竟增之。」（〈藝增〉）

> 《春秋‧莊公七年》：「夏四月辛卯，夜中，恆星不見，星霣如雨。」（〈藝增〉）

王充指出魯國史官記錄：「雨星，不及地尺如復。」意思是說流星的墜落像下雨，在距離地面不到一尺時，又返回天上。孔子修訂後記載「星霣如雨」「如雨者，如雨狀也。」指流星落下

像下雨般的情況，王充以爲「孔子言『如雨』，得其實矣。」（〈藝增〉）流星或者落到地上，況且地表高低不一，一律是離地一尺又返回天上，不能符合事實。

上述多是儒家經典中誇大不實之處，王充提出顯著之例，無非是希望世人能從盲從經書中清醒。

（2）五經流傳錯誤的說法

此外，王充又在〈正說〉篇對五經的流傳作一考察：

例如解說《尚書》者，以爲本有一百零二篇，後遭秦燔詩、書，遺留二十九篇。王充以爲「言秦燔詩、書，是也；言本百兩篇者，妄也。」並指出尚書本來有百篇，秦燔燒五經，濟南伏生抱百篇《尚書》隱藏山中。漢文帝派鼂錯向伏生學習《尚書》二十餘篇，伏生老死，《尚書》因而殘缺不全。孝宣皇帝時，河內女子拆除舊屋，得到失傳的《易》、《禮》、《尚書》各一篇，奏呈朝廷。然後《易》、《禮》、《尚書》各增加一篇，而《尚書》二十九篇才確定。

又孝景帝時，魯共王拆壞孔子講堂作爲宮殿，牆壁中得到百篇《尚書》，因無人能讀，而秘藏於宮中。成帝時，張霸編造一百零二篇的《尚書》，成帝以秘藏百篇本校對，二者並不相符。成帝因愛其才而未銷毀，因此一百零二篇本流傳於世。結果世人卻以爲《尚書》本有一百零二篇。

又「傳者或知《尚書》爲秦所燔，而謂二十九篇，其遺脫不燒者也。」（〈正說〉）即以爲二十九篇在當時已亡佚，所以才未被燒毀。王充說明《尚書》二十九篇，是「伏生年老，鼂錯從之學時，適得二十餘篇，伏生死矣，故二十九篇獨見，七十一篇遺脫。」（〈正說〉）遺脫的有七十一篇，現在反而說成二十九篇遺脫。因而對《尚書》源流和秦燒《尚書》有二十九篇遺脫的傳聞

作了清楚的說明。

　　當時又有人說：

　　　秦燔詩、書者，燔詩經之書也，其經不燔焉。（〈正說〉）

　　王充從秦朝焚燒詩書的起因，指出「秦始皇下其議丞相府，丞相斯以為越言不可用，因此謂諸生之言惑亂黔首，乃令史官盡燒五經，有敢藏諸書百家語者刑，唯博士官乃得有之。」（〈正說〉）也就是五經都燒，不只是燒解釋《詩經》的書而已，澄清了焚書令只有「詩書」二字，則「獨謂詩經之書」的傳聞。

　　（3）漢代儒書的虛妄之言

　　除此之外，王充〈儒增〉篇對當時流行的儒書，也指出其中虛妄不實之處。例如：

　　　儒書稱：「堯、舜之德，至優至大，天下太平，一人不刑。」

　　　又言：「文、武之隆，遺在成、康，刑錯不用四十餘年。」

　　　（〈儒增〉）

　　王充認為稱堯舜「刑錯不用」是「欲稱堯、舜，褒文、武也。」（〈儒增〉）他考察，堯曾討伐過丹水的蠻族，舜曾遠征苗族，並且流放共工、驩兜、三苗和鯀，這四凶都俯首認罪，可知刑罰和兵器都曾用過。可見文、武盛世「不能使刑不用」，因此言其「犯刑者少，用刑希疏，可也；言其一人不刑，刑錯不用，增之也。」之所以言過其實，往往是「為言不益，則美不足稱；為文不渥，則事不足褒。」（〈儒增〉）的心理。

　　　儒書稱：「楚養由基善射，射一楊葉，百發能百中之。」

　　　是稱其巧於射也。夫言其時射一楊葉中之，可也；言其百

　　　發而百中，增之也。（〈儒增〉）

　　王充的理由是一般人知道他射箭技術，所以誇大他功夫的高超，就說百發百中，是「言事者好增巧美，數十中之，則言其百

中矣。」這修辭方法「與《書》言『協和萬邦』，《詩》曰『子孫千億』，同一意也。」（〈儒增〉）

儒書稱：「魯般、墨子之巧，刻木為鳶，飛之三日而不集。」夫言其以木為鳶飛之，可也；言其三日不集，增之也。（〈儒增〉）

王充理由是「刻木爲鳶，以象鳶形」，如何能飛上天而落不下來？既能飛翔，又如何能飛三日？「如審有機關，一飛逐翔，不可復下」（〈儒增〉），又爲什麼是飛三日？

儒書言：「荊軻為燕太子刺秦王，操匕首之劍，刺之不得。秦王拔劍擊之。軻以匕首擿秦王，不中，中銅柱，入尺。」欲言匕首之利，荊軻勢盛，投銳利之刃，陷堅彊之柱，稱荊軻之勇，故增益其事也。夫言入銅柱，實也；言其入尺，增之也。（〈儒增〉）

王充理由是「車張十石之弩，射垣木之表，尙不能入尺。」銅柱比木表更爲堅硬，荊軻功力，擲入銅柱一尺深，是言過其實不可思議，應是稱贊「荊軻之勇，故增益其事也。」（〈儒增〉）

儒書言：「董仲舒讀《春秋》，專精一思，志不在他，三年不窺園菜。」夫言不窺園菜，實也；言三年，增之也。（〈儒增〉）

王充的理由是「人之筋骨，非木非石」，不能不放鬆休息，「仲舒雖精，亦時解休，解休之間，猶宜游於門庭之側，則能至門庭，何嫌不窺園菜？」（〈儒增〉）所以持續三年集中精神是不可能的，即使是聖人仍需放鬆自己的精神。

上述不論是對經書文字誇大其實的批評，或對五經流傳錯誤說法的考證，以及對漢代儒書虛妄之言的匡正，無疑已打破儒者篤信經典文字的迷思，同時也諷刺了儒生依循師法家法故說，一經雖說至數萬言，但只是拘守經書延續前說，對基本的考訂虛實

功夫都未建立，更不用提發明或擴充學問的可能性。所以王充評
論說：

> 夫儒生之業，五經也。南面為師，旦夕講授章句，滑習義
> 理，究備於五經，可也。五經之後，秦、漢之事，無不能
> 知者。…夫儒生不覽古今，所知不過守信經文，滑習章句，
> 解剝互錯，分明乖異。（〈謝短〉）

> 諸生能傳百萬言，不能覽古今，守信師法，雖辭說多，終
> 不為博。（〈效力〉）

文中對於漢儒墨守一經信守一師的學術風氣不以為然，並以
目盲、耳聾、鼻癰、陸沉來形容不博覽、不聞古今的儒士，他說：

> 人不博覽者，不聞古今，不見事類，不知然否，猶目盲、
> 耳聾、鼻癰者也。儒生不博覽，猶為閉闇，況庸人無篇章
> 之業，不知是非，其為閉闇，甚矣。（〈別通〉）

> 知古不知今，謂之陸沉，然則儒生，所謂陸沉者也。…知
> 今不知古，謂之盲瞽。然則儒生，所謂盲瞽者也。（〈謝短〉）

王充認為求學方法應廣聞博覽、古今皆知，他說：

> 溫故知新，可以為師；古今不知，稱師如何？夫總問儒生
> 以古今之義，儒生不能知，別各以其經事問之，又不能曉，
> 斯則坐守信師法，不頗博覽之咎也。（〈謝短〉）

因此，主張五經均應學習，諸子百家學說也當博覽，於是有
以子輔經，甚至以子正經的主張，[109]所以說「知經錯者在諸子」
（〈書解〉），「諸子尺書，文篇具在，可觀讀以正說，可采掇以
示後人。」（〈書解〉）由重視諸子的態度可見他學習範圍的廣博。
又說：

---

109 王充說：「知屋漏者在宇下，知政失者在草野，知經錯者在諸子。諸子尺
　　書，文明實是。」《論衡・書解》

> 夫孔子之門，講習五經，五經皆習，庶幾之才也。顏淵曰：
> 「博我以文」，才智高者，能為博矣。顏淵之曰「博」者，
> 豈徒一經哉？我不能博五經，又不能博眾事，守信一學，
> 不好廣觀，無溫故知新之明，而有守愚不覽之闇，…。夫
> 一經之說，猶日明也；助以傳書，猶窗牖也。百家之言，
> 令人曉明，非徒窗牖之開，日光之照也。是故日光照室內，
> 道術明胸中。開戶內光，坐高堂之上，眇升樓臺，窺四鄰
> 之庭，人之所願也。閉戶幽坐，向冥冥之內，穿壙穴臥，
> 造黃泉之際，人之所惡也。夫閉心塞意，不高瞻覽者，死
> 人之徒也哉。(〈別通〉)

此段認為須博五經、讀傳書、習百家，尤其是諸子百家的學
說思想開放，能使人心胸開闊，曉義明理，如同登上樓台舉目四
望周圍的庭院，令人賞心悅目。反之固守經師舊說，不但識見狹
隘、思想僵化，既不能高瞻遠矚，又不去博覽古今，如同「死人之
徒」而已。在當時偏狹學術風氣中，其思想的開明由此可見一般。

2.就汲汲於利祿的態度而言：

王充描寫當時儒者對於名利的追求：

> 苟名一師之學，趨為師教授。及時蚤仕，汲汲競進，不暇
> 留精用心，考實根核，故虛說傳而不絕，實事沒而不見，
> 五經並失其實。(〈正說〉)

換言之，漢代之所以承襲師法家法，對前代儒者的憑空編
造，形成經書許多錯誤多未加以考訂的關鍵在利祿所趨。經生對
經學的研究不是為經的本身，而是為利祿。例如左雄說：郡國所
舉孝廉，「皆先詣公府，諸生試家法。」[110]所以經生僅守家法，

---

110 《後漢書・左雄傳》，頁2020。

同門師友也互相援引，因此「從其家章句，…解釋多者爲上第，引文明者爲高說；若不依老師，義有相伐，皆正以爲非。」[111]

通經者可得爵祿，利之所在很少人不爲之心動，班固說：

> 自武帝立五經博士，開弟子員，設科射策，勸以官祿，…大師眾至千餘人，蓋祿利之路然也。[112]

顏師古注解：「言爲經學者，則學爵祿而獲其利，所以益勤。」[113]漢代學術界講求嚴格的師法家法，又有今古文之爭，與利祿的追求無不有密切關係。由於朝廷據經決事，典章制度用某家說法，往往關係此家派利祿，是以不得不據理力爭。例如史書記載：

> 賢本始三年…爲丞相。…少子玄成，復以明經歷位至丞相，故鄒魯諺曰：「遺子黃金滿籯，不如一經。」[114]
>
> 勝每講授，常謂諸生曰：「士病不明經術；經術苟明，其取青紫如俛拾地芥耳。學經不明，不如歸耕。」[115]
>
> 建武二十八年，…以榮爲少傅，賜以輜車、乘馬。榮大會諸生，陳其車馬、印綬，曰：「今日所蒙，稽古之力也，可不勉哉！」[116]

韋賢、韋玄成父子即以魯詩之學，侍宣帝、元帝二君主，官至卿相。夏侯勝因通經學，宣帝朝立爲博士；桓榮則以歐陽之學三代爲五帝王師。可見經學有今古文之爭，文字上的今與古，關係今古文之爭不大。明經取士關係利祿之途，此乃今古文之爭的焦點。皮錫瑞說：

111　《後漢書・徐防傳》，頁 1501。
112　《漢書・儒林傳》，頁 3620。
113　《漢書・儒林傳》顏師古注，頁 3621。
114　《漢書・韋賢傳》，頁 3107。
115　《漢書・夏侯勝傳》，頁 3159。
116　《後漢書・桓榮傳》，頁 1251。

此漢世明經取士之盛興，亦後世明經取士之權輿。史稱之
曰：「自此以來，則公卿大夫士吏彬彬多文學之士矣。」
方苞謂古未有以文學為官者，誘以利祿，儒之途通而其道
亡。案方氏持論雖高，而三代以下既不尊師，如漢武使束
帛加璧安車駟馬迎申公，已屬曠世一見之事。欲興經學，
非導以利祿不可。古今選舉人才之法，至此一變，亦勢之
無可如何者也。[117]

　　據此可知，上以官祿而勸經，下為祿利而習經，今古文之爭
立學官，以及不修師法家法不得擔任博士學官等，即是獨尊儒術
下以利祿影響學術的現象，也形成了黨同伐異的情形，其弊害如
梁啟超所說：

惟一儒術，而學術思想進步之跡，亦自茲凝滯矣；夫造化
之與競爭，相緣者也。競爭絕，則造化亦將與之俱絕…故
儒學統一者非中國學界之幸，而實中國學界之大不幸也。[118]

　　也就是學術定於一尊則造成凝滯，「中國學術思想之衰，實
自儒學統一時代始。」[119]而王充的〈問孔〉〈刺孟〉批判儒家文
獻的失實，表現治學求實的學問態度，無疑有匡正並引導儒者從
皓首窮經利祿追求的思維中省思的作用。

（二）批判漢代經學的神學化現象

　　漢代學術除充斥信師好古的風氣外，又有經學神學化的現
象。經學的神學化表現以及王充的評論說明於下：

---

117 皮錫瑞，《經學歷史》，同註 96，頁 55。
118 梁啟超，〈中國學術思想變遷之大勢〉，《飲冰室文集類編下》（台北：
　　華正書局，1974 年），頁 49。
119 同註 118。

1.就孔子及聖人能神而先知而言

　　世俗流傳孔子及聖人能神而先知的說法，而王充在〈知實〉篇列舉事例批駁，其中取自《論語》有關孔子非神而先知就有十三例之多，如：

> 顏淵炊飯，塵落甑中，欲置之則不清，投地則棄飯，掇而食之。孔子望見，以為竊食。
>
> 匡人之圍孔子，孔子如審先知，當早易道，以違其害。不知而觸之，故遇其患。以孔子圍言之，聖人不能先知。
>
> 子畏於匡，顏淵後。孔子曰：「吾以汝為死矣。」如孔子先知，當知顏淵必不觸害，匡人不加悖。見顏淵之來，乃知不死；未來之時，謂以為死。聖人不能先知。
>
> 長沮、桀溺耦而耕，孔子過之，使子路問津焉。如孔子知津，不當更問。孔子母死，不知其父墓，殯於五甫之衢，…鄰人鄒曼甫之母告之，然後得合葬於防。有塋自在防，殯於衢路，聖人不能先知。（以上〈知實〉）

　　引文中不論是孔子以為顏淵是在偷飯吃、或被圍困於匡地、或不知顏淵在匡地未受禍害、或不知道渡船口在那裡、或不知道父親的墳墓所在等例，一再證明孔子和一般人相同不能先知。

　　除孔子不能神而先知外，王充又舉舜、周公、東郭牙、淳于髡之例說明，如：舜的父親瞽叟和異母弟象讓他去修理穀倉和淘井，打算借機會殺害他。舜不能預見，無法避免而發生了此事，所以聖人不能先知。孟子稱周公是聖人，陳賈則質疑周公聖人也有錯誤，因周公不知管叔要造反，派管叔監督殷國，這又是聖人不能先知的例子。

　　上述事例，王充企圖破除一般人以為聖人能神而先知的觀念，他說：

實者，聖賢不能性知，須任耳目以定情實。其任耳目也，可知之事，思之輒決；不可知之事，待問乃解。天下之事，世間之物，可思而知，愚夫能開精；不可思而知，上聖不能省。(〈實知〉)

換言之，聖賢不能先知，需運用耳目口等感官來見、聞、問，像聖人孔子的耳聞目見與一般人並無差別，孔子沒有超人的眼光，也不知道別人所不知道的事情。由於世俗認為聖人有「獨見之明，獨聽之聰」，傳說孔子和顏淵登泰山而見吳昌門外有如系練之狀。王充強調這已違反人的生理能力，而說「目非有達視之明，知人所不知之狀也。」(〈知實〉)至於孔子之所以成為聖人，是由於有仁心與智慧，如子貢所說：「學不厭者，智也；教不倦者，仁也。仁且智，夫子既聖矣。」(〈知實〉)也可以說聖人境界可透過努力學習和修養而達到，並非生來就是聖人。因此王充說：

所謂「神」者，不學而知；所謂「聖」者，須學以聖。…人才有高下，知物由學。學之乃知，不問不識。子貢曰：「夫子焉不學？而亦何常師之有？」孔子曰：「吾十有五而志乎學。」五帝、三王，皆有所師。(〈實知〉)

賢聖可學為。…孟子曰：「子夏、子游、子張得聖人之一體，冉牛、閔子騫、顏淵具體而微。」六子在其世，皆有聖人之才，或頗有而不具；或備有而不明，然皆稱聖人，聖人可勉成也。(〈知實〉)

其意以為神與聖不同，聖如孔子也說「吾十有五而志乎學。」是聖可藉由教育學習完成，子夏、子游、子張、冉牛、閔子騫、顏淵等六子為賢人，雖不及聖，但可勉力而臻至聖人。

至於學習過程中，王充很重視感官經驗和閱讀思考，他說：

禹、益並治洪水，禹主治水，益主記異物，海外山表，無

> 遠不至，以所聞見，作山海經。非禹、益不能行遠，山海
> 不造。然則山海之造，見物博也。董仲舒睹重常之鳥，劉
> 子政曉貳負之尸，皆見山海經，故能立二事之說。使禹、
> 益行地不遠，不能作山海經；董、劉不讀山海經，不能定
> 二疑。（〈別通〉）

　　此段以禹和益治水，無遠不至，因見物廣博，所以能著作《山
海經》之例；以及董仲舒、劉子政閱書廣博，讀《山海經》，所
以能知重常之鳥與貳負之尸之例，來說明登山涉水可增廣見聞，
廣讀眾書，可以增加知識，有助於解疑斷惑。

　　王充看來，聖人的先知就在感官及思考的配合，漸漸形成見
微知著的能力，他舉淳于髡之例：

> 客有見淳于髡於梁惠王者，再見之，終無言也。惠王怪之，
> 以讓客曰：「子之稱淳于生，言管、晏不及。及見寡人，
> 寡人未有得也。寡人未足為言邪？」客謂髡。（髡）曰：
> 「固也！吾前見王志在遠，後見王志在音，吾是以默然。」
> 客具報。王大駭曰：「嗟乎！淳于生誠聖人也？前淳于生
> 之來，人有獻龍馬者，寡人未及視，會生至。後來，人有
> 獻謳者，未及試，亦會生至。寡人雖屏左右，私心在彼。」
> 夫髡之見惠王在遠與音也，雖湯、禹之察，不能過也。志
> 在胸臆之中，藏匿不見，髡能知之。以髡等為聖，則髡聖
> 人也；如以髡等非聖，則聖人之知，何以過髡之知惠王也？
> 觀色以窺心，皆有因緣以准的之。（〈知實〉）

　　引文中淳于髡「觀色以窺心，皆有因緣以準的之。」其意是
說「先知，之見方來之事，無達視洞聽之聰明，皆案兆察跡，推
原事類。」（〈實知〉）指出聖人即使預作推論，不外是根據事物
本源或徵兆，加以研判而得知，是藉學問類推判斷，而不是徒託

空言的先知，與讖緯學的「前知」並不同。[120]因此，王充說：「神怪與聖賢，殊道異路也。」（〈知實〉）神怪與聖賢，是完全不同的兩種型態，「賢聖之才，皆能先知。其先知也，任術用數，或善商而巧意，非聖人空知。」（〈知實〉）也就是聖人與賢人的才能智慧相差不遠，他們處理事情並沒有什麼神奇怪異之處，他們的先知是善於運用「任術用數」「善商巧意」的謀略籌畫，而且能揣度意測，並不是憑空想像。所以王充區分了「神」與「聖」二者的不同，說：

> 故夫賢聖者，道德智能之號；神者，眇茫恍惚無形之實。實異，質不得同；實鈞，效不得殊。聖神號不等，故謂聖者不神，神者不聖。（〈知實〉）

換言之，聖者不是神，神者不是聖，王充以實際經驗批判神化孔子和聖人的虛妄，所以藉由預知吉凶的讖緯神秘之說來解說經書，在他看來也是不可成立的。

2.就讖緯解讀經書而言

王充指出一般儒者膨脹聖人，「以為前知千歲，後知萬世，有獨見之明，獨聽之聰，事來則名，不學自知，不問自曉，故稱聖，則神矣。」（〈實知〉）並流傳孔子的讖書說：

> 「不知何一男子，自謂秦始皇，上我之堂，踞我之牀，顛倒我衣裳，至沙丘而亡。」其後，秦王兼吞天下，號始皇，巡狩至魯，觀孔子宅，乃至沙丘，道病而崩。又曰：「董仲舒亂我書。」其後，江都相董仲舒，論思《春秋》，造著傳記。又書曰：「亡秦者，胡也。」其後二世胡亥，竟亡天下。（〈實知〉）

---

120 林麗雪，《王充》（台北：東大圖書公司，1991 年），頁 327。

　　引文中的孔子讖書，預言秦王將兼并天下，巡守至魯，到沙丘病死途中，又預言董仲舒研究《春秋》，以及滅亡秦朝的是名叫胡的人。用這三件事，推論聖人能預知萬世之後的事。又流傳：

> 孔子生不知其父，若母匿之，吹律自知殷宋大夫子氏之世也。不案圖、書，不聞人言，吹律精思，自知其世，聖人前知千歲之驗也。（〈實知〉）

　　也就是傳說孔子吹律管推測，得知自己是殷朝後代宋國大夫子氏的後人，藉以吹捧聖人能知千歲以前的事情。

　　王充對讖書所載有關孔子神而先知的記錄，認為「此皆虛也。」所持的理由是：

> 「亡秦者胡」，河圖之文也。孔子條暢增益，以表神怪；或後人詐記，以明效驗。（〈實知〉）

　　按其意，「亡秦者胡」說法可能是經過孔子整理，以表明神怪之事，或者是後人編造，以表現聖人的先知。至於讖書說的「觀孔子宅」或「亂我書」，王充以為是：

> 後人見始皇入其宅，仲舒讀其書，則增益其辭，著其主名。如孔子神而空見始皇、仲舒，則其自為殷後子氏之世，亦當默而知之，無為吹律以自定也。孔子不吹律，不能立其姓，及其見始皇，睹仲舒亦復以吹律之類矣。（〈實知〉）

　　依其意，可能是孔子曾說將會有人來看我的住宅，或說有人會整理我的著作，後人見秦始皇至魯，董仲舒研究《春秋》，於是誇大其詞，強調孔子已預知此二人的名字。又假設孔子若真能神通確定自己祖先，實不必藉吹律管來確定。基本上，王充的闡述有助於釐清聖人之知，對神化聖人有廓清的作用。

　　王充否定了讖書中孔子的預言，並提出聖人之知與常人無異，他說：

先知之見方來之事，無達視洞聽之聰明，皆案兆察跡，推原事類。…不學自知，不問自曉，古今行事，未之有也。夫可知之事，推精思之，雖大無難；不可知之事，屬心學問，雖小無易。故智能之士，不學不成，不問不知。（〈實知〉）

其意是說，先知看未來的事情與常人相似，由考察事情的徵兆和跡象推論得來，所以強調「學」與「思」的重要性。之所以能知事物徵兆，尤在思考的功夫，也就是「陰見默識，用思深秘。」（〈實知〉）即運用心思，默記在心。而一般眾人疏略，「寡所意識，見賢聖之名物，則謂之神。」（〈實知〉）由於一般人很少留心事物，聖人默識能說出事物之特色則以為神。

按上述所言，在王充看來自然是所有讖書多不可信，此觀念在他生長的時空背景下是有強烈的批判意識。漢代迷信讖緯，所謂「讖緯」《四庫全書總目提要》說：

案儒者多稱讖緯，其實讖自讖，緯自緯，非一類也。讖者，詭為隱語，預決吉凶，《史記・秦本紀》稱盧生奏錄圖書之語，是其始也。緯者，經之支流，衍及旁義，《史記・自序》引《易》「失之毫釐，差以千里。」《漢書・蓋寬饒傳》引《易》「五帝官天下，三王家天下」，註者均以為《易緯》之文也。蓋秦、漢以來，去聖日遠，儒者推闡論說，各有成書，與經原不相比附，如伏生《尚書大傳》、董仲舒《春秋》陰陽，核其文體，即是《緯書》，特以顯有主名，故不能託諸孔子其它私相撰述，漸雜以術數之言，既不知作者為誰，因附會以神其說，迨彌傳彌失，又益以妖妄之辭，遂與讖合而為一。然班固稱聖人作經，賢者緯之。楊侃稱緯書之類，謂之秘經；圖讖之類，謂之內學；河洛之書，謂之靈篇。胡應麟亦謂讖緯二書，雖相表

　　裏，而實不同，則緯與讖別，前人固已分析之，後人連類
　　而譏，非其實也。[121]

　　此段《四庫全書總目提要》將《春秋繁露》當作緯書，反映
了董仲舒的天人感應哲學是讖緯的思想理論來源。若比較緯書及
《春秋繁露》會發現緯書有許多地方直接吸收董仲舒的文字。[122]讖
緯經常聯稱在一起，事實上它並不是一類，「詭爲隱語，預決吉
凶」的讖，經過傳播演變，並借用經義寫成文字，則演爲緯。例
如：說《尚書》爲「尚者上也，上天垂文象，布節度，書如天行
也。」[123]說詩爲「詩者，天地之心，君德之主，百福之宗，萬物
之戶也。」[124]說《禮》爲「禮之動搖也，與天地同氣，四時合信，
陰陽爲符，日月爲明，上下和洽，則物獸如其性命。」[125]等，以
讖緯解經，經書蒙上神秘色彩，可說是混合神學以附會儒家經義
之書。

121　（清）紀昀等，《四庫全書總目提要》第一冊，經部卷六（台北：台灣商
　　務印書館，1983 年），頁 158。
122　例如：《春秋繁露・王道篇》：「王正，則元氣和順，風雨時，景星見，
　　黃龍下。王不正則上變天，賊氣並見。五帝三王之治天下，不敢有君民之
　　心，什一而稅，教以愛，使以忠，敬長老，親親而尊尊，不奪民時，使民
　　不過歲三日，民家給人足，無怨望忿怒之患、強弱之難，無讒賊妒疾之人，
　　民修德而美好，被髮銜哺而游，不慕富貴，恥惡不犯，父不哭子，兄不哭
　　弟，毒蟲不螫，猛獸不搏，抵蟲不觸。故天爲之下甘露，朱草生，醴泉出，
　　風雨時，嘉禾興，鳳凰麒麟游於郊，囹圄空虛，畫衣裳而民不犯，四夷傳
　　譯而朝，民情至樸而不文。」（蘇輿，《春秋繁露義證》，北京：中華書
　　局，1992 年，頁 101-103。）與《春秋緯・感精符》：「王者，上感皇天，
　　則鸞鳳至，景星見。德下淪地，則嘉禾興。德淪地，則醴泉出焉。王者德
　　下洽於地，則朱草生，食之，令人不老。」（安居香山、中村璋八，《重
　　修緯書集成》卷四上，東京：明德出版社，昭和 56 年，頁 186-187。）顯
　　然二者的詮釋均認爲爲政得人心則天有鳳凰、景星、嘉禾、醴泉之類的祥
　　瑞出現。只不過董仲舒之意是對人君的提醒和警示，並無預言的性質。參
　　見余治平，〈董仲舒的祥瑞災異之說與讖緯流變〉（《吉首大學學報》第
　　二十四卷第二期，2003 年 6 月），頁 50。
123　《尚書緯・璇璣鈐》，同註 122，卷二，頁 61。
124　〈詩含神霧〉，同註 122，卷三，頁 26。
125　〈禮稽命徵〉，同註 122，卷三，頁 60。

　　東漢時讖緯學成爲統治者略奪天下、鞏固政權的工具，尤其是得到王莽及光武帝的利用而大盛，所以說：「讖緯之學起於王莽好符命，光武以圖讖興，遂盛行於世。」[126]王莽以符命取得攝皇帝之位，[127]又再僞造讖緯，說攝皇帝當爲眞，並利用甘忠可及夏賀良的讖書及曲解《尚書・康誥篇》的本文，來配合符瑞。[128]此外，王莽又利用符瑞從假皇帝成爲眞皇帝，[129]以哀章所獻金匱「赤帝行璽某傳予黃帝金策書」文字，即假借赤帝漢高祖將漢家玉璽傳給皇帝王莽之意，因而藉奉天承運正式即天子之位。

　　東漢光武帝亦利用符命讖緯受命。當時宛人李通及其父親李

---

126 百衲本二十四史，（唐）魏徵，《隋書》，卷二十七〈經籍志〉（台北：台灣商務印書館，2008 年），頁 11594。

127 《漢書・王莽傳上》：「前煇光謝囂奏武功長孟通浚井得白石，上圓下方，有丹書著石，文曰「告安漢公莽爲皇帝」。符命之起，自此始矣。…太后下詔曰：「…今前煇光囂、武功長通上言丹石之符，朕深思厥意，云『爲皇帝』者，乃攝行皇帝之事也。…其令安漢公居攝踐祚，如周公故事。」頁 4079。

128 《後漢書・王莽傳》：「七月中，齊郡臨淄縣昌興亭長辛當一暮數夢，曰：『吾，天公使也。天公使我告亭長曰：「攝皇帝當爲眞」。即不信我，此亭中當有新井。』亭長晨起視亭中，誠有新井，入地且百尺。十一月壬子，直建多至，巴郡石牛，戊午，雍石文，皆至于未央官之前殿。臣與太保安陽侯舜等視，天風起，塵冥，風止，得銅符帛圖於石前，文曰：「天告帝符，獻者封侯。承天命，用神令。」騎都尉崔發等說。及前孝哀皇帝建平二年六月甲子下詔書，更爲太初元將元年，案其本事，甘忠可、夏賀良讖書藏蘭臺。王莽以爲元將元年者，大將居攝改元之文也，於今信矣。尚書康誥『王若曰：「孟侯，朕其弟，小子封」』此周公居攝稱王之文也。…臣莽敢不承用！臣請共事神祇宗廟，奏言太皇太后、孝平皇后，皆稱假皇帝。」頁 4093-4094。

129 《漢書・王莽傳上》：「（初始元年十二月），梓潼人哀章學問長安，素無行，好爲大言。見莽居攝，即作銅匱，爲兩檢，署其一曰「天帝行璽金匱圖」，其一署曰：「赤帝行璽某傳予黃帝金策書」。某者，高皇帝名也。書言王莽爲眞天子，皇太后如天命。…莽至高廟拜受金匱神嬗。御王冠，謁太后，還坐未央官前殿，下書曰：「…赤帝漢氏高皇帝之靈，承天命，傳國金策之書，予甚祇畏，敢不欽受！以戊辰直定，御王冠，即眞天子位，定有天下之號曰新。」頁 4095。

守向光武帝提供圖讖，才引發劉秀起兵討命。其後，劉秀同儕彊華奉赤伏符，其中有「劉秀發兵捕不道，四夷雲集龍鬥野，四七之際火爲主」及「劉秀發兵捕不道，卯金修德爲天子」等文字，遂舉行郊祭，以圖讖告天，正式繼皇帝位。[130]當時與王莽共爭天下之公孫述，亦利用讖緯欲取代漢家王位。[131]

　　光武帝有天下凡改正朔、易服色、立都、祭祀多依讖緯，甚至封禪也以讖緯決定。[132]建武十一年，劉秀統一全國，雖政權鞏固，但讖緯有其危險性，遂將讖緯統一，成爲王朝之統治思想。[133]

---

130 《後漢書・光武帝紀》：（新莽）地皇三年（西元二十二年）「光武避吏新野。…宛人李通等以圖讖說光武云：『劉秀復起，李氏爲輔。』光武初不敢當，然獨念兄伯升素結輕客，必舉大事，且王莽敗亡已兆，天下方亂，遂與定謀，於是乃市兵弩。十月，與李通從弟軼等起於宛，時年二十八。」又曰：「建武元年…光武先在長安時同舍生彊華自關中奉赤伏符，曰：『劉秀發兵捕不道，四夷雲集龍鬥野，四七之際火爲主。』…光武於是命有司設壇場…建武元年六月己未，即皇帝位，燔燎告天，…其祝文曰：『…讖記曰：「劉秀發兵捕不道，卯金修德爲天子」…敢不敬承？』」頁 2 及頁 21-22。

131 《後漢書・公孫述傳》：「述亦好爲符命鬼神瑞應之事，妄引讖記。以爲孔子作春秋，爲赤制而斷十二公，明漢至平帝十二代，歷數盡也，一姓不得再受命，又引錄運法曰：『廢昌帝，立公孫』，括地象曰：『帝軒轅受命，公孫氏握』……又自言手文有奇，及得龍興之瑞。數移書中國，冀以感動眾心。」頁 538。

132 《東觀漢紀》卷一：「自帝即位，按圖讖，推五運，漢爲火德。周蒼漢赤，木生火，赤代蒼。故帝都洛陽，制兆於城南七里，北郊四里。行夏之時，時以平旦。服色犧牲尚黑。明火德之運，常服徽幟尚赤。四時隨色，季夏黃色。議者曰：『圖讖者伊堯，赤帝之子，俱與后稷並受命而爲王。漢劉祖堯，宜令郊祀帝堯以配天，宗祀高祖以配上帝』。」（漢）劉珍等撰，《東觀漢紀》（上海：中華書局排印本，1936 年）又（梁）劉昭補《後漢書》卷七志〈祭祀上〉：「（建武）三十二年正月，上（光武）齋，夜讀〈河圖會昌符〉，曰『赤劉之九，會命岱宗。不慎克用，何益於承。誠善用之，姦僞不萌。』感此文，乃詔（梁）松等案索河雒讖文言九世封禪事者。松等列奏乃許焉。」頁 3136。

133 《後漢書・光武帝紀》：「（中元元年），初起明堂、靈臺、辟雍，…宣布圖讖於天下。」頁 84。此作法與王莽宣布圖讖於天下的態度一樣。《漢書・王莽傳》：「（新莽始建國元年）秋，遣五威將王奇等十二人班符命

此時，若有人擅造圖讖，即有謀篡王位之嫌。例如劉英爲劉秀之子，於明帝永平十一年（西元七十年），因造讖被告發，「英與漁陽王平、顏忠等造作圖書，有逆謀」，之後即以大逆不道罪名被廢，不久自殺。[134]

漢代君主藉讖緯立王位，假天意以擁有絕對權力，所謂「上有所好，下必有甚焉」。在東漢許多儒生多爲讖緯神學的信奉者，[135]不少經學家都以讖緯作爲解釋經書的依據。章帝建初四年，召開的白虎觀會議，實際上就是以讖緯統一五經的會議。

白虎觀會議的舉行，乃因光武帝立十四博士後，[136]各經博士以家法教授，以致五經章句繁多，破壞大體，爲簡省章句，古今文各派遂「共正經義」，使有統一見解。[137]章帝建初四年（西元

四十二篇於天下。德祥五事，符命二十五，福應十二，凡四十二篇。」頁4112。王莽總合圖讖編爲一書，凡與王莽取代漢家天下有幫助之瑞命符應皆收入編爲一書。

134 《後漢書·光武十王列傳》，頁1429。

135 黃開國，〈論漢代讖緯神學〉，林慶彰編，《中國經學史論文選集》上冊（台北：文史哲出版社，1992年），頁306。

136 光武帝所立十四博士，據《後漢書·儒林傳上》：「光武中興，愛好經術，未及下車，而先訪儒雅，採求闕文，補綴漏逸。先是四方學士多懷協圖書，遁逃林藪。自是莫不抱負墳策，雲會京師，范升、陳元、鄭興、杜林、衛宏、劉昆、桓榮之徒，繼踵而集。於是立五經博士，各以家法教授，易有施、孟、梁丘、京氏，尚書歐陽、大小夏侯，詩齊魯韓，禮大小戴，春秋嚴、顏，凡十四博士，太常差次總領焉。」頁2545。

137 《後漢書·章帝紀》：「（建初四年）十一月壬戌，詔曰：『蓋三代導人，教學爲本。漢承暴秦，褒顯儒術，建立五經，爲置博士，其後學者精進，雖曰承師，亦別名家。孝宣皇帝以爲去聖久遠，學不厭博，故遂立大、小夏侯尚書，後又立京氏易。至建武中，復置顏氏、嚴氏春秋、大小戴禮博士，此皆所以扶進微學，尊廣道藝也。』中元元年詔書，五經章句煩多，議欲減省。至永平元年，長水校尉（樊）儵奏言：『先帝大業當以時施行，欲使諸儒共正經義。』…於是下太常，將、大夫、博士、議郎、郎官及諸生、諸儒會白虎觀，講議五經同異，使五官中郎將魏應承制問，侍中淳于恭奏，帝親稱制臨決，如孝宣甘露石渠故事，作白虎議奏。」頁138。

七十九年）於北宮白虎觀集合諸儒，舉行會議討論五經經義，會議決議由班固撰集其事，作《白虎通德論》十二卷。[138]將《白虎通》文句與散逸於各書中的讖緯文句對照，幾乎各篇內容百分之九十出於讖緯。[139]

　　參加白虎觀會議的人物多迷信讖緯，[140]不過，當時也不乏有識之士，如桓譚、鄭興、尹敏、王充、張衡等學者有反讖之說，[141]但命運是終身沉滯或僅以身免。

　　讖緯的滋演又與董仲舒「天人感應」說有關。董仲舒試圖用天對君主制約，本是藉天以警戒君主，結果統治者「以君隨天」，反彰顯君主地位乃由天所賜。就《白虎通》而言，繼承和發展了董仲舒天人感應的觀念，直接引用或轉化讖緯文字作爲立論根據，使讖緯具有國家法典地位，也進而使經學神學化。例如：

　　　故〈援神契〉曰：天復地載，謂之天子，上法斗極。〈鉤命決〉曰：天子爵稱也。…帝王之德有優劣，所以俱稱天

138　《白虎通義》有不同名稱，如《白虎議奏》，見《後漢書・章帝紀》，頁138。《白虎通德論》見〈班固傳〉，頁1373。《通義》，爲《白虎通義》之略。《白虎通》，見《隋書・經籍志》，同註137，頁11592。《白虎通義》，見《新唐書》卷五十七〈藝文志〉（台北：中華書局，1966年），頁9。

139　侯外廬，《中國思想通史》第二卷〈兩漢思想〉（北京：人民出版社，1957年），頁229。

140　以賈逵爲例，他說：「昔武王終父之業，鸑鷟在岐，宣帝威懷戎狄，神雀仍集，此胡降之徵也。…又五經家皆無以證圖讖，明劉氏爲堯後者，而左氏獨有明文。…左氏以爲少昊代黃帝，即圖讖所謂帝宣也。如令堯不得爲火，則漢不得爲赤，其所發明，補益實多。陛下通天然之明，建大聖之本，改元正歷，垂萬世則，是以麟鳳百數，嘉瑞雜遝。」即大倡讖緯之言。《後漢書・賈逵傳》，頁1235-1238。

141　參見《後漢書・桓譚傳上》、〈鄭興傳〉、〈張衡傳〉、〈儒林傳〉，以及王充《論衡・實知》。

子者何？以其俱命於天。[142]

《白虎通》文中又引〈援神契〉、〈鉤命決〉等緯書之文，強調應天順德的重要。至於白虎觀以讖緯解說五經，與強化大一統觀念有關，如解釋「三綱」說：

> 三綱者，何謂也？謂君臣、父子、夫婦也。六紀者，謂諸父、兄弟、族人、諸舅、師長、朋友也。故〈含文嘉〉曰：「君為臣綱，父為子綱，夫為妻綱。」…何謂綱紀？綱者張也，紀者理也。大者為綱，小者為紀，所以張理上下，整齊人道也。…君臣、父子、夫婦，六人也。所以稱三綱何？一陰一陽謂之道，陽得陰而成，陰得陽而序，剛柔相配，故六人為三綱。[143]

將倫理綱常明確規定為「三綱六紀」，從字面上看：「君，群也。下之所歸心也。臣者，繾堅也，厲志自堅固也。」「父者矩也，以法度教子也。子者孳也，孳孳無已也。」「夫者扶也，以道扶接也。婦者服也，以禮屈服也。」[144]同時亦對師徒關係解釋為：「師弟子之道有三：《論語》：『朋友自遠方來』朋友之道也；又曰：『回也，視予猶父也』父子之道也，以君臣之義教之，君臣之道也。」[145]將師徒關係提昇為君臣、父子關係。《白虎通》可說是經書、讖緯和三綱五常的結合。

上述不論朝廷或學術界，讖緯勢力已大到不可收拾的地步。清儒朱彝尊即說：「讖緯之書，相傳始於西漢哀平之際，…光武篤信不疑，至讀之廡下。終東漢之世，以通七緯者為內學，通五

142　《白虎通·爵》，（東漢）班固撰，（清）陳立疏證，《白虎通疏證》（台北：中國子學名著集成編印基金會，1978年），頁6-7。

143　《白虎通·三綱六紀》，同註142，頁442-443。

144　《白虎通·三綱六紀》，同註142，頁445。

145　《白虎通·辟雍》，同註142，頁307-308。

經者爲外學。蓋自桓譚、張衡外，鮮不爲惑焉。」[146]可知當時讖緯的權威甚至凌駕五經之上。王充堅持讖書的不可信，是有感於當代讖緯的流行和虛妄。

二、王充〈問孔〉〈刺孟〉的內容

王充於〈問孔〉〈刺孟〉篇對孔孟學說的問難內容，可歸納爲五項：（一）孔孟言行矛盾的批判（二）孔孟用詞不明確的批判（三）孔孟措辭失當的批判（四）孔子教化標準不一的批判（五）孔孟處事態度的批判，說明於下：

（一）孔孟言行矛盾的批判

《論語·雍也篇》有「孔子見南子，子路不悅」一章。[147]南子是衛靈公夫人，她聘請孔子，子路爲此不悅。孔子則以「予所鄙者，天厭之！天厭之！」自誓。王充以爲：孔子不引用過去事例證明自己的清白，而引用未曾應驗的「天厭之！」發誓，不符合事實效驗的精神。若「世人有鄙陋之行，天曾厭殺之，可引以誓。子路聞之，可信以解。」然而，這種「引未曾有之禍以自誓於子路，子路安肯曉解而信之？」孔子雖然是「聖人」，但是這種沒有實際效驗的發誓，與一般俗人並沒有不同。而且孔子有：「死生有命，富貴在天」「人之死生自有長短，不在操行善惡」（〈問孔〉）的觀念。倘若「死生有命」的觀念可以成立，則孔子說「我所爲鄙陋者，天厭殺我！」必不可以成立，此例是孔子言

---

146 （清）朱彝尊，〈說緯〉，朱彝尊，《曝書亭集》，《四部叢刊》冊八十一（台北：台灣商務印書館，1979 年），頁 464-465。

147 《論語·雍也篇》，（魏）何晏注，（宋）邢昺疏，《論語注疏》，《十三經注疏》第八冊（台北：藝文印書館，1985 年），頁 55。

語論述有相互矛盾的錯誤。

　　同理，《論語・先進篇》有「賜不受命而貨殖焉，億則屢中。」一章。[148]孔子以子貢不受當富之命，但以智慧才能，經營生意而致富。王充以爲：孔子講命定論，有「世無不受貴命而自得貴，亦知無不受富命而自得富者」的觀念，所以「孔子知己不受貴命，周流求之不能得」，卻又提出「賜不受富命而以術知得富」，是言語前後相違。

　　此外，《論語・先進篇》有「顏淵死」一章。[149]孔子感傷顏淵死，失去志同道合共創事業的門生。王充的看法，以「賢者未必爲輔，猶聖人未必受命。」是顏淵活著未必成爲孔子輔佐，又孔子是否爲王，根據其「富貴在天」的天命說，與是否有得於顏淵的輔佐也無關。

　　再如《論語・顏淵篇》有「子貢問政」一章。[150]孔子回答：「足食、足兵，民信之矣。」子貢提問，當兵食信不能同時兼顧，不得已情況下這三者應如何取捨。孔子有去兵去食的順序，而且寧可去食也不可以去信。王充以爲：春秋時代人們「口饑不食，不暇顧思義也。」大環境是饑餓棄信，孔子教子貢爲政「去食存信」是很難成立的。而且，與孔子教冉子「先富而後教之」[151]一章互相矛盾，所以王充說：「食與富何別？信與教何異？二子殊教，所尚不同，孔子爲國，意何定哉？」王充對於此章的理解有錯誤，孔子回答子貢及冉子問政的言詞，看似前後矛盾，實則不然。〈子路篇〉孔子適衛，告冉有「既庶矣，當富之。既富矣，

148　《論語・先進篇》，同註147，頁98。
149　《論語・先進篇》，同註147，頁97。
150　《論語・顏淵篇》，同註147，頁107。
151　《論語・子路篇》，同註147，頁116。

當教之。」與〈顏淵篇〉告子貢，足食在前而後足兵足信之意相通，唯不得已下，才選擇輕食重信，錢穆即說：「一處常，一臨變，讀者須於此善體。」[152]

　　《論語・陽貨篇》有「佛肸召，子欲往」一章。[153]由於佛肸占據中牟反叛趙簡子，不是實行正道的國家，孔子接受招請，子路不悅。王充以為：子路引用孔子說過的「親於其身為不善者，君子不入。」勸諫孔子。孔子回答「堅，磨而不磷；白，涅而不淄。」與「吾豈匏瓜也哉？焉能繫而不食？」王充看來，這是「孔子之仕，不為行道，徒求食也。」為食祿而不在推行政治理念的意向明顯，這與其一貫的「不義而富且貴，於我如浮雲」之意相違，也與「行道於公山」的態度不同，[154]可見公山、佛肸俱叛，「行道於公山，求食於佛肸，孔子之言無定趨也。」

　　再以〈刺孟〉為例，《孟子・公孫丑下》有「王如用予，則豈徒齊民安，天下之民舉安。」一章。[155]王充看來，孟子對待齊王的態度，前後不相同，是「孟子之操，前後不同」。由於之前孟子將朝王，王使人來告知有疾，請孟子入朝見齊王。[156]孟子不但不願去朝見，反而躲到景丑氏的家裡過夜。而後又極欲得齊王的任用，離開的時候，並在畫地住了三天，希望齊王能三天中改變心意而延覽他為臣。王充的看法，孟子曾在魯國不得任用，際遇與在齊國相似，不過心態卻截然不同。不遇於魯，孟子歸之於

152　錢穆，《論語新解》（台北：東大圖書公司，2004年），頁332。
153　《論語・陽貨篇》，同註147，頁155。
154　《論語・陽貨篇》：「公山弗擾以費畔，召，子欲往。子路不悅曰：『末之也已，何必公山氏之之也？』子曰：『夫召我者，而豈徒哉？如有用我者，吾其為東周乎！』同註147，頁154。
155　《孟子・公孫丑下》，（漢）趙岐注，（宋）孫奭疏，《孟子注疏》，《十三經注疏》第八冊（台北：藝文印書館，1985年），頁84。
156　《孟子・公孫丑下》，同註155，頁72。

天意；不遇於齊，卻寄託希望而在晝地停留三天，是孟子的言行不一又自相矛盾。

（二）孔孟用詞不明確的批判

《論語‧憲問篇》有「蘧伯玉使人於孔子」一章。[157]孔子問使者「夫子何爲？」使者回答「夫子欲寡其過而未能也」。孔子批評「使乎！使乎！」王充以爲：孔子是問政治作爲，而不是問操守行爲，使者答非所問，孔子卻只回應「使乎！使乎！」太過簡約，不能令使者明白其錯誤之處，也使後世疑惑。況且《春秋》「爲賢者諱，亦貶纖介之惡。」孔子替使者隱諱不評論其錯誤，失去《春秋》「貶纖介」的用意。實則，王充未有完整的體會，使者回答以大夫蘧伯玉「欲寡過」而不言其「欲無過」，可見使者的謙卑，同時意味其主人的賢能，因而孔子贊美「使乎！使乎！」並非爲其錯誤隱諱。

《論語‧里仁篇》有「富與貴，是人之所欲也，不以其道得之，不處也。貧與賤，是人之所惡也，不以其道得之，不去也。」一章。[158]王充以爲：「貧賤何故當言『得之』？」貧賤不應是「得」，應是「去」。「修身行道，仕得爵祿富貴，得爵祿富貴，則去貧賤矣。」才算合理。此例說明孔子有敘述不清楚的弊端。

再如《論語‧公冶長篇》有「公冶長可妻」一章。[159]孔子說：「公冶長可妻也，雖在縲絏之中，非其罪也。」王充以爲：受無辜牽連入獄者不少，但孔子未有具體稱贊公冶長德行的言詞，「必以非辜爲孔子所妻，則是孔子不妻賢，妻冤也。案孔子之稱公冶

157　《論語‧憲問篇》，同註147，頁128。

158　《論語‧里仁篇》，同註147，頁36。

159　《論語‧公冶長篇》，同註147，頁41。

長，有非辜之言，無行文之能。實不賢，孔子妻之，非也；實賢，孔子稱之不具，亦非也。」也就是公冶長不好，以女妻之是不對，若公冶長有優點卻未具體稱贊也不對，此例是說孔子語意不明的缺點。實則，公冶長爲孔子弟子，孔子知其行事之得失和爲人賢否，雖未明言，並無礙其對公冶長的認識。

再以〈刺孟〉篇爲例，《孟子·公孫丑下》有「沈同以其私問曰：『燕可伐與？』孟子曰：『可』」一章。[160]

王充看來，沈同以個人名義私下問孟子「燕可伐與？」孟子回答「可」，有人質疑孟子有勸齊伐燕之意，孟子卻以沈同只問「燕可伐與？」未問「孰可以伐之？」來辯護，這是犯了「不知言」的錯誤。進一步說，孟子以「知言」聞名，而「知言」之意是：「詖辭，知其所蔽；淫辭，知其所陷；邪辭，知其所離；遁辭，知其所窮。生於其心，害於其政，發於其政，害於其事。」[161]也就是孟子能分析判斷言辭，又知言辭所起的災禍和招致的危害。由於沈同是「挾私意」而問，孟子若知其心意，應該說「燕雖可伐，須爲天吏乃可以伐之。」孟子若不能臆測出沈同伐燕之意，則不能算是知言。

（三）孔孟措辭失當的批判

《論語·公冶長篇》有孔子問子貢「女與回也孰愈？」一章。[162]王充以爲：「使孔子知顏淵愈子貢，則不須問子貢。使孔子實不知，以問子貢，子貢謙讓，亦不能知。」可見子貢若有自知之明，問或不問都起不了貶低或褒揚子貢的作用。此例可見孔子有

---

160 《孟子·公孫丑下》，同註155，頁80。
161 《孟子·公孫丑上》，同註155，頁55。
162 《論語·公冶長篇》，同註147，頁42。

「明知故問」或「問不得其人」的缺失。

　　《論語‧子罕篇》有「孔子曰：鳳凰不至，河不出圖，吾已矣夫！」一章。[163]孔子自傷不得爲王，祥瑞徵兆不會到來。王充以爲：即便是太平盛世，鳳鳥河圖也不是必然出現的瑞應，如果招致瑞應是「任賢使能，治定功成。治定功成，則瑞應至矣。瑞應至後，亦不須孔子。」換言之，若瑞應並致，也不需要孔子出仕。因此，以祥瑞吉兆是否出現作爲判定明王的標準，是會產生失誤，此例說明孔子評論有本末倒置的缺失。

　　《論語‧子罕篇》有「子欲居九夷」一章。[164]孔子「疾道不行於中國，恚恨失意，故欲之九夷。」因政治主張在中國不能實行，才想到夷狄文化落後地區推行。王充以爲：「中國且不行，安能行於夷狄？」而且禹不能教裸國穿衣服，須裸入衣出，以此推論夷狄必不受孔子「君子之道」的教化。所以王充推測孔子欲居九夷的原因是「實不欲往，患道不行，動發此言。」或孔子知其陋，卻堅持己說，以拒絕他人的勸告，此例是孔子有自圓其說的缺失。

　　再以〈刺孟〉篇爲例，《孟子‧梁惠王》有「孟子曰：『仁義而已，何必曰利？』」一章。[165]王充評論孟子不知「利」有貨財之利和安吉之利二種。所謂「貨財之利」，指衣食住行的物質需求；「安吉之利」，指世態風氣的吉祥安定。王充指出安吉之利出自儒家經典的《周易》和《尚書》，[166]並且有「行仁義得安吉之利」的看法，亦即行仁義教化可得安吉之利，「利」與「義」

163　《論語‧子罕篇》，同註147，頁78。
164　《論語‧子罕篇》，同註147，頁79。
165　《孟子‧梁惠王》，同註155，頁9。
166　王充說：「《易》曰：『利見大人』，『利涉大川』，『乾，元亨利貞』。《尚書》曰：『黎民亦尚有利哉？』」《論衡‧刺孟》

相融而非對立。在王充看來孟子犯了「失對上之指，違道理之實」的錯誤，是不了解「義寓於利」及「利寓於義」的道理，在統治者與人民之間有雙重標準，而將「利」與「義」對立起來。因而在未弄清楚梁惠王問話的意旨，就答以貨財之利，用「何必曰利」回答梁惠王「何以利吾國」的問題。

　　王充批判孟子「何必曰利」的問題，不代表王充的義利觀超越孟子，[167]也不代表孟子為高調的理想主義，[168]只談仁義而不要利。孟子並不反對「利」，[169]而是反對統治者後義而先利，可能導致一切從「利」的角度出發，形成「上下交征利」而終至「不奪不厭」的危害。王充評論孟子與梁惠王對話，以為孟子有「失對上之指，違道理之實」的錯誤，並不意味王充的義利觀超越孟子。

　　又《孟子・滕文公下》有「彭更問曰：『士無事而食，可乎？』」

---

167 樊琪，〈《論衡・刺孟》所刺〉（《貴州文史叢刊》1997 年第 3 期），頁 29。
168 岳宗偉，〈《論衡》引書研究〉，同註 95，頁 158。
169 就人民立場而言：孟子曾說：「是故明君制民之產，必使仰足以事父母，俯足以畜妻子，樂歲終身飽，凶年免于死亡，然後驅而之善，故民之從之也輕。今也制民之產，仰不足以事父母，俯不足以畜妻子，樂歲終身苦，凶年不免于死亡。此惟救死而恐不贍，奚暇治禮義哉？」（《孟子・梁惠王上》，同註 155，頁 24。）又說：「民非水火不生活，昏暮扣人之門戶求水火，無弗與者，至足矣。聖人治天下，使有菽粟如水火。菽粟如水火，而民焉有不仁者乎？」（〈盡心上〉，同註 155，頁 238。）是孟子認為物質利益是行仁義的基礎，有了固定的產業，能維持全家溫飽的生活，人民自然容易走向善道。否則，求生活尚且不及，哪有功夫學習禮義呢？因此說：「民之為道也，有恆產者有恆心，無恆產者無恆心，苟無恆心，放辟邪侈，無不為已。」（〈滕文公上〉，同註 155，頁 90。）就個人立場而言：孟子說：「富，人之所欲」「貴，人之所欲」。（〈萬章上〉，同註 155，頁 160。）又說：「口之於味也，目之於色也，耳之於聲也，鼻之於臭也，四肢之於安逸也，性也。」（〈盡心下〉，同註 155，頁 253。）認為每個人都有求利的欲望，也有耳目口鼻四肢的嗜好。

一章。[170]孟子對弟子彭更宣傳仁義之道而獲取利益報酬持懷疑的
態度，認爲如果對方的行爲對自己產生了良好的效果，無論對方
在動機上是否有追求報酬的目的，都應當從呈現效果的出發點而
給予報答，反之，如果對方的行爲對自己沒有產生有益的效果，
即使有追求利益的動機，也不應給以報答。[171]孟子並引用「毀瓦
畫墁」之例回答彭更。王充看來孟子有引喻失當的錯誤，毀瓦畫
墁指毀壞屋瓦及亂塗抹新粉刷的牆壁，而這一類並不包括在想謀
生活的人口之中，「求食者，皆多人所共得利之事，以作此鬻賣
於市，得賣以歸，乃得食焉。」謀生的人所作多是對人共同有益
的事，而毀瓦畫墁不是癡狂就是遊戲而已。由此例可見孟子辯才
無礙，卻也引喻失當。

　　《孟子・滕文公下》有匡章子問：陳仲子不食其兄不義之祿，
不居不義之室，是否可稱廉潔？一章。[172]

　　孟子持否定態度，認爲只有「上食槁壤，下飲黃泉」的蚯蚓
才稱得上廉潔。王充看來，孟子非難陳仲子的行爲，並未指出陳
仲子真正的錯誤，反而引用錯誤的比喻。例如陳仲子自認爲「兄
之祿爲不義之祿，而不食也；以兄之室爲不義之室，而弗居也。」
殊不知回鄉探望母親，吃母親所做的飯，也是他哥哥的祿米。孟
子更批評陳仲子所住、所食，或是「食盜跖之所樹粟，居盜跖之
所築室，汙廉潔之行。」還不足以稱爲廉潔。這是孟子責之太甚，
由於房屋是承襲原有的建築，粟米是用自製的草鞋麻繩換取的，

---

170 《孟子・滕文公下》，同註 155，頁 110。
171 《孟子・滕文公下》：「不通功易事，以羨補不足，則農有餘粟，女有餘
　　布。子如通之，則梓匠、輪輿皆得食於子。於此有人焉，入則孝，出則悌，
　　守先王之道，以待後世之學者，而不得食於子。子何尊梓匠、輪輿，而輕
　　爲仁義者哉？」同註 155，頁 110。
172 《孟子・滕文公下》，同註 155，頁 119。

況且盜跖房子的地下也有蚯蚓，它吃強盜房子地下的乾土，喝強盜房子地下的泉水，也不能算是廉潔。[173]孟子以「若蚓」可爲廉潔，是引喻不當。

王充未理解孟子評陳仲子行爲不足以稱爲廉潔的意思，事實上其意在諷刺陳仲子只顧「廉潔」之名，而忽略對其母親應盡的孝道和義務，[174]所以孟子說：「仲子，不義與之齊國而弗受，人皆信之。是舍簞食豆羹之義也。人莫大焉亡親戚、君臣、上下。以其小者，信其大者，奚可哉？」[175]是指責陳仲子只有廉潔的小義，而忽略奉養母親的大節。

（四）孔子教化標準不一的批判

《論語·爲政篇》有「孟懿子問孝」和「孟武伯問孝」二章。[176]孔子回答孟懿子「毋違」，回答武伯「父母，唯其疾之憂。」又樊遲問孔子「毋違」之意爲何？孔子回答：「生，事之以禮；死，葬之以禮，祭之以禮。」

王充以爲：孔子言「毋違」不言「違禮」，是語意不詳，無法正確傳達無違周禮的意思，會導致「懿子聽孔子之言，獨不爲嫌於無違志乎？」可能理解爲不要違背父母的意願。而且回答簡略，違背「告小才敕，大才略」的原則。所謂「敕」是詳盡之意，也就是樊遲才大，孔子告之詳盡；孟懿子才小，反告之簡略。又孟懿子和孟武伯，「俱孟氏子也，權尊鈞同，詳武伯而略懿子，

---

173 所以王充說：「室因人故，粟以屢纖易之，正使盜之所樹築，已不聞知。…夫盜室之地中亦有蚓焉，食盜宅中之稿壤，飲盜宅中之黃泉，蚓惡能爲可乎？」（〈刺孟〉）
174 劉謹銘，《王充哲學的再發現》（台北：文津出版社，2006年），頁22。
175 《孟子·盡心上》，同註155，頁240。
176 《論語·爲政篇》，同註147，頁16-17。

未曉其故也。使孔子對懿子極言『毋違禮』何害之有？」由於孔子回答二人的內容有詳略之別，不知其標準爲何？疑有語意不詳的弊端。不過據錢穆闡述，孟懿子父孟僖子賢而好禮，懿子不能謹守其父之教。孔子教以爲「毋違」，是欲其善體父命完成父志。其父賢，子不違，仍是不違禮，孔子告懿子和樊遲的言論實則相通。[177]

《論語·雍也篇》有「哀公問孔子孰爲好學」及〈先進篇〉有「康子問好學」一章。[178]王充以爲：季康子所問與魯哀公所問相同，而孔子回答有詳略之別。孔子借回答魯哀公之際，並以顏淵的「不遷怒，不貳過」指責魯哀公的性遷怒又貳過。不過，回答康子問好學時，卻沒有藉機會以顏淵之例指責康子「欲」多的短處，此例可知孔子有教化標準不一的錯誤。

（五）孔孟處事態度的批判

《禮記·檀弓篇》有「孔子之衛，遇舊館人之喪」一章。[179]《論語·先進篇》有「顏淵死，子哭之慟」和「鯉也死，有棺無槨」二章。[180]記載孔子到衛國弔舊館人，解驂馬賻贈舊館人，是「副情而行禮」。不過，弟子顏淵死，孔子「哭顏淵慟者，殊之眾徒，哀痛之甚也。死有棺無槨，顏路請車以爲之槨，孔子不予，爲大夫不可以徒行也。」以自己身爲大夫不能棄車而步行，所以拒絕顏路提議的賣車助槨。兒子鯉死，有棺無槨不合禮制，但也「不徒行以爲之槨」。

177 錢穆，《論語新解》，同註 152，頁 32-33。
178 《論語·雍也篇》〈先進篇〉，同註 147，頁 51 及 96。
179 《禮記·檀弓篇上》，（清）孫希旦，《禮記集解》（台北：文史哲出版社，1984 年），頁 174。
180 《論語·先進篇》，同註 147，頁 97。

　　王充看來，二相比較，「於彼則禮情相副，於此則恩義不稱。」況且對於舊館人之喪，不脫馬「未必亂制」，然而，葬子有棺無槨則廢禮傷法。孔子重賵舊人之恩，輕廢葬子之禮，此例表現孔子處事的缺失。

　　《論語‧公冶長篇》有「宰予晝寢」一章。[181]王充以為：「晝寢之惡，小惡也。朽木糞土，敗毀不可復成之物，大惡也。」「使宰我性不善，如朽木糞土，不宜得入孔子之門，序在四科之列。使性善，孔子惡之，惡之太甚，過也。」也就是白天睡覺只是小過，可略加暗示即能自覺改正，而且「孔子作春秋，不貶小以大，其非宰予也，以大惡細，文語相違，服人如何？」也就是其責備宰予太激烈。又以為：宰予雖無德行，但有言辭方面的專長，仍有可取之處。孔子責之太過，所以有學者疑非實錄。[182]

　　《論語‧公冶長篇》有孔子答子張問令尹子文可否稱仁一章。[183]孔子以「令尹子文三仕為令尹，無喜色；三已之，無慍色。」可算是「忠」，並以令尹子文曾伐宋而敗，所以孔子又說：「未知，焉得仁？」王充以為：令尹子文忠，「忠者，厚也。厚人，仁矣。」又「智與仁，不相干也。有不知之性，何妨為仁之行？」「五常之道，仁義禮智信。五者各別，不相須而成，故有智人，有仁人者；有禮人，有義人者。」智與仁的德行不同，有智慧的未必有道德，所以認為孔子以「未知，焉得仁？」評論令尹子文，有前後不必然相關的情形，同時也有求全責備的弊端。

　　上述王充看法實未理解孔子「仁」的含意有廣狹二義，如「五常之道，仁義禮智信」，「仁」與其它諸德並列，是對仁狹義的

---

181 《論語‧公冶長篇》，同註147，頁43。
182 錢穆，《論語新解》，同註152，頁126。
183 《論語‧公冶長篇》，同註147，頁44。

解釋。至於「未知，焉得仁？」的文句中，「仁」包涵「智」，
仁是眾德之稱，為廣義的解釋。陳文子雖有「忠」的修養，但仍
缺「智」的成分，仍不足為「仁」的理想，這是從仁的廣義所作
的評論。[184]

再以〈刺孟〉篇為例，《孟子‧公孫丑下》有孟子「辭十萬
而受萬，是為欲富乎？」一章。[185]

王充評論孟子「失謙讓之禮」，由於孟子之前有不接受齊王
百鎰而接受宋君七十鎰及薛君五十鎰之例。[186]因宋君所送之禮是
孟子將遠行的「送路費」，薛君所送之禮是購置防身武器的費用，
對於齊王百鎰則無收受的理由。他又自比「舜不辭天下者，是其
道也。」凡此說明孟子有「非其道，則一簞食而不可受於人；如
其道，則舜受堯之天下，不以為泰。」的觀念。

在此前提下，孟子卻不明言「金有受不受之義」的原因在「己
無功」「已致仕，受室非理」，反而吹噓說是「己不貪富」，所
以王充評其失謙讓之禮。

《孟子‧公孫丑下》有孟子所說「五百年必有王者興」的天
命論一章。[187]

王充看來，此為「不實事考驗，信浮淫之語」。由於帝嚳之
後堯為聖王，堯傳於舜，舜又傳於禹，四聖王天下繼踵而興，不
合五百年的期限。又周至孟子之時，是七百歲而無王者，可知「五
百年之間生聖王」的謬誤。此外，除言「五百年必有王者興」，
又言「其間必有名世」。「名世」指聖臣，「其間」是說五百年

---

184 陳大齊，〈孔子所說仁字的意義〉，陳大齊，《孔子學說論集》（台北：
   正中書局，1979 年），頁 40-45。
185 《孟子‧公孫丑下》，同註 155，頁 82。
186 《孟子‧公孫丑下》，同註 155，頁 75。
187 《孟子‧公孫丑下》，同註 155，頁 85。

的中間，按其言推估則輔佐聖王的賢臣，將無法和五百年才出現
的聖王相遇合。孟子將歷史看作是一治亂的循環過程，而社會治
亂交替的周期是五百年，歷史運行的時數達到五百年時，上天必
然委任一位「聖王」來挽救社會。基於這種認識，孟子非常自負，
以為「當今之世，舍我其誰？」由王充的評論指出其謬誤。

　　又《孟子・盡心上》有「孟子曰：『盡其道而死者，為正命
也；桎梏而死者，非正命也。』」一章。[188]

　　孟子將命分為「正命」與「非正命」，孟子主張得正命要先
立命，立命就要先知「性」，他有「性命之辨」將命分為兩種，
一種體現在心性之求中，一種出現在耳目之求中，不同的是一為
內存於善性的實現，具有價值理性，一為外在欲望的滿足，不具
價值理性。[189]由存心養性的過程而立命，所以說：「夭壽不貳，
修身以俟之，所以立命也。」[190]王充質疑此類思想，以「孟子之
言，是謂人無觸值之命也。順操行者得正命，妄行苟為得非正
（命），是天命於操行也。」他舉出「順操行者得正命」的反例，
如：「夫子不王，顏淵早夭，子夏失明，伯牛為癩」，「比干剖，
子胥烹，子路菹」等例，這些人雖然慎操修行，卻未得正命。反
觀竇廣國命當封侯，所以與百人臥積炭之下，炭崩，百人皆死而
廣國獨濟；又如孔甲所入主人之子，天命當賤，雖載入宮仍為看
門的守者。王充引用上述例子證明了道德支配命運的不可能。

188　《孟子・盡心上》，同註 155，頁 229。
189　《孟子・盡心下》：「口之於味也，目之於色也，耳之於聲也，鼻之於臭
　　也，四肢之於安佚也，性也，有命焉；君子不謂性也。仁之於父子也，義
　　之於君臣也，禮之於賓主也，智之於賢者也，聖人之於天道也，命也，有
　　性焉；君子不謂命也。」同註 155，頁 253。
190　《孟子・盡心上》，同註 155，頁 228。

三、王充〈問孔〉〈刺孟〉的評價和檢討

以上〈問孔〉和〈刺孟〉的事例，除後者有涉及「五百年必有王者興」以及「正命」的思想外，其餘諸項王充對孔子孟子的疑難和批評，多為語言文字表達不當，言行前後不一、自相矛盾等現象，並非懷疑或責難儒家義理。王充的問孔和刺孟，重點在提出懷疑精神，建立辨別真理的態度，有助於學術風氣的提振。同時以孔子萬世師表的形象為例，有破除漢儒信師是古、迷信權威的用意。而歷來對這二篇的看法和評價兩極：

（一）對王充〈問孔〉〈刺孟〉持負面評價的說法

王充〈問孔〉〈刺孟〉與重視儒學的傳統衝突，也引發了歷代學者的負面評價，主要的論點可分為下列三方面：

1.非聖滅道的邪說

宋王應麟說：「…『充刺孟子，猶之可也。至詆訾孔子，以繫而不食之言為鄙，以從佛肸、公山之召為濁；又非其脫驂舊館，而惜車於鯉；又謂道不行於中國，豈能行於九夷？（具見〈問孔〉篇）若充者，豈足以語聖人之趣哉？』…，此書非小疵也。」[191]

清乾隆讀王充《論衡》說：「孔、孟為千古聖賢，孟或可問，而不可刺，充則刺孟而問孔矣。此與明末李贄之邪說何異？…讀《論衡》者，效其博辯，取其軼才，則可；效其非聖滅道，以為正人篤論，則不可。」[192]

191　（宋）王應麟，《困學紀聞》十〈諸子〉，黃暉，《論衡校釋》第四冊，〈附編〉三，頁 1241-1242。
192　《四庫全書》，（清）乾隆〈讀王充論衡〉，同註 191，〈附編〉三，頁 1245-1246。

2.傲愎不可近的人格

　　清梁玉繩說：「《論衡・問孔篇》最無忌憚，王充之為人，必傲愎不可近。」[193]

　　清趙坦說：「王充，漢儒之愎戾者也。故所著《論衡》八十五篇，多與聖賢之旨悖。…周、秦而下，諸子百家雜出，以淆聖人之道。背仁義者莫如申、韓，致充之《論衡》則又甚焉。嗚呼！敢於問孔、刺孟，則無所不用其悍戾矣。」[194]

3.小儒偽作

　　清熊伯龍〈讀論衡說〉一段：「仲任蓋宗仲尼者也。〈問孔〉、〈刺孟〉二篇，小儒偽作，斷非仲任之筆。何言之？《論衡》之宗孔子，顯而易見。其〈齊世〉篇，則稱孔子以斷堯、舜；其〈實知〉篇，則稱孔子以辨偶人；其〈知實〉篇，則稱孔子以論先知；其〈卜筮〉篇，則稱孔子以論蓍龜，其〈本性〉篇，則稱孔子以定性道。他篇之引孔子者，不可勝數。其宗孔子若是，焉有問孔者乎？孟子，學孔子者也。焉有宗孔而刺孟者乎？由此言之，二篇之為偽作，無疑矣。」[195]

　　他並統計《論衡》書中宗孔子孟子的言論次數，作簡表如下：[196]

193　（清）梁玉繩，《瞥記五》，同註 191，〈附編〉三，頁 1259。
194　（清）趙坦，《寶甓齋文錄》卷上〈書論衡後〉，同註 191，附劉盼遂，〈論衡集解附錄〉，頁 1347-1348。
195　（清）熊伯龍，《無何集》，同註 191，附劉盼遂，〈論衡集解附錄〉，頁 1332-1333。
196　同註 195，頁 1338-1340。

《論衡》篇名	引用孔子次數	引用孟子次數	《論衡》篇名	引用孔子次數	引用孟子次數
逢遇篇			藝增篇	7	
累害篇			非韓篇	2	
命祿篇	3	2	說日篇	7	
命義篇		1	答佞篇	1	
率性篇	2		程材篇	2	
偶會篇	2	2	量知篇	1	
骨相篇	9		謝短篇	6	
本性篇	5	8	效力篇	3	
書虛篇	19		別通篇	6	
感虛篇	3		超奇篇	9	
福虛篇	5		明雩篇	12	
禍虛篇	4		順鼓篇	1	
龍虛篇	4		亂龍篇	5	
語增篇	11	2	遭虎篇	3	
儒增篇	4		讀瑞篇	19	
指瑞篇	11		四諱篇	1	
治期篇	2		譏日篇	1	
自然篇	4		卜筮篇	3	
感類篇	7		辨祟篇	4	
齊世篇	6		詰術篇	1	
宣漢篇	6		祭意篇	2	
恢國篇	1		實知篇	21	
驗符篇	1		知實篇	51	5
須頌篇	6		定賢篇	27	1
佚文篇	7	1	正說篇	13	2
論死篇	2		書解篇	5	
紀妖篇	4		案書篇	21	
言毒篇	1		對作篇	3	3
薄葬篇	7		自紀篇	11	2

　　所以說「合《論衡》之全書而觀之，不但九虛、三增諸篇本語本聖教，八十三篇何一非宗聖言者？夫孔子，萬世之師也。仲任每篇必宗孔子。孟子，學孔子者也，仲任亦間稱孟子。既以孔、

孟爲宗，焉有宗之而問之刺之者乎？吾故謂〈問孔〉、〈刺孟〉
二篇係小儒之僞作，斷非仲任之筆也。」[197]

（二）對王充〈問孔〉〈刺孟〉持正面評價的說法

持正面評價的說法不多，最具代表性的是認爲〈問孔〉〈刺
孟〉有懷疑精神或有「距師」、「伐聖」的意義。如：

莫伯驥說：「⋯宋陳騤《文則》謂：『王氏〈問孔〉篇中於
《論語》多所指摘，未免桀犬吠堯之罪』。又有人謂論衡中如〈問
孔〉、〈刺孟〉二篇，奮其筆端，以與聖賢相軋，論辨新穎，務
求繁辭盡意。⋯伯驥案；後來如金純甫、明李卓吾著書，每與孔、
孟爲難，當導源於此。言論解放，不爲古今人束縛，表現懷疑派
哲學精神，王氏實開其端。」[198]

胡適說：「王充不但攻擊當時的經師，就是古代的聖賢，也
逃不了他的批評。他有〈問孔〉、〈非韓〉、〈刺孟〉三篇，我
們可引他對於孔子的態度作例：世儒學者好信師而是古，以爲賢
聖所言皆無非，專精講習，不知難問。夫賢聖下筆造文，用意詳
審，尚未可謂盡得實；況倉卒吐言，安能皆是？⋯苟有不曉解之
問，造難孔子，何傷於義？誠有傳聖業之知，伐孔子之說，何逆
於理?（〈問孔〉）我們雖不必都贊同他的批評，（有許多批評是
很精到的，例如他批孟子「王何必曰利」一節。）但這種「距師」、
「伐聖」的精神，是我們不能不佩服的。」[199]

學者的負面評論是以維護傳統儒學宗師的角度或認爲〈問

---

197 同註 195，頁 1340。

198 莫伯驥，〈五十萬卷樓群書跋文〉子部〈論衡〉，同註 191，附劉盼遂，〈論
　　衡集解附錄〉，頁 1361。

199 胡適，〈王充的論衡〉，同註 191，〈附編〉四，頁 1282。

孔〉〈刺孟〉是非聖滅道，或以為王充批判孔孟聖人是為人傲愎，又或以為與王充推崇孔子的其它篇章不同，而斷屬偽作。持正面評價的學者如胡適提出的「距師」、「伐聖」，是從〈問孔〉〈刺孟〉的用意立論，表現了匡正學術的時代意涵，並不代表王充不遵循儒家之教，而是對過分尊崇儒教的學術取向，所導致種種問題的匡救。

（三）王充〈問孔〉〈刺孟〉的意義

王充這種不同於獨尊孔孟的見解和精神，有其重要的意義，說明如下：

1.「聖賢」與「神」的區分

一般人往往把神與聖合而為一，稱為聖人以為即有「前知千歲，後知萬世，有獨見之明，獨聽之聰。事來則名，不學自知，不問自曉」的才能，而不容許也不敢批評和懷疑。王充看來，學術道德的聖賢和一般宗教的神靈是不同的。[200]他在學可入聖的觀念裏，主張聖與賢不是專屬於某些人的尊稱，仁智之士多可努力達成，而與「神」的眇茫恍惚無形是殊道異路。並且又承認人的認識能力有極限，「不可知之事，學之問之不能曉也。」[201]亦即超越生理條件的認識是不可能的。因此他否定聖人能神而先知，也否定社會上流傳「生而知之」的俗文傳說。[202]此外，賢與聖的

---

200 黃國安，《王充思想之形成及其論衡》（台北：台灣商務印書館，1983年），頁99。

201 王充說：「天下事有不可知，猶結有不可解也。…聖人知事，事無不可知。事有不可知，聖人不能知。非聖人不能知，事有不可知；及其知之，用不知也。故夫難知之事，學問所能及也；不可知之事，問之學之，不能曉也。」《論衡・實知》

202 例如《論衡・實知》記載當時有「項託年七歲教孔子」「尹方二十一，無

名稱雖然不同，實際上二者具有的仁心與智慧是相通的，只是程度有別而已。[203]所以王充以孟子稱子夏、子游、子張、冉伯牛、閔子騫、顏淵等人有「聖人之才」，又稱伯夷、伊尹、柳下惠等人爲「聖人」爲例，說明聖賢是同一類。

2.提出「知物由學」的觀念

王充主張知識是來自理性的思維和經驗的累積，孔子等聖人的才智也是經由努力不倦的學習而來，他說：「孔子見竅睹微，思慮洞達，材智兼倍，強力不倦，超越倫等耳！目非有達視之明，知人所不知之狀也。」（〈知實〉）強調知識由積累學習而成，他舉例說：孔子見獸，稱其名狌狌，是因聽聞昭人之歌；太史公說張良似婦人之形，是由於觀宣室畫像而知。所以聖人並沒有「前知千歲，後知萬世」的預知能力，而是多一分用心，能「陰見默識，用思深密」（〈實知〉）的學習和記憶，往往有不同於「眾人闊略，寡所意識」（〈實知〉）的見識和學問。

3.重視真理的精神

王充的時代一般人尊崇孔孟，不敢「問」孔或「刺」孟，但是王充發現「賢聖下筆造文，用意詳審，尚未可謂盡得實，況貪卒吐言，安能皆是？」又「賢聖之言，上下多相違，其文，前後多相伐者。」（〈問孔〉）可推測儘管王充在學術思想或道德修養

所師友，智性開敏，明達六藝。」的傳說。王充並不能認同，他指出：「項託七歲，其三四歲時，而受納人言矣。尹方年二十一，其十四五時，多聞見矣。」認爲此二人的知識也是來自聞見學習。而且他推測這類的傳說多有誇張不實的成分，所以說：「云項託七歲，是必十歲；云教孔子，是必孔子問之；云黃帝、帝嚳生而能言，是亦數月；云尹方年二十一，是亦且三十；云無所師友，有不學書，是亦遊學家習。」遊學家習也是學習知識的途徑，是反對不學習而能先知的。

203 王充說：「賢可學爲，勞佚殊，故賢聖之號，仁智共之。」（〈知實〉）可知。

上尊崇孔孟，也並非一味的認同而不加思索，所以對孔孟含義不清或前後矛盾或引喻失當等處，也能持懷疑精神以維護真理。

4.學術思想偏狹化的修正

　　王充意識到漢代信師好古以及士人追求利祿而皓首窮經的時代問題，也就是經學獨尊形成一變相的發展，在上位者表彰六經以維持儒學的地位，事實上是強化其政權，至於經生對儒術的學習，也多不是基於研究經學的興趣，而是爲了利祿名位的追求。儒經成爲唯一的教科書，儒術中的「三綱五常」成爲士人的思考模式，這是一種強調尊卑、貴賤、上下的「差序格局」[204]，形成忽視個人價值而轉化成服從的觀念。王充〈問孔〉〈刺孟〉的重點並不在質疑孔孟思想，上述熊伯龍統計《論衡》書中宗孔子孟子的言論已足以證明，其用心在匡正一般人因利祿追求而盲目的信師好古。同時，他又認爲應博五經、習百家以改善學術和思想的偏狹化現象。尤其值得注意的是，王充對諸子論著評價頗高，能在儒家典籍之外兼顧諸子的學術價值，所以他說：「百家之言，令人曉明。非徒窗牖之開，日光之照也。」（〈別通〉）

---

204 費孝通，《鄉土中國》（自印本，1948 年），頁 22-30。

第七章　王充「文學觀」的批判精神

　　王充《論衡》是一部學術思想著作，但書中的〈自紀〉、〈對
作〉、〈佚文〉、〈藝增〉、〈超奇〉、〈案書〉、〈須頌〉等
篇，涉及作者對於文章著述和文學等問題的看法和主張，表現王
充的文學觀念。

　　《論衡》提到「文」的概念，並非是現代意義的文學，「文
章」一詞或指廣義的文采，或指狹義的著述於書帛的文字作品。[1]
就後者著述於書帛的文字作品而言，又包括了文學創作和學術思
想著作等。他有「五文說」（〈佚文〉），包含五經六藝、諸子傳
書、造論著說、上書奏記與文德之操。[2]其中「文德之操」並非指
一般文章作品，而是文人的品德操守。凡此「文」的範疇極為廣
泛，包括學術著作、哲理文章、政治文件、歷史散文等文章作品
以及文人操行。並且不同文體之間的區分是模糊籠統的，譬如他
把「上書奏記」等同於「書」，二者名稱不同，卻認為其實質一

1　如「天或者憎秦滅其文章，欲漢興之，故先受命，以文為瑞也。」（〈佚文〉）
　　「加五綵之巧，施針縷之飾，文章炫耀」（〈量知〉）的「文章」指文采而
　　言。「漢世文章之徒，陸賈、司馬遷、劉子政、揚子雲，其才能若奇，其稱
　　不由人。」（〈書解〉）「文章滂沛，不遭有力之將援引荐舉，亦將棄遺於
　　衡門之下。」（〈效力〉）的「文章」指著述於書帛的文字作品。
2　「五經六藝」指儒家的經書和注解經書的傳；「諸子傳書」指先秦諸子的著
　　述和記載史事的史書；「造論著說」指有獨到見解的理論著作；「上書奏記」
　　指奏議一類的文書；「文德之操」並非一般文章作品，為文人的品德操守。

樣，[3]是論著與奏記章疏的二種文體可以互通轉易，不同文體間的差別也被忽略。[4]在王充觀念中，篇幅長短、大小，才是對文章形態的認識和區分，所以他說：

> 文字有意以立句，句有數以連章，章有體以成篇，篇則章句之大者也。…故聖人作經，賢者作書，義窮禮竟，文辭備足，則為篇矣。其立篇也，種類相從，科條相附。殊種異類，論說不同，更別為篇。意異則文殊，事改則篇更，據事意作，安得法象之義乎？（〈正說〉）

基本上，王充「文」的概念表示文學尚未有獨立的表現，「文」或「文章」泛指所有著述的文字作品。[5]

雖然如此，但是王充的看法，特別重視著述的創意思維，以及文章反映社會的問題二點。首先，就創意思維而言，王充認同並提高著述論說者的地位，他說：

> 夫通覽者，世間比有；著文者，歷世希然。近世劉子政父子、揚子雲、桓君山，其猶文、武、周公並出一時也，其餘直有，往往而然，譬珠玉不可多得，以其珍也。（〈超奇〉）

顯然十分器重「精思著文」的文人，將劉向、揚雄、桓譚和文武周公等儒家聖人並列，同時他區分文人為儒生、通人、文人、鴻儒四類型：

> 故夫能說一經者為儒生，博覽古今者為通人，采掇傳書以

---

3 如王充說：「上書奏記，陳列便宜，皆欲輔政。今作書者，猶上書奏記，說發胸臆，文成手中，其實一也。夫上書謂之奏，奏記轉易其名謂之書。」（〈對作〉）即是此現象。于迎春，《漢代文人與文學觀念的演進》（北京：東方出版社，1997年），頁147-148，已提出此觀念。

4 王充又說：「上書陳便宜，奏記薦吏士，一則為身，二則為人，繁文麗辭，無為主者。」（〈佚文〉）文中又或認為上書奏記是為完成工作任務，或推薦別人，並無社會作用，顯然對同一文體有不同評價。

5 王治理，〈論衡的文學觀〉（《廈門大學學報》2004年第3期），頁55。

> 上書奏記者為文人，能精思著文連結篇章者為鴻儒。故儒
> 生過俗人，通人勝儒生，文人踰通人，鴻儒超文人。故夫
> 鴻儒，所謂超而又超者也。（〈超奇〉）

根據寫作能力的大小區分文人的層次為：俗人—儒生—通人
—文人—鴻儒四類，其中以鴻儒最有創作能力，才力最高，可以
獨出己見。所以儘管王充「文」的概念籠統，卻相當強調無所因
循的創造力，他說：

> 好學勤力，博聞強識，世間多有；著書表文，論說古今，
> 萬不耐一。…陽成子長作樂經，楊子雲作太玄經，造於眇
> 思，極窅冥之深，非庶幾之才，不能成也。…足不彊則跡
> 不遠，鋒不銛則割不深。連結篇章，必大才智鴻懿之俊也。
> （〈超奇〉）

> 世稱力者，常褒烏獲，然則董仲舒、揚子雲，文之烏獲也。
> 秦武王與孟說舉鼎不任，絕脈而死。少文之人與董仲舒等
> 涌胸中之思，必將不任，有絕脈之變。王莽之時，省五經
> 章句皆為二十萬，博士弟子郭路夜定舊說，死於燭下，精
> 思不任，絕脈氣滅也。顏氏之子，已曾馳過孔子於塗矣，
> 劣倦罷極，髮白齒落。夫以庶幾之材，猶有仆頓之禍，孔
> 子力優，顏淵不任也。才力不相如，則其知思不相及也。
> 勉自什伯，鬲中嘔血，失魂狂亂，遂至氣絕。書五行之牘，
> 書十奏之記，其才劣者，筆墨之力尤難，況乃連句結章，
> 篇至十百哉！力獨多矣！（〈效力〉）

上述引文中，王充以大力士舉鼎比擬文人的創作，一般人倘
若力不及而舉鼎，將筋脈斷絕而死，如同才力不及而發抒文思，
也將有心思枯竭的危險。例如：王莽刪減五經解說，太學博士弟
子郭路夜以繼日去蕪存菁，結果死在燈下，這是精力智慧不堪負

荷的緣故；又如顏淵，德行品操與孔子相伯仲，也因先天才力不足，而精疲力盡，髮白齒落。可見具有相當創作才力的人，才能在一般人的博聞強識外，而「精思著文，連結篇章」「著書表文」。具有才思能創作而不墨守成規者，也就成爲王充推崇的對象。在他看來，堪稱爲鴻儒者，如孔子、陽成衡、揚雄、桓譚和周長生等人，其評論是：

> 孔子得史記以作春秋，及其立義創意，褒貶賞誅，不復因史記者，眇思自出於胸中也。
> 又作新論，論世間事，辯照然否，虛妄之言，偽飾之辭，莫不證定。彼子長、子雲論說之徒，君山為甲。
> 陽成子長作樂經，楊子雲作太玄經，造於眇思，亟窅冥之深，非庶幾之才，不能成也。
> 孔子作春秋，以示王意。然則孔子之春秋，素王之業也；諸子之傳書，素相之事也。觀春秋以見王意，讀諸子以睹相指。
> 周長生者，文士之雄也，在州，為刺史任安舉奏；在郡，為太守孟觀上書，事解憂除，州郡無事，二將以全。…然則長生非徒文人，所謂鴻儒者也。（以上見〈超奇〉）

分析上列評價，鴻儒的特色不外是：能依個人才智與客觀事實作獨立思考，不盲從聖人、經書，呈現理性思維和創意，如《春秋》「眇思自出於胸中」、陽成衡《樂經》、揚雄《太玄經》「造於眇思，亟窅冥之深」。

就文章反映社會問題而言，上述引文中也提到鴻儒的另一特點，是能夠撰作「有深指巨略，君臣治術」的論述，以解決政治上的問題，如孔子作《春秋》，「褒貶賞誅」「以示王意」；桓譚作《新論》，「素相之事」，分別可以見到君王和丞相的道理，又如周長生的奏章解決了州郡官吏的困難。也只有「大才智鴻懿

之俊」（〈超奇〉）才能創作這種既有益於政治，又有獨立思考精神的著述。由於王充認為著作的產生有一定的社會原因，他說：

> 造論著說之文，尤宜勞焉。何則？發胸中之思，論世俗之事，非徒諷古經、續故文也。…夫文人文章，豈徒調墨弄筆，為美麗之觀哉？載人之行，傳人之名也！善人願載，思勉為善；邪人惡載，力自禁裁。然則文人之筆，勸善懲惡也。（〈佚文〉）

> 聖人作經，藝者傳記，匡濟薄俗，驅民使之歸實誠也。…故夫賢聖之興文也，起事不空為，因因不妄作。作有益於化，化有補於正。（〈對作〉）

也就是「造論著說」之文的社會作用最大，不只是誦古經、續故文而已，他認為「論說之出，猶弓矢之發也。論之應理，猶矢之中的。」（〈超奇〉）可知是側重著作的實事求是精神。換言之，王充以文章反映社會問題的立場，確立文章著述的重要。事實上，《論衡》也是「起事不空為，因因不妄作」，為去偽存真而發。

從上述王充看重著述的創意思維，以及強調文章反映社會問題的二點看法，可以推論當時文風必然出現某些問題，王充才有感而發。因此，本文針對漢代文風出現什麼問題？又王充文學觀的具體內容為何？以及有什麼優點和缺點？作一探討論述。

第一節　王充文學觀的批判意涵

一、批判漢代模擬復古的文風

基本上，鴻儒文章的獨創性，不同流俗的才性伸展，是王充

元氣論必然導出的論題，王充說：

> 飾貌以疆類者失形，調辭以務似者失情。百夫之子，不同父母，殊類而生，不必相似，各以所稟，自為佳好。文必有與合然後稱善，是則代匠斲不傷手，然後稱工巧也。文士之務，各有所從，或調辭以巧文，或辯偽以實事。必謀慮有合，文辭相襲，是則五帝不異事，三王不殊業也。(〈自紀〉)

其意認為所稟之氣不同，文章寫作也就各有特色，「美色不同面，皆佳於目；悲音不共聲，皆快於耳。」(〈自紀〉)正如曹丕所說：「氣之清濁有體，不可力強而致，譬諸音樂，曲度雖均，節奏同檢，至於引氣不齊，巧拙有素，雖在父兄不能以移子弟。」[6]

王充以獨創為貴的論點，一則反映其元氣論「天稟元氣，人受元精」(〈超奇〉)的觀念，以作家才性因稟氣多少不同，影響創作「各以所稟，自為佳好」(〈超奇〉)除此之外，更是對漢代治學態度或方法的批判。

在漢武帝罷黜百家獨尊儒術之後，進入仕途多須要經過經學的訓練，夏侯勝即告訴學生說：「士病不明經術，經術苟明，其取青紫如俛拾地芥耳。」[7]與鄒魯流傳的諺語「遺子黃金滿籯，不如一經。」[8]相似，反映經學在當時已不僅為學問，同時更是謀取功名利祿的方法。因此，班固說：

> 自武帝立五經博士，開弟子員，設科射策，勸以官祿…大師眾至千餘人，蓋祿利之路然也。[9]

說明在官方支持以及社會熱衷下，無不尊崇儒家經書典籍，

6　(三國魏)曹丕，《典論・論文》，(南朝梁)昭明太子蕭統，《文選》卷第五十二(台北：藝文印書館，1983年)，頁734。
7　《漢書・夏侯勝傳》，頁3159。
8　《漢書・韋賢傳》，頁3107。
9　《漢書・儒林傳》，頁3620。

東漢亦然，趙翼記錄：

> 西漢開國，功臣多出於亡命無賴，至東漢中興，則諸將帥
> 皆有儒者氣象，一時風會不同也。光武少時，往長安受尚
> 書，通大義。及為帝，每朝罷，數引公卿郎將，講論經理，
> 故樊準謂帝雖東征西戰，猶投戈講藝，息馬論道。是帝本
> 好學問，非同漢高之儒冠置溺也。而諸將之應運而興者，
> 亦皆多近於儒。…是光武諸功臣，大半多習儒術，與光武
> 意氣相孚合。蓋一時之興，其君與臣本皆一氣所鍾，故性情
> 嗜好之相近，有不期然而然者，所謂有是君即有是臣也。[10]

因此，社會的價值取向也重視經生儒士的地位，王充說：

> 世儒說聖人之經，解賢者之傳，義理廣博，無不實見，故
> 在官常位；位最尊者為博士，門徒聚眾，招會千里，身雖
> 死亡，學傳於後。（〈書解〉）

也就是居高位的多是五經博士，於官府有穩固的職位，又聚集眾多學生，學說得以流傳於後代。王充對經書的評價也很高，例如說：「夫《五經》亦漢家之所立，儒生善政，大義皆出其中。」（〈程材〉）「六經之文，聖人之語，動言天者，欲化無道，懼愚者。」（〈譴告〉）「聖人作經，藝者傳記，匡濟薄俗，驅民使之歸實誠也。」（〈對作〉）所以儘管「方今用事之人，皆明習法令。」[11]他仍鄙薄不習經義的文吏，以「文吏治事，必問法家。」（〈程材〉）「不肯竟經明學，深知古今，急欲成一家章句。」（〈程材〉）是「文吏之學，學治文書也。」（〈量知〉）換言之，文吏只是能熟習靈活運用公文規範和法律條文的規定而已。因此，他區分文

---

10 （清）趙翼，《二十二史劄記校證》〈東漢功臣多近儒〉（台北；仁愛書局，1984年），頁90-91。

11 《漢書·蓋寬饒傳》，頁3246。

吏與儒生的高下曾說：「儒生治本，文吏理末」「文吏瓦石，儒
生珠玉也」（〈程材〉）「儒生能爲文吏之事，文吏不能立儒生之
學」（〈程材〉）。

　　不過，當文儒與儒生比較下，他卻是肯定文儒而貶抑說經義
之儒生，王充說：

> 夫文儒、世儒說聖情，共起並驗，俱追聖人。事殊而務同，
> 言異而義鈞。何以謂之文儒之說無補於世？世儒業易爲，
> 故世人學之多，非事可析第，故官廷設其位。文儒之業，
> 卓絕不循，人寡其書，業雖不講，門雖無人，書文奇偉，
> 世人亦傳。彼虛說，此實篇，折累二者，孰者爲賢？案古
> 俊乂著作辭說，自用其業，自明於世。世儒當時雖尊，不
> 遭文儒之書，其跡不傳。周公制禮樂，名垂而不滅；孔子
> 作春秋，聞傳而不絕。（〈書解〉）

　　引文中的世儒指儒生，以解說經義爲務，文儒包含通人、文
人、鴻儒，以博覽古今及著文爲務。根據上文可知，一般人重世
儒而輕文儒，王充卻不然，他重視文儒的原因是文儒的文章出類
拔萃，不同流俗，世儒的言論多是虛無荒誕，文儒的文章才有實
際的內容，並且世儒即使在當時地位尊貴，如果不被文儒記載保
存，他們的事跡就將失傳。

　　王充認爲儒生之所以言論虛無荒誕又無創意，其中原由有
二：[12]

（一）對五經的可靠性表示懷疑

　　王充說：

> 今五經遭亡秦之奢侈，觸李斯之橫議，燔燒禁防，伏生之
> 徒，抱經深藏。漢興，收五經，經書缺滅而不明，篇章棄
> 散而不具。晁錯之輩，各以私意分拆文字，師徒相因相授，
> 不知何者為是。(〈書解〉)

其意是說現存的五經遭到秦代的焚燒、禁止，伏生等抱經深藏山中，雖有漢代的收集，然而經書「缺滅而不明，篇章棄散而不具。」晁錯等人「各以私意分拆文字，師徒相因相授，不知何者為是。」是五經文字並未完整的保存下來。

(二) 全盤傳承師授，不辨真理事實

儘管經書有缺損或有疑義，更甚者是儒生多無判斷懷疑能力，一味僅守家法，依循章句之學。例如徐防上書向皇帝建議：「解釋多者為上第，引文明者為高說；若不依先師，義有相伐，皆正以為非。」[13]學術真假不分，不辨真理、是非，而固守師法和章句學風並且為晉身之階。《漢書》記載：

> 古之學者耕且養，三年而通一藝，存其大體，玩經文而已，
> 是故用日少而蓄德多，三十而五經立也。後世經傳既已乖
> 離，博學者又不思多聞闕疑之義，而務碎義逃難，便辭巧
> 說，破壞形體；說五字之文，至於二三萬言。後進彌以馳
> 逐，故幼童而守一藝，白首而後能言；安其所習，毀所不
> 見，終以自蔽。此學者之大患也。[14]

可見章句之學的刻板繁縟和充斥學界，又周旋於章句，說經術日趨精細，見解卻日益固陋而不足為世用。王充深刻的指出這種不明真理的混沌狀態，他說：「玉亂於石，人不能別；或若楚

---

13 《後漢書·徐防傳》，頁1501。
14 《漢書·藝文志》，頁1723。

之王尹以玉爲石，卒使卞和受刖足之誅。是反爲非，虛轉爲實，安能不言？」（〈對作〉）「虛妄顯於真，實誠亂於僞，世人不悟，是非不定，紫朱雜廁，瓦玉集糅。」（〈對作〉）文中「玉石」「瓦玉」「紫朱」比喻魚目混珠、是非混淆，不能認識真理。所以〈謝短〉篇多處批判儒生此弊端。他說：

> 夫儒生之業，五經也。南面爲師，旦夕講授章句，滑習義理，究備於五經，可也。…守信師法，不頗博覽之咎也。…不覽古今，所知不過守信經文，滑習章句，解剝互錯，分明乖異。（〈謝短〉）

　　其意是說，儒生熟習背誦經書的章節和字句，承繼前人成說，至於五經時代之前和當今世事，又一概不知，如同「陸沉」「盲瞽」。漢代經學爲官方學術，由於傳授先師之言，束敷儒生的創意思維，形成了陳陳相因的思考模式，整個學風瀰漫著墨守成規的風氣，既不能融會貫通，更遑論創造力和現實精神，王充將此特色比喻爲「郵人」「門者」之類。[15]

　　這種學界風氣很自然的形成重視模擬的文風，甚至影響文學領域，例如西漢辭賦創作興盛，執政者對辭賦的喜愛，有言語侍從之臣「朝夕論思，日月獻納」，公卿大夫亦有創作，至成帝時「奏御者千有餘篇」。[16]隨著漢賦的發展，模擬之作紛出，尤其

15　王充說：「儒者傳學，不妄一言，先師古語，到今具存，雖帶徒百人以上，位博士、文學，郵人、門者之類也。」（〈定賢〉）

16　班固說：「大漢初定，日不暇給。至於武、宣之世，乃崇禮官，考文章，內設金馬石渠之署，外興樂府協律之事，以興廢繼絕，潤色鴻業。是以眾庶悅豫，福應尤盛。…故言語侍從之臣，若司馬相如、虞丘壽王、東方朔、枚皋、王襃、劉向之屬，朝夕論思，日月獻納。而公卿大臣御史大夫倪寬、太常孔臧、太中大夫董仲舒、宗正劉德、太子太傅蕭望之等，時時間作。或以抒下情而通諷喻，或以宣上德而盡忠孝，雍容揄揚，著於后嗣，抑亦雅、頌之亞也。故成孝之世，論而錄之，蓋奏御者千有餘篇，而後大漢之文章，炳焉與

東漢更形成風氣。以枚乘首創的〈七發〉爲例，其後仿作者甚多，成爲一獨立文體，《文選》在文體分類中將此類作品稱爲「七體」，[17]劉勰曾批評說：

> 自〈七發〉以下，作者繼踵，觀枚氏首唱，信獨拔而偉麗矣。及傳毅〈七激〉，會清要之工；崔駰〈七依〉，入博雅之巧；張衡〈七辨〉，結采綿靡；崔瑗〈七蘇〉，植義純正；陳思〈七啟〉，取美於宏壯；仲宣〈七釋〉，致辨於事理。自桓麟〈七說〉以下，左思〈七諷〉以上，枝附影從，十有餘家。或文麗而義暌，或理粹而辭駁。觀其大抵所歸，莫不高談宮館，壯語畋獵。窮瓌奇之服饌，極蠱媚之聲色。甘意搖骨髓，豔詞動魂識，雖始之以淫侈，而終之以居正。然諷一勸百，勢不自反。子雲所謂：「猶騁鄭衛之聲，曲終而奏雅」者也。[18]

論述自枚乘〈七發〉之後，繼起作家有十餘位，不論是內容題材或藝術手法，多成爲模仿對象，由於創作形式固定，創新的動力也就日漸僵化。

又如揚雄是漢賦代表作家之一，可與司馬相如並列，但揚雄之作多表現模擬特色，〈蜀都賦〉、〈甘泉賦〉、〈河東賦〉、〈羽獵賦〉、〈長楊賦〉是沿襲司馬相如辭賦的特色，〈解嘲〉、〈解難〉模擬東方朔〈答客難〉，〈太玄賦〉仿《楚辭·遠游》，〈反離騷〉、〈廣騷〉、〈畔牢騷〉則仿屈原之作。《漢書》記載：

> 雄少而好學，不爲章句、訓詁通而已，博覽無所不見。…

三代同風。」（東漢）班固〈兩都賦序〉，張啓成、徐達主編，《漢賦今譯》（貴州：貴州人民出版社，2001 年），頁 2。

17 （南朝梁）昭明太子蕭統，《文選》卷第三十四，三十五，同註 6，頁 487。

18 （南朝梁）劉勰著、王更生注譯，《文心雕龍讀本》上篇〈雜文〉第十四，（文史哲出版社，1985 年），頁 240。

　　　　自有大度，非聖哲之書不好也；非其意，雖富貴不事也。
　　　　顧嘗好辭賦。先是時，蜀有司馬相如，作賦甚弘麗溫雅，
　　　　雄心壯之，每作賦，常擬之以為式。[19]

可以看出，揚雄受儒家薰陶，又十分推崇司馬相如，作賦多
以其為模擬對象，這或許與作家風格有關，但不能不說是時代學
術風氣的反映。

此外，漢代士人也創作了不少的擬騷作品，褒揚屈原，視其
作品地位等同《詩經》，[20]屈原並成為一人格典範，班固說：

　　　　其文弘博麗雅，為辭賦宗。後世莫不斟酌其英華，則象其
　　　　從容。[21]

王逸也說：

　　　　自（屈原）終沒以來，名儒博達之士，著造詞賦，莫不擬
　　　　則其儀表，祖式其模範，取其要妙，竊其華藻。[22]

是後人「擬則」「祖式」屈騷的擬作主要從儀表、模範、要
妙、華藻等入手，也就是從題材內容、文章結構、文采辭藻等方
面學習，此外，甚至也有對其人格精神的模擬。

因此，王充推尊文儒事實上即是對漢代模擬復古文風的批
判。肯定文儒的才力知識超越不通一經一文的文吏及能說百萬章
句的儒生，特別強調文儒除「懷先王之道，含百家之言」（〈效力〉）
外，又能擺脫家法師法，有獨立創造能力。而試圖擺脫家法章句

19　《漢書・揚雄傳》，頁 3514-3515。
20　《漢書・藝文志・詩賦略》：「春秋之後，周道寖壞，聘問歌詠不行於列國，
　　學詩之士逸在布衣，而賢人失志之賦作矣。大儒孫卿及楚臣屈原離讒憂國，
　　皆作賦以風，咸有惻隱古詩之義。」頁 1756。
21　（東漢）班固，〈離騷・序〉，（宋）洪興祖，《楚辭補注》（台北：頂淵
　　文化事業有限公司，2005 年），頁 50。
22　（東漢）王逸，《楚辭章句・序》，同註 21。

束敷者，在王充之前已有，如上引《漢書》揚雄「不爲章句、訓詁通而已，博覽無所不見。」即是，這些不修家法的東漢學者，形成了「今不依章句，妄生穿鑿，以遵師爲非義，意說爲得理，輕侮道術，寖以成俗。」[23]的現象。之後，學界漸漸產生「通儒」的概念，[24]例如，卓茂「元帝時學於長安，…習《詩》、《禮》及歷算，究極師法，稱爲通儒。」東漢初儒者杜林「好學沈深，…博洽多聞，時稱通儒。」諸儒論五經於白虎觀，李育「以《公羊》義難賈逵，往返皆有理證，最爲通儒。」賈逵「所著經傳義詁及論難百餘萬言，又作詩、頌、誄、書、連珠、酒令凡九篇，學者宗之，後世稱爲通儒。」[25]諸多儒者已博學經籍，不守一門，開放了狹隘的爲學態度。王充也稱許不專限於一家之言的「通人」：

> 夫通人猶富人，不通者猶貧人也。俱以七尺爲形，通人胸中懷百家之言，不通者空腹無一牒之誦，貧人之內，徒四所壁立也。慕料貧富不相如，則夫通與不通不相及也。世人慕富不榮通，羞貧不賤不賢，不推類以況之也。夫富人可慕者，貨財多則饒裕，故人慕之。夫富人不如儒生，儒生不如通人。通人積文，十篋以上，聖人之言，賢者之語，上自黃帝，下至秦、漢，治國肥家之術，刺世譏俗之言，備矣。(〈別通〉)

王充以通人比作富人，而且地位更甚於富人，所以說「富人不如儒生，儒生不如通人。」即通人因積累學識，已具備上自黃帝，下至秦漢的治國之術，發而爲治國譏俗的言論，切合實用，

23　《後漢書‧徐防傳》，頁1501。
24　同註3，頁178-179。
25　《後漢書‧卓茂傳》頁869，〈杜林傳〉頁935，〈儒林傳‧李育〉頁2582，〈賈逵傳〉頁1240。

不僅比富人值得尊敬，尤勝於墨守一家章句的儒生。王充相當肯
定通人的融匯，他說：

> 入山見木，長短無所不知；入野見草，大小無所不識。然
> 而不能伐木以作室屋，採草以和方藥，此知草木所不能用
> 也。夫通人覽見廣博，不能掇以論說，此為匱生書主人，
> 孔子所謂「誦詩三百，授之以政不達」者也，與彼草木不
> 能伐採，一實也。孔子得史記以作《春秋》，及其立義創
> 意，褒貶賞誅，不復因史記者，眇思自出於胸中也。凡貴
> 通者，貴其能用之也。（〈超奇〉）

文中說明認識不同樹木和草卉的名稱，卻不能據此伐木造屋
或調劑草藥，這種無實用價值的知識，在王充看來，對社會並沒
有太多用處。如同徒知頌讀儒家經典，不能知其然和所以然，並
無個人看法，不過像是藏書之人而已。也就是以能通曉眾書，同
時有寫作能力將知識學問轉化為世用的著作，才為王充所推崇，
否則也只是食而不化，「即徒誦讀，讀詩諷術，雖千篇以上，鸚
鵡能言之類也。衍傳書之意，出膏腴之辭，非俶儻之才，不能任
也。」（〈超奇〉）因此，「漢時賢俊，皆以一經弘聖人之道，上
明天時，下該人事，用此致卿相者多矣。末俗已來不復爾，空守
章句，但誦師言，施之世務，殆無一可。故士大夫子弟，皆以博
涉為貴，不肯專儒。」[26]王充提高文儒著述論說地位，正是反對
空守章句的模擬文風，而體現文學創造力的要求。

---

26 （北齊）顏之推著，閻福玲、李世琦、王愛玲注，《顏氏家訓》卷八〈勉學〉
（天津：天津人民出版社，1998年），頁105。

二、批判漢賦強調形式辭藻之風

　　上述王充除提高文儒著述論說的價值外，也主張文章為世用的觀念，這與漢賦過分強調辭藻修飾有關。漢賦公認的文學特色是篇幅鋪陳、詞句華麗繁富，劉勰說：「賦者，鋪也，鋪采摛文，體物寫志也。」「麗詞雅義，符采相勝，如組織之品朱紫，畫繪之差玄黃，文雖雜而有質，色雖糅而有儀，此立賦之大體也。」[27]即扼要詮釋漢賦的鋪陳寫物，和語言形式上的華麗美感，突出了漢賦的文體特色。王充對漢賦的文學特色持否定態度，他說：

> 以敏於賦、頌，為弘麗之文為賢乎？則夫司馬長卿、楊子雲是也。文麗而務巨，言眇而趨深，然而不能處定是非，辯然否之實。雖文如錦繡，深如河、漢，民不覺知是非之分，無益於彌為崇實之化。（〈定賢〉）

> 深覆典雅，指意難覩，唯賦頌耳。經傳之文，賢聖之語，古今言殊，四方談異也。當言事時，非務難知，使指閉隱也。後人不曉，世相離遠，此名曰語異，不名曰材鴻。（〈自紀〉）

上述引文的意旨，說明於下：

　　（一）不滿意漢賦的文麗鋪陳，過分華美的文采，認為與定是非、辯然否的求真觀念相違背。影響所及，《論衡》也否定人物畫像徒具形容之美而不見人物言行，[28]更甚者是對於外在長相之美，也認為是：「美色之人懷毒螫也。」（〈言毒〉）

---

27 同註18，《文心雕龍讀本》上篇〈詮賦〉第八，頁132，134。
28 王充說：「人好觀圖畫者，圖上所畫，古之列人也。見列人之面，孰與觀其言行？置之空壁，形容具存，人不激勸者，不見言行也。古賢之遺文，竹帛之所載粲然，豈徒牆壁之畫哉？」（〈別通〉）

　　（二）不滿意漢賦的艱澀難懂，大量堆砌奇字怪字，而指意不明。相形之下，經傳之文章或聖賢之語言，並不含意隱諱或刻意艱澀，後人不懂古人文章，往往是因為古今語言的不同，以及各地方言不盡相同。

　　上述王充所論，反映其文學審美觀念的狹隘，以及對藝術特色的缺乏認知。然而，漢代為何盛行文麗鋪陳的賦體呢？這與社會繁榮及帝王喜好脫離不了關係。漢武帝繼位，經過文景之時的修養生息，社會十分富庶，[29] 又景帝三年已實施削藩政策，[30] 諸侯王國雖保存，政權已被架空，形成中央集權的局面。武帝即位，「獨尊儒術，罷黜百家」意識形態上形成一統思想，對外又開疆拓土，元朔二年即「募民徙朔方十萬口」，進行大規模屯田，[31] 並且發動征伐匈奴的戰役，其中元朔元年至元狩四年之間的戰果最輝煌，匈奴不敢冒然進犯邊境，曾有「幕南無王庭」[32] 的成果。又平定羌亂，武帝元鼎五年，發生羌胡合兵十餘萬聯合大入寇，[33] 武帝出師征伐維護國土及政權的統一。並開通西域及西南夷，對外貿易萌芽，《漢書》記載：

　　　　自騫開外國道以尊貴，其吏士爭上書言外國奇怪利害，求

29　《漢書・食貨志》上：「至武旁之初七十年間，國家亡事，非遇水旱，則民人給家足，都鄙廩庾盡滿，而府庫餘財。京師之錢累百鉅萬，貫朽而不可校。太倉之粟，陳陳相因，充溢露積於外，腐敗不可食。」頁 1135。

30　景帝三年實施晁錯削藩政策，吳王濞起兵反於廣陵，引發七國之亂，後由周亞夫平定。參見《漢書・爰盎鼂錯》，頁 2299-2301。

31　《漢書・武帝紀》記載此次移民：「（元朔二年春），遣將軍衛青、李息出雲中，至高闕，遂西至符離，獲首虜數千級。收河南地，置朔方、五原郡。…夏，募民徙朔方十萬口。」頁 170。

32　《漢書・匈奴傳》上，頁 3770。

33　《漢書・武帝紀》：「元鼎五年九月，西羌眾十萬人反，與匈奴通使，攻安故，圍枹罕。…六年冬十月，發隴西、天水、安定騎士及中尉，河南、河內卒十萬人，遣將軍李息、郎中令徐自為征西羌，平之。」頁 188。

使。天子為其絕遠，非人所樂，聽其言，予節，募吏民…。
為具備人眾遣之，以廣其道。來還不能無侵盜幣物，…使
端無窮而輕犯法…，故妄言無行之徒，皆爭相效。其使皆
私縣官齎物，欲賤市以私其利。[34]

　　指出西域及西南夷等民族，貴漢財物，漢人遂假使者之名，
利用公家財幣如絲織品及黃金之類，賤市於外人以獲私利，因此
引起內外商人來往。所以說：「立屯田於膏腴之野，列郵置於要
害之路。馳命走驛，不絕於時月，商胡販客，日款於塞下。」[35]

　　至於國內商業都會發達，《史記·貨殖列傳》所列都市分為
五個區域：

1. 關中區域—長安。
2. 三河區域—河東之楊、平陽、陳，河內之溫、軹，河南之
   洛陽、穎川、宛。
3. 燕趙區域—邯鄲、燕。
4. 齊魯梁宋區域—臨淄、睢陽。
5. 楚越區域—江陵、陳、吳、壽春、合肥、番禺。[36]

　　關中區域以長安為中心都會，「長安諸陵，四方輻輳，並至
而會。」河東地區以楊及平陽為都會，「楊、平楊、陳、西賈秦、
翟，北賈種代。」河內地區以溫、軹為都會，「溫、軹，西賈上
黨，北賈趙中山。」河南地區以洛陽為中心都會，「洛陽，東賈
齊魯，南賈梁楚。」燕趙地區以邯鄲、燕為都會，邯鄲「北通燕、
涿，南有鄭、衛。」燕「南通齊、趙，東北邊胡，上谷至遼東。」
齊魯地區以臨淄為都會，「膏壤千里，宜桑麻，人民多采布帛魚

---

34 《漢書·張騫傳》，頁 2695。
35 《後漢書·西域傳》，頁 2931。
36 李劍農，《先秦兩漢經濟史稿》（台北：華世出版社，1981 年），頁 211-214。

鹽。」三楚地區以江陵及陳爲西楚之都會，吳爲東楚之都會，壽春、合肥爲南楚之都會。「江陵故郢都，西通巫巴，東有雲夢之饒。陳在楚夏之交。」「東有海鹽之饒，章山之銅，三江五湖之利。」「合肥受南北潮，皮革、鮑、木、輸會也。」南越地區以番禺爲都會，有「珠璣犀瑇果布之湊。」潁川南陽地區以宛爲都會，「西通武關、隕關，東南受漢、江、淮。宛，亦一都會也。」[37]這些都會居於交通輻輳地區，有重要商業機能，商賈雲集，也自然成爲全國重要的消費都會。市中所販賣的貨物種類繁多。包括果菜、乾糧食品、皮革、編織品、運輸、礦物、鐵、鹽、銅器、漆器、木製品及牲畜等，包羅萬象。[38]

　　漢國勢和經濟空前的發展，開拓文人的眼界，漢賦許多名篇即以皇帝爲中心的描寫，而表現辭藻的華麗和大肆鋪陳，無疑也就是對於漢朝大格局面貌的反映和禮贊。加上君主的好惡，也影響其發展，劉勰說：

> 施及孝惠，迄於文、景，經術頗興，而辭人勿用，賈誼抑而鄒、枚沉，亦可知已。逮孝武崇儒，潤色鴻業，禮樂爭輝，辭藻競騖：柏梁展朝讌之詩，金堤製恤民之詠，徵枚乘以蒲輪，…相如涤器而被繡，於是史遷、壽王之徒，嚴、終、枚皋之屬，應對固無方，篇章亦不匱，遺風餘采，莫與比盛。越昭及宣，實繼武績，…集雕篆之軼材，發綺穀

37　以上出自《史記・貨殖列傳》，頁1357-1359。
38　《史記・貨殖列傳》：「通邑大都：酤一歲千釀，醯醬千瓨，醬千甀，屠牛羊彘千皮，販穀糶千鍾，薪稿千車，船長千丈，木千章，竹竿萬個。其軺車百乘，牛車千輛，木器髤者千枚，銅器千鈞，素木鐵器若茜千石，馬蹄躈千，牛千足，羊彘千雙，僮手指千，筋角丹沙千金。其帛絮細布千鈞，文采千匹，榻布皮革千石，漆千斗，鹽豉千荅，鮐鮆千斤，鯫千石，鮑千鈞，棗栗千石者三之。狐裘千皮，羔羊裘千石，旃席千具，佗果菜千鍾，子貸金錢千貫。節駔會，貪賈三之，廉賈五之，此亦比千乘之家，其大率也。」頁1361-1362。

之高喻，於是王褒之倫，底祿待詔。[39]

文中說明武帝、宣帝之世，鋪采摛文的漢賦恰好滿足君主「潤色鴻業」的需求，宣帝「集雕篆之軼材，發綺縠之高喻」即指集合雕章琢句的人材，認爲辭賦如「女工有綺縠」，所以枚乘、司馬相如、王褒等賦家備受重視，嚴助、枚皋等人創作了大量賦作，造就了賦體發展的繁盛。

因此，漢賦展現繁盛的歷史文化情結，講究辭藻華麗之美、講究音韻之美，以及鴻篇巨制的架構，鋪陳描繪山海河川、宮殿苑囿、蟲魚鳥獸、奇花異草、服飾器物、騎乘車獵的盛況。司馬相如論及漢賦的創作心得時就說：

合綦組以成文，列錦繡而為質，一經一緯，一宮一商，此賦之跡也。賦家之心，苞括宇宙，總覽人物。斯乃得之於內，不可得而傳。[40]

這段文字的意思將賦作比爲「綦組錦繡」絲織品，宜寫作繽紛多彩、豔麗奪目。「一經一緯」之經與緯代表絲織品的縱絲與橫絲，是說賦的寫作宜注意縱向及橫向之描述，即劉熙載所說：「賦兼敘列二法：列者，一左一右，橫義也；敘者，一先一後，豎義也。」[41]縱橫交織並重，包容兼顧不同空間、時間的意象。[42]「一宮一商」指音樂的和諧，使讀來流暢，達到聲音之美的效果。又「賦家之心，苞括宇宙，總覽人物。」是說賦家天馬行空的想

---

39 同註 18，《文心雕龍讀本》下篇〈時序〉第四十五，頁 270。

40 （漢）劉歆，向新陽、劉克任校註，《西京雜記校註》卷二（上海：上海古籍出版社，1991 年），頁 91。

41 （清）劉熙載著，薛正興點校，《劉熙載文集》〈藝概・賦概〉（江蘇：江蘇古籍出版社，2000 年），頁 131。

42 鄭明璋，〈論漢賦的結構及其成因〉（《許昌學院學報》2009 年第 3 期），頁 55。

像意境，處處展現宇宙的宏大，有「籠天地於形內，挫萬物於筆端」[43]的宇宙意識。

揚雄也說：

> 詩人之賦麗以則，辭人之賦麗以淫。[44]

「麗」的含意，即指文采辭藻華麗，《漢書》記載：「雄以為賦者，將以風也，必推類而言，極麗靡之辭，閎侈鉅衍，競於使人不能加也。」[45]反映了他對辭賦文麗的要求。不過，他將作家區分為詩人和辭人，詩人之賦麗以則的「麗」就文學形式而言，「則」是就文學內容而言，指內容宜合於法度、合於正。[46]揚雄是希望辭賦能既文麗又合於正，實現諷諫的作用。

為增加辭藻的華麗，往往運用語言的藝術方法，有對偶、聲律、比興、誇飾等的運用。從作品來看，司馬相如〈子虛賦〉有一段：

> 臣聞楚有七澤，嘗見其一，未睹其餘也。臣之所見，蓋特其小小者耳，名曰雲夢。雲夢者，方九百里，其中有山焉。其山則盤紆茀鬱，隆崇律崒，岑崟參差，日月蔽虧，交錯糾紛，上干青雲，罷池陂阤，下屬江河。其土則丹青赭堊，雌黃白坿，錫碧金銀，眾色炫耀，照爛龍鱗。其石則赤玉玫瑰，琳珉昆吾，（玉咸）玏玄厲，礝石武夫。其東則有

43　（晉）陸機，《文賦》，同註 6，頁 246。
44　（漢）揚雄，《法言，吾子》，汪榮寶，《法言義疏》（北京：中華書局，1997 年），頁 45。
45　《漢書·揚雄傳》，頁 3575。
46　《漢書·揚雄傳》：「雄以為賦者，…既乃歸之於正，然覽者已過矣。…又頗似俳優淳于髡、優孟之徒，非法度所存，賢人君子詩賦之正也，於是輟不復為。」頁 3575。所以「則」是從文學內容提出的要求。參見陳碧仙，〈簡論揚雄關於漢賦「麗則」和「麗淫」的文學思想〉（《福建教育學院學報》2009 年第 1 期），頁 83。

蕙圃，衡蘭芷若，穹窮昌蒲，江離蘪蕪，諸拓巴且。其南
則有平原廣澤，登降阤靡，案衍壇曼，緣以大江，限以巫
山，其高燥則生葳析苞荔，薜莎青薠。其埤溼則生藏莨蒹
葭，東薔彫胡，蓮藕觚盧，奄閭軒于。眾物居之，不可勝
圖。其西則有涌泉清池，激水推移，外發夫蓉菱華，內隱
鉅石白沙，其中則有神龜蛟鼉，毒冒鱉黿。其北則有陰林
巨樹，楩枏豫章，桂椒木蘭，檗離朱楊，櫨梨梬栗，橘袖
芬芳。其上則有宛雛孔鸞，騰遠射干。其下則有白虎玄豹，
蟃蜒貙豻。[47]

此段子虛誇言楚有大澤者七，雲夢僅七澤中之小小者，方圓
九百里。賦中先描寫雲夢之山、土、石，又從東西南北四方鋪述，
南西北三處，並從高埤、中外、上下，敘述其草木、鳥獸和鱗甲
之類。其中山則隆崇蔽日，土則眾色炫耀，石則赤石玫瑰，水則
廣澤清池，珍禽怪獸，奇花異草，繁多豐盛。空間結構的呈現有
如身歷其境，充分顯示其神奇的想像力，文辭極盡鋪張華麗之能
事，大量堆砌辭藻，分類羅列名物等。

又如揚雄〈甘泉賦〉有一段：

於是大夏雲譎波詭，摧嶊而成觀，仰橋首以高視兮，目冥
眴而亡見。正瀏灠以弘惝兮，指東西之漫漫，徒回回以徨徨
兮，魂固眇眇而昏亂。據軨軒而周流兮，忽軮軋而亡垠。[48]

這段描寫宮殿之雄偉，走近抬頭仰望，昏頭眼花，而不見頂
端，環顧四周又覺一片迷茫，扶著欄杆周流不見盡頭。用視覺上
的誇飾效果，逼真的描述其高大。

漢賦想像誇張技巧的運用，劉勰說：

47　《漢書·司馬相如傳》，頁 2535-2536。
48　《漢書·揚雄傳》，頁 3526。

> 自宋玉、景差，誇飾始盛，相如憑風，詭濫愈甚。故上林
> 之館，奔星與宛虹入軒；從禽之盛，飛廉與焦明俱獲。及
> 揚雄〈甘泉〉，酌其餘波，語瓌奇則假珍於玉樹，言峻極，
> 則顛墜於鬼神。至〈東都〉之比目，〈西京〉之海若，驗
> 理則理無可驗，窮飾則飾猶未窮矣。[49]

此段說明司馬相如承宋玉、景差而誇飾盛行，言過其實，詭
濫愈甚。〈上林賦〉寫苑中館閣之高峻，以疾奔的流星和彎曲的
彩虹投入窗戶來形容；寫獵獲禽獸之多，甚至神鳥飛廉和焦明也
遭捕捉。之後的揚雄、班固、張衡又極盡誇飾，無事實可以徵驗。
不過，若誇飾運用得當，往往能有效增進藝術感染力，所以說：
「至於氣貌山海，體勢宮殿，嵯峨揭業，熠耀焜煌之狀，光采煒
煒而欲然，聲貌岌岌其將動矣。莫不因夸以成狀，沿飾而得奇也。」
[50]因此，漢賦「寫物圖貌，蔚似雕畫。」[51]極力描繪客觀事物的面
貌，例如司馬相如〈上林賦〉有一段：

> 終始灞滻，出入涇渭，酆鎬潦潏，紆余委蛇，經營乎其內；
> 蕩蕩乎八川分流，相背而異態。東西南北，馳騖往來，出
> 乎椒丘之闕，行乎洲淤之浦，經乎桂林之中，過乎泱漭之
> 野，汨乎混流，順阿而下，赴隘狹之口，觸穹石，激堆埼，
> 沸乎暴怒洶湧彭湃。[52]

描寫川流的蜿蜒錯綜，又匯為巨流浩浩湯湯，奔騰流疾，觸
撞巨石，逼真呈現洶湧澎湃的氣勢。同篇又描寫群鳥泛游：

> 鴻鸕鵠鴇，駕鵝屬玉，交精旋目，煩鶩庸渠，箴疵鵁盧，

---

49 同註 18，《文心雕龍讀本》下篇〈夸飾〉第三十七，頁 157。
50 同註 18，頁 157。
51 同註 18，《文心雕龍讀本》上篇〈詮賦〉第八，頁 134。
52 （漢）司馬相如，〈上林賦〉，同註 16，頁 263。

群浮乎其上，汎淫泛濫，隨風澹淡，與波搖蕩，奄薄水渚，

唼喋菁藻，咀嚼菱藕。[53]

　　寫群鳥的水面浮游，依水勢晃動，有覓食有戲游，有啄青藻有食菱角，刻畫傳神。可見漢賦「極聲貌以窮文」[54]，也因此弱化了其中的勸諫之意。

　　基本上，漢賦具有歌頌與諷諭的雙重功能，班固曾說：「或以抒下情而通諷諭，或以宣上德而盡忠孝。」[55]由既可「通諷喻」又可「宣上德」可知。例如司馬相如〈上林賦〉在描繪天子校獵的盛大場面之後，作者借亡是公之口對君主提出委婉的忠告：「於是酒中樂酣，天子芒然而思，似若有亡，曰：『嗟乎，此大奢侈！朕以覽聽余閑，無事棄日，順天道以殺伐，時休息於此；恐後葉靡麗，遂往而不返。非所以為繼嗣創業垂統也。』於是乎乃解酒罷獵，而命有司曰：『地可墾辟，悉為農郊，以贍萌隸，隤牆填塹，使山澤之人得至焉。實陂池而勿禁，虛宮館而勿仞。發倉廩以救貧窮，補不足，恤鰥寡，存孤獨。出德號，省刑罰，改制度，易服色。革正朔，與天下為更始。』」[56]司馬遷即說：「相如雖多虛詞濫說，然其要歸引之節儉，此與《詩》之風諫何異？」[57]《漢書》也記載司馬相如寫作〈子虛賦〉〈上林賦〉的目的：「欲明天子之義，故虛藉此三人為辭，以推天子諸侯之苑囿。其卒章歸之於節儉，因以風諫。」[58]

　　揚雄賦作的諷諫之意就更明確，他說：「或曰：『賦可以諷

53　（漢）司馬相如，〈上林賦〉，同註 16，頁 268。
54　同註 18，《文心雕龍讀本》上篇〈詮賦〉第八，頁 132。
55　（東漢）班固，〈兩都賦序〉，同註 16，頁 2。
56　（漢）司馬相如，〈上林賦〉，同註 16，頁 292-293。
57　《史記・司馬相如列傳》，頁 1264。
58　《漢書・司馬相如傳》，頁 2533。

乎？』曰：『諷乎！』」[59]班固也說：「雄以為賦者，將以風也。」
[60]並於每篇賦的序文，說明其創作意圖，如〈甘泉賦序〉：

> 孝成帝時，…上方郊祀甘泉泰畤，汾陰后土，以求繼嗣，
> 召雄待詔承明之庭。正月，從上甘泉，還，奏〈甘泉賦〉
> 以諷。[61]

　　《漢書》記錄此賦的寫作背景：「甘泉本因秦離宮，既奢泰，
而武帝復增通天、高光、迎風，…且為其已久矣，非成帝所造，
欲諫則非時，欲默則不能已，故遂推而隆之，乃上比於帝室紫宮，
若曰此非人力之所（能）為，黨鬼神可也。」[62]清楚交待作賦目
的在諷先祖奢泰，勸勉君主宜慎行。只不過是賦的創作多運用大
量的誇飾華麗辭藻修飾，鋪采摛文的特徵，統治者欣賞之餘，往
往忽略或弱化了其中的勸諫之意，所以效果不彰。例如：

> 往時武帝好神仙，相如上〈大人賦〉，欲以風，帝反縹縹
> 有陵雲之志。繇是言之，賦勸而不止，明矣。[63]

　　可見欲諷反諛，造成反作用，而其它如奏疏一類的文體，效
果就不同，如司馬相如「嘗從上至長楊獵。是時天子方好自擊熊
豕，馳逐壄獸，相如因上疏諫。」[64]所上的諷諫性奏疏說：「雖
萬全而無患，然本非天子之所宜近也。…夫輕萬乘之重不以為安，
樂出萬有一危之塗以為娛，臣竊為陛下不取。」[65]則語氣明切，
力度強烈，武帝對此諫的反應是「善之」。因此，值得注意的是

59　同註 44。

60　《漢書‧揚雄傳》，頁 3575。

61　（漢）揚雄〈甘泉賦序〉，同註 16，頁 222。

62　《漢書‧揚雄傳》，頁 3534-3535。

63　《漢書‧揚雄傳》，頁 3575。

64　《漢書‧司馬相如傳》，頁 2589。

65　《漢書‧司馬相如傳》，頁 2590。

賦的形式和創作活動背景，遠不足以達到奏疏的諷諫功能。[66]

宣帝曾類比漢賦的地位說：

> 「不有博弈者乎？為之猶賢乎已！」辭賦大者與古詩同
> 義，小者辯麗可喜。譬如女工有綺縠，音樂有鄭衛，今世
> 俗猶皆以此虞說耳目，辭賦比之，尚有仁義風諭，鳥獸草
> 木多聞之觀，賢於倡優博弈遠矣。[67]

文中宣帝將漢賦與綺縠麗紗、鄭衛之音和倡優博弈並列，可
推測其潛意識是將賦視爲娛樂享樂之創作。欲期待國君體會或接
受其中的諷諫意涵，也因而產生極大的落差。所以王充說：

> 孝武皇帝好仙，司馬長卿獻大人賦，上乃飄飄有凌雲之
> 氣。孝成皇帝好廣宮室，揚子雲上甘泉頌，妙稱神怪，若
> 曰非人力所能為，鬼神力乃可成。皇帝不覺，為之不止。
> 長卿之賦，如言仙無實效；子雲之頌，言奢有害，孝武豈
> 有飄飄之氣者？孝成豈有不覺之惑哉？然即天之不為他
> 氣以譴告人君，反順人心以非應之，猶二子為賦頌，令兩
> 帝惑而不悟也。（〈譴告〉）

文中指出漢武帝好神仙，司馬相如上〈大人賦〉，武帝讀後
有飄飄然飛升凌空之感；漢成帝喜歡擴建宮室，揚子雲上〈甘泉
頌〉，描寫甘泉宮建築雄偉，好像不是人力所能爲，要靠鬼神的
力量才能建成。揚雄的用意在勸諫，成帝沒有察覺反而繼續擴建，
就反映了漢賦所欣賞的是它宏麗辭藻，其旨意往往不明確或被忽
略，而產生反效果。司馬相如的賦如果直說修行成仙不會有實際
成效，武帝實不致有飄飄然成仙之感；揚子雲的頌如果直說奢侈

---

66 郭子峰，〈西漢大賦的帝王接受與經學影響〉（《吉首大學學報》2008 年第
　　9 期），頁 85，已提出此觀點。
67 《漢書·王褒傳》，頁 2829。

有害，成帝也不致於奢靡不悟。王充從批評的角度意識到麗辭對
於世俗心理的效果，他說：

> 為言不益，則美不足稱；為文不渥，則事不足褒。（〈儒增〉）
> 俗人好奇，不奇，言不用也。故譽人不增其美，則聞者不
> 快其意；毀人不益其惡，則聽者不愜於心。（〈藝增〉）

因此，對於一般創作「患言事增其實，著文垂辭，辭出溢其
真，稱美過其善，進惡沒其罪。」（〈藝增〉）「才能之士，好談
論者，增益實事，為美盛之語；用筆墨者，造生空文，為虛妄之
傳。聽者以為真然，說而不舍；覽者以為實事，傳而不絕。」（〈對
作〉）可見敘述誇大，辭藻華麗往往掩蓋了事實真象。基本上王充
視誇飾辭藻為虛妄之言，不過其評論卻也啟發修辭對於閱讀效果
的認知。[68]基本上，王充強調文章的實用價值，受漢賦過分誇飾
辭藻而弱化其中諷諫的致用功能有密切關聯。

第二節　王充文學觀的主張

一、提倡務實誠的文章內容

有鑒於五經失實，強調家法因襲，形成空生虛文的章句之
學，以及抄襲模擬、華辭麗句的漢賦發展，王充的文學主張強調
「務實誠」。他說：

> 實誠在胸臆，文墨著竹帛，內外表裏，自相副稱。（〈超奇〉）

---

68 孫寶妹，〈王充文學理論中的真實論〉（《西北大學學報》1994 年第 7 期），
　　頁 16。文中指出：「使人意識到誇張手法的運用是基於人們心理上的要求。」

無有而空生其言。(〈雷虛〉)

舉事，求其宜適也。(〈書虛〉)

文明實是。(〈書解〉)

沒華虛之文。(〈自紀〉)

論文以察實。(〈定賢〉)

以上不外是主張著書立說「以實立意」、「以實取材」、「以實敘事」、「以實記言」、「以實評文」。他在〈對作〉〈自紀〉等篇章中多表達文學務「實誠」的宗旨，《論衡》的創作目的，也就是以真實反對虛妄，他說：

是故論衡之造也，起眾書並失實，虛妄之言勝真美也。故虛妄之語不黜，則華文不見息；華文放流，則實事不見用。故論衡者，所以銓輕重之言，立真偽之平，非苟調文飾辭，為奇偉之觀也。…論衡九虛、三增，所以使俗務實誠也。(〈對作〉)

可見王充提倡真美，本人寫作也堅持務實誠。「實誠」的內涵可以就內容和情感態度二層面討論：

就內容層面而言，指符合真理，以下是就諸家在這問題上最常徵引的文字作一說明：

儒者說五經，多失其實。前儒不見本末，空生虛說。(〈正說〉)

論貴是而不務華，事尚然而不高合。(〈自紀〉)

論世間事，辯照然否，虛妄之言，偽飾之辭，莫不證定。(〈超奇〉)

上述引言其意有二：

（一）他反對增損實事、空生虛說的學風。因此，對於不合事實、邏輯或以假亂真之處，有「九虛」「三增」加以訂正。

（二）他認為理想的作者，如桓譚的著文特徵就是能明辨世

俗之疑，以合乎事理。所以他論孔子說「文義褒貶是非，得道理
之實。」（〈定賢〉）也就是以內容合乎事實真理而論的。

至於內容如何才符合王充心目中的事實真理呢？王充說：

> 文有深指巨略，君臣治術，身不得行，口不能紲，表著情
> 心，以明己之必能為之也。孔子作春秋，以示王意。然則
> 孔子之春秋，素王之業也，諸子之傳書，素相之事也。觀
> 春秋以見王意，讀諸子以睹相指。（〈超奇〉）

上述引文以《春秋》可以看到做國君的道理，桓譚著作也可
看出做丞相的意義為例，可見文章實誠的要素，最重要的是蘊含
治國方略，以「匡濟薄俗，驅民使之歸實誠也。」此外，王充又
強調劉歆寫《六略》，就在「增善消惡，割截橫拓，驅役遊慢，
期便道善，歸正道焉。」孔子作《春秋》，就在匡正時弊，「故
采求毫毛之善，貶纖介之惡，撥亂世，反諸正，人道浹，王道備。」
孟子著書是為消除楊墨之學的混亂，所以「楊、墨之學不亂傳義，
孟子之傳不造。」。韓非想使韓國強大，是「韓國不小弱，法度
不壞廢，則韓非之書不為。」陸賈《新語》行世，在高祖不檢討
得天下的道理，「馬上之計未轉。」桓譚作《新論》，是因應社
會觀點的混亂而提出，換言之，「眾事不失實，凡論不壞亂，則
桓譚之論不起。」（以上〈對作〉）顯然「作有益於化，化有補於
正。」（〈對作〉）是「實誠」的重要內涵，也就是已注意到文章
與社會實際問題的關係，且要求「有補於教化」。[69]即便是文學
性質的創作，如漢賦，王充也提出頌美與諷諫的任務，表現他主
張「為世用者，百篇無害；不為用者，一章無補。」（〈自紀〉）
的看法。他肯定漢賦的頌美功用，認為漢代帝王的功德遠勝唐虞

---

69 郭紹虞，《中國歷代文學論著精選》上冊（台北：華正書局，1991 年），頁 76。

三代，是值得頌揚。[70]至於漢賦的諷諫功用也未忽略，所以〈譴告〉篇中評論司馬相如上〈大人賦〉和揚子雲〈甘泉頌〉，過於誇張虛構，令兩帝「惑而不悟」。可見即以頌美與諷諫的為世用的「實誠」標準要求漢賦，直接表現他對文學創作的社會責任和歷史使命。

　　至於就情感態度層面論「實誠」的內涵，有二種說法：

　　（一）學者分析「實誠」概念，有理解為真實情感者，例如：

　　　「實誠在胸臆，文墨著竹帛，外內表裏，自相副稱。」什麼是內在的實？王充認為即「才智」與「實誠」。「才智」，不只是「博覽多聞，學識習熟」，而是像商鞅定耕戰之策、陸賈消呂氏之謀那樣具有解決實際問題的本領。「實誠」，「非徒博覽者所能造，習熟者所能為」，而是作者的真實感情。這二者都是不可缺少的。值得注意的是，重視論說文的王充也十分強調作者的感情對創作的作用：「精誠由中，故其文語感動人深」，才能「奪於肝心」。這種看法對文學創作和理論有著較大的影響。後來劉勰主張「為情而造文」，反對「為文而造情」，就是這一觀點的進一步發揮。[71]

　　此處是將實誠詮釋為內容合乎事實真理，並具有作者真實感情，同時與劉勰「為情而造文」說法連結。此說對於王充實誠之意的理解，包括了思想內容的真理性真實性，和作者情感的真誠性。

---

70 王充說：「今上上至高祖，皆為聖帝矣。觀杜撫、班固等所上漢頌，頌功德符瑞，汪濊深廣，滂沛無量，逾唐、虞，入皇域，三代隘辟，厥深洿沮也。」（〈宣漢〉）「唯班固之徒稱頌國德，可謂譽得其實矣。頌文譎以奇，彰漢德於百代，使帝名如日月，孰與不能言，言之不美善哉？」（〈須頌〉）

71 郭紹虞，《中國歷代文論選》（一卷本）（上海‧上海古籍出版社，1994年），頁52-53。

（二）學者分析「實誠」概念，或指心思專一不受世俗影響，例如：

> 王充所強調的「文出胸臆」、「精誠由中」，是指作文須心意精一，不受俗惑。其〈書解篇〉解精誠云：「人有所優，固有所劣；人有所工，固有所拙。非劣也，志意不為也，非拙也，精誠不加也。志有所存，顧不見泰山；思有所至，有身不暇徇也。稱干將之利，刺則不能擊，擊則不能刺，非刃不利，不能一旦二也。拼彈雀則失鷞，射鵠則失雁，方員畫不俱成，左右視不并見，人材有兩為，不能成一。」是知精誠謂心意精一，毫無旁騖，亦是精思著文之意。其中隱含的，是王充對作者心意奮發的看重。[72]

此說詮釋「文出胸臆」、「精誠由中」，是指作文須心意精一，不受世俗影響。文中並引用《論衡》其它篇章相同理念的論述相互佐證，除〈書解〉篇外，又如：「夫論不留精澄意，苟以外效立事是非，信聞見於外，不詮訂於內，是用耳目論，不以心意議也。夫以耳目論，則以虛象爲言，虛象效，則以實事爲非。是故是非者不徒耳目，必開心意。墨議不以心而原物，苟信聞見，則雖效驗章明，猶爲失實。失實之議難以教，雖得愚民之欲，不合知音之心，喪物索用，無益於世，此蓋墨術所以不傳也。」（〈薄葬〉）即不以耳目見聞的表象來判斷是非，必需由內心思考，避免以假亂真。

根據上述二種說法，本文補充說明的是：

（一）「精誠由中」一語出自〈超奇〉篇，其上下文是「精誠由中，故其文語感動人深。是故魯連飛書，燕將自殺；鄒陽上

---

72 鍾志翔，〈王充文主實誠論平議〉（《九江學院學報》2010 年第 1 期），頁 33。

疏，梁孝開牢。書疏文義，奪於肝心，非徒博覽者所能造，睿熟者所能爲也。」所以文人出自內心的真情實感，發而爲文，才是文章形成的重要因素。因此，魯仲連的一通書信，守將看後，深受感動，以及鄒陽寫了一封〈獄中上梁王書〉，梁孝王看完信後，立刻將他釋放，待爲上賓可知。

（二）至於真情實感的形成，在對於事物的正確思考認知，王充也說：「心思爲謀，集札爲文，情見於辭，意驗於言。」（〈超奇〉）作者以「心思爲謀」的理性思考和客觀事物接觸，由所見所聞激起的由衷感情，流露於言語之中、文辭之表，而令讀者產生深刻的感受。

因此，雖然學者論述王充實誠之意的情感層面，因側重處不同而看法有歧異，但是，基本上王充主張真情實感的呈現也是以專意思考、辨別是非的態度爲前提，可以說這二種看法並無歧出。

二、主張文質並重

「外內表裏，自相副稱」是王充主張的文與質的關係，也就是內容與形式的關係，他並以樹的根幹和花葉來比喻：

> 有根株於下，有榮葉於上；有實核於內，有皮殼於外。文墨辭說，士之榮葉、皮殼也。實誠在胸臆，文墨著竹帛，外內表裏，自相副稱。意奮而筆縱，故文見而實露也。人之有文也，猶禽之有毛也。毛有五色，皆生於體。苟有文無實，是則五色之禽，毛妄生也。（〈超奇〉）

在王充看來，文與質不可分割，但內容與形式是有輕重之別，文章的內容如同樹之根、果之核，文章的形式如榮葉、皮殼，依附於內容。此段文意說明寫文章既要如實的反映真實生活，也

要如實的表達自己的思想感情，文辭則從胸中自然表現而不流於矯揉造作。顯然王充並不反對文辭形式之美，而是反對有文無實，內容空洞，只是片面形式的講究。

　　不過，具文辭之美的文章多為人喜聞樂見，王充說：「或曰：『口無擇言，筆無擇文。文必麗以好，言必辯以巧。言瞭於耳，則事咏於心；文察於目，則篇留於手。故辯言無不聽，麗文無不寫。今新書既在論譬，說俗為戾，又不美好，於觀不快。』」(〈自紀〉)也就是文章要華麗美好，講話要雄辯巧妙，才能讓人愛不釋手。而且文章的發展並不排斥華麗文采，所謂「文士之務，各有所從，或調辭以巧文，或辯偽以實事。」(〈自紀〉)即文人寫作，或有善於雕琢辭句，或有善於辨偽存真的二種發展趨向。王充反對有文無實的麗文，所以說：「酆文茂記，繁如榮華，恢諧劇談，甘如飴蜜，未必得實。」(〈本性〉)他甚至認為美辭麗文與高妙旨意不可並存。[73]

　　不過，王充並不排除文的重要，他曾針對「士之論高，何必以文？」的問難，指出「文」的意義：

> 夫人有文質乃成。物有華而不實，有實而不華者。易曰：「聖人之情見乎辭。」出口為言，集札為文，文辭施設，實情敷烈。…德彌盛者文彌縟，德彌彰者人彌明。大人德擴其文炳，小人德熾其文斑。官尊而文繁，德高而文積。…衣服以品賢，賢以文為差，愚傑不別，須文以立折。非唯於人，物亦咸然。龍鱗有文，於蛇為神；鳳羽五色，於鳥為

---

73 王充說：「以敏於賦、頌，為弘麗之文為賢乎？則夫司馬長卿、楊子雲是也。文麗而務巨，言眇而趨深，然而不能處定是非，辯然否之實。雖文如錦繡，深如河、漢，民不覺知是非之分，無益於彌為崇實之化。」(〈定賢〉)參見于迎春，《漢代文人與文學觀念的演進》(北京：東方出版社，1997年)，頁150。

君;虎猛,毛蚡蜦;龜知,背負文。四者體不質,於物為聖
賢。且夫山無林,則為土山;地無毛,則為潟土;人無文,
則為僕人。土山無麋鹿,潟土無五穀,□瑞應符命,莫非
文者。晉唐叔虞、魯成季友、惠公夫人號曰仲子,生而怪
奇,文在其手。張良當貴,出與神會,老父授書,卒封留
侯。河神,故出圖;洛靈,故出書。竹帛所記怪奇之物,
不出潢洿。物以文為表,人以文為基。(〈書解〉)

上述引文論述之意,說明如下:

(一)「德彌盛者文彌縟,德彌彰者文彌明。」「衣服以品
賢,賢以文為差。」是就人而言,文可以指言談舉止、禮儀服飾
等外在形式。德與文成正比,透過禮儀服飾等外在形式可以表現
個人德行的高低,而區分賢愚。又如,「繡之未剡,錦之未織,
恆絲庸帛,何以異哉?加五綵之巧,施針縷之餝,文章炫耀,黼
黻華蟲,山龍日月。學士有文章之學,猶絲帛之有五色之巧也。」
(〈量知〉)文章即文采,此處文采對於學士的重要,也是類似的
觀點。

(二)就物而言,自然萬物和人類相同,也需要文采,而且
是有文采之物勝過無文采之物。所以龍的鱗片有花紋,鳳的羽毛
有五色,老虎毛色花紋繁多,龜的背甲有花紋。這四種動物的身
體花色華麗,也是動物類中的翹楚。

(三)就人文而言,祥瑞、符命和禎兆等也多有紋理或文化。
[74]晉唐叔虞、魯成季友、惠公夫人有文字在手,事實上為手紋,
古人有以手紋預測命運,即一種人文的表現。又張良的顯貴是由
於有兵書,河圖洛書也是災異祥瑞文化的呈現。所以王充主張「物

---

74 同註5,頁57。

以文為表，人以文為基。」的文質並重觀念。

　　至於文與質不能兼顧時，王充態度是捨文而取質，他說：

　　　夫口論以分明為公，筆辯以蕪露為通，吏文以照察為良。
　　　深覆典雅，指意難覩，唯賦頌耳。（〈自紀〉）

　　其意說明無論是口頭語、論辯語或公文內容，都以明白清
楚、通順流暢為優，不宜隱諱難解。甚至說「為文欲顯白其為，
安能令文而無譴毀？救火拯溺，義不得好；辯論是非，言不得巧。
入澤隨龜，不暇調足；深淵捕蛟，不暇定手。言奸辭簡，指趣妙
遠；語甘文峭，務意淺小。」（〈自紀〉）一切作品，包含他本身
的創作，只有語言文字簡約明白，用意旨趣才能深遠，文辭華美，
立意往往膚淺。因此，他提倡「口則務在明言，筆則務在露文。」
（〈自紀〉）的通俗易懂，他說：「口言以明志，言恐滅遺，故著
之文字。文字與言同趣，何為猶當隱閉指意？」「高士之文雅，言
無不可曉，指無不可覩。觀讀之者，曉然若盲之開目，聆然若聾之
通耳。」（〈自紀〉）基本上文字記錄是為避免言談或思想遺忘或消
失，既然「文猶語也」（〈自紀〉）文字語言目的一致，以口語入
文，反而能「喻難為易」（〈自紀〉）所以，「不貴難知而易造。」
（〈自紀〉）

三、強調文學的創新發展

　　王充強調文學的創新發展，他說：

　　　蓋才有淺深，無有古今；文有偽真，無有故新。（〈案書〉）

　　也就是文章的優劣不是看它作於古或今，而是看它是否能辨
真偽、是非。所以「實事之人，見然否之分者，睹非，卻前退置
於後，見是，推今進置於古，心明知昭，不惑於俗也。」（〈超奇〉）

凡是錯誤的，即使是古代的，也要降低它的地位，把它放在後面；
看到正確的，即使是今天的，也要提高它的地位，把它放到前面，
心智洞明，不會被一般庸俗之見迷惑。王充《論衡》中所推崇的
如桓譚、陸賈、揚雄、周長生等都是近世之人，甚至將桓譚與孔
子並稱。[75]也認為當今的陳子迴和顏方，和尚書郎班固，蘭臺令
史楊終、傅毅這些人，他們寫的賦頌記奏，言辭有文采，文賦寫
得和屈原、賈誼一樣，奏章寫得和唐林、谷永等同，如果觀察他
們的長處，其優美程度是不相上下的。[76]可知王充突破社會一般
人珍惜古代而不看重現代的傳統觀念。

　　當時「世儒學者，好信師而是古，以為賢聖所言皆無非。」
（〈問孔〉）復古模擬風氣嚴重，王充陳述一般人貴古的態度：

> 漢有實事，儒者不稱；古有虛美，誠心然之。信久遠之偽，
> 忽近今之實。（〈須頌〉）
> 以為昔古之事，所言近是，信之入骨，不可自解。（〈自紀〉）
> 世信虛妄之書，以為載於竹帛上者，皆賢聖所傳，無不然
> 之事，故信而是之，諷而讀之。（〈書虛〉）
> 夫俗好珍古不貴今，謂今之文不如古書。

　　一般人有崇古的思想，往往以為古代優於現代，可說形成一
種共識。然而，相較於上古人民，後世人的生活品質的確有長足
的進步，王充說：

> 語稱上世之人，質朴易化；下世之人，文薄難治。…彼見
> 上世之民，飲血茹毛，無五穀之食，後世穿地為井，耕土
> 種穀，飲井食粟，有水火之調；又見上古巖居穴處，衣禽

---

75 王充說：「孔子不王，素王之業在於春秋。然則桓君山不相，素丞相之跡存
　　於新論者也。」（〈定賢〉）
76 《論衡‧案書》，頁1174。

> 獸之皮，後世易以宮室，有衣帛之飾，則謂上世質朴，下
> 世文薄。(〈齊世〉)

不過，文中也提到在崇古心態下，後世的進步卻歪曲為「文薄」，古人的簡陋卻贊揚是「質樸」。王充提出「古今一也」和「今勝於古」的觀念加以批判，他說：

> 夫古今一也，才有高下，言有是非，不論善惡而徒貴古，
> 是謂古人賢今人也。(〈案書〉)

> 皇瑞比見，其出不空，必有象為，隨德是應。…皇帝聖仁，
> 故芝草壽徵生。黃為土色，位在中央，故軒轅德優，以黃
> 為號。皇帝寬惠，德侔黃帝，故龍色黃，示德不異。東方
> 曰仁，龍，東方之獸也，皇帝聖仁，故仁瑞見。甘者，養
> 育之味也，皇帝仁惠愛黎民，故甘露降。龍，潛藏之物也，
> 陽見於外，皇帝聖明，招拔巖穴也。瑞出必由嘉士，祐至
> 必依吉人也。天道自然，厥應偶合。聖主獲瑞，亦出群賢。
> (〈符驗〉)

> 夫實德化則周不能過漢，論符瑞則漢盛於周，度土境則周
> 狹於漢，漢何以不如周？獨謂周多聖人，治致太平？(〈宣漢〉)

文中的瑞應之說即是王充「今勝於古」論點的展現，由漢代瑞應的累累出現，表現漢代的盛德，彰顯漢瑞應芝草、黃龍、甘露等無奇不有，其目的是「極論漢德非徒實然，乃在百代之上。」(〈須頌〉)也就是漢德不論是功業、德業或賢才、土境都是歷代所不及者，「論者好稱古而毀今，恐漢將在百代之下，豈徒同哉！」(〈須頌〉)因此，瑞應之說無疑是表現了漢代優於古代的進化歷史觀。[77]他有〈講瑞〉〈治齊〉〈齊世〉〈宣漢〉〈恢國〉〈須

77　（清）熊伯龍《無何集》說：「俾後人知漢德隆盛，千古未有，其實非信瑞
　　應也。」同註 1，黃暉《論衡校釋》冊四〈論衡集解附錄〉，頁 1333。

頌〉等篇，稱頌漢朝，「有人譏之爲獻媚以圖干政，有人則解釋爲王充爲全身免禍不得已而爲之。其實，通觀《論衡》全書就能覺出，〈宣漢〉諸篇的寫作，一個很重要的作用是爲他的今勝於古觀點作論證。」[78]

「古今一也」和「今勝於古」二種主張，在邏輯上自相矛盾，[79]不過，相較於漢代一般人的崇古態度，王充在古今問題的不同識見，實有一定貢獻。[80]當然，漢代反復古理路的思想家不只有王充，《論衡》之前的《淮南子》，或王充稱許的揚雄、桓譚已有反復古言論。[81]

---

78 葉志衡，〈論王充的文藝觀對六朝文論的影響〉（《社會科學戰線》2002年第1期），頁121。實際上，王充已說：「《論衡》實事疾妄。〈齊世〉〈宣漢〉〈恢國〉〈驗符〉〈盛褒〉〈須頌〉之言，無誹謗之辭。造作如此，可以免於罪矣。」（〈對作〉）（清）熊伯龍《無何集》說：「然則仲任極稱漢德，徵以祥瑞，多溢美之辭，褒增君德者，明哲保身，君子之道也。」黃暉，《論衡校釋》，冊四，〈論衡集解附錄〉，頁1334。

79 參見黎惟東，〈論王充歷史觀的矛盾〉（《華岡文科學報》第十六期，1988年），頁79-90。

80 馮友蘭說：「王充對於歷史之見解，亦有特別之處。古代諸哲學家，多託古立言，其結果使人理想化古代，以爲一切皆古優於今；此觀念王充深關之。」馮友蘭，《中國哲學史》(台北：台灣商務印書館，1993年)下冊，頁593-594。

81 （一）《淮南子》：《淮南子》所代表的是不同於主流派的反復古態度，指出：「世俗之人，多尊古而賤今，故爲道者必託之於神農、黃帝而後能入說。」亂世暗主和學者卻「因而貴之」。（《淮南子·修務訓》，劉文典，《淮南鴻烈集解》，北京：中華書局，1989年，頁653。）其所指的暗主和學者，即漢武帝與董仲舒，執政者透過復古穩固自己的權威，《淮南子》並不認同。因此，分別就官方和學術界提出反復古的主張。其批判官方的復古，說：「苟利於民，不必法古；苟周於事，不必循舊。…故聖人法與時變，禮與俗化。衣服器械各便其用；法度制令各因其宜。故變古未可非，而循俗未足多也。」（《淮南子·氾論訓》，頁427。）此言論類似法家商鞅、韓非的變古思想，所謂禮法和衣服器械一樣，應因時制宜，也就是「禮法以時而定，制令各順其宜。」（《商君書·更法篇》，蔣禮鴻，《商君書錐指》，北京：中華書局，1986年，頁4。）的原則。同時，他批評董仲舒的「法古」，以《詩》《春秋》代表古之道，至於《詩》《春秋》之前的遠古，是否更值得效法呢？

所以說：「王道缺而《詩》作。周室廢、禮義壞而《春秋》作。《詩》《春秋》，學之美者也，皆衰世之造也。儒者循之以教導於世，豈若三代之盛哉！以《詩》《春秋》為古之道而貴之，又有未作《詩》《春秋》之時。」（《淮南子・氾論訓》，頁 427。）

（二）揚雄：揚雄所代表的是文化制度上的因革損益，早年的揚雄「非聖哲之書不好也。」（《漢書・揚雄傳》，頁 3514。）不過當時的尊孔或復古，並未脫離求真的立場，曾說：「古之學，耕且養，三年通一。今之學也，非獨為之華藻也，又從而繡其鞶帨。」（漢揚雄，《法言・寡見》，同註 44，頁 222。）就指出學術界章句之學的繁碎精細，如「說五字之文，至於二三萬言，後進彌以馳逐。」（《漢書・藝文志・六藝略》，頁 1723。）換句話說，他對真理的辨正可以不受復古的制約。徐復觀即說：「揚雄的推崇孔子、五經，一方面固然是來自董仲舒以後的學術大勢，同時也批判了由仲舒所引發的繞環五經的迂怪之說，也批判了博士系統中的固陋貪鄙之習，及繳繞汗漫的語言魔術（解釋）。」（徐復觀，《兩漢思想史》卷二，台北：學生書局，1989 年，頁 508。）

揚雄論及因革問題，曾說：「夫道，有因有循，有革有化，因而循之，革而化之，與時宜之。故因而能革，天道乃得；革而能因，天道乃馴。夫物不因不生，不革不成。故知因而不知革，物失其則。知革而不知因，物失其均。革之匪時，物失其基，因之匪理，物喪其紀。因革乎因革，國家之矩範也，矩範之動，成敗之效也。」（揚雄撰，（宋）司馬光集注，劉韶軍點校，《太玄集注》卷第七〈玄瑩〉，北京：中華書局，1998 年，頁 190-191。）

文中說明新舊事物之間，有因襲也有變革，如果知因而不知革，將「物失其則」，即違反新舊交替的規律；如果知革而不知因，將「物失其均」，即事物失去平衡；同時因革應合乎時宜，才不違反其變化，這也表達揚雄政治態度主張一定程度的革新。至於因革的關係也適用於文學，是相對於早期模擬之作的不同思考。

（三）桓譚：他意識到主體的差異，產生文風的差異，雖然一般人耳目聞見、心意、情性、利害等好惡，多有相同的一面，然而每個人的才能、智慧、質性不同，桓譚說：「凡人耳目所聞見，心意所知識，情性所好惡，利害所去就，亦皆同務焉。若材能有大小，智略有深淺，聽明有暗照，質行有薄厚，亦則異度焉。」（東漢桓譚，《新論・言體》，清嚴可均輯，《全上古三代秦漢三國六朝文》〈全後漢文〉卷十三桓譚〈新論〉，河北：教育出版社，1997 年，第二冊，頁 136。）所以也就跳脫了復古的思路。並且在「前聖後聖，未必相襲」（《新論・正經》，頁 146。）理念下，尊揚雄為「西道孔子」，所著《新論》也自稱與《春秋》並列。（《新論・啟寤》和〈本造〉，頁 142、134。）類似的論述試圖消解聖人的神秘和經典的權威。同時，也明確直指復古行為不合時宜的荒謬，評王莽托古改制即說：「王翁嘉慕前聖

相較於《淮南子》的變古、揚雄的因革、桓譚的批古，顯然王充的超越在於提出「今勝於古」的進化觀點。[82]對此論點學者持正面評價，唐代劉知幾即說：

> 儒者之書，博而寡要，得其糟粕，失其菁華，而流俗鄙夫，貴遠賤近，轉茲牴牾，自相欺惑，故王充《論衡》生焉。[83]

他視漢代儒者章句之書爲糟粕，貴遠賤近爲流俗鄙夫，無疑是肯定王充今勝於古的廓清之功。

在文學態度上，王充自然不受崇古卑今的觀念限制，反而認爲文章有一定的發展規律，他說：

> 周有郁郁之文者，在百世之末也。漢在百世之後，文論辭說，安得不茂？…漢世治定久矣，土廣民眾，義興事起，華葉之言，安得不繁？…方今文人並出見者，乃夫漢朝明明之驗也。（〈超奇〉）

其意是說，按歷史發展周代處於百代的末葉，而文化昌盛，漢代又在周代之後，不可能反不如古人。這種精神表現於文學創作上即主張創新，王充說：

> 飾貌以彊類者失形，調辭以務似者失情。（〈自紀〉）

也就是作品應抒發自己的情感想法，若東施效顰、因襲古人，作品非但不美善，而且作者也「失形」「失情」，而無風格特色可言。他強調文學作品貴獨創，所以說：「百夫之子，不同

之治，而簡薄漢家法令，故多所變更，欲事事效古，美先聖制度，而不知己之不能行其事。釋近趨遠，所尙非務，故以高義退致廢亂，此不知大體者也。」（《新論‧言體》，頁137。）所代表的就是具體、理性的批古立場。

82 陳思維，〈論漢代反復古文學思想的邏輯進程〉（《內蒙古社會科學》第二十五卷第六期2004年6月），頁64-65。

83 （唐）劉知幾著，（清）浦起龍釋，《史通通釋》卷十〈自敘〉第三十六（台北：世界書局，1981年），頁139-140。

父母，殊類而生，不必相似，各以所稟，自為佳好。…必謀慮有合，文辭相襲，是則五帝不異事，三王不殊業也。美色不同面，皆佳於目；悲音不共聲，皆快於耳。酒醴異氣，飲之皆醉；百穀殊味，食之皆飽。謂文當於前合，是謂舜眉當復八采，禹目當復重瞳。」（〈自紀〉）即是認為作家應盡量發揮個人特色，創作有個性的作品。

雖然王充反對貴古賤今，但並不反對向古人學習，所以《論衡》書中不難發現他稱許古代文化的言論，如：「聖賢言行，竹帛所傳，練人之心，聰人之知。」（〈別通〉）「夫經藝傳書，人當覽之。」（〈別通〉）「溫故知新，可以為師；今不知古，稱師如何？」（〈正說〉）「知今不知古，謂之盲瞽。」（〈謝短〉）一再強調知古是為師的必要條件，可見他期待作家能在了解古今、掌握歷史知識的基礎上，棄其短而揚其長，創作獨抒胸臆的文章，卻又不被貴古風氣所限制。

第三節　王充文學觀的檢討

上文所述，王充文學觀理論上及實踐上主張務實誠、文質並重或文學的獨創性等論點，有修正當時陳陳相因、抄襲模擬，鋪敘誇張文風的貢獻，由於矯枉過正，也有其缺失，歸納以下數點說明：

一、忽略誇飾修辭的文學作用

漢賦是當時文學主流，王充不以為然，否定其鋪陳華麗辭藻

的誇飾修辭，而主張內容與形式並重。影響所及，他對經傳行文中言過其實的誇飾也有批評，如帝堯是否協和萬國、鶴鳴是否聲聞於天、周武王伐紂是否血流成河、[84]養由基是否百發百中、孔子是否周流七十餘國、荊軻刺秦王匕首是否深入銅柱一尺深等，[85]以上問題王充都一一辨正。雖然這是他強調文章內容的實誠，但在一定程度上已忽視誇飾想像的藝術表現力量。事實上，他並非不能意會誇飾的想像作用，例如他解釋《詩經‧大雅‧雲漢》：

> 詩曰：「維周黎民，靡有孑遺。」是謂周宣王之時，遭大旱之災也。詩人傷旱之甚，民被其害，言無有孑遺一人不愁痛者。夫旱甚，則有之矣；言無孑遺一人，增之也。（〈藝增〉）

這段解釋可知王充理解「靡有孑遺」並非真的無一人遺留下來，而是形容旱災嚴重，方便讀者的體會。不過，在實誠的前提之下，則否定誇飾技巧，例如：

> 女媧，人也，人雖長，無及天者。夫其補天之時，何登緣階據而得治之？（〈談天〉）

> 儒者傳書言：「堯之時，十日並出，萬物燋枯。堯上射十日，九日去，一日常出。」此言虛也。夫人之射也，不過百步，矢力盡矣。日之行也，行天星度，天之去人，以萬里數，堯上射之，安能得日？（〈感虛〉）

上述類似神話傳說這種浪漫的文學與理性的真實要求衝突中，他更無法全面的正視誇飾的文學審美作用，對於文學創作是負面的影響。

---

84 以上參見《論衡‧藝增》，頁 381-391。
85 以上參見《論衡‧儒增》，頁 361-373。

二、過分強調文章內容與政教的結合

　　王充提倡文章務實誠，甚至強調匡救世俗，直指政教得失。
對純粹知識探討的論著抱持否定的態度，如公孫龍堅白論即認為
無益於治，鄒子著作則認為是怪異言論，相反的，商鞅〈耕戰篇〉、
管仲〈輕重篇〉有富國強兵之效，陸賈、董仲舒「皆言君臣政治
得失」，則以為「言可采行，事美足觀。」[86]顯然以政治教化的
實際效益來衡量著述論說的價值。

　　同時以「上書奏記為文」（〈佚文〉），將政治性文章納入文
學之列，[87]舉凡所論「孝武之時，詔百官對策，董仲舒策文最善。」
（〈佚文〉）「上書於國，記奏於郡，譽薦士吏，稱術行能，章下
記出，士吏賢妙。」（〈須頌〉）多表達他對政論文章的重視，也
是他對文章政教功能的期待。[88]此外，他甚至認為文人應該有頌
揚主上的責任，遂以「周秦之際，諸子並作，皆論他事，不頌主
上。」認為是「無益於國，無補於化。」（〈佚文〉）指出文人應
該學習古代通經之臣，以「紀主令功，記於竹帛；頌上令德，刻
於鼎銘。」（〈須頌〉）自勉。

　　王充以漢代功業不可不頌揚，一方面是稱揚國君的觀念源自

---

86 參見《論衡・案書》，頁 1166-1169。
87 于迎春，《漢代文人與文學觀念的演進》已提出此觀點，同註 3，頁 149。
88 例如他說：「載人之行，傳人之名也！善人願載，思勉為善；邪人惡載，力
　　自禁裁。然則文人之筆，勸善懲惡也。讖法所以章善，即以著惡也。加一字
　　之讖，人猶勸懲，聞知之者，其不自勉。況極筆墨之力，定善惡之實，言行
　　畢載，文以千數，傳流於世，成為丹青，故可尊也。」（〈佚文〉）即是此
　　觀念的呈現。

《詩經》，[89]一方面是他對俗儒「好長古而短今」「漢有實事，儒者不稱；古有虛美，誠心然之。信久遠之偽，忽近今之實。」（〈須頌〉）的貴古賤今觀念的批判。不過，當他以「今上即命，未有褒載，論衡之人，為此畢精，故有齊世、宣漢、恢國、驗符。」又說〈宣漢〉篇，「論漢已有聖帝，治已太平。」〈恢國〉篇，「極論漢德非常，實然乃在百代之上。」〈驗符〉篇羅列了符瑞現象，證明漢代德業超越前代。（以上〈須頌〉）凡此心態，事實上已失去文人獨立於政治之外的超然立場，難免流露取媚主上的傾向，[90]同時，這種為政治服務的格局，代表文學仍為政治的附庸，並有凌駕他別是非、辨真偽等客觀精神的現象。

三、文人地位的提昇

　　一般世人重世儒而輕文儒，王充卻不然，他認為「精思著文」的文儒遠在「說聖人之經，解賢人之傳」（〈書解〉）的世儒之上，而有俗人—儒生—通人—文人—鴻儒的優劣區分。文儒一類型的形成，也代表文人與儒生的分流，范曄《後漢書》的〈儒林傳〉〈文苑傳〉分立，即是後漢文人與儒士分流的確立。[91]在王充觀念中，獨創性的著述文章已突破傳統經書的附庸地位，而賦予了獨立發展的空間。而後曹丕《典論‧論文》及〈與王朗書〉，[92]提

---

89 他說：「詩之頌言，古臣之典也。」（〈須頌〉）即《詩經》頌詩篇，就是表彰道德歌頌功業，宣揚讚美皇帝盛德的寫作觀念。

90 于迎春，《漢代文人與文學觀念的演進》已提出此觀點。同註 3，頁 157。

91 文學與經術的關係密切，但其間的不同已充分意識了，到東漢則更愈加明顯。參見于迎春，《漢代文人與文學觀念的演進》，同註 3，頁 186。

92 曹丕說：「蓋文章經國之大業，不朽之盛事。年壽有時而盡，榮樂止乎其身，二者必至之常期，未若文章之無窮。是以古之作者，寄身於翰墨，見意於篇

昇文章價值至「經國之大業，不朽之盛事」，並將詩賦與立德立
名並列；又晉葛洪認爲文章與德行相當，不可當「餘事」看待，[93]
說明了文章地位日漸提高，文章創作之風也逐漸盛行，基本上這
與王充文學觀近似，是其理論的影響和發展。

籍，不假良史之辭，不託飛馳之勢，而聲名自傳於後。」《典論・論文》，
同註 6，頁 734。又說：「生有七尺之形，死惟一棺之士，唯立德揚名，可
以不朽，其次莫如著篇籍。疫癘數起，士人彫落，余獨何人，能全其壽？故
論撰所著典論詩賦，蓋百餘篇，集諸儒於肅城門內，講論大義。」曹丕，〈與
王朗書〉，（晉）陳壽撰，裴松之注，《三國志・魏志》卷二〈文帝丕〉注
引（台北：台灣中華書局，1965 年），頁 22。

93　（晉）葛洪說：「文章之與德行，猶十尺之與一丈，謂之餘事，未之前聞。…
且夫本不必皆珍，末不必悉薄，譬若錦繡之因素地，珠玉之居蚌石，雲雨生
於膚寸，江河始於咫尺。爾則文章雖爲德行之弟，未可呼爲餘事也。」《抱
朴子・尚博》，何淑貞校注，《新編抱朴子外篇》（台北：國立編譯館，2002
年），頁 607。

第八章　王充「宣漢說」的批判精神

　　王充《論衡》中有不少歌頌漢代德業的文章，其中〈齊世〉
〈宣漢〉〈恢國〉〈驗符〉〈須頌〉〈佚文〉共六篇，是篇章次
第相連以「宣漢」為主題的一組文章。除此之外，王充在〈須頌〉
篇有一段話說：

> 古今聖王不絕，則其符瑞亦宜累屬。符瑞之出，不同於前，
> 或時已有，世無以知，故有〈講瑞〉。俗儒好長古而短今，
> 言瑞則渥前而薄後，〈是應〉實而定之，漢不為少。漢有
> 實事，儒者不稱；古有虛美，誠心然之。信久遠之偽，忽
> 近今之實。斯蓋三增、九虛所以成也。〈能聖〉、〈實聖〉
> 所以興也。儒者稱聖過實，稽合於漢，漢不能及。非不能
> 及，儒著之說，使難及也。實而論之，漢更難及。穀熟歲
> 平，聖王因緣以立功化，故〈治期〉之篇，為漢激發。治
> 有期，亂有時，能以亂為治者優。優者有之。建初孟年，
> 無妄氣至，聖世之期也。皇帝執德，救備其災，故〈順鼓〉、
> 〈明雩〉，為漢應變。是故災變之至，或在聖世，時旱、
> 禍湛，為漢論災。是故《春秋》為漢制法，《論衡》為漢
> 平說。

　　明白陳述《論衡》之作是「為漢平說」，引文中除〈能聖〉
〈實聖〉為逸篇外，舉凡〈講瑞〉〈是應〉〈治期〉〈順鼓〉〈明
雩〉等篇，以及「九虛三增」的〈書虛〉〈變虛〉〈異虛〉〈感

虛〉〈福虛〉〈禍虛〉〈龍虛〉〈雷虛〉〈道虛〉〈語增〉〈儒增〉
〈藝增〉十二篇，也都與宣揚漢德有關，可視爲宣漢的次要篇章。
由於頌漢所占篇章不少，本文試圖探討王充宣漢原因爲何？並整
理宣漢的內容，分析此論說是否與王充其它思想有相衝突的盲點。

第一節　王充提出「宣漢說」的原因

　　王充頌漢的文章所占篇幅不少，宣漢的原因學者也多有討
論，並提出質疑，說法如下：[1]
　　一、諷漢說：朱謙之提出，他將〈寒溫〉至〈須頌〉的十九
篇文章歸爲王充《政務》書中的內容，指出：「因爲《政務》之
書是在專制主義統治下，不得不作褒頌之文，然而《政務》的褒
頌，意在諷漢。更加《論衡》之人本有今代勝前代的思想，言今
代勝前代是也。褒頌至過其實，諷之也。」[2]
　　二、盲目歌頌說：田昌五提出，指出王充的矛盾是抨擊當代
吏治，又爲統治者粉飾太平，對「漢代，特別是對當時最高統治
者──章帝采取盲目歌頌的立場。」[3]透過歌頌掩蓋他對當時正統思
想的批判。之後八〇年代，其看法轉變，認爲：「究竟是出於盲目
的愚忠，還是怕由此獲罪的違心之論，抑或二者兼而有之呢？」[4]
　　三、免禍說：蔣祖怡提出，因《論衡》宗旨是疾虛妄，書中

1　陳穎君，〈王充《論衡》所反映的東漢初期社會狀況〉（逢甲大學中國文學
　　研究所碩士論文，2005 年），頁 37-39，已有歸納。
2　朱謙之，〈王充著作考〉，（《文史》第一輯，1962 年 10 月），頁 248。
3　田昌五，《王充──古代的戰鬥唯物論者》（北京：人民出版社，1973 年），
　　頁 120。
4　田昌五，《論衡導讀》〈須頌題解〉（四川成都：巴蜀書社，1989 年），頁 286。

批判了統治者主張的「天人感應」「災異譴告」「祥瑞」等思想，擔心因此受禍，所以王充說：「論衡實事疾妄，齊世、宣漢、恢國、驗符、盛褒、須頌之言，無誹謗之辭。造作如此，可以免於罪矣。」[5]其後，任繼愈也指出：寫〈宣漢〉等篇的心理是矛盾的，既有真誠讚美的成分，又不都是由衷之言，用意之一是為他的思想批判作掩護，用對漢朝空洞而過分的褒揚來預防可能引起的政治災禍。[6]

四、自薦說：林麗雪提出，指出：「王充以為臣子對君王褒載要得實，就必須親聞聖政，要親聞聖政，就必須身在臺閣。從這種理論往下推，《論衡》作者身處邊遠地區，對中州消息十分隔閡，即使有心褒載，也難得其實。」[7]王充為己求進之意甚明。孫如琦等學者從之。[8]

除上述四種宣漢的解釋外，本文就《論衡》一貫疾虛妄精神，根據王充所說「今上即命，未有褒載」（〈須頌〉）「述事者好高古而下今，貴所聞而賤所見。」（〈齊世〉）之意，作進一步深入的探討。

一、批判「漢家功德，少見褒載」的現象

王充說：「古之帝王建鴻德者，須鴻筆之臣褒頌記載，鴻德

---

5 蔣祖怡，〈論王充的《政務》之書〉（《杭州大學學報》，1962 年第 2 期），頁 123-124。

6 任繼愈，《中國哲學發展史‧秦漢篇》（北京：人民出版社，1986 年），頁 509。

7 林麗雪，《王充》（台北：東大圖書公司，1991 年），頁 335。

8 孫如琦，〈王充溢美章帝原因辨析〉（《杭州大學學報》第二十四卷第三期，1994 年 9 月，），頁 39-44。

乃彰，萬世乃聞。」(〈須頌〉)也就是帝王創建功業，要有鴻筆之臣贊揚稱頌記載於書冊，才能彰顯於世，他指出：

> 國德溢熾，莫有宣褒，使聖國大漢有庸庸之名，咎在俗儒不實論也。(〈須頌〉)

其意是說俗儒對漢代功德未如實的論述，使得漢代只有泛泛的名聲。王充有鑒於此，而撰作〈齊世〉、〈宣漢〉、〈恢國〉、〈驗符〉等篇，他說：

> 今上即命，未有褒載，《論衡》之人，為此畢精，故有〈齊世〉、〈宣漢〉、〈恢國〉、〈驗符〉。(〈須頌〉)

這是他希望「彰漢德於百代，使帝名如日月」(〈須頌〉)，「載國德於傳書之上，宣昭名於萬世之後。」(〈須頌〉)的表白。王充這種頌揚國君的精神有其作用和淵源，他說：

> 方今天下太平矣，頌詩樂聲可以作未？傳者不知也，故曰「拘儒」。衛孔悝之鼎銘，周臣勸行。孝宣皇帝稱潁川太守黃霸有治狀，賜金百斤，漢臣勉政。夫以人主頌稱臣子，臣子當褒君父，於義較矣。虞氏天下太平，夔歌舜德。宣王惠周，詩頌其行。召伯述職，周歌棠樹。是故周頌三十一，殷頌五，魯頌四，凡頌四十篇，詩人所以嘉上也。由此言之，臣子當頌，明矣。(〈須頌〉)

文中以衛莊公表揚孔悝輔佐復位，以及漢宣帝賞賜潁川太守黃霸政績優異之例，證明表揚功績對君臣有相互勸勉之效。他並從夔歌舜德，到《詩經‧小雅》〈六月〉〈車攻〉〈斯干〉歌頌周宣王中興，〈甘棠〉贊召公勤政愛民，以及《詩經》頌詩四十篇等，強調頌揚主上之精神出自《詩經》，是臣子應盡職責。同時評論不知歌頌太平是「拘儒」一類。

因此，儒者謂「漢興已來，未有太平」(〈宣漢〉)或「漢無

聖帝，治化未太平」等（〈須頌〉），王充認爲如同唐堯擊壤之民，或「涉聖世不知聖主」（〈須頌〉），或「知聖主不能頌」（〈須頌〉），所以「漢德不及六代，論者不德之故也。」（〈須頌〉）王充即以古代「紀主令功，記於竹帛；頌上令德，刻於鼎銘。」（〈須頌〉）自勉。而且事實上，漢代確實有值得稱頌的功業，王充說：

> 周家越常獻白雉，方今匈奴、善鄯、哀牢貢獻牛馬。周時僅治五千里內，漢氏廓土，牧荒服之外。牛馬珍於白雉，近屬不若遠物。古之戎狄，今爲中國；古之躶人，今被朝服；古之露首，今冠章甫；古之跣跗，今履高烏。以盤石爲沃田，以桀暴爲良民，夷坤坷爲平均，化不賓爲齊民，非太平而何？（〈宣漢〉）

文中說明異族的進貢、疆域的開拓、邊境民族的內附都遠遠超越周代，此外，生活的文明、農耕的技術、教化的實行等也有長足的進步。

從漢代史實可以印證王充所述：在對外關係上，章帝時擊退北匈奴，章帝之前對西域策略也有收穫。光武帝二十四年匈奴分裂，有南北二庭，南匈奴降漢，奉藩稱臣。[9]南單于得漢助，北單于深懼，亦數遣使者求和親，光武帝因南單于已附，遂僅賜書報答，不遣使者。至明帝爲弭邊患，設度遼將軍，[10]不過北匈奴仍

9　《後漢書・南匈奴傳》：「二十二年（西元四十六年）單于輿死，子左賢王烏達鞮侯立爲單于。…而匈奴中連年旱蝗，赤地數千里，草木盡枯，人畜饑疫，死耗大半，單于畏漢乘其敝，乃遣使詣漁陽求和親。…而比密遣漢人郭衡，奉匈奴地圖。二十三年…求內附。…二十四年春，…比爲呼韓邪單于，…於是款五原塞，願永爲藩蔽，扞禦北虜。帝…許之。…二十五年春，…將兵萬餘人，擊北單于，…又破北單于帳下，并得其眾，合萬餘人。…北單于震怖，卻地千里。…南單于復遣使詣闕。奉藩稱臣，獻國珍寶。」頁 2942-2943。

10　《後漢書・南匈奴傳》：「北單于惶恐，頗還所略漢人，以示善意。…二十七年北單于遂遣使詣武威，求和親，天子召公卿廷議，不決。皇太子言曰：

「數寇鈔邊郡，焚燒城邑，殺略甚眾，河西城門晝閉。」[11]章帝時北匈奴內亂，南單于欲并其地，上書請出兵滅之，漢遣竇憲出塞會師，破北匈奴，勒銘紀功而還。[12]自此以後，北匈奴衰微不振，南單于亦不再為患，匈奴問題才算得到比較徹底的解決。

在對內治績上，開墾土地「以盤石為沃田」，耕地面積增加不少，例如：東漢初，張堪「拜漁陽太守…乃於狐奴開稻田八千餘頃，勸民群種，以致殷富。百姓歌曰：『桑無附枝，麥穗兩岐。張君為政，樂不可支。』」[13]明帝時，楊仁為什邡令，「墾田千餘頃」[14]。章帝建初元年，秦彭為山陽太守，「興起稻田數千頃」。[15]

墾田的增加與當時農耕技術有密切關係，諸如使用鐵器、牛耕、水利灌溉等。《鹽鐵論》記載：

南單于新附，北虜懼於見伐，故傾耳而聽，爭欲歸義耳。今未能出兵，而反交通北虜，臣恐南單于將有志，北虜降者，且不復來矣。帝然之，告武威太守，勿受其使。二十八年北匈奴復遣使詣闕，貢馬及裘，更乞和親。…三十一年北匈奴復遣使如前，乃璽書報答，賜以綵繪，不遣使者。」「永平六年…時北匈奴猶盛，數寇邊，朝廷以為憂，會北單于欲合市，遣使求和親。顯宗（明帝）冀其交通，不復為寇，乃許之。…由是始置度遼營。」頁2945-2949。

11 《後漢書‧南匈奴傳》，頁2949。

12 《後漢書‧南匈奴傳》：「章帝元年鮮卑入左地，擊北匈奴，大破之，斬優留單于。…北庭大亂。…二年，…時北虜大亂，加以饑蝗，降者前後而至，南單于將并北庭，會肅宗崩。竇太后臨朝，其年七月單于上言：…宜及北虜分爭，出兵討伐，破北成南，并為一國，令漢家無北念。…太后以示耿秉，秉上言…以夷伐夷，國家之利，宜可聽許。…太后從之。永元元年以秉為征西將軍，與車騎將軍竇憲，率騎八千，與度遼兵及南單于眾三萬騎逋朔方，擊北虜，大破之。北單于奔走，首虜二十餘萬人。」頁2951-2953。〈竇融傳附竇憲傳〉：「與北單于戰於稽落山，大破之，虜眾崩潰，單于遁走，追擊諸部。…憲、秉遂登燕然山，去塞三千餘里，刻石勒功，紀漢威德，令班固作銘。」頁814。

13 《後漢書‧張堪列傳》，頁1100。

14 《後漢書‧儒林列傳‧楊仁》，頁2574。

15 《後漢書‧循吏列傳‧秦彭》，頁2467。

> 鐵器者，農夫之死士也。死士用則仇讎滅。仇讎滅則田野
> 闢，田野闢而五穀熟。[16]

> 鐵器，民之大用也。[17]

鐵製農具已成為漢代主要生產工具，[18]此外，牛耕也相當普遍，《漢書》記載：

> 武帝末年，…以趙過為搜粟都尉。…其耕耘、下種、田器
> 皆有便巧，…用耦犂，二牛三人。[19]

牛耕可節省許多勞力，增加生產，文獻記載：

> 建初元年春正月…詔曰：「比年牛多疾疫，墾田減少。穀
> 價頗貴，人以流亡。」[20]

> 元和元年二月詔曰：「自牛疫已來，穀食連少。」[21]

> 永元十六年詔曰：「遣三府掾分行四州，貧民無以耕者，
> 為雇犁牛直。」[22]

王充也說：「建初孟季，北州連旱，牛死民乏，放流就賤。」（〈明雩〉）「建初孟年，無妄氣至，歲之疾疫也；比旱不雨，牛死民流，可謂劇矣！」（〈恢國〉）由於牛疫使農作物減少，穀價上漲，人民生活困頓形成流民，可知牛耕的重要和普遍。

除此之外，漢代也致力於水利灌溉工程，例如：

---

16 《鹽鐵論・禁耕》，（漢）桓寬撰，（清）張敦仁考證，《鹽鐵論》（台北：
　　世界書局，1958 年），頁 6。
17 《鹽鐵論・水旱》，同註 16，頁 39。
18 有關農具之進步，根據 1972 年 9 月，山東萊蕪縣西南約二十五公里處外，
　　牛泉公社發現一批漢代鐵製農具，其中有鏟、鋤、鐮、犁等遺物出土。可得
　　之漢代農具之進步普遍。參見〈山東省萊蕪縣西漢農具鐵範〉（《文物》，
　　1977 年第 7 期），頁 68-73。
19 《漢書・食貨志上》，頁 1138-1139。
20 《後漢書・章帝紀》，頁 132。
21 《後漢書・章帝紀》，頁 145。
22 《後漢書・和帝紀》，頁 192。

召信臣，…遷南陽太守，…為人勤力有方略，好為民興利，務在富之，躬勸耕農，出入阡陌，止舍離鄉亭，稀有安居時。行視郡中水泉，開通溝瀆，起水門提閼凡數十處，以廣灌溉，歲歲增加，多至三萬頃，民得其利，畜積有餘。[23]
汝南舊有鴻郤陂。成帝時，丞相翟方進奏毀敗之。建武中，太守鄧晨欲修復其功，聞（許）楊曉水脈，召與議之，…因署楊為都水掾，使典其事。楊因高下形勢，起塘四百餘里，數年乃立，百姓得其便，累歲大稔。[24]
章和元年（棱）遷廣陵太守，時穀貴民飢，奏罷鹽官以利百姓。賑貧羸，薄賦稅，興復陂湖，溉田二萬餘頃，吏民刻石頌之。[25]

（鮑昱）…拜汝南太守，郡多陂池，歲歲決壞，年費常三千餘萬，昱乃上作方梁石洫，水常饒足，溉田倍多，人以殷富。[26]

（永元時何敞）…遷汝南太守，…修理鮦陽舊渠，百姓賴其利，墾田增三萬餘頃。[27]

元和三年遷下邳相。徐縣北界有蒲陽坡，傍多良田，而堙廢莫修。禹為開水門，通引灌溉，遂成熟田數百頃。勸率吏民，假與種糧，親自勉勞，遂大收穀實，鄰郡貧者歸之千餘戶，室廬相屬，其下成市。後歲至墾千餘頃，民用溫給。[28]

---

23 《漢書・循吏列傳》，頁 3641-3642。
24 《後漢書・方術列傳・許楊》，頁 2710。
25 《後漢書・馬援列傳・族孫馬棱》，頁 862。
26 《後漢書・鮑永列傳》，頁 1022。
27 《後漢書・何敞列傳》，頁 1487。
28 《後漢書・張禹列傳》，頁 1498。

　　由上引文獻，可知兩漢重視水利灌溉事業，而且水利工程非人民私人財力所能勝任，一旦毀損，雖由政府修建，亦非易事，如明帝下詔：

> 自汴渠決敗，六十餘歲，加頃年以來，雨水不時，汴流東侵，日月益甚。水門故處，皆在河中，漭瀁廣溢，莫測圻岸，蕩蕩極望，不知綱紀。今兗豫之人，多被水患，乃云，縣官不先人急，好興它役。又或以為河流入汴，幽、冀蒙利，故曰左隄彊，則右隄傷。左右俱彊則下方傷。宜任水勢所之，使人隨高而處。公家息壅塞之費，百姓無陷溺之患。議者不同，南北異論，朕不知所從，久而不決。今既築隄理渠，絕水立門，河汴分流，復其舊迹。陶丘之北，漸就壤墳，…濱渠下田，賦與貧人，無令豪右得固其利。[29]

文中指出在修建汴渠之前，已長久廢壞，由汴渠修復工程之浩大，兩漢對水利之推廣及維護亦可考知。

　　綜上所述，漢代農耕技術、水利工程的進步，使耕地增加，以及對外防禦異族侵擾，也多有貢獻，是漢代功業有確實值得記載歌頌之處。

二、批判重古輕今的偏見

　　有關俗儒未頌漢，其中原因依王充所述是拘於崇古賤今的觀念所致，他說：

> 述事者好高古而下今，貴所聞而賤所見。辨士則談其久者，文人則著其遠者。近有奇而辨不稱，今有異而筆不記。

29　《後漢書・明帝紀》，頁116。

〈〈齊世〉〉

> 世俗之性，好褒古而毀今，少所見而多所聞。（〈齊世〉）

> 俗好褒遠稱古，講瑞則上世為美，論治則古王為賢，睹奇
> 於今，終不信然。使堯、舜更生，恐無聖名。（〈宣漢〉）

　　王充一方面破除這種輕視現代而推崇古代的心理，又主張今
勝於古的論點。首先他指出當時人的重古觀念，以為古今之人有
美醜壽夭之分、有質樸文薄之別、有重義輕利之差、有功德高低
不同，王充說：

> 語稱上世之人，侗長佼好，堅強老壽，百歲左右；下世之
> 人，短小陋醜，夭折早死。

> 語稱上世之人，質樸易化，下世之人，文薄難治。

> 語稱上世之人，重義輕身，遭忠義之事，得己所當赴死之
> 分明也，則必赴湯趨鋒，死不顧恨。…今世趨利苟生，棄
> 義妄得，不相勉以義，不相激以行，義廢身不以為累，行
> 驩事不以相畏。

> 語稱上世之時，聖人德優，而功治有奇。…及至秦漢，兵
> 革雲擾，戰力角勢，秦以得天下。既得天下，無嘉瑞之美，
> 若「協和萬國」、「鳳凰來儀」之類，非德劣不及、功薄
> 不若之徵乎？（以上〈齊世〉）

　　上述引文中「今不如古」的謬誤，王充一一加以駁斥。對於
古今之人有美醜壽夭之分的偏見，王充採用假設推理的方式，指
出：

> 上世之民，下世之民也，俱稟元氣。元氣純和，古今不異，
> 則稟以為形體者，何故不同？夫稟氣等，則懷性均；懷性
> 均，則形體同；形體同，則醜好齊；醜好齊，則夭壽適。
> （〈齊世〉）

上文中的「適」同「敵」，有匹敵、相等之意。其論證過程以上世之民與下世之民稟氣相同為前提，推論上世之民與下世之民形體、壽夭也應當相同。同時，王充又說：

> 如以上世人民，侗長佼好，堅彊老壽，下世反此，則天地初立，始為人時，長可如防風之君，色如宋朝，壽如彭祖乎？從當今至千世之後，人可長如荚荚，色如嫫母，壽如朝生乎？王莽之時，長人生長一丈，名曰霸。建武年中，潁川張仲師長二尺二寸。張湯八尺有餘，其父不滿五尺。俱在今世，或長或短，儒者之言，竟非誤也。[30]（〈齊世〉）

上文中用「以往推來」的類比推論方式，由人的體態、面貌、壽夭日益倒退的變化趨勢，推論人類初始應如防風之君的高大，如宋朝一般的美貌，如彭祖一般的長壽，下推後世應如荚荚的矮小，如嫫母的醜陋，如朝生的短命，以這趨勢發展的可能結果，說明世俗說法的謬誤。並舉用東漢事實驗證，如王莽、建武之時有長人，驗證今人有長有短，推翻今人短小醜陋的偏見。

對於古今之人有質樸文薄之別的偏見，王充採用「具稟元氣」的思想質疑，他說：

> 上世之人，所懷五常也；下世之人，亦所懷五常也。俱懷五常之道，共稟一氣而生，上世何以質朴？下世何以文薄？（〈齊世〉）

文中假設古今之人具稟五常之氣，有仁義禮智信五種道德規範，進而推論「上世質樸，下世文薄」的不當。同時，王充又說：「夏后氏之王教以忠。上教以忠，君子忠，其失也，小人野。救野莫如敬，殷之王教以敬。上教用敬，君子敬，其失也，小人鬼。

救鬼莫如文，故周之王教以文。上教以文，君子文，其失也，小人薄。救薄莫如忠。」（〈齊世〉）此即「忠─敬─文」的文化發展脈絡。王充批判上世質樸的說法可取，不過，忠敬文的文化演變是錯誤的。

對於古今之人有重義輕利之差的偏見，王充認為「古有無義之人，今有建節之士，善惡雜廁，何世無有？」（〈齊世〉）並舉出經驗實例論述：

（一）琅邪兒子明，歲敗之時，兄為飢人所食，自縛叩頭，代兄為食。餓人美其義，兩舍不食。兄死，收養其孤，愛不異於己之子。歲敗穀盡，不能兩活，餓殺其子，活兄之子。

（二）臨淮許君叔，亦養兄孤子，歲倉促之時，餓其親子，活兄之子，與子明同義。

（三）會稽孟章父英，為郡決曹掾。郡將攠殺非辜，事至覆考。英引罪自予，卒代將死。章後復為郡功曹，從役攻賊，兵卒比敗，為賊所射，以身代將，卒死不去。此弘演之節，陳不占之義何以異？（〈齊世〉）

以上是王充引用當今漢朝「功奇行殊」之人的例證，說明古人重義今人輕義的不當。然而東漢的文人、作者、畫工、辯士等，因為出於個人崇古卑今的偏見，對於當時崇德尚義、功行奇譎，或說道深於孔墨的人，皆不肯論記，王充說：

> 當今著文書者，肯引以為比喻乎？比喻之證，上則求虞、夏，下則索殷、周，秦、漢之際，功奇行殊，猶以為後，又況當今在百代下，言事者目親見之乎？畫工好畫上代之人，秦、漢之士，功行譎奇，不肯圖今世之士者。…使當今說道深於孔、墨，名不得與之同；立行崇於曾、顏，聲不得與之鈞。何則？世俗之性，賤所見，貴所聞也。有人

> 於此，立義建節，實核其操，古無以過，為文書者，肯載
> 於篇籍，表以為行事乎？（〈齊世〉）

文中的「肯引以為比喻乎？」「肯載於篇籍，表以為行事乎？」
的一連串疑問，說明輕今重古、捨近求遠的觀念造成當今的重要
事實被忽略，更加深了古優今劣的成見。

對於古今之人有功德高低不同的偏見，王充採用天命論與歷
史文獻資料論述其不當，王充說：

> 世常以桀、紂與堯、舜相反，稱美則說堯、舜，言惡則舉
> 紂、桀。孔子曰：「紂之不善，不若是之甚也。」則知堯、
> 舜之德，不若是其盛也。堯、舜之禪，湯、武之誅，皆有
> 天命，非優劣所能為，人事所能成也。使湯、武在唐、虞，
> 亦禪而不伐；堯、舜在殷、周，亦誅而不讓。蓋有天命之
> 實，而世空生優劣之語。經言「協和萬國」，時亦有丹水；
> 「鳳皇來儀」，時亦有有苗，兵皆動而並用，則知德亦何
> 優劣而小大也？（〈齊世〉）

按其意，以堯舜有禪讓、湯武執政有攻伐，是命期自然，與
君主優劣、政治好壞無關。他又根據《呂氏春秋‧召類》與《尚
書‧舜典》的文獻，[31]證明帝堯「協和萬國」，當時也有發生在
丹水討伐有苗的戰爭，帝舜在位時雖有「鳳凰來朝」的祥瑞，也
有發生討伐有苗的戰爭，以及〈藝增〉篇也論及唐堯之「萬國」
是誇大不實，從客觀態度說明崇古說法的偏頗和不可信。

31　《呂氏春秋‧召類》：「堯戰於丹水之浦，以服南蠻。」陳奇猷，《呂氏春
　　秋校釋》下冊（台北：華正書局，1988 年），頁 1360。《尚書‧舜典》：
　　「竄三苗于三危。」（漢）孔安國傳，（唐）孔穎達正義，《尚書正義》，
　　《十三經注疏》第一冊（台北：藝文印書館，1985 年），頁 40。

因此，王充推崇能夠寫作當代史的學者，[32]他說：

> 長生之才，非徒銳於牒牘也，作《洞歷》十篇，上自黃帝，下至漢朝，鋒芒毛髮之事，莫不紀載，與太史公表、紀相似類也。上通下達，故曰《洞歷》。然則長生非徒文人，所謂鴻儒者也。…班叔皮續太史公書百篇以上，記事詳悉，義浹理備，觀讀之者以為甲，而太史公乙。（〈超奇〉）

引文中周長生《洞歷》載及當代歷史，班彪作《太史公書後傳》搜集漢武帝太初年間以後的資料，是當代史著作，王充贊揚周長生為鴻儒，將其創作比擬《史記》，更稱美班彪《後傳》在司馬遷之上，表現對寫作近代史的學者及著作的重視態度。

此外，王充曾論及撰作「九虛」「三增」等文的目的，他說：

> 漢有實事，儒者不稱，古有虛美，誠心然之。信久遠之偽，忽近今之實，斯蓋三增、九虛所以成也。（〈須頌〉）

也就是因為面對當時「信久遠之偽，忽近今之實」的現象而創作「九虛」「三增」，文中多處引用今人司馬遷的記錄，即表現他反對重古輕今的觀念，[33]例如：

〈感虛〉篇駁斥傳書的虛妄，關於「秦王與燕太子丹誓」，王充說：

> 傳書言：「燕太子丹朝於秦，不得去，從秦王求歸。秦王執留之，與之誓曰：『使日再中，天雨粟，令烏白頭，馬生角，廚門木象生肉足，乃得歸。』當此之時，天地祐之，日為再中，天雨粟，烏白頭，馬生角，廚門木象生肉足。秦王以為聖，乃歸之。」此言虛也。…太史公曰：「世稱

---

32 施丁，〈王充《論衡》的史學批評〉（《廊坊師範學院學報》第二十四卷第六期，2008 年 12 月），頁 38-44。

33 施丁，〈王充《論衡》的史學批評〉已提出，同註 32，頁 42-44。

> 太子丹之令天雨粟，馬生角，大抵皆虛言也。」太史公書
> 漢世實事之人，而云虛言，近非實也。（〈感虛〉）

上文中太史公之言出自《史記‧刺客列傳》：「太史公曰：
『世言荊軻，其稱太子丹之命，天雨粟，馬生角也，太過。』」[34]
王充引用，說明不信「天雨粟，馬生角」的虛妄之言。

〈禍虛〉篇駁斥爲惡招禍的虛妄，關於「蒙恬之死」，王充
說：

> 秦二世使使者詔殺蒙恬。蒙恬喟然嘆曰：「我何過於天？
> 無罪而死！」良久，徐曰：「恬罪故當死矣！夫起臨洮屬
> 之遼東，城徑萬里，此其中不能毋絕地脉。此乃恬之罪
> 也！」即吞藥自殺。太史公非之曰：「夫秦初滅諸侯，天
> 下心未定，夷傷未瘳，而恬爲名將，不以此時彊諫，救百
> 姓之急，養老矜孤，修眾庶之和，阿意興功，此其兄弟遇
> 誅，不亦宜乎？何與乃罪地脉也？夫蒙恬之言既非，而太
> 史公非之亦未是。（〈禍虛〉）

上文是依據《史記‧蒙恬列傳》的記述，司馬遷之意認爲蒙
恬之死與斷絕地脈無關，而是不能與民休息、救百姓之急，卻阿
意興功所致。王充雖不認同司馬遷爲惡招禍的說法，但並不懷疑
太史公所記之史實。

〈道虛〉篇駁斥學道成仙、長壽不死的虛妄，關於「黃帝升
天」，王充說：

> 太史公記誅五帝，亦云：黃帝封禪已，仙去，群臣朝其衣
> 冠，因葬埋之。曰：此虛言也。（〈道虛〉）

司馬遷的記載出自《史記‧封禪書》：武帝祭黃帝冢橋山，

34　《史記‧刺客列傳》，頁 1032。

問從臣，「吾聞黃帝不死，今有冢，何也？」有人回答：「黃帝已僊上天，群臣葬其衣冠」[35]一段，是諷刺漢武帝求仙心切的心理。太史公於〈封禪書〉文末曾表明寫作目的：「論次自古以來用事於鬼神者，具見其表裏，後有君子，得以覽焉。」[36]有讓後人明白漢武帝迷信鬼神的意旨。而他本人是不信黃帝乘龍升天之說，所以〈五帝本紀〉有「黃帝崩，葬橋山。」[37]的記錄，卻無黃帝升天的文字。[38]王充看法事實上與司馬遷一致，認爲「案黃帝葬於橋山，猶曰群臣葬其衣冠。審騎龍而升天，衣不離形；如封禪已，仙去，衣冠亦不宜遺。」（〈道虛〉）

關於「李少君長生」，王充說：

> 太史公與李少君同世並時，少君之死，臨尸者雖非太史公，足以見其實矣。如實不死，尸解而去，太史公宜紀其狀，不宜言死。（〈道虛〉）

王充相信司馬遷見聞所記，根據《史記・封禪書》：記李少君行騙，武帝信其說，「居久之，李少君病死，天子以爲化去不死，而使黃錘史寬舒受其方。」[39]如果李少君長生，司馬遷與他同時期的人，應該會如實的呈現，但《史記》明確記其病死，而漢武帝以爲化去不死，使人更清楚武帝的迷信鬼神。

關於「東方朔得道」，王充說：

> 世或言：東方朔亦道人也，姓金氏，字曼倩，變姓易名，游宦漢朝。外有仕宦之名，內乃度世之人。此又虛也。夫朔與少君並在武帝之時，太史公所及見也。（〈道虛〉）

35　《史記・封禪書》，頁 513。
36　《史記・封禪書》，頁 518。
37　《史記・五帝本紀》，頁 27。
38　同註 32，頁 43。
39　《史記・封禪書》，頁 508。

也就是東方朔與司馬遷爲同時期的人,而《史記‧滑稽列傳》記載:東方朔得武帝賞識,臨死曾向武帝諫言,「願陛下遠巧佞,退讒言」「居無幾何,朔果病死。」[40]太史公有東方朔病死的記載,但未言其得道。

〈語增〉〈儒增〉〈藝增〉三篇駁斥傳言、儒書等有不少誇大其實的虛增之文,關於「秦始皇焚燒詩書」,王充說:

> 傳語曰:「秦始皇帝燔燒詩書,坑殺儒士。」言燔燒詩書,滅去五經文書也;坑殺儒士者,言其皆挾經傳文書之人也。燒其書,坑其人,詩書絕矣。言燔燒詩書,坑殺儒士,實也;言其欲滅詩書,故坑殺其人,非其誠,又增之也。(〈語增〉)

王充認爲「燔詩書,起淳于越之諫,坑儒士,起自諸生爲妖言,見坑者四百六十七人。傳增言坑殺儒士,欲絕詩書,又言盡坑之,此非其實而又增之。」(〈語增〉)此段文字與《史記‧李斯列傳》相同,[41]是王充依據司馬遷所記。

關於「町町若荊軻之閭」,王充說:

> 傳語曰:「町町若荊軻之閭。」言荊軻爲燕太子丹刺秦王,後誅軻九族,其後恚恨不已,復夷軻之一里。一里皆滅,故曰町町。此言增之也。(〈語增〉)

王充依據〈秦始皇本紀〉以秦王「誅從行於梁山宮,及誅石旁人,欲得洩言、刻石者,不能審知,故盡誅之。」也就是秦始皇不能確實查出罪犯,所以才誅盡梁山宮的侍從和隕石附近居民,以此推論:「荊軻已死,刺者有人,一里之民,何爲坐之?始皇二十年,燕使荊軻刺秦王,秦王覺之,體解軻以徇,不言盡

---

40 《史記‧滑稽列傳》,頁 1328-1330。
41 《史記‧李斯列傳》,頁 1037。

誅其閭。」(〈語增〉)是又依據〈刺客列傳〉說明刺客已確定，無需牽連無辜之人，可見「町町若荊軻之閭」是虛妄不實說法。

又如〈談天〉篇討論天地問題，關於「崑崙山」勝地，王充說：

> 太史公曰：「《禹本紀》言：河出崑崙，其高三千五百餘里，日月所相辟隱為光明也，其上有玉泉、華池。今自張騫使大夏之後，窮河源，惡睹《本紀》所謂崑崙者乎？故言九州山川，《尚書》近之矣。至《禹本紀》、《山經》所有怪物，余不敢言也。」夫弗敢言者，謂之虛也。崑崙之高，玉泉、華池，世所共聞，張騫親行無其實。案《禹貢》，九州山川，怪奇之物，金玉之珍，莫不悉載，不言崑崙山上有玉泉、華池，案太史公之言，《山經》、《禹紀》，虛妄之言。(〈談天〉)

文中根據《史記》〈大宛列傳贊〉得知張騫出使大夏發現《禹本紀》所記並非事實，由於《山經》《禹紀》為虛妄之言，推論其所記之崑崙山為不實。

〈變動〉篇駁斥人能感動上天的感應說，關於「鄒衍之呼天而霜降」事，王充說：

> 范雎為須賈所讒，魏齊僇之，折幹摺脅。張儀遊於楚，楚相掠之，被捶流血。二子冤屈，太史公列記其狀。鄒衍見拘，雎、儀之比也，且子長何諱不言？案〈衍列傳〉不言見拘而使霜降。偽書游言，猶太子丹使日再中，天雨粟也。由此言之，衍呼而霜降，虛矣！(〈變動〉)

王充根據《史記》描寫范雎受讒言陷害被魏相體罰，以及張儀被懷疑杖打血流的遭遇，可見太史公並不避諱將人物的冤屈記錄下來，以此類推，鄒衍如果遭受莫大的冤屈「使天霜降」，司

馬遷也應該會如實的呈現。但是太史公撰寫鄒衍的傳記，並未將此事寫入，可推知鄒衍「冤而霜降」是虛妄不實。

〈自然〉篇闡論人和萬物都是自然而然產生，其中關於「黃石公授太公書」，王充說：

> 或曰：…張良遊泗水之上，遇黃石公，授太公書。蓋天佐漢誅秦，故命令神石為鬼書授人，復為有為之效也。」曰：此皆自然也。夫天安得以筆墨而為圖書乎？…自然之化，固疑難知，外若有為，內實自然。是以太史公紀黃石事，疑而不能實也。（〈自然〉）

王充批評司馬遷記載神石變化為黃石公老人送張良《太公兵法》，這件事是存惑而不能證實的。可見是參考《史記・留侯世家》而作的評論。

〈定賢〉篇批判識別賢人的標準，關於「張湯斷案」，王充說：

> 事之難者莫過於獄，獄疑則有請讞。蓋世優者，莫過張湯，張湯文深，在漢之朝，不稱為賢。太史公序累，以湯為酷，酷非賢者之行。魯林中哭婦，虎食其夫，又食其子，不能去者，善政不苛，吏不暴也。夫酷，苛暴之黨也，難以為賢。（〈定賢〉）

文中指出張湯執法嚴明，善於斷決案件，王充排列人物高下時，依《史記・酷吏列傳》認定張湯為酷吏，不宜列為賢人。

〈案書〉篇為評論、考訂著作之文，關於「《左傳》《公羊傳》《穀梁傳》的優劣」，王充說：

> 《春秋左氏傳》者，蓋出孔子壁中。孝武皇帝時，魯共王壞孔子教授堂以為宮，得佚《春秋》三十篇，《左氏傳》也。公羊高、穀梁寘、胡母氏皆傳《春秋》，各門異戶，獨《左氏傳》為近得實。何以驗之？《禮記》造於孔子之

> 堂，太史公漢之通人也，左氏之言與二書合，公羊高、穀
> 梁寘、胡母氏不相合。又諸家去孔子遠，遠不如近，聞不
> 如見。（〈案書〉）

其意說明，考訂文獻資料的可信與否標準有二：一是與原經
籍的著作時間是否相近，二是與可靠資料的內容是否相合。他裁
定《春秋》三傳，以《左傳》距離《春秋》的年代最近，所以較
爲可信；又以《禮記》《史記》作爲可靠資料以檢核三傳，其中
《左傳》內容多與之相合，可信度最高。

〈對作〉篇闡述《論衡》的寫作目的，關於《論衡》不是「作」
與「述」，而是「論」，王充說：

> 論則考之以心，效之以事，浮虛之事，輒立證驗。若太史
> 公之書，據許由不隱，燕太子丹不使日再中，讀見之者，
> 莫不稱善。（〈對作〉）

文中引司馬遷記載許由未歸隱，以及燕太子丹不能使偏西太
陽回到中天的例子，表明《論衡》「考之以心，效之以事」的推
理論證，是學習《史記》而來。

王充以司馬遷《史記》爲其論述的有力依據，同時，他本人
也申明繼司馬遷之後頌揚漢德，[42]充分表現他肯定今勝於古的態度。

第二節　王充「宣漢說」的內容

王充宣漢的一系列文章，各篇有一主題，逐漸遞進，形成完

---

42 王充說：「高祖以來，著書非不講論漢。司馬長卿爲封禪書，文約不具。司
　馬子長紀黃帝以至孝武。楊子雲錄宣帝以至哀、平。陳平仲紀光武，班孟堅
　頌孝明。漢家功德，頗可觀見。」（〈須頌〉）

整的宣漢內容，說明如下：

一、古今齊同論

〈齊世〉篇闡述古今齊同的觀點，批判一般人貴古賤今的謬誤，從美醜壽夭、質樸文薄、重義趨利、功德高低等方面，論證漢代與古人一樣，有的人壽命長有的人壽命短，有的人長相好有的人長相醜，有的人性善有的人性不善。因此，不應該「好褒遠古」（〈宣漢〉）「好珍古不貴今」（〈案書〉）。

王充根據「氣」的一致性支持他的立論，指出：

> 上世之民，下世之民，俱稟元氣。元氣純和，古今不異，
> 則稟以為形體者，何故不同？夫稟氣等，則懷性均；懷性
> 均，則形體同；形體同，則醜好齊；醜好齊，則夭壽適。
> 上世之人，所懷五常也；下世之人，亦所懷五常也。俱懷
> 五常之道，共稟一氣而生，上世何以質樸？下世何以文薄？
> 夫天地氣和，即生聖人，聖人之治，即立大功。和氣不獨
> 在古先，則聖人何故獨優？（以上〈齊世〉）

文中說明古今之人都是承上天元氣而生，人稟或薄或厚，或清或濁的氣而生成，就形成各異的形態特徵、生命壽夭、富貴貧賤和人性善惡。又「萬物之生，俱得一氣，氣之薄渥，萬世若一。」（〈齊世〉）「天之稟氣，豈為前世者渥，後世者泊哉？」（〈宣漢〉）所以天施氣古今無別，古今都有聖人，也都有不善之人。

之所以有古代勝於今代的偏見，王充歸納其中原因不外是：
（一）人性的心理：「世俗之性，好褒古而毀今，少所見而多所聞。」（二）經傳的誇大其詞：「夫經有褒增之文，世有空加之言。」（三）經傳記載的權威性影響：「世見五帝、三王事在經

傳之上，而漢之記故尚為文書。」（以上〈齊世〉）因此，王充首先提出古今齊同觀念作宣漢的基礎。

二、漢高於周

〈宣漢〉篇論漢有聖帝，已有太平，且將漢代地位置於周代之上。王充提出「太平」的標準，是以社會安定、百姓安居樂業為前提，至於祥瑞是否出現，並不妨礙太平盛世的形成，所以百姓安樂的天下太平，並不需要以符瑞來判斷。他說：

> 夫太平以治定為效，百姓以安樂為符。…安則平矣，瑞則未具，無害於平。…聖王治世，期於平安，不須符瑞。（〈宣漢〉）

又說：

> 今百姓安矣，符瑞至矣，終謂古瑞河圖、鳳皇不至，謂之未安，是猶食稻之人，入飯稷之鄉，不見稻米，謂稷為非穀也。（〈宣漢〉）

所以一般人往往認為五帝三王有鳳鳥、河圖的祥瑞，漢代未有相同的祥瑞，推論漢未有太平。這種以已經出現的祥瑞，要求以後出現的祥瑞必須相同，不可能成立，王充以「帝王聖相前後不同，則得瑞古今不等。」（〈宣漢〉）加以批駁，他說：

> 夫帝王之瑞，眾多非一，或以鳳鳥、麒麟，或以河圖、洛書，或以甘露、醴泉，或以陰陽和調，或以百姓乂安。今瑞未必同於古，古應未必合於今，遭以所得，未必相襲。
> （〈宣漢〉）

除此之外，並從以下數點論述漢有太平：

（一）從數據上推論：孔子說：「如有王者，必世然後仁。」「孔子所謂一世，三十年也。」以聖人仁德化行於天下，必漸行

三十年，仁道才能化成，而「漢家三百歲，十帝耀德」（〈宣漢〉）
早已太平。

（二）從瑞應推論：歷代帝王的瑞應前後不同，漢明帝時，
雖無鳳凰，但有「麒麟、甘露、醴泉、神雀、白雉、紫芝、嘉禾，
金出鼎見，離木復合」等瑞應，「五帝、三王，經傳所載瑞應，
莫盛孝明。」（〈宣漢〉）

（三）從漢世有聖王推論：漢代高祖、光武帝可比擬周文王、
武王，「文帝、武帝、宣帝、孝明、今上，過周之成、康、宣王。」
（〈宣漢〉）

最後從君主、疆域、墾殖、教化、文物制度等方面與周代比
較，歸結：「夫實德化則周不能過漢，論符瑞則漢盛於周，度土
境則周狹於漢，漢何以不如周？」（〈宣漢〉）

三、漢在百代之上

〈恢國〉篇篇首就說：

> 〈宣漢〉之篇，高漢於周。擬漢過周，論者未極也。恢而
> 極之，彌見漢奇。夫經熟講者，要妙乃見，國極論者，恢
> 奇彌出。恢論漢國，在百代之上，審矣。

為證明漢在百代之上，王充進一步舉漢代功業和五帝三王作
比較：

（一）古代戰亂多，又匈奴常侵擾邊境，漢代戰亂少，匈奴
至「今皆內附，貢獻牛馬。此則漢之威盛，莫敢犯也。」

（二）漢創業用兵，力倍湯武，「凡克敵，一則易，二則難。
湯、武伐桀、紂，一敵也；高祖誅秦殺項，兼勝二家。」高祖戰
勝二敵較湯武伐一敵，更為艱辛。

　　（三）唐堯、虞舜、夏、商、周五帝興起，有土地承襲或官位憑藉，而漢高祖、光武帝出身平民，既無封地因襲，也無官職憑藉，漢代取得天下就十分艱難，與五帝相比，可見實力雄厚。

　　（四）光武帝昆陽之戰，以一當十擊潰敵兵，優於周武王牧野之戰，以舉脂燭、惑民之術取勝於紂。

　　（五）漢伐王莽德優於武王伐紂，「武王伐紂，紂赴火死，武王就斬以鉞，懸其首於大白之旂。」而高祖「雍容入秦」，不戮秦二世、子嬰二尸；光武入長安，「不刃王莽之死」。

　　（六）漢高祖、光武帝出生及興起時，瑞應多於五帝三王。

　　（七）黃帝、堯、舜在位，鳳凰祥瑞出現一次，漢宣帝、平帝、明帝、章帝在位，祥瑞履次出現，「此則漢德豐茂，故瑞祐多也。」

　　（八）五代只承受一次天命，漢代帝系中斷又有光武中興，二次承受天命，獨優漢代。

　　（九）漢代開疆拓土，四夷歸附，優於古代，「巴、蜀、越巂、鬱林、日南、遼東、樂浪，周時被髮椎髻，今戴皮弁；周時重譯，今吟詩書。」

　　（十）漢代寬厚，赦免廣陵王劉荊、楚王劉英的叛亂死罪，周公誅管叔、蔡叔不能相比。又漢章帝建初孟年發生天災，「比旱不雨，牛死民流」，能適時「轉穀振贍，民不乏餓。」五帝三王愛民則不能及。（以上〈恢國〉）

　　由此可見，〈恢國〉篇編列於〈宣漢〉篇之後，宣揚漢德不僅在周代之上，更在百代之上，如〈須頌〉篇所說「〈宣漢〉之篇，論漢已有聖帝，治已太平。〈恢國〉之篇，極論漢德非常，實然乃在百代之上。」

四、宣揚章帝功德

〈驗符〉篇專論漢代的符瑞，證明漢德隆盛超越前代，基本上是承前所述，[43]該篇篇首先言及漢明帝永平十一年湖中出現黃金，又採「五德終始說」的「土生金，土色黃，漢，土德，故金化出。」觀念，闡揚「皆起盛德，為聖王瑞」。其中，特別詳述今上章帝瑞應，王充說：

> 龍出往世，其子希出，今小龍六頭，並出遨戲，象乾坤六子，嗣後多也。唐、虞之時，百獸率舞，今亦八龍遨戲良久。芝草延年，仙者所食，往世生出不過一二，今并前後凡十一本，多獲壽考之徵，生育松、喬之糧也。甘露之降，往世一所，今流五縣，應土之數，德布濩也。（〈驗符〉）

文中呈現大量多種的瑞應，芝草十一棵、甘露大降五縣、黃龍成雙、小龍六條等，證明章帝「漢德豐雍」，又頌揚章帝德業與符瑞相應和，王充說：

---

43 編列在前的〈指瑞〉〈恢國〉等篇已有記載漢朝歷代明君統治時期的瑞應出現，例如：「孝武皇帝西巡狩，得白麟，一角而五趾，又有木，枝出復合於本。武帝議問群臣，謁者終軍曰：「野禽并角，明同本也；眾枝內附，示無外也。如此瑞者，外國宜有降者。是若應，殆且有解編髮、削左衽、襲冠帶而蒙化焉。」其後數月，越地有降者，匈奴名王亦將數千人來降，竟如終軍之言。」（〈指瑞〉）「漢文帝黃龍、玉杯。武帝，黃龍、麒麟、連木。宣帝鳳皇五至，麒麟、神雀、甘露、醴泉、黃龍、神光。平帝白雉、黑雉。孝明麒麟、神雀、甘露、醴泉、白雉、黑雉、芝草、連木、嘉禾，與宣帝同，奇有神鼎、黃金之怪。一代之瑞，累仍不絕。此則漢德豐茂，故瑞祐多也。孝明天崩，今上嗣位。元二之間，嘉德布流。三年，零陵生芝草五本。四年，甘露降五縣。五年，芝復生六本；黃龍見，大小凡八。前世龍見不雙，芝生無二，甘露一降，而今八龍並出，十一芝累生，甘露流五縣，德惠盛熾，故瑞繁夥也。」（〈恢國〉）

> 皇帝寬惠，德侔黃帝，故龍色黃，示德不異。東方曰仁，
> 龍，東方之獸也，皇帝聖仁，故仁瑞見。甘者，養育之味
> 也，皇帝仁惠愛黎民，故甘露降。龍，潛藏之物也，陽見
> 於外，皇帝聖明，招拔巖穴也。瑞出必由嘉士，祐至必依
> 吉人也。天道自然，厥應偶合，聖主獲瑞，亦出群賢。君
> 明臣良，庶事以康。（〈驗符〉）

　　文中以龍色黃象徵章帝功德與黃帝齊等，是塑造章帝成為漢
代德業功績的典範。龍為東方仁獸，象徵今上仁愛；甘露下降，
象徵今上施惠；龍為潛藏之神物，以其出現象徵今上網羅人才。
種種祥瑞出現，是天道自然與人事的應合，有期許章帝任用賢才，
使「君明臣良，庶事以康」。

第三節　王充「宣漢說」的檢討

　　王充基於進化歷史觀點頌揚漢朝，但宣漢的內容有虛妄的溢
美之詞，也有與其思想理論相互抵觸的矛盾，說明如下：

一、言過其實的贊詞

　　王充對於在位章帝的贊揚有概括式的，也有具體事件的施政
成果，例如：

> 今上即命，奉成持滿，四海混一，天下定寧。物瑞已極，
> 人應訂隆。（〈宣漢〉）
> 方今聖朝，承光武，襲孝明，有浸酆溢美之化，無細小毫
> 髮之虧。（〈齊世〉）

建初孟年，無妄氣至，歲之疾疫也，比旱不雨，牛死民流，
可謂劇矣。皇帝敦德，俊乂在官，第五司空，股肱國維，
轉穀振贍，民不乏餓，天下慕德，雖危不亂，民饑於穀，
飽於道德，身流在道，心回鄉內，以故道路無盜賊之跡，
深幽迴絕無劫奪之姦。以危為寧，以困為通，五帝、三王，
孰能堪斯哉？（〈恢國〉）

然而，對照史實，王充說法也觸犯了他所極力批判的誇大其
實的謬誤。以上文所述的「比旱不雨，牛死民流」能「以危為寧，
以困為通」的頌揚為例，事實上，「流民」問題已形成章帝施政
的一大困擾。《論衡》也有記載，如：「建初孟年，北州連旱，
牛死民乏，放流就賤。」（〈明雩〉）「建初孟年，中州頗歉，潁
川汝南民流四散，聖主憂懷，詔書數至。」（〈對作〉）即是。

所謂「流民」是指脫離戶籍，流亡他鄉之人，或指無戶籍之
人。[44]流民問題嚴重，章帝及和帝時，已有廩給流民之詔書。章
帝下詔：

流人欲歸本者，郡縣其實廩，令足還到。聽過止官亭，無
雇舍宿。長吏親躬，無使貧弱遺脫，小吏豪右，得容姦妄。
詔書既下，勿得稽留。刺史明加督察，尤無狀者。[45]

和帝下詔：

流民所過郡國，皆實廩之。其有販賣者，勿出租稅。又欲
就賤還歸者，復一歲田租更賦。[46]

所以流民已造成漢代政府救助時的龐大財政負擔，至於形成

---

44 《漢書・石奮傳》：「元封四年，關東流民二百萬口，無名數者四十萬，公
　　卿議欲請徙流民於邊以適之。」顏師古注：「名數，若今戶籍。」頁 2197-2198。
　　史書將流亡他鄉及無戶籍之人，總稱之為「流民」。
45 《後漢書・章帝紀》，頁 132。
46 《後漢書・和帝紀》，頁 178。

流民之原因很多，[47]由王充所述是大旱天災造成。除此之外，豪強兼并土地影響性最大。[48]豪強土地多，又陵逼人民，以占田、畜奴最嚴重，惡性循環下，社會貧富差距日益擴大，農民生活也更加艱苦，如崔駰所述：

> 博徒見農夫戴笠持耨，以芸蓼茶，面色驪黑，手足胼胝，膚如桑朴，足如熊蹄，蒲望隴畝，汗出調泥，乃謂曰：「子觸熱耕耘，背上生鹽，脛如燒椽，皮如領革，錐不能穿，行步狼跋，蹄戾脛酸。謂子草木，支體屈伸，謂子禽獸，行容似人。何受命之薄，稟性不純！」[49]

農民雖如同草木鳥獸般勞苦工作，卻依然無保障，往往在兼并土地下犧牲成為流民。至和帝時流民問題更加嚴重，《後漢書》記載：

> 永元五年，遣使者分行貧民，舉實流冗。開倉賑廩三十餘郡。
>
> 永元六年，遣謁者分行廩貸三河、兗、冀、青州貧民。
>
> 永元八年，詔賑貸并州四郡貧民。

---

47 羅彤華，《漢代的流民問題》一書中分析有：脆弱的小農經濟、賦稅繁重、盜寇侵凌與徭役擾民、吏治不良與豪強欺壓及災荒頻仍等五項。參見羅彤華，《漢代的流民問題》（台北：學生書局，1989 年），頁 71 至 176。

48 （東漢）仲長統說：「豪人之室，連棟數百。膏田滿野，奴隸千群，徒附萬計。船車賈販，周於四方，廢居積貯，滿於都城。琦賂寶貨，巨室不能容，馬牛羊豕，山谷不能受。」《昌言‧理亂篇》（台北：廣文書局，1988 年），頁 3。又說：「井田之變，豪人貨殖，館舍不於州郡，田畝連於方國。身無半通青綸之命，而竊三辰龍章之服，不為編戶一伍之長，而有千室名邑之役。榮樂過於封君，勢力侔於守令。財賂自營，犯法不坐。刺客死士，為之投命。至使弱力少智之子，被穿帷敗，寄死不斂，冤枉窮困，不敢自理。雖亦由網禁疏闊，蓋分田無限，使之然也。」《昌言‧損益篇》，頁 6。（東漢）崔寔也說：「上家累鉅億之資，戶地侔封君之土，行苞苴以亂執政，養劍客以威黔首，專殺不辜，號無市死之子，生死之奉，多擬人主。」（清）嚴可均輯，《全上古三代秦漢三國六朝文‧全後漢文》卷四十六崔寔《政論》（河北：教育出版社，1997 年），頁 444。

49 （清）嚴可均輯，《全上古三代秦漢三國六朝文》〈全後漢文〉卷四十四崔駰〈博徒論〉，同註 48，頁 420。

永元十二年，賑貸敦煌、張掖、五原民下貧者穀。

永元十四年，賑貸張掖、居延、敦煌、五原、漢陽、會稽
流民下貧穀，各有差。

永元十五年，詔廩貸潁州、汝南、陳留、江夏、梁國、敦
煌貧民。[50]

　　若章帝處理流民問題得當，流民現象自然可以趨緩，然而，
事實上並不然，這可從和帝時流民散布地域的廣泛推知。除上述
經濟問題外，政治上外戚的僭越也十分普遍，章帝即位，以明德
太后而尊崇舅氏馬廖，兄弟並居職任。建初二年，以馬防為車騎
將軍出征西羌，第五倫上疏章帝：「臣愚以為貴戚可封侯以富之，
不當職事以任之。…聞防請杜篤為從事中郎，多賜財帛。篤為鄉
里所廢，客居美陽，女弟為馬氏妻，恃此交通，在所縣令苦其不
法，收繫論之。…今宜為選賢能以輔助之，不可復令防自請人，
有損事望。」[51]建初八年，竇氏始貴，第五倫又上疏：「伏見虎
賁中郎將竇憲，椒房之親，典司禁兵，出入省闥，年盛志美，卑
謙樂善，此誠其好士交結之方。然諸出入貴戚者，類多瑕釁禁錮
之人，尤少守約安貧之節，士大夫無志之徒更相販賣，雲集其門。…
臣愚願陛下中宮嚴勑憲等閉門自守，無妄交通士大夫，防其未萌，
慮於無形。」[52]可見外戚干政也是東漢危機。凡此種種，多可證
明王充對章帝的虛美。

50　《後漢書‧和帝紀》，頁 176、177、181、187、190、191。

51　《後漢書‧第五倫傳》，頁 1399。

52　《後漢書‧第五倫傳》，頁 1400-1401。

二、符瑞說是否為「天人感應」的釐清

從宣漢內容可知王充相信瑞應，也認為聖主明君執政期間，常會有象徵吉祥的瑞應出現。基本上，王充觀念裏，瑞應與「命定」思想或太平盛世有一定的關係，他說：

> 嘉瑞或應太平，或為始生，其實難知。（〈講瑞〉）

所以王充曾批判「劉媼嘗息太澤之陂，夢與神遇」（〈奇怪〉）而生高祖等宣揚君權神授的感生神話為虛妄，但又認同「野出感龍，及蛟龍居上，或堯、高祖受富貴之命」（〈奇怪〉）的命定思想，指出：

> 王者受富貴之命，故其動出見吉祥異物，見則謂之瑞。（〈指瑞〉）

> 凡人稟貴命於天，必有吉驗見於地。見於地，故有天命也。（〈吉驗〉）

除此之外，又主張祥瑞是政治良窳所形成的徵兆，是應「和氣」而生，他說：

> 瑞物皆起和氣而生。（〈講瑞〉）

> 百姓安，而陰陽和；陰陽和，則萬物育；萬物育，則奇瑞出。（〈宣漢〉）

這是「同類通氣，性相感動」（〈偶會〉）的觀點，不同於意志天有意識的譴告。王充指出：

> 陰陽之氣，天地之氣也，遭善而為和，遇惡而為變，豈天地為善惡之政，更生和變之氣乎？（〈講瑞〉）

> 瑞應之出，殆無種類，因善而起，氣和而生。亦或時政平氣和，眾物變化，猶春則鷹變為鳩，秋則鳩化為鷹，蛇鼠

之類輒爲魚黿，蝦蟆爲鶉，雀爲蜃蛤，物隨氣變，不可謂
無。（〈講瑞〉）

其意認爲祥瑞是同類之氣互相招致，不同類之氣互相排斥，
並非天有意的安排或感應，如同生物的活動或潛藏會隨季節的變
化而調整出沒。換句話說，王充講祥瑞是以「自然氣化論」和「偶
然論」爲基礎。[53]

因此，王充有許多聖王或善政與祥瑞偶合的例子：「文王當
興，赤雀適來；魚躍烏飛，武王偶見。非天使雀至白魚來也，吉
物動飛而聖遇也。」（〈初稟〉）這是「物生爲瑞，人生爲聖，同
時俱然，時其長大，相逢遇矣。」（〈指瑞〉）更頌揚漢明帝及章
帝，指出「孝明宣惠，眾瑞並至。至元和、章和之際，孝章耀德，
天下和洽，嘉瑞奇物，同時俱應，鳳皇、騏驎，連出重見，盛於
五帝之時。」（〈講瑞〉）顯然瑞應出現的關鍵在「政之得失，主
之明闇」（〈講瑞〉），「瑞出必由嘉士，祐至必依吉人也。天道
自然，厥應偶合」（〈驗符〉），有期許國君德治之意。由於瑞應
的出現「隨德是應」（〈驗符〉），所以已有學者認爲能否以「偶
然」概括，令人質疑。[54]因此，瑞應說雖不同於天人感應的災異
論，但仍陷入一個不可知的神秘。

三、命定論與宣漢說的矛盾

王充曾說：

實而論之，漢更難及。穀熟歲平，聖王因緣以立功化，故
〈治期〉之篇，爲漢激發。治有期，亂有時，能以亂爲治

---

53 任繼愈，《中國哲學發展史》秦漢卷（北京：人民出版社，1985 年），頁 533。
54 林麗雪，《王充》（台北：東大圖書公司，1991 年），頁 342。

者優。優者有之。(〈須頌〉)

上述引言其意有二:

(一)闡述「治有期,亂有時」的觀念,認為國家治亂是「一質一文,一衰一盛,古而有之,非獨今也。」(〈齊世〉)這一治一亂是自古而然,並不是後世才有的現象。王充又說:「世之治亂,在時不在政;國之安危,在數不在教。賢不賢之君,明不明之政,無能損益。」(〈治期〉)所謂的「時」或「數」,泛指一切外在因素,例如洪水乾旱的天災,影響糧食收成,並關係社會秩序的穩定。天時好,「穀足食多,禮義之心生」;天時不好,「穀食乏絕」,是以「饑寒並至而能無為非者寡,然則溫飽並至而能不為善者希。」(〈治期〉)可見王充「國命論」決定於時運。由於治亂取決於自然條件,自然變化有一定期數,國家治亂也有一定期數,也就是社會治亂是「命期自然,非德化也。」(〈治期〉)此說法不離他「命定論」的觀點,同時也有「歷史循環論」的思考。[55]

(二)引文中並言及「故〈治期〉之篇,為漢激發」,「能以亂為治者優,優者有之。」言外之意,漢代的德業能夠撥亂反正,不受「時」「數」限制。王充曾說:「穀登歲平,庸主因緣以建德政;顛沛危殆,聖哲優者乃立功化。」(〈恢國〉)所謂「聖哲優者」,於宣漢的一系列文章中,是特別闡揚漢代君主,尤其是當朝國君章帝,可見主要是彰顯漢代聖王於亂世中建立功業的人為努力和意義,有今遠勝於古的意味。

綜合上述,顯然〈須頌〉篇與〈治期〉篇的立論衝突。基本上,二說的矛盾可能都與王充的仕宦過程有關。〈治期〉篇的國

---

55 同註3,頁112。

命論有濃厚的宿命論色彩，而且王充持論堅定，他說：

> 論者因考功之法，據效而定賢，則謂民治國安者，賢君之
> 所致；民亂國危者，無道之所為也。故危亂之變至，論者
> 以責人君，歸罪於為政不得其道。人君受以自責，愁神苦
> 思，撼動形體，而危亂之變，終不滅除。空憤人君之心，
> 使明知之主，虛受之責，世論傳稱，使之然也。（〈治期〉）

文中之意反對將國家的災變或危難，歸結到君主施政不符天
道的譴告說法上，證明王充對治亂有期是深信不疑，此論點忽略
人的主導性，且能成為國君施政脫罪的藉口，至宣漢說又認為「聖
哲優者乃立功化」，應是為達到求進目的而作的轉變。[56]可以說，
命定論的思想和他宣漢說的頌詞，都與其「仕數不耦」的遭遇密
切相關。[57]

---

56 王充說：「《論衡》之人，在古荒流之地，其遠非徒門庭也。...聖者垂日月
　之明，處在中州，隱於百里，遙聞傳授，不實。形耀不實，難論。得詔書到，
　計吏至，乃聞聖政。是以褒功失丘山之積，頌德遺膏腴之美。使至臺閣之下，
　蹈班、賈之跡，論功德之實，不失毫釐之微。」（〈須頌〉）其意是說《論
　衡》作者王充居於偏僻荒遠之地，離朝廷太遠，由上計官吏才聽來聖主美德
　的消息，往往遺漏重要功績，假若自己能在蘭臺任職，定能論述漢代實況。
　求官之意甚明。林麗雪，《王充》已提出此論點，同註 54，頁 341。
57 王充的命定論是從他個人的經歷，得出人的窮通是偶然發生的事情，並不是
　根據才能而必然的結果，個人的才能和操行與其所受的遭遇並不一致，這種
　現象王充歸因於「命定」的概念。

第九章　王充《論衡》的批判方法

　　由上列各章的論述，顯示王充思想具有強烈批判精神的特點，這種精神表現在他對自然界和人類社會各種問題的討論，無論是天道自然無爲論、命定論、無鬼論，或人性論、先秦諸子論、文學觀及宣漢說的主張，反覆論辨過程中，批駁謬誤堅持真理，匡正種種虛妄現象的努力，呈現了王充《論衡》的社會價值。而有關王充所運用的批判方法是否合乎科學精神，歷來學者看法歧出，例如：

胡適說：

> 依我看來，王充的哲學，只是當時的科學精神應用到人生問題上去。故不懂得當時的科學情況，也不能了解王充的哲學。…當時的天文學者最注重效驗，王充的批評方法也最注重效驗。…科學方法的第一步是要能疑問。第二步是要能提出假設的解決。第三步方才是搜求證據來證明這種假設。王充的批評哲學的最大貢獻就是提倡這三種態度——疑問、假設、證驗。[1]

徐復觀說：

> 我們可以承認王充的結論是正確的；但這是沒有方法作基礎的結論，是由事實直感而來的結論。他所使用的方法，

---

[1] 胡適，〈王充的論衡〉，黃暉，《論衡校釋》第四冊，附編四，頁 1278。

反而沒有他的論敵的健全。論敵的感應說的不可信，乃是
大前提中的實質問題，而不是大前提下的推演問題。凡不
由正確方法所得的結論，結論雖對，只是偶然性的對，不
能稱之為出於科學。[2]

羅光說：

王充在漢朝總算是一個獨出的學者，對於古書所記事實予
以懷疑，事事尋求實徵，胡適之稱讚這是科學的精神。祇
因他並沒有科學的智識和科學的方法，所舉的證據，全憑
自己的感覺，和自己的推想，證據都不能自立。[3]

周桂鈿說：

他對每一種理論都採取審慎的態度，從不盲目迷信，即使
是自己多年信仰的理論，一旦發現新的事實，他也能不時
用新的事實重新檢驗，審定已有的理論。由於他冷靜的思
考、細心的觀察、辯證的分析、豐富的聯想，他提出了許
多新的見解，為後代思想家所嘆服，還有一些見解與現代
科學相一致，是極高明的見地。他的許多討論問題的方法
包含著現代科學的某些因素，體現了現代科學精神。[4]

劉謹銘說：

純就方法而論，王充所使用的類比法本身，亦屬於科學推
論的一種方法。然細究其內容則可發現，在有關類比推論
的運用上，由於王充在使用類比法的過程中，選擇了天人
類比的模式，…天與人的類比，在關聯程度以及相似方

---

2 徐復觀，《兩漢思想史》卷二（台北：學生書局，1989 年），頁 601-602。
3 羅光，《中國哲學思想史 —— 兩漢南北朝篇》（台北：臺灣學生書局，1985
　年），頁 298。
4 周桂鈿，《虛實之辨 —— 王充哲學的宗旨》（北京：人民出版社，1994 年），
　頁 404。

面，無疑都不夠，故就方法的應用上，無法獲得一有力的
結果。[5]

　　以上諸說，胡適持正面肯定態度，指出王充受天文學重視證
據的影響，特別要求「效驗」，即「實驗的左證」[6]，並將左證分
作實地經驗的考察和運用譬喻、類推二種，分析王充受限於當時
的科學情形，所以運用實際經驗的少，大多使用類推方式，而以
當時的科學水準來看，胡適認爲王充所使用的方法是符合科學
的。徐復觀指出王充批評方法的錯誤，其中主要是類推法的應用
多以人道論天道，從人的形體推論天，並不能看出天人之間相似
或相同的關係。此外，又方法的運用混亂，「頌漢」以祥瑞爲眞
實，〈亂龍〉爲董仲舒「設土龍以招雨」的迷信辯護，又解釋自
己的不遇而認同命相之說等，這些都是王充無科學根據的類推，
並不符合科學的方法。[7]羅光認爲王充沒有科學的知識和方法，所
舉的證據，多是自己的感覺與推想，缺乏科學的有效性。周桂鈿
認同胡適主張王充具有科學精神的看法，更補胡適的不足，指出
「王充不是只談人生問題，也探討天地的奧秘。」[8]也質疑徐復觀
以王充運用的方法，反而沒有論敵健全的看法，指出「同樣使用
類推的方法，董仲舒得出天人同類的結論，而王充得出天人不同
類的結論，爲什麼董仲舒的推演沒有問題，而王充卻變爲異類間
的推論。」[9]並且也駁斥了羅光的論述。劉謹銘就王充類比對象的
選擇仍受限於背景知識，不脫當時天人類比的思維，若從這一角

5　劉謹銘，〈王充思想是否符合科學標準之評議〉（《漢學研究》第二十一卷
　　第一期，2003 年 6 月），頁 409。
6　同註 1，頁 1278。
7　同註 2，頁 601-602。
8　同註 4，頁 401。
9　同註 4，頁 395。

度看來，是對現代知識仍有欠缺，王充不能突出於當時的背景知識作一清楚的辨析，並不符合科學的標準。[10]基本上，持正面看法者，以王充著重效驗，有現代科學的觀點，反對者認為王充援引的證據經不起考驗，不合科學標準。尤其是質疑王充運用的類比推理精確性低，二個事物的類比，其間類同的屬性並不高。由此可知，所欲類比的兩個事物之間類似點愈多愈好，也就是風馬牛不相及的異類不比，此外，類比兩個事物的相似點必需與所欲類推的結論有關。[11]

　　學者對於王充批判方法是否符合科學態度的質疑，事實上不能影響《論衡》「疾虛妄」的目的和所產生的社會價值，如勞思光所說：「若以破除『虛妄』為基本態度，問題不在於『疾』，而在於能判定他人不知為『虛妄』者實為『虛妄』。」[12]「疾」是病，有憎嫌、反對之意，[13]以「疾虛妄」的宗旨來衡定王充思想的價值，則上列各章的闡述，可以發現王充的批判確實能釐清社會種種的虛妄不實，尤其是對神學化的儒家思想、讖緯迷信、經傳典籍記載的謬誤失實等議題的辨正。

　　王充論辨的知識範疇如此廣大，本文即分析歸納王充判定「虛妄」和「不虛妄」的方法有那些類型？以及其批判方法的特色或缺失為何？

---

10 同註 5，頁 408-409。
11 何秀煌，《思想方法導論》（台北：三民書局，2003 年），頁 329-334。
12 勞思光，《新編中國哲學史》（二）（台北：三民書局，1988 年），頁 126。
13 韓復智，《論衡今註今譯》下冊〈佚文篇〉注釋（台北：國立編譯館主編，2005 年），頁 2304。

第一節　王充批判方法的運用

　　王充以效驗論證，目的不外是「辨照然否，虛妄之言，僞飾之辭，莫不證定。」(〈超奇〉)他意識到論述是否真實可信，與辨析論題過程中引用「事實」「效驗」及「推理」有關係，他常說「何以驗之？」「何以明之？」「何以效之？」意味「凡論事者，違實不引效驗，則雖甘義繁說，眾不見信。」(〈知實〉)「空言虛語，雖得道心，人猶不信。」(〈薄葬〉)也就是沒有依據或沒有理由的空言虛辭，不能令人信服，要確立論證的說服力，必需「考之以心，效之以事。」(〈對作〉)「事莫明於有效，論莫定於有證。」(〈薄葬〉)以客觀的證據來檢視知識的真實性，一方面可以避免眾人想法的誤導，另一方面也可防止似是而非的論述，王充說：「如當從眾順人心者，循舊守雅，諷誦而已，何辯之有？」(〈自紀〉)又說：「論貴是而不務華，事尚然而不高合。」(〈自紀〉)認爲立說最重要的在於是否真實，不能一味迎合順從眾人說法，而引事實效驗或推理可避免順從眾人舊說或似是而非的論斷。有關王充以事實效驗或推理判定虛妄的方法，說明於下：

一、以事實經驗檢核

　　王充主張以「效驗」或「事實」來檢驗認識的真僞，符合客觀事實爲真，這種認識才有意義的存在。客觀事實經驗分爲二種，一種是直接經驗，一種是間接經驗。直接經驗指耳聞目見或口問訪談的感官認知，王充說：

聖賢不能性知，須任耳目以定情實。（〈實知〉）

不目見口問，不能盡知也。（〈實知〉）

認為通過感官可以認識客觀事物獲得知識，聖賢也要通過聞見才能確定事物的真實性，聞見是認識的基礎，所以說：「如無聞見，則無所狀。」（〈實知〉）未看過聽過的事物必然無法描寫，任何人也不能例外，強調一旦離開耳目聞見即不能有知。間接經驗是由「學」和「問」獲得，耳目感官無法直接認識的知識，就要憑藉間接知識，王充說：

故夫可知之事者，思慮所能見也；不可知之事，不學不問不能知也。不學自知，不問自曉，古今行事，未之有也。夫可知之事，推精思之，雖大無難；不可知之事，屬心學問，雖小無易。故智能之士，不學不成，不問不知。（〈實知〉）

上文所謂的「不可知之事」並不是事情本身不能得知，而是指感官不能察知，就要靠「學」和「問」來認識。王充又說：

人才有高下，知物由學。學之乃知，不問不識。（〈實知〉）

人生稟五常之性，好道樂學，故辨於物。今則不然，飽食快飲，慮深求臥，腹為飯坑，腸為酒囊，是則物也。倮蟲三百，人為之長。「天地之性人為貴」，貴其識知也。今閉闇脂塞，無所好欲，與三百倮蟲何以異？而謂之為長而貴之乎。（〈別通〉）

其意說明儘管人資質有優劣的不同，都需去學去問，並勉勵好學，多聞博識，才能有別於其它物種。無論是直接經驗的知識或間接經驗的知識，是透過感官與外界事物接觸而開始，王充舉例說：

使一人立於牆東，令之出聲，使聖人聽之牆西，能知其黑

白、短長、鄉里、姓字、所自從出乎？溝有流澌（漸），澤
有枯骨，髮首陋亡，肌肉腐絕，使聖人詢之，能知其農商、
老少、若所犯而坐死乎？非聖人無知，其知無以知也。知無
以知，非問不能知也。不能知，則賢聖所共病也。（〈實知〉）

此例說明的要點有三：

（一）隔著牆只聽其聲音，不能得知其形體容貌，或看見枯
骨、浮屍，不能言語回答，也無法得知其遭遇經過。可知需要多
種感官的接觸，才能得到完整的了解。

（二）客觀條件限制不能直接感知，則必需向他人請教，以
間接經驗補充直接經驗的不足。

（三）聖人的認知途徑也與一般人相同。

因此，王充也指出孔子同樣需要從師問學以獲得知識，他說：

子貢曰：「夫子焉不學？而亦何常師之有？」孔子曰：「吾
十有五而志乎學。」五帝、三王，皆有所師。」（〈實知〉）

孔子病，商瞿卜期日中。孔子曰：「取書來，比至日中何
事乎？」聖人之好學也，且死不休，念在經書，不以臨死
之故，棄忘道藝。（〈別通〉）

由上文孔子之例，可以說明認知事物要經過學習，聖人也不
例外，沒有不學習而能先知者。因此，王充在〈知實〉篇舉出聖
人不能先知的例子，論證人不能先知。由於許多知識是「學而知
之」的，所以提出「學」「問」的重要，至於要向誰學習呢？王
充也有論及，他認為學習的對象包含五經著作中的道理，以及向
有實際經驗者學習。[14]在一定程度上，避免了「唯理論」和「經

---

14 康瀞文，《王充認識論研究》（台北：台灣師範大學國文研究所碩士論文，
2003 年 12 月），頁 140，已有歸納。

驗論」的缺失。[15]王充說：

> 不入師門，無經傳之教，以郁樸之實，不曉禮義，立之朝
> 庭，植筆樹表之類也，其何益哉？…皆以未學，不見大道
> 也。(〈量知〉)

> 足未嘗行，堯禹問曲折；目未嘗見，孔、墨問形象。(〈程材〉)

> 從農論田，田夫勝；從商講賈，賈人賢。…猶家人子弟，
> 生長宅中，其知曲折愈於賓客也。賓客暫至，雖孔、墨之
> 材，不能分別。(〈程材〉)

文中指出應該學習「經傳之學」，通「先王之道」之禮義，
有助於朝廷為政，同時要向各領域各行各業有具體實際經驗的人
學習，因有相關經驗的人，所認識的知識道理較多，例如農業是
農夫有經驗，經商是商人有經驗，到陌生地方，即便是堯禹聖王、
孔墨聖人也要向當地人問路打聽，這與「孔子入太廟，每事問。」
(〈知實〉)的道理相同。

有關王充在論辨過程中所引用事實經驗的例證，有下列數端[16]：

(一) 耳目查證

感官對外界事物的觀察，是最基本的認知方法，又可分作自
然的和人為的二種方式，[17]例如：

---

15 王芹，〈試論王充與培根的科學精神〉(《韶關學院學報》第二十四卷第五期，2003 年 5 月)，頁 32。

16 學者研究成果豐富，本文除根據黃暉《論衡校釋》歸納外，並參考林麗雪，《王充》(台北：東大圖書公司，1991 年)第五章〈王充的立論方法和邏輯思想的特色〉，頁 159-203。盧文信，《王充批判方法運用例析》(台北：萬卷樓出版社，2000 年)，頁 43-257。康瀞文，《王充認識論研究》(台北：台灣師範大學國文研究所碩士論文，2003 年 12 月)頁 145-175 等研究成果而得。

17 任卓宣，《思想方法論》(台北：帕米爾書店，1971 年)，頁 146。

1.變復之家常把自然災害說成是天降災禍，如蟲吃穀物，認為是地方官吏侵奪百姓所造成，若懲罰蟲子所象徵的官吏，蟲害將自然消失，王充說：

> 魯宣公履畝而稅，應時而有蟓生者，或言若蝗。蝗時至，蔽天如雨，集地食物，不擇穀草。察其頭身，象類何吏？變復之家，謂蝗何應？建武三十一年，蝗起太山郡，西南過陳留、河南，遂入夷狄。所集鄉縣，以千百數，當時鄉縣之吏，未皆履畝。蝗食穀草，連日老極，或蜚徙去，或止枯死，當時鄉縣之吏，未必皆伏罪也。夫蟲食穀，自有止期，猶蠶食桑，自有足時也。生出有日，死極有月，期盡變化，不常為蟲。使人君不罪其吏，蟲猶自亡。（〈商蟲〉）

這是根據建武三十一年的親自見聞，太山郡發生蝗災，蝗蟲波及的鄉縣數以百千計，西南方遠及陳留、河南郡，西北方到達夷狄地區。而這些地區的官吏並未按畝收稅，也未必因蝗災而受到懲處，最後蝗蟲也自然死去或飛離。論證蝗蟲的產生有一定日期，活動也有一定期限，即使蟲害區域的地方官未受懲罰，蝗蟲還是會自然消失，可以推論魯宣公十五年因按畝收稅而有蝗蟲產生純是巧合，並非天降災異。

2.一般人流傳雷擊人是上天發怒或懲罰有罪過之人，王充說：

> 實說雷者，太陽之激氣也。何以明之？正月陽動，故正月始雷。五月陽盛，故五月雷迅；秋冬陽衰，故秋冬雷潛。盛夏之時，太陽用事，陰氣乘之。陰陽分爭則相校軫，校軫則激射，激射為毒，中人輒死，中木木折，中屋屋壞。人在木下屋間，偶中而死矣。何以驗之？試以一斗水灌冶鑄之火，氣激（散衣）裂，若雷之音矣。或近之，必灼人體。天地為爐，大矣；陽氣為火，猛矣；雲雨為水，多矣，

> 分爭激射，安得不迅？中傷人身，安得不死？當冶工之消
> 鐵也，以土為形，燥則鐵下，不則躍溢而射。射中人身，
> 則皮膚灼剝。陽氣之熱，非直消鐵之烈也；陰氣激之，非
> 直泥土之濕也；陽（激）氣中人，非直灼剝之痛也。（〈雷虛〉）

這是根據二個不同的人為實驗的觀察，論證雷是極盛的陽氣衝擊陰氣所造成。第一個實驗內容以一桶水澆灌冶煉的火上，發生氣爆、引發如雷聲響，及燒傷人的身體。第二個實驗內容以熾熱的冶煉鐵汁，澆灌泥土模子，若模子泥土未乾而澆下，模子破裂，且熔汁四處飛濺。以此論證雷的起因，是夏季陰陽二氣相互作用，陽氣是猛烈的焰火，雲雨是大量的水分，水火互相衝擊，而產生氣爆或噴射的自然界打雷現象，其威力更甚於熔汁的氣爆和飛射。

（二）口問訪談

除耳目聞見外，王充也留意到口問的辨偽求真方式，例如世間流傳鄒衍「大九州」的說法，中國在大地的東南角，稱「赤縣神州」，另外還有八個類似中國的州，「復更有八州，每一州者四海環之，名曰裨海。九州之外，更有瀛海。」（〈談天〉）事實上，這種說法仍將範圍少估算了，王充說：

> 日南之郡，去雒且萬里，徙民還者，問之，言日中之時，
> 所居之地，未能在日南也。度之復南萬里，日在日之南，
> 是則去雒陽二萬里，乃為日南也。（〈談天〉）

這是根據日南郡人的口述，日南郡距離雒陽將近萬里，太陽正中時，日南並不在太陽南方，其位置所見與雒陽所見的太陽都在日中，據此，推測從日南再往南仍有非常廣袤的空間距離，由此證實中國所佔的土地面積是很小的。

（三）以文獻典籍驗證

王充批判謬誤不實也引用可靠的文獻資料論證，例如：

1.一般人認爲「聖者，以爲稟天精微之氣，故其爲有殊絕之知。」（〈奇怪〉）因而相信「禹母吞薏苡以生禹，故夏姓曰姒；契母吞燕卵而生契，故殷姓曰子；后稷母履大人跡而生后稷，故周姓姬。」（〈奇怪〉）的說法，王充說：

> 案〈帝繫〉之篇及〈三代世表〉，禹，鯀之子也；契、稷皆帝嚳之子，其毋皆帝嚳之妃也，及堯，亦嚳之子。帝王之妃，何爲適草野？古時雖質，禮已設制，帝王之妃，何爲浴於水？夫如是，言聖人更稟氣於天，母有感吞者，虛妄之言也。（〈奇怪〉）

這是根據《大戴禮記·帝系》和《史記·三代世表》的文獻考察和比對，論證堯禹契都是帝妃所生，世系清楚，降生傳說爲虛妄之言。世俗流傳夏商周三家始祖的出生，憑藉薏苡、鳥類和腳印，王充看來，人類地位尊貴，成聖成賢不是另有稟受異物之氣，應是「皆因父氣，不更稟取。」（〈奇怪〉）

2.一般人多認爲雨是從天上直接降下來，少有水氣蒸發而形成雲雨的概念，王充說：

> 如當（實）論之，雨從地上，不從天下。見雨從上集，則謂從天下矣，其實地上也。然其出地起於山。何以明之？《春秋傳》曰：「觸石而出，膚寸而合，不崇朝而徧（雨）天下，惟太山也。」太山雨天下，小山雨一國，各以小大爲近遠差。雨之出山，或謂雲載而行，雲散水墜，名爲雨矣。夫雲則雨，雨則雲矣。初出爲雲，雲繁爲雨。（〈說日〉）

這是引用《春秋·公羊傳》僖公三十一年記載，論證雲雨之

氣從石縫中蒸發出來，先會合為雲氣，再凝結為雨的自然現象，說明雲就是雨，剛出現是雲，雲濃密就變成雨而降落。

　　王充取捨文獻資料的態度極為謹慎，[18]要求記載必需符合事實，像《山經》《禹本紀》有崑崙山山高，其上有玉泉、華池等記載，張騫親行發現實際與記述不符，又檢視《尚書・禹貢》記山川形勢並無此類不實描述，因而取信後者。[19]他肯定孔子修訂《春秋》「雨星不及地尺而復」為「星實如雨」，及光武帝修正賁光上書「孝文皇帝時，居明光宮，天下斷獄三人。」（〈藝增〉）的不實記載。否則流星在距離不到地面一尺又返回天上的謬誤，和漢文帝時天下只有三人犯罪的說法將流傳下來。因此，凡書中言過其實的現象王充多視為謬誤虛妄而不採信，他說：「詩人或時不知，至誠以為然；或時知，而欲以喻事，故增而甚之。」（〈藝增〉）顯然言過其實的記述有可能是作者本身的認知有錯誤，也可能是誇飾的方式，但已影響後人認知的正確性，所以王充多視作虛妄。即便是對經書記載的取捨也不例外，認為《尚書・堯典》「協和萬國」宜作「協和方外」，《詩經・小雅・鶴鳴》「鶴鳴九皋，聲聞於天」宜作「其聞高遠」，《詩經・大雅・雲漢》「維周黎民，靡有孑遺」是強調「民被其害」，《易經・豐卦》「豐其屋，蔀其家，窺其戶，闃其無人也。」宜作「闃其少人」，《尚書・皋陶謨》「毋曠庶官」宜作「無少眾官」。又《論語・泰伯》「大哉，堯之為君也！蕩蕩乎民無能名焉。」《新語・無為》「堯、舜之民，可比屋而封。」《尚書・西伯戡黎》「祖伊諫紂曰：『今我民罔不欲喪。』」《戰國策・齊策》「臨菑之中，車轂擊，人肩磨，舉袖成幕，連衽成帷，揮汗成雨。」（以上見〈藝增〉）等

---

18 林麗雪，《王充》（台北：東大圖書公司，1991年），頁195，已提出此觀點。
19 《論衡・談天》，頁476。

都是誇大虛妄之詞而不足採信。

　　不過，王充引用文獻資料爲論據，也有疏失之處，例如他以「世俗畫龍之象，馬首蛇尾」的圖像，從畫像看來龍是馬蛇一類的動物；又引慎到所說：「蜚龍乘雲，騰蛇游霧，雲罷雨霽，與螾、蟻同矣。」將龍比作蚯蚓、螞蟻一類；又引《呂氏春秋・舉難》孔子說「龍食於清，游於清。」即清水中覓食的說法；以及《山海經》有「四海之外，有乘龍蛇之人。」《韓非子》中有「龍之爲蟲也，柔可狎而騎也。」等記載，考訂龍可供騎乘或娛樂使用，同時又引用《左傳》中有豢龍氏、御龍氏飼養龍的人，以及流傳「龍肝可食」，御龍氏以龍爲肉醬事奉孔甲的種種記載。在在說明龍是有形體、能行動、要吃東西，可作爲騎乘或娛樂之用，並不是「恍惚無形」的神，來批判「世俗言龍神而升天者，妄矣。」（以上〈龍虛〉）文中的世俗畫像可能是臆測想像，不見得真實見過，《山海經》描寫山川地理可信度不高，[20]孔子、慎子、韓非子所述，也不是以龍爲真實存在，而是用世俗中龍的概念來比喻或論述想法。王充可能是曲解了文獻的原意，而用作論證的依據，事實上缺乏可信度。

（四）以日常知識驗證

　　王充以日常生活經驗中所接觸的基本常識來論證虛妄之言，例如：

20　（清）紀昀評《山海經》說：「究其本旨，實非黃老之言，然道里山川率難考據，按以耳目所及，百不一真，諸家並以爲地理書之冠，亦爲未允；核實定名，實則小說之最古者爾。」《四庫全書總目提要・子部五十二・小說家類三》第三冊（台北：臺灣商務印書館，1983 年），頁 992。盧文信，《王充批判方法運用例析》（台北：萬卷樓出版社，2000 年），頁 61，已有此說。

1.儒書上記載：楚國的熊渠子夜裡出門，看見一塊橫臥著的石頭，以爲是趴在地上的老虎，就用弓箭射擊，箭鏃和箭尾上的羽毛一起都射入石中。也有人說是養由基射石犀牛，又有人說是李廣射石。事實上，箭鏃有可能射入石中，若箭尾的羽毛都沒入，則十分誇大。王充說：

> 人之精乃氣也，氣乃力也。有水火之難，惶惑恐懼，舉徒器物，精誠至矣，素舉一石者倍舉二石。然則見伏石射之，精誠倍故，不過入一寸，如何謂之沒衛乎？（〈儒增〉）

這是日常生活遇水火急難慌忙搬東西的實際體驗，當全付精神搶救財物，搬運東西時，平時能舉一塊石頭的力氣，此時可能加倍而舉兩塊，同理，情急下射擊石虎，比平日更專注用力，最多也不過射入一寸，若以熊渠子、養由基、李廣等射石，箭鏃及箭尾羽毛都沒入石中，不可能成立。

2.儒書上記載：高子羔的親人過世，眼睛都哭出了血。服喪三年，沒有笑過而露出牙齒，這是一般人很難做到的，仁人君子都認爲是難能可貴。王充說：

> 言未嘗見齒，欲言其不言、不笑也。孝子喪親不笑，可也，安得不言？言，安得不見齒？孔子曰：「言不文。」或時不言，傳則言其不見齒；或時不笑，傳則言其不見齒三年矣。（〈儒增〉）

這是以常人說話會露出牙齒的經驗，說明三年沒有露過牙齒的誇大。沒有露過牙齒表示他不說話、不歡笑，孝子父母親過世，重哀不笑，但不可能不說話。或許有時候沉默不語，傳書就說是閉口不露齒。也或許有段時期不笑，就說不露牙齒有三年之久。

（五）以史實常識驗證

王充也藉由歷史常識來批判虛妄不實的說法，例如：

1.傳書上記載齊桓公娶了他的姑姊妹七人為妻。這個傳說，不足以採信，王充說：

> 案桓公九合諸侯，一匡天下，道之以德，將之以威，以故諸侯服從，莫敢不率，非內亂懷鳥獸之性者所能為也。夫率諸侯朝事王室，恥上無勢而下無禮也。外恥禮之不存，內何犯禮而自壞？外內不相副，則功無成而威不立矣。（〈書虛〉）

這是根據歷史常識的論述，齊桓公曾多次召集諸侯會盟，對於當時周天子綱紀敗壞，各諸侯以下犯上、違禮亂紀行為，以道德和威望匡正補救。由家室之外尚且力圖振興禮制，推論在家室之內實不可能敗壞道德規範，況且一個人的作為，倘若內外不相符，表裡不一致，將不能樹立威望。

2.傳書上記載燕太子丹至秦國作人質，向秦王請求回國，秦王說：「使日再中，天雨粟，令烏白頭，馬生角，廚門木象生肉足，乃得歸。」當此之時，「天地祐之，日為再中，天雨粟，烏白頭，馬生角，廚門木象生肉足。」（〈感虛〉）這種說法，無疑是子虛烏有。王充說：

> 湯困夏臺，文王拘羑里，孔子厄於陳、蔡。三聖之困，天不能祐，使拘之者睹祐知聖，出而尊厚之。…然湯閉於夏臺，文王拘於羑里時，心亦願出；孔子厄陳、蔡，心願食。天何不令夏臺、羑里關鍵毀敗，湯、文涉出；雨粟陳、蔡，孔子食飽乎？（〈感虛〉）

根據史實成湯也曾被囚禁在夏台，文王被拘留在羑里，而孔子也曾被圍困在陳、蔡兩國間。三位聖人遭受困厄，上天未有保

祐他們的跡象，如打開牢門，讓成湯、文王安然的出來，或降下穀糧在陳、蔡之間，讓孔子免於饑餓。然而，「燕太子丹何人，而能動天？聖人之拘，不能動天；太子丹，賢者也，何能致此？」可見此傳說的虛妄。

（六）以地理知識驗證

王充能依據地理環境或條件的考察來論證虛妄的說法，例如：

1.傳書上記載舜葬在蒼梧，大象為他耕田；禹葬在會稽，鳥為他耕種。是因舜禹的賢德，上天派鳥獸來報答他，世人對這種傳說深信不疑，但其實不然。王充說：

> 實者，蒼梧多象之地，會稽眾鳥所居。禹貢曰：「彭蠡既瀦，陽鳥攸居。」天地之情，鳥獸之行也。象自蹈土，鳥自食萍，土蹶草盡，若耕田狀，壤靡泥易，人隨種之，世俗則謂為舜、禹田。海陵麋田，若象耕狀，何嘗帝王葬海陵者邪？（〈書虛〉）

這是就蒼梧之地多象、會稽之地是鳥棲息之所的地理條件而作的論證，象踐踏踩碎泥土，鳥啄盡嫩草，方便用來種植，就類似海陵之地多麋鹿，常成群的掘食草根而翻鬆泥土，都是自然現象。海陵之地多麋鹿，然而並未曾有帝王葬在海陵，可推論象與鳥的「蹈土食萍」與帝王安葬該地與否，並沒有關聯。

2.《尚書·武成篇》記載周武王伐紂，傷亡慘重而「血流浮杵」，這是言過其實的誇詞，王充說：

> 〈武成〉言「血流浮杵」，亦太過焉。死者血流，安能浮杵？案武王伐紂於牧之野，河北地高，壤靡不乾燥，兵頓血流，輒燥入土，安得杵浮？且周、殷士卒，皆齎盛糧，

　　無杵臼之事，安得杵而浮之？(〈藝增〉)

　　這是考察牧野之地的地理形勢特色而作的論證，牧野處於地勢高的黃河北岸，土壤乾燥，若士兵殺傷流血，會很快滲入乾燥的土壤中，不可能漂起木柄，況且士兵作戰有糧食，不必拿杵臼來春米。言「血流浮杵」是形容敵兵傷亡嚴重，並非真的血流漂起木柄。

（七）以科學知識驗證

　　王充有運用天文學、醫學、農業技術等相關知識，來論證虛妄之說，相較於當時人，這是比較科學的方式，例如：

　　1.儒者認為冬季晝短，夏季晝長，是夏季時陽氣多陰氣少，太陽出來沒有遮隱。冬季時，陰氣盛遮住了太陽的光亮，太陽雖然升起，還是隱而不見，所以冬季晝短。此說法和事實並不符合，王充說：

　　　　實者，夏時日在東井，冬時日在牽牛。牽牛去極遠，故日道短；東井近極，故日道長。夏北至東井，冬南至牽牛，故冬、夏節極，皆謂之至；春秋未至，故謂之分。(〈說日〉)

　　這是根據天文學日月運行有一定規律的概念推論，夏季因為太陽位於北方東井星宿的位置，約北緯二十四度，[21]距離北斗星較近，經過的軌道較長，因而晝長夜短；冬季因為太陽位於南方牽牛星宿的位置，約南緯二十四度，距離北斗星較遠，經過的軌道較短，因而晝短夜長。晝夜長短的變化與太陽運行軌道相關，

21　《禮記‧月令》疏：「赤道之北二十四度，為夏至之日道，去北極六十七度也；赤道之南二十四度，為冬至之日道，去南極亦六十七度。」(漢)鄭玄注，(唐)孔穎達正義，《禮記正義》，《十三經注疏》第五冊(台北：藝文印書館，1985年)，頁278。

和陽氣盛日光無障蔽，以及陰氣盛遮掩日光的說法並無關聯。所以冬、夏的節氣到了白天出現最短與最長的時候，都叫做「至」，稱夏至和冬至；春、秋的節氣晝夜長短相等，所以稱作「分」，叫春分和秋分。

　　2.變復之家認為蟲吃穀物，是「部吏所致也。貪則侵漁，故蟲食穀。」（〈商蟲〉）王充看來，蟲子的產生，必需有適當的溫度濕度，「溫濕之氣，常在春夏。秋冬之氣，寒而乾燥，蟲未曾生。」（〈商蟲〉）所以蟲害高峰期往往在春夏兩季，基於這樣的認知，「徒當歸於政治，而指謂部吏為奸，失事實矣。」（〈商蟲〉）王充又說：

> 《神農》、《后稷》藏種之方，煮馬屎以汁漬種者，令禾不蟲。如或以馬屎漬種，其鄉部吏，鮑焦、陳仲子也。是故《后稷》《神農》之術用，則其鄉吏何免為奸。何則？蟲無從生，上無以察也。（〈商蟲〉）

　　《神農》見於《漢書‧藝文志》農家類著錄，是六國諸子依託於神農之作，屬於農耕技術的性質；《后稷》是戰國後期農家依託后稷的農書，於《呂氏春秋》尚保存一部分。[22]兩種農書上記載有關農業技術的知識，說明收藏種子的方法，以煮馬屎的汁水浸泡種子，可防止病蟲害產生。教農民採用此防蟲方法，官吏也免除了貪官污吏的嫌疑或罪名，論證了病蟲害與官吏的好壞並無關係。

（八）以量化數據驗證

　　量的概念包括了物件本身的數量、重量、大小，或物件之間

---

22 韓復智，《論衡今註今譯》中冊，同註 13，頁 1825。

的遠近距離，或比較不同物件，相同屬性上的數量大小的差異。
王充應用量化數據，客觀的批判虛妄之說的謬誤，例如：

1.世俗一般人認為人死之後能變成鬼，有知覺能夠害人。王
充不贊成鬼神觀念，他說：

> 天地開闢，人皇以來，隨壽而死，若中年夭亡，以億萬數。
> 計今人之數，不若死者多。如人死輒為鬼，則道路之上，
> 一步一鬼也。人且死見鬼，宜見數百千萬，滿堂盈廷，填
> 塞巷路，不宜徒見一兩人也。（〈論死〉）

這是從量的概念論證「人死為鬼」說法的不合理，他計算現
在活著的人數，不如自古以來死去的人多，倘若人死為鬼，則道
路上可能走一步就遇到一個鬼，屋子、院子、巷道、鄰里所遇見
的鬼，就應當有百千萬個，不應該只見到一兩個人變成的鬼。他
認為人的知覺不能離開形體而存在，所以「形須氣而成，氣須形
而知。天下無獨燃之火，世間安得有無體獨知之精？」（〈論死〉）
人一旦死亡，精氣不可能單獨存在，也就沒有任何知覺，所以從
量的角度論證人死不為鬼的想法。

2.傳書流傳鄒衍並未犯過，卻被囚禁在燕國，正當夏季五月，
仰天長嘆，上天感動因而下霜。這說法很難使人相信，王充說：

> 言其無罪見拘，當夏仰天而嘆，實也；言天為之雨霜，虛
> 也。夫萬人舉口，並解吁嗟，猶未能感天；鄒衍一人，冤
> 而壹嘆，安能下霜？…夫煖一炬火，爨一鑊水，終日不能
> 熱也；持一尺冰，置庖廚中，終夜不能寒也。何則？微小
> 之感，不能動大巨也。今鄒衍之嘆，不過如一炬、尺冰，
> 而皇天巨大，不徒鑊水庖廚之醜類也。（〈感虛〉）

這是萬人長嘆和鄒衍一人長嘆的比較，以萬人之嘆尚且不能
感天，論證一人之嘆而感天為虛妄。這就如同小火把燒一鍋水，

和一尺大小的冰置於廚房一樣，並不能達到預期的作用，由於「微小之感，不能動大巨也。」以量的大小概念指出了其中的虛妄不實。

（九）以無事實依據驗證

王充說：「夫實有而記事者失之，亦有實無而記事者生之。」（〈講瑞〉）「或頗有而增其語，或無有而空生其言。」（〈雷虛〉）所以文獻沒有記載或沒有證據，不一定表示沒有這件事；文獻有記載，也不一定是真實。不過，若無法得到相關文獻資料或事實的佐證，也就是沒有可靠依據來檢核，不被認同或根本不存在的可能性極大，[23]例如：

1.《論語・雍也篇》有「孔子見南子，子路不悅」一章。南子是衛靈公夫人，她聘請孔子，子路為此不悅。孔子則以「予所鄙者，天厭之！天厭之！」自誓。意指我如果有不合禮不由道的行為，上天會厭棄我，以表明未欺騙子路。這話很難令人相信，王充說：

> 使世人有鄙陋之行，天曾厭殺之，可引以誓。子路聞之，可信以解。今未曾有為天所厭者也，曰「天厭之」，子路肯信之乎？行事：雷擊殺人，水火燒溺人，牆屋壓填人。如曰「雷擊殺我，水火燒溺我」，「牆屋壓填我」，子路頗信之。今引未曾有之禍，以自誓於子路，子路安肯曉解而信之？（〈問孔〉）

孔子引用未曾應驗的「天厭之！」發誓，而不引用過去發生

---

23 學者也指出這種做法觸犯了邏輯上「訴諸無知的謬誤」。劉福增編譯，《邏輯與哲學》（台北：心理出版社，1996 年），頁 396。盧文信，《王充批判方法運用例析》，同註 20，頁 76。

過的事例證明自己的清白，倘若社會上因卑劣的行爲，上天曾厭棄他，才具有說服力。引用的是未曾有過的災禍，很難不令人懷疑。

2.儒書記載盧敖到北方遙遠地方遊歷，遇到一仙人，按仙人所遊無邊無際、無聲無息，「南游乎罔浪之野，北息乎沉薶之鄉，西窮乎杳冥之黨，而東貫鴻濛之光。此其下無地，上無天，聽焉無聞，而視焉則營。」（〈道虛〉）的提示，自己仙期未到而返回家鄉。這說法不足以取信於人，王充說：

> 或時盧敖學道求仙，游乎北海，離眾遠去，無得道之效，慙於鄉里，負於論議，自知以必然之事見責於世，則作誇誕之語，云見一士。其意以爲有（仙），求仙之未得，期數未至也。淮南王劉安坐反而死，天下並聞，當時並見，儒書尚有言其得道仙去、雞犬升天者，況盧敖一人之身，獨行絕跡之地，空造幽冥之語乎？（〈道虛〉）

認爲這是盧敖一人經驗的陳述，獨自遠行至人跡罕至之地，沒有其他見證人，極可能是憑空編造的無稽之談，作爲自己辭別親友，漫遊四方訪求仙人，卻一無所獲的辯解。淮南王劉安因觸犯謀反罪名而死，爲當時人所知，儒書尚且言其得道成仙升天，盧敖之說無從驗證，就更使人懷疑。

（十）修正語言謬誤

語言是溝通媒介，語意不詳無法正確傳達意思，造成說話者與聽話者的誤解，王充也注意語言所形成的謬誤，例如：

1.《論語・爲政篇》有「富與貴，是人之所欲也，不以其道得之，不居也。貧與賤，是人之所惡也，不以其道得之，不去也。」一章。王充說：

> 夫言不以其道得富貴，不居，可也；不以其道得貧賤，如

何？富貴顧可去，去貧賤何之？去貧賤，得富貴也；不得
富貴，不去貧賤。如謂得富貴不以其道，則不去貧賤邪？
則所得富貴，不得貧賤也。貧賤何故當言「得之」？顧當
言「貧與賤，是人之所惡也，不以其道去之，則不去也。」
當言「去」，不當言「得」。「得」者，施於得之也。今
去之，安得言「得」乎？獨富貴當言「得」耳。何者？得
富貴，乃去貧賤也。（〈問孔〉）

指出孔子有敘述不清楚的弊端，「貧賤何故當言『得之』？」
貧賤不應是「得」，應是「去」。「修身行道，仕得爵祿富貴，
得爵祿富貴，則去貧賤矣。」才算合理。

2.《孟子・梁惠王》有「孟子見梁惠王。王曰：『叟，不遠
千里而來，將何以利吾國乎？』孟子曰：『仁義而已，何必曰利？』」
一章。王充評論孟子不知「利」有貨財之利和安吉之利二種，他說：

夫利有二：有貨財之利，有安吉之利。惠王曰：「何以利
吾國？」何以知不欲安吉之利，而孟子徑難以貨財之利
也？《易》曰：「利見大人。」「利涉大川。」「乾，元
亨利貞。」《尚書》曰：「黎民亦尚有利哉？」皆安吉之
利也。行仁義得安吉之利。孟子不（必）且語（詰）問惠
王：「何謂利吾國？」惠王言貨財之利，乃可答若設。令
惠王之問未知何趣，孟子徑答以貨財之利。如惠王實問貨
財，孟子無以驗效也；如問安吉之利，而孟子答以貨財之
利，失對上之指，違道理之實也。（〈刺孟〉）

在王充看來孟子在未弄清楚梁惠王問話的意旨，就答以貨財
之利，用「何必曰利」回答梁惠王「何以利吾國」的問題。這犯
了「失對上之指，違道理之實」的錯誤，是不了解「義寓於利」
及「利寓於義」的道理，而在統治者與人民之間有雙重標準，才

將「利」與「義」對立起來。所謂「貨財之利」，指衣食住行的物質需求；「安吉之利」，指世態風氣的吉祥安定。王充指出安吉之利出自儒家經典的《周易》和《尚書》，並且有「行仁義得安吉之利」的看法，亦即行仁義教化可得安吉之利，「利」與「義」相融而非對立。

（十一）以虛妄反駁虛妄

學者研究熊伯龍最早發覺王充運用以俗論駁斥俗論的方式辨別真偽，他說：「至于每篇之中，有引俗論以駁俗論者。如熒惑徙舍，〈變虛〉篇已辨其妄，〈感虛〉篇取以證襄公麾日之事，此借俗論以駁俗論也。讀者須究心焉，勿以仲任為信虛妄者。諸如此類，宜善讀之。」[24]王充並非相信虛妄的俗論，其用意是：「凡皆以不平之念，盡欲更時俗之說，而時俗之說之通行者，終不可廢。」[25]是認為俗論為一般人所接受，一時之間也不易更改，為得到世人的了解，所以從世俗的觀點立論，使其觀點更容易被大眾所接受。例如：

1.傳書上記載：魯陽公與韓作戰，雙方交戰正激烈時，不覺太陽日暮，魯陽公舉起戈揮向太陽，太陽因此返回了三個星宿。這個說法並不可靠，王充說：

> 宋景公推誠出三善言，熒惑徙三舍，實論者猶謂之虛。襄（陽）公爭鬥，惡日之暮，以此一戈麾，無誠心善言，日為之反，殆非其意（實）哉！（〈感虛〉）

---

24 （清）熊伯龍，《無何集》〈讀論衡說〉十段，同註1，附劉盼遂，〈論衡集解附錄〉，頁1336。並參見林麗雪，《王充》之論述，同註18，頁191-192。

25 （宋）黃震，《黃氏日抄》，同註1，〈附編〉三，頁1243。林麗雪已提出黃震說法，同註18，頁192。

此處引用宋景公三徙熒惑的俗論駁斥魯陽公以戈揮日的虛妄，〈變虛〉篇有「宋景公之時，熒惑守心。」一事，熒惑即火星，火星位於心宿區位附近，而心宿位於宋國的地理位置，火星出現預示上天將有懲罰。景公恐懼，召太史子韋計議。太史子韋建議可轉禍於宰相、百姓及年歲，景公不願犧牲這三者只圖個人消災免禍。由於景公有此三善心，感動上天，當晚火星離開心宿，景公並延壽二十一年。王充認為日月運行有一定的規律，人不可能改變這運行規律。在〈感虛〉篇引用宋景公三徙熒惑的用意，是說明景公以善心動天，尚且仍不可信，而魯陽公無善行卻能以戈揮日，實是無稽之談。

2.社會上一般人相信「祭祀必有福」「解除必去凶」，為了避禍求福，也不惜重金酬謝巫祝，王充主張「祭祀無鬼神」、「祭祀不為福，福不由祭祀」，認為凶禍「在人不在鬼，在德不在祀」。認為「夫論解除，解除無益；論祭祀，祭祀無補；論巫祝，巫祝無力。」（〈解除〉）他提出論證說：

> 虎狼之來，應失政也；盜賊之至，起世亂也；然則鬼神之集，為命絕也。殺虎狼，卻盜賊，不能使政得世治；然則盛解除，驅鬼神，不能使凶去而命延。（〈解除〉）

王充在〈遭虎〉篇指出世俗流傳老虎吃人是郡縣的長吏為非作歹所形成，這是上天對他們為奸的一種譴告。他認為這種天降災異的說法，牽強附會。然而，於〈解除〉篇卻說「虎狼之來，應失政也」，與前述的看法矛盾。實則其意是強調殺虎狼，「不能使政得世治」，況且虎狼應失政之說不可信。藉此類比解除驅鬼神不能免凶去禍。

這種引用俗論駁斥俗論的方法，學者已論及其缺失：[26]一是如熊伯龍所說「勿以仲任爲信虛妄者」，[27]也就是斷章取義會誤以爲王充也信虛妄之言。二是如黃震所說「至其隨事各主一說，彼此自相背馳」，[28]會以爲王充思想前後矛盾。不過，此論證方式的優點，是可藉由俗論使其本身觀點更容易得到認同。

由上述例證可知王充以符合經驗事實作爲判定虛妄的依據，他曾說：「道家論自然，不知引事物以驗其言行，故自然之說未見信也。」（〈自然〉）所以他在駁斥虛妄的論證過程中，即以大量的經驗事實爲依據，由其重視效驗的論證方法，可以知道他對外在事物客觀的認知態度。

二、以邏輯推理檢核

王充更認爲成功的論述，不僅是以經驗事實檢核，還需要有邏輯的推理，他注意到以感官經驗作爲論證依據，說服力並不足，主要問題在感官認識能力的有限，耳目所不能及者，無法以事實驗證，就要藉助「以心原物」的理性思維來推論，王充說：

> 夫論不留精澄意，苟以外效立事是非，信聞見於外，不詮訂於內，是用耳目論，不以心意議也。夫以耳目論，則以虛象爲言，虛象效，則以實事爲非。是故是非者不徒耳目，必開心意。墨議不以心而原物，苟信聞見，則雖效驗章明，猶爲失實。失實之議難以教，雖得愚民之欲，不合知音之

26 同註18，頁191-192。

27 （清）熊伯龍，《無何集》〈讀論衡說〉十段，同註1，附劉盼遂，〈論衡集解附錄〉，頁1336。

28 （宋）黃震，《黃氏日抄》，同註1，〈附編〉三，頁1243。

心。（〈薄葬〉）

此段文意要旨有二：

（一）感官可能受到時間空間關係的影響，而有多種侷限性，也可能有種種假象，形成以假亂真的混淆，例如：「臨大澤之濱，望四邊之際與天屬；其實不屬，遠若屬矣。…太山之高，參天入雲，去之百里，不見埵塊。」（〈說日〉）是由距離之遠而產生海天相連的錯覺。「又以星爲驗，晝日星不見者，光耀滅之也，夜無光耀，星乃見。」（〈說日〉）是受日夜明度背景不同而影響的錯覺，由時間不同而形成。又如「蓋望遠物者，動若不動，行若不行。何以驗之？乘船江海之中，順風而驅，近岸則行疾，遠岸則行遲。船行一實也，或疾或遲，遠近之視使之然也。」（〈說日〉）同一運動速度的物體，因與其距離的不同，而感受其運動快慢的差異錯覺。此外，「人目之視也，物大者易察，小者難審。」（〈書虛〉）是感官本身視覺機能的能力有限。聽覺亦然，「天之去人，高數萬里，使耳附天，聽數萬里之語，弗能聞也。…聲音孔氣，不能達也。」（〈變虛〉）是聽覺的傳導也有一定的限度。

（二）判斷真偽是非爲避免耳目聞見的虛象誤導或蒙蔽，還要透過理性的推論思考。至於如何在感官知覺的基礎上進行理性思維呢？王充提到的過程或方式，例如：「原始見終」（〈實知〉）「揆之今睹千載」（〈知實〉），這是考察事物的因果關係，以推論發展變化的方法，也有「由微見較」（〈知實〉）「由昭昭察冥冥」（〈實知〉）「案兆察跡，推原事類」（〈實知〉）等，這是從清楚明白的事物中，推論考察模糊不理解的事物；又有「比方物類」（〈薄葬〉）「推類驗之」（〈明雩〉）等，即爲類推，是透過同類事物的類比而認知其它事物，所以有「推此以論」「推而論之」等詞，能「推類以見方來」（〈實知〉），其中運用較多的是類比推理。

　　基本上，上述認知方式是在耳目觀察事物的基礎上，進而分析理解而形成判斷推理的概念。也就是推理論證是有所依據，王充說：

> 性敏才茂，獨思無所據，不睹兆象，不見類驗，卻念百世
> 之後，有馬生牛，牛生驢，桃生李，李生梅，聖人能知之
> 乎？（〈實知〉）

　　其意指出若無根據即推測幾千年之後馬會生牛，牛會生驢，桃會生李，李會生梅等，只是妄測，推理是依「兆象」「類驗」，即有所據的「據」。事情的發端也多有徵兆可循，如「周公治魯，太公知其後世當有削弱之患；太公治齊，周公睹其後世當有劫弒之禍。見法術之極，睹禍亂之前矣。紂作象箸而箕子譏（譏），魯以偶人葬而孔子嘆，緣象箸見龍干之患，偶人睹殉葬之禍也。太公、周公，俱見未然；箕子、孔子，並睹未有，所由見方來者，聖賢同也。」（〈實知〉）「魯侯老，太子弱，次室之女，倚柱而嘯，由老弱之徵，見敗亂之兆也。」（〈實知〉）上述不論聖賢或一般人，由徵兆就能預知未來。可見直接聞見或間接學、問所獲得的認知，經過融會貫通的過程，形成概念能作有意義的推理而舉一反三。所以，「推論，以一定的歷史知識、自然科學和社會經驗為基礎，根據一些現象來推知一些尚未感知的事物的一種獲知方式。」[29]

　　有關王充在論辨過程中所運用的推理方法，歸納說明如下：

（一）類　比

類比是將兩類事物作一比較，兩者之間必需有「同一類」（〈講

---

29 周桂鈿，《王充評傳》（江蘇：南京大學出版社，1993年），頁382。

瑞〉〉或「相似類」（〈異虛〉）的共同點，才能由已知一類的其中
屬性，類推出另一類的相似屬性。這種類推法在先秦時期已有論
述，《墨子》說：「以類取，以類予。」[30]《呂氏春秋》說：「必
比類。」[31]即表示類推的基礎是建立在同類的關係上。《荀子》
說：「以人度人，以情度情，以類度類，…類不悖，雖久同理。」
[32]意指同類事物相比較，可以推得恆久穩定的事理。王充更肯定
類比的推論功能，他說：「天與人同道，欲知天，以人事。」（〈卜
筮〉〉「以今而見古，以此而知來。」（〈實知〉〉也就是由已知的
人事推論未知的天、古代或鬼神的觀念。例如：

　　1.王充論述天的自然無為，曾以類比方式說：

　　　何以知天之自然也？以天無口目也。案有為者，口目之類
　　　也。口欲食而目欲視，有嗜欲於內，發之於外，口目求之，
　　　得以為利，欲之為也。今無口目之欲，於物無所求索，夫
　　　何為乎？何以知天無口目也？以地知之。地以土為體，土
　　　本無口目。天地，夫婦也，地體無口目，亦知天無口目也。
　　　（〈自然〉）

　　這是以天人之間的類比和天、地之間的類比來推論，他認為
天與人之間有「同道」關係，而作天人之間的推論。人具有耳目
等感官，因而欲食、欲視以滿足慾望。然而，天無耳目感官，不
會向外追求以滿足慾望，所以認為萬物生化於天地之間，純粹是
自然狀態。又如何知道天無口目呢？他又以人類夫婦關係的一雄

---

30 《墨子・小取》，（清）孫詒讓，《墨子閒詁》（台北：世界書局，1969
　　年），頁 250-251。
31 《呂氏春秋・仲秋紀》，陳奇猷，《呂氏春秋校釋》（台北：華正書局，1982
　　年），頁 422。
32 《荀子・非相》，（清）王先謙，《荀子集解》（台北：藝文印書館，1988
　　年），頁 214-215。

一雌，類比天與地是夫婦。配偶有許多相同屬性，而地面無口耳，又類推天也無口耳。以今天的認知看天地之間或天與人之間，實際上並沒有相同屬性，不是同一類，此種類比十分空泛實不能令人信服。

2.當時人的重古觀念，以爲古今之人有美醜壽夭之分、有質樸文薄之別、有重義輕利之差、有功德高低不同。王充不以爲然，他說：

> 如以上世人民，侗長佼好，堅彊老壽，下世反此，則天地初立，始為人時，長可如防風之君，色如宋朝，壽如彭祖乎？從當今至千世之後，人可長如英英，色如嫫母，壽如朝生乎？（〈齊世〉）

這是在「古今不異」的立場，[33]而「以今推古」的類比推論方式，由人的體態、面貌、壽夭日益倒退的變化趨勢，推論人類初始應如防風之君的高大，如宋朝一般的美貌，如彭祖一般的長壽，下推後世應如英英的矮小，如嫫母的醜陋，如朝生的短命，以這趨勢的可能結果，說明世俗說法的謬誤。

3.世人普遍相信「死人有知」，在「人死爲鬼」的意識下，祭祀往往就形成祈福或避凶的儀式，認爲鬼神能飲食，祭祀就好像款待賓客一樣，所以生病即求神問卜以爲能得福佑。王充認爲死人無知，他說：

> 人之所以勇猛能害人者，以飲食也，飲食飽足則彊壯勇猛，彊壯勇猛則能害人矣。人病不能飲食，則身羸弱，羸弱困甚，故至於死。病困之時，仇在其旁，不能咄叱，人盜其物，不能禁奪，羸弱困劣之故也。夫死，羸弱困劣之

---

33 同註 29，頁 386。

甚者也，何能害人？（〈論死〉）

這是以「人」類比「鬼」的推論，指出生命虛弱的時候就不能害人，即使仇人在身邊，也不能大聲呵斥，或有人偷他的東西，也不能阻止搶奪，推論人死後手腳不能舉動，骨頭腐朽筋力喪失，可說衰弱至極，更不可能害人。

4.王充提出了日月不圓以及隕石爲列星的觀念，他說：

夫日月不圓，視若圓者，去人遠也。何以驗之？夫日者，火之精也；月者，水之精也。在地，水火不圓；在天，水火何故獨圓？日月在天猶五星，五星猶列星，列星不圓，光耀若圓，去人遠也。何以明之？春秋之時，星霣宋都，就而視之，石也，不圓。以星不圓，知日月五星亦不圓也。（〈說日〉）

此處王充用同類相比的類推方式，將日月類比爲地上的水火，由水火不圓斷言日月不圓。古人多有以水月同屬於一類的觀念，王充也說：「月離于畢爲雨占」（〈明雩〉），「離」通「麗」，有附著之意，月附畢星雨水就多，即將月與水作一聯繫。又日與火的關聯從王充說「驗日陽遂，火從天來。日者，大火也。」（〈說日〉）向日取火，就有日是火精的概念。此外，又以隕石爲天上列星，日月和列星同類，由隕石不圓推論出日月和列星不圓。這是忽略隕石墜落過程的燃燒現象，與列星已有區別的事實。

雖然許多科學上的真理，都是以類推爲出發點。[34]但王充所運用的類比例證也有其缺失，由於同類屬性的兩個個別事物才能進行類比，而王充並未將用作類比的兩類事物的屬性，事先先作一比對，以確認二者之間是否爲同一類。他往往以個人主觀認知

來斷定二者爲同類，而事實上並不然，尤其天人之間或天地之間或日月與水火之間等的類比，可說是無限擴大二者之間的同類關係，[35]顯然精確性並不大。

（二）比　喻

比喻是以彼喻此，與類推法相似，[36]但喻體與喻依之間，即所要說明的事物主體和用來比方主體的另一事物，二者之間未必相關，也不是同一類。王充運用比喻方式推論，例如：

1.一般人認爲鬼是實有存在的，王充不認同，並以「神滅則形毀」的論點說明鬼具有活人的形體是不可信的。他說：

> 人見鬼若生人之形。以其見若生人之形，故知非死人之精也。何以效之？以囊橐盈粟米。米在囊中，若粟在橐中，滿盈堅彊，立樹可見。人瞻望之，則知其為粟米囊橐。何則？囊橐之形，若其容可察也。如囊穿米出，橐敗粟棄，則囊橐委辟，人瞻望之，弗復見矣。人之精神，藏於形體之內，猶粟米在囊橐之中也。死而形體朽，精氣散，猶囊橐穿敗，粟米棄出也。粟米棄出，囊橐無復有形，精氣散亡，何能復有體，而人得見之乎！（〈論死〉）

這是以口袋裝粟米爲喻，人死而形體腐朽，精神散失，好比口袋破孔，粟米即灑漏出來。粟米灑漏，口袋則不再具有形狀。如同人死精氣散亡，形體即不存在。認爲精神是先形體而存在，精神盡則形體朽而不存在。

2.漢代流行天人感應之說，動輒將天災歸於政治，認爲是上

---

35 此觀念盧文信，《王充批判方法運用例析》一文已論及，同註 20，頁 172。
36 梁榮茂，〈王充的認識論及其批評方法〉，《王叔岷先生八十壽慶論文集》（台北：大安出版社，1993 年），頁 945-946。

天降下的災異以譴告國君。王充認為此說不可信，他說：

> 故人在天地之間，猶蚤蝨之在衣裳之內，螻蟻之在穴隙之
> 中。蚤蝨螻蟻為順逆橫從，能令衣裳穴隙之間氣變動乎？
> 蚤蝨螻蟻不能，而獨謂人能，不達物氣之理也。（〈變動〉）

這是舉蚤蝨螻蟻在衣裳穴隙之間的關係比喻人生於天地之
間的關係，人不能動天如同蚤蝨螻蟻不能動衣裳、穴隙的氣，藉
此說明人與天地相比，二者量的大小相差懸殊，個人行為影響天
地是不可能的。

比喻是修辭的技巧表現，用來比方主體的事物通常是熟悉、
具體的，以便於說明或聯想，這種方法用在推理上，不一定能作
為證據推論，但使用比喻可以把所要說明的，比不用比喻時更容
易理解，「更重要的是比喻的表達方式令我們將可以道說和易於
領會的範圍加以擴大，把原來我們對於業已熟知或易於瞭解的事
物所使用的語言，應用到我們並未深切瞭解其真象或者不甚易於
領會的對象之上。這一點是比喻的語言在整個人類文明史上，不
可被忽略的功能。」[37]

（三）矛盾律

矛盾是兩個互相否定的條件，不能同時成立，其中必有一
假。矛盾一詞出自《韓非子》的〈難一〉和〈難勢〉篇，〈難一〉
篇以賢舜德化和聖堯明察二者不能兩立的議題，引出「夫不可陷
之楯與無不陷之矛，不可同世而立」[38]的矛盾之說。〈難勢〉篇
又因賢治與勢治的爭論，以「賢之為道不可禁，而勢之為道無不

---

37 何秀煌，《邏輯》（台北：臺灣東華書局，1987 年），頁 108。

38 《韓非子‧難一》，陳奇猷，《韓非子集釋》（台北：漢京文化事業公司，
　　1983 年），頁 796。

禁」，引出「以爲不可陷之楯與無不陷之矛，爲名不可兩立也。」
[39]的論點。其以言語論辯而提出，不外是說明思維中的矛盾現象，
相反或衝突的言談及觀念不能同時成立。王充也說：「是以文二
傳而不定，世兩言而無主。」（〈說日〉）「二家相違也，并而是
之，無是非之分。無是非之分，故無是非之實。無以定疑論，故
虛妄之論勝也。」（〈雷虛〉）故而運用矛盾方法以判定真僞，例
如：

1.傳書上說紂王力量大到能把鐵條扭成鐵鏈，將鐵鉤拉直，
還能撫樑易柱，蜚廉、惡來父子，一善走一有力，二人以勇力事
殷紂王，而周武王伐紂，可以兵不血刃取得勝利。王充認爲武王
的德行雖高，但二軍相抗也有人犧牲，況且有力大的紂王和勇力
的蜚廉父子，顯然兵不血刃並不合理，他說：

> 世稱紂力能索鐵伸鉤，又稱武王伐之，兵不血刃。夫以索
> 鐵伸鉤之力當人，則是孟賁、夏育之匹也；以不血刃之德
> 取人，是則三皇、五帝之屬也。以索鐵之力，不宜受服，
> 以不血刃之德，不宜頓兵。今稱紂力，則武王德貶；譽武
> 王，則紂力少。索鐵，不血刃，不得兩立；殷、周之稱，
> 不得二全。不得二全，則必一非。（〈語增〉）

這是以殷紂王力大與周武王德盛二者不能並立的矛盾現象
推論。殷紂王力大抵擋敵人，又有孟賁、夏育等人協助，必然不
易被征服。周武王以兵不血刃的道德力量服眾，必然不願意使用
武力。如果武王以盛德取之，紂王的力氣必不大；如果贊揚紂王
力大，與周武王的兵不血刃則不能同時成立，二者既然同時成立，
必定有一說爲非。

---

39 《韓非子・難勢》，同註 38，頁 888。

　　2.對於魯繆公分別向子思及子服厲伯詢問龐𤲃是子不孝的事情。子思隱惡揚善，未回答龐𤲃是子的過錯，子服厲伯則將過錯告知魯繆公。不過魯繆公並未因此看重子服厲伯，反而看重子思，所以韓非斥責魯繆公的不當。對於鄭子產聞婦人哭聲「不哀而懼」而知奸的事例，韓非也認為不當，以為鄭子產不依行官吏分職制度，不依實情可察，只憑自己耳聞口問去察奸是不正確的。王充不以為然，他說：

> 使韓子聞善，必將試之，試之有功，乃肯賞之。夫聞善不輒加賞，虛言未必可信也。若此，聞善與不聞，無以異也。夫聞善不輒賞，則聞惡不輒罰矣。聞善必試之，聞惡必考之，試有功乃加賞，考有驗乃加罰。虛聞空見，實試未立，賞罰未加。賞罰未加，善惡未定。未定之事，須術乃立，則欲耳聞之，非也。…韓子聞而非之曰：「子產不亦多事乎？奸必待耳目之所及而後知之，則鄭國之得奸寡矣。不任典城之吏，察參伍之正，不明度量，待盡聰明、勞知慮而以知奸，不亦無術乎？」韓子之非子產，是也；其非繆公，非也。（〈非韓〉）

　　這是從韓非理念的矛盾而推理，二件事例同樣是不任分職官吏，只憑自己耳聞口問去察奸。但是韓非對鄭子產及魯繆公的評論是：既反對鄭子產以耳聞知奸，也反對魯繆公不以耳聞知奸，韓非理念看似矛盾，所以王充說「韓子之非子產，是也；其非繆公，非也。」在王充看來，道聽塗說，善惡無法確定，須考以實情才可論斷。魯繆公只憑耳聞口問來理解事情真相，不足以取信，須要「試有功乃加賞，考有驗乃加罰」。王充對韓非的批評看似

有理，但事實上未能理解韓非學說的要義。[40]

（四）歸　納

歸納法是從許多個別事例，經研究觀察而後推論出一般性的規則或原理的方法。歸納法的缺點是前提真實，結論未必真實，[41]其中原因往往是所舉例證的範圍或種類不夠普及，而造成結論的不真。王充也運用歸納法來論證虛妄，例如：

1. 一般人認爲聖人「前知千歲，後知萬世，有獨見之明，獨聽之聰，事來則名，不學自知，不問自曉，故稱聖，聖則神矣。」（〈實知〉）王充認爲聖人與神不同，非生而知之者，於〈知實〉篇列舉十六個事例以論證其說：

（1）「孔子問公叔文子於公明賈」即孔子不知公明賈的個性，要透過公叔文子才能解答，是不能先知。

（2）子貢告訴子禽「孔子聞政以人言，不神而自知之也。」孔子聞政之法不能先知。

（3）「顏淵炊飯，塵落甑中，欲置之則不清，投地則棄飯，掇而食之。孔子望見，以爲竊食。」孔子不知顏淵心意是恐落塵污染米飯，而疑顏淵竊食，是不能先知。

（4）「匡人之圍孔子，孔子如審先知，當早易道，以違其害。」孔子不能預知己將遇禍，未能避匡人之圍，是不能先知。

（5）「子畏於匡，顏淵後。孔子曰：『吾以汝爲死矣。』」孔子不知顏淵不死，是不能先知。

（6）「陽貨欲見孔子，孔子不見，饋孔子豚。孔子時其亡也，而往拜之，遇諸塗。」孔子不欲見陽貨，卻在返回之路相遇，

---

40 參見本文第六章王充「先秦諸子論」的批判精神第二節王充〈非韓〉的內容。
41 盧文信，《王充批判方法運用例析》，同註 20，頁 109。

是不能先知。

（7）「長沮、桀溺偶而耕。孔子過之，使子路問津焉。」孔子向長沮、桀溺問去津口的路，是不能先知。

（8）「孔子母死，不知其父墓，殯於五甫之衢，…鄰人鄒曼甫之母告之，然後得合葬於防。」孔子不知父塋在防，是不能先知。

（9）「既得合葬，孔子反。門人後，雨甚至。孔子問曰：『何遲也？』曰；『防墓崩。』孔子不應。三，孔子泫然流涕曰：『吾聞之，古不修墓。』」孔子不知雨甚墓崩，是不能先知。

（10）「子入太廟，每事問。不知故問，爲人法也。」孔子不知太廟之器具而向人請教，是不能先知。

（11）「如孔子先知，宜知諸侯惑於讒臣，必不能用，空勞辱己，聘召之到，宜寢不往。君子不爲無益之事，不履辱身之行。無爲周流應聘，以取削跡之辱；空說非主，以犯絕糧之厄。由此言之，近不能知。」孔子不能知周流應聘不被任用，是不能先知。

（12）「孔子曰：『游者可爲綸，走者可爲矰。至於龍，吾不知，其乘雲風上升。今日見老子，其猶龍邪！』」孔子不知龍與老子，是不能先知。

（13）「晏子聘於魯，堂上不趨，晏子趨；授玉不跪，晏子跪。門人怪而問於孔子。孔子不知，問於晏子。晏子解之，孔子乃曉。」孔子不知晏子聘魯所行之禮，是不能先知。

（14）「武王不豫，周公請命。壇墠既設，筴祝已畢，不知天之許己與不，乃卜三龜。三龜皆吉。如聖人先知，周公當知天已許之，無爲頓復卜三龜。」周公爲武王請命，不知天已應許其請求而卜龜三次，是不能先知。

（15）「孟子，實事之人也，言周公之聖，處其下，不能知管叔之畔。」周公不知管叔將以殷畔，是不能先知。

（16）「瞽叟與象，使舜治廩、浚井，意欲殺舜。當見殺己之情，早諫豫止，既無如何，宜避不行，若病不為。何故使父與弟得成殺己之惡，使人聞非父、弟，萬世不滅？」舜不知父與弟欲殺己，是不能先知。

上述十六個個別事例，分別由孔子、周公、舜等聖人不能先知，歸納出「聖人不能先知」的普遍原則，王充列舉十六個事例，取樣廣泛。

2.董仲舒的土龍致雨是雩祭的一種，是否有效則有不同看法，王充支持「土龍致雨」的做法，列舉了十五個事例論證：

（1）鑄陽燧取飛火於日，作方諸能取水於月。

（2）取刀劍偃月之鉤，摩以向日，亦能感天。

（3）雞可以姦聲感。

（4）精神之氣可感動木囚。

（5）禹鑄金鼎象百物，以入山林，亦辟凶殃。

（6）磁石、鈎象之石，非頓牟，但皆能掇芥。

（7）葉公畫龍以致真龍。

（8）神靈以象見實。

（9）斬桃為人、畫虎之形可以禦凶，此為刻畫效象之類。

（10）刻木為鳶，可蜚之三日而不集。

（11）刻木為魚，丹漆其身，可使真魚聚會。

（12）郢都的精神在形象之中。

（13）先母之圖像，非實身，可使人感泣。

（14）弟子知有若非孔子，猶共坐而尊事之，以其貌似孔子。

（15）李夫人已死，漢武帝見李夫人之影像而感動。

以上十五個事例不外是因偽像、偽聲而有所感應，由此歸納推論土龍雖非真龍，也能以偽致真。由於這十五個例證多是誤以

傳說爲事實或無科學根據的模仿等論點，前提不真，所以王充推論土龍致雨的結論並不能成立。這裏可以看出他的「雄辯」，[42]實際上，他相信土龍不能致雨，曾說：「董仲舒請雨之法，設土龍以感氣。夫土龍非實，不能致雨，仲舒用之致精誠，不顧物之僞真也。」（〈死僞〉）是以土龍祈雨，只是表示誠心而已。

（五）演　繹

　　演繹法是藉一般性的規則或原理，作爲論證依據，而後推論出個別事例之現象的方法。王充也運用演繹法來推論虛妄，例如：

　　1.儒書記載淮南王劉安修習道家方術，招集天下有道術的人，貢獻各自煉丹求仙的奇方異術，淮南王因此得道成仙，全家升天，所煉仙藥有多餘的，給狗、雞吃，也都隨其升天。喜愛學道求仙的人信以爲真，王充說：

> 夫人，物也，雖貴為王侯，性不異於物。物無不死，人安能仙？鳥有毛羽，能飛不能升天。人無毛羽，何用飛升？
> 使有毛羽，不過與鳥同，況其無有，升天如何？（〈道虛〉）

此處運用了二個演繹法推論人不能成仙升天。第一個演繹方式是提出「物無不死」的一般性原則，而「人，物也，雖貴爲王侯，性不異於物。」推演出「人不能仙」的結論。第二個演繹方式是提出「有毛羽，才能飛升」的一般性原則，而「人無毛羽」推演出「人沒有毛羽，不能飛升」的結論。因此，得知淮南子及其家人不能飛也不能成仙的事實。

　　2.傳書上有人指出：顏淵和孔子一起登上魯國的泰山，孔子向東南方眺望，望見吳國的都城昌門外拴著一匹白馬，於是引導

顏淵，並指給他看。世俗之人以為真是如此，王充說：

> 人目之視也，物大者易察，小者難審。使顏淵處昌門之外，
> 望太山之形，終不能見。況從太山之上，察白馬之色，色
> 不能見，明矣。非顏淵不能見，孔子亦不能見也。（〈書虛〉）

此處運用演繹法推論，提出「人目之視也，物大者易察，小
者難審。」的原理和原則，只要是人都是如此，所以「非但顏淵
看不見，就連孔子也是看不見」，而推演出顏淵站在吳都的昌門
外，觀察泰山高大的形狀，都難以看到，更何況是從泰山之上，
遠看吳都昌門外有一匹白馬，必定是不可能成立。

（六）比　較

比較法本是最原始而最自然的思想方法，因人只要接觸兩個
以上之具體事物，即可施行比較，人也往往能自然的將所接觸的
各種事物加以比較，以構成各種常識與科學知識，而從事於「其
與其它思想或思想系統之或同或異之關係」之反省。[43]藉由事物
間的比較，可以了解真象或辨識事物或同或異的關係。王充在批
判上運用比較的例證：

1.儒者謂「漢興已來，未有太平」（〈宣漢〉）或「漢無聖帝，
治化未太平」等（〈須頌〉），王充認為這是「涉聖世不知聖主」，
他藉由漢與周的比較來論證，表現他進化的歷史觀，王充說：

> 周家越常獻白雉，方今匈奴、善鄯、哀牢貢獻牛馬。周時
> 僅治五千里內，漢氏廓土，牧荒服之外。牛馬珍於白雉，
> 近屬不若遠物。古之戎狄，今為中國；古之躶人，今被朝
> 服；古之露首，今冠章甫；古之跣跗，今履高舄。以盤石

---

43 唐君毅，《哲學概論》（台北：臺灣學生書局，1982 年），頁 201。

> 為沃田，以桀暴為良民，夷培坷為平均，化不實為齊民，
> 非太平而何？（〈宣漢〉）

從異族的進貢、疆域的開拓、邊境民族的內附都遠遠超越周代，此外，生活的文明、農耕的技術、教化的實行等也有長足的進步等方面的比較。歸結：「夫實德化則周不能過漢」，「度土境則周狹於漢，漢何以不如周？」（〈宣漢〉）

2.王充除認為漢優於周代之外，在〈恢國〉篇更進一步以漢代功業和五帝三王作比較，論證漢在百代之上。[44]

上述王充藉由理性思維的推理來考辨真偽，成為其重要的思想特色，而當中也有缺失，胡適說：

> 從箇體推知箇體，從這物推知那物，從名學上來看，是很容易錯過的。但是有時這種類推法也很有功效。王充的長處在此，他的短處也正在此。[45]

按其意已指出從此物推知彼物的推理方式，不論是類比、比喻、歸納或演繹等，往往有認知不周全之處，胡適也認為受限於當時的科學條件，以推理方式去認知未知的事物，也不失為一種易於理解的方法。基本上，「考之以心」的推理方法可以補事實經驗的不足，而且由事物徵兆的考察而推論，更需要經驗的積累，據此可見王充求知的精神。

第二節　王充批判方法的特色

王充《論衡》運用了各種論證方法分清是非，明辨「真」或

---

44 參見本文第八章王充「宣漢說」的批判精神第二節王充「宣漢說」的內容。
45 同註1，頁1278。

「假」的知識，建立「訟必有曲直，論必有是非，非而曲者爲負，是而直者爲勝。」（〈物勢〉）的思維。認爲正確的認識不是來自臆測，或流傳的說法，或書籍的似是而非的記載，而是依據客觀事實及邏輯推理獲得，以合乎事實者爲是，不合乎事實者爲非。因而他判定知識真僞重視後天的經驗，根據多樣，融合多端，能夠在漢代一味信古好師說的知識觀念中獨樹一幟，對建立判定知識真僞的觀念有一定的貢獻。關於王充批判方法的特色，說明如下：

一、重視驗證的步驟

　　王充疾虛妄，重點在提出懷疑和驗證，對前人說法並非一味的認同而不加思索，前後矛盾或失當不實等事物，能持懷疑態度，透過假設及進一步驗證而加以匡正，不同於一般人的思考偏狹，信師好古的態度。王充採用的判定真僞方法，包含事實經驗，如耳目查證、口問訪談、可靠的文獻典籍記載、日常知識、史實常識、地理知識、科學知識、量化數據、語言謬誤等，對於無法用事實經驗論證的虛妄之說，則採用邏輯推理，如類比、比喻、矛盾律、歸納、演繹、比較等。也就是重視感官經驗，但不停留在感官經驗，並根據感官經驗進行思考，由分析、判斷、推理而認識知識。這種事實經驗和推理並重的認知及判定真僞方式，彌補道家「不知引物事以驗其言行，故自然之說未見信也。」（〈自然〉）的缺乏具體實效及經驗證據的缺點；同時也彌補墨家過分依賴事實證據，導致於被虛象所蒙蔽的現象，所以主張「是故是非者不徒耳目，必開心意。」「不以心原物，苟信聞見，則雖效驗章明，猶爲失實。」（〈薄葬〉）的觀念。換言之，判定知識的真僞，既要聞見於外，又要考之於心，這是他爲學和立論的基礎。凡此不

是空談而得，也就是「學而知之」的重要。

二、常採用複式論證

　　王充論證知識真偽的方法多樣化，而且對於同一議題的論述過程，往往交互運用多種方式說明。[46]就上節王充批判方法的分類例證，其中〈雷虛〉篇批判一般人流傳雷擊人是上天發怒或懲罰有罪過之人的虛妄說法，王充從實驗的觀察，論證雷是極盛的陽氣衝擊陰氣所造成。第一個實驗內容以一桶水澆灌冶煉的火上，發生氣爆、引發如雷聲響，及燒傷人的身體。第二個實驗內容以熾熱的冶煉鐵汁，澆灌泥土模子，若模子泥土未乾而澆下，模子破裂，且熔汁四處飛濺。以此論證雷的起因，是夏季陰陽二氣相互作用，此外，又從「正月陽動，故正月始雷。五月陽盛，故五月雷迅。秋多陽衰，故秋多雷潛。」即陽氣變動，由陽氣始動─雷始動；陽氣盛─雷盛；陽氣衰─雷衰的歸納法，推論陽氣與雷的關係。又如〈感虛〉篇批判傳書流傳鄒衍被囚禁在燕國，正當夏季五月，仰天長嘆，上天感動因而下霜的虛妄說法，王充採用萬人長嘆和鄒衍一人長嘆的量化數據比較，以萬人長嘆不能感天類比鄒衍一人長嘆，同時，又以小火把燒一鍋水，和一尺大小的冰置於廚房的比喻，論證「微小之感，不能動大巨也。」的事實。可知王充能從不同角度推論，並且《論衡》各篇的編排聯繫，是同一主題的篇章編列一起，也因而各篇內容能前後互相證成，在論述上更加嚴謹。

---

46 學者也有相同看法，同註 29，頁 406。

三、從小處擴大論點

　　王充對於事物的認定過於主觀，應用在論證上，尤其是證據對象的選取，容易流於偏執的看法，並從小處無限擴大其論點。例如〈亂龍〉篇舉十五項事例說明土龍求雨的效驗，只不過以事例對象中某一相似點，即作擴大式的類比推理，他舉一幅母親畫像，雖然不是母親實體，卻令人思親涕下之例，就依此類比，擴大為土龍如畫像，雲雨見之則能致雨，其它的十四個論證依據多諸如此類。又如〈骨相〉篇以經傳所記或世人所共知的異於常人骨相，如「黃帝龍顏，顓頊戴干，帝嚳駢齒，堯眉八采，舜目重瞳，禹耳三漏，湯臂再肘，文王四乳，武王望陽，周公背僂，皋陶馬口，孔子反羽。」(〈骨相〉)等例子，論證「人命稟於天」。雖然所根據的是歷史上有其事實者，但形體外表只可作為命運的參考，王充卻據此類推，擴大為命運可於骨相得知的命定觀念。

　　基本上，類比是否有效，取決於二者之間的相似關係：[47]

　　　　類比論法的強度，主要決定於兩類拿來比較的事物之間的類似性到底如何。任何兩類的事物都會在許多方面相類似，而在另外許多方面不相類似。在類比的論證裡，最根本的問題是：拿來比較的諸事物是否在與論證相干的方面相類似呢？[48]

　　王充在運用類比方式時，可能著重在兩類事物之間的相似度，藉以推論其中一類事物的未知性質，雖然兩類事物之間有相似處，但其中也往往有相異處，相異性大於相似性則關聯程度不

---

47 劉謹銘，〈王充思想是否符合科學標準之評議〉，同註 5，頁 402-403。
48 何秀煌譯，《邏輯》(台北：三民書局，1995 年)，頁 126。

夠，論證就失去有效性。王充舉兩類事物類比，常忽略二者之間的環境背景的不同。例如：上節曾舉日月不圓的例子，即是以隕石為天上列星，日月和列星同類，由隕石不圓推論出日月和列星不圓。這是忽略隕石墜落過程的燃燒現象，與列星已有區別的事實。又如：王充懷疑《史記‧殷本紀》所載「契母簡狄浴於川，遇玄鳥墜卵，吞之，遂生契焉。」和〈周本紀〉所載「后稷之母姜嫄野出，見大人跡，履之則姙身，生后稷焉。」（〈案書〉）的感生說法，他說：「案帝王之妃，不宜野出，浴於川水。今言浴於川，吞玄鳥之卵；出於野，履大人之跡，違尊貴之節，誤是非之言也。」（〈案書〉）是以漢代帝王之妃的尊貴，不能「出於野」、「浴於川」，類比遠古的傳說，忽略其間文明發展的不同。[49]可知王充在選擇對象作類比論證的過程中，有轉移焦點或擴大適用範圍的流弊出現。

49　同註29，頁388。

第十章　結　論

　　上述各章將王充思想置於當時的歷史背景中考察，可以發現
《論衡》內容與社會問題息息相關。徐復觀曾說：

　　　　若不能首先把握到兩漢知識分子的這種壓力感，便等於不了
　　　　解兩漢的知識分子。若不對這種壓力感的根源 —— 大一統的
　　　　一人專制政治及在此種政治下的社會 —— 作一確切的解析、
　　　　透視，則兩漢知識分子的行為與言論，將成為脫離了時間
　　　　與空間的飄浮無根之物，不可能看出它有任何確切意義。[1]

　　思想家的論述無疑是反映與其時代相關的政治、社會、學術
等諸問題，蘊含有特定的含義，這段話意思是將思想家的觀念與
政治和社會背景聯繫起來，這也是本論文研究的目的。以下即綜
合前述各章所論，總結王充《論衡》所反映的時代意義，以及論
述的矛盾或自我衝突之處。

第一節　王充《論衡》所顯示的時代意義

一、就王充的「天道自然無為論」而言

　　王充對於天的認知，接近老子和荀子的自然天，但境界、格

1　徐復觀《兩漢思想史》卷一（台北：學生書局，1990年），頁283。

局卻又大不相同,主要論點有三:

（一）天是能施「氣」的實體,而「氣」是萬物初始的本原。

（二）「氣」和天相同是自然物質,無目的性也無意識性,即「氣」生成萬物的過程,純粹是自然化生的狀態。

（三）天道運行是自然無為,萬物於四時之變化,乃因氣的流行而生長,非天意支配。

此說法與當時人最大的不同,也就是王充天道觀所表現的理念,主要有三方面:

（一）政治思維的歧出:王充提出天道自然無為論的政治理念有別於漢代主流派的儒法顯隱的政局發展。天人感應論者講災異、譴告、符瑞,以及天有意志的觀點和說法,在聯繫天與人關係的同時,也因為以自然界的陰陽類比作人倫的尊卑,而特別突出了國君的地位。所以國君本應法天行事,落實德治,天人與儒家理念也就合而為一,但結果國君地位的提高,卻是運用君權神授觀念強化了專制,儒學與德治也就有名無實。

王充淵源自道家的天道無為觀念,不同於統治者以天道有為的儒顯法隱思維,可說是在獨尊儒術之外的另一種治國方式。其中重要的主張,無論是「承安繼治」的無為,或「自生自成」的理想,無不是期待執政者能夠各盡職責,又具有不刻意追求名譽功業的道家修為,進而與王充在〈非韓〉篇提出「養德」與「養力」並重的政治理念合觀,可說是避免了尊儒的法家傾向,也修正了道家獨善其身作法,同時融入了人為的努力。

（二）神話思維的歧出:王充天道觀將自然界的一切變化視為一自然規律現象,完全以理性懷疑態度看待關於自然界的神話傳說,與漢代傳統的人文思維不同。例如,漢代有雷為天怒的傳說,這反映民間普遍有不能以法律制裁的社會問題存在,因而有

雷神的流傳，以遏止不道德行爲的發生。又當時有龍能致雨的傳說，也相信「土龍致雨」的祭祀，透過土龍致雨，有撫慰民心的用意。並且漢代著作《淮南子》一書有十日並出、羿射日的神話記載，所表現的是對生存環境的解釋，是一種適合初民文明狀態的簡單思維。又記載女媧補天的神話，與先民面對變化莫測的大自然災害有關，因而透過具特殊力量的先祖來改善大自然環境。此外，漢代人普遍相信始祖誕生的感生神話，表現了人民好奇信古心理，影響所及，之後衍生的漢高祖與遠古帝王的感生神話，成爲從政人士藉神話帝王，提昇自我的政治合理性，或藉以宣揚君權神授的天命思想，方便政治上的操作。

王充以豐富的自然知識，如聲波的知識、幾何學知識、氣象知識、醫學知識等，解說日月星辰的運行、風雨雷電的形成、春夏秋冬的變化、水旱災的形成以及萬物生長，將這些自然界變化視爲自然現象或規律，其認知破除了人對天盲目的信仰與崇拜。又以自然知識與哲學的結合，分析雷爲天怒、神龍致雨、十日並出、女媧補天以及感天而生等神話傳說的虛妄，所以儘管神話傳說有豐富的人文意蘊，也都成爲無稽之談了。

（三）天人感應論的歧出：漢代是天人感應瀰漫的時代，《漢書・五行志》記述了大量自然災害與人事有關的內容，認爲社會政治不安，天便使自然發生災異現象以譴告人君，令其毀過修德；漢代也流行帝王受命於天的說法，例如，劉邦是龍施氣而生的感生神話，以及上天出現符瑞即是。

王充天道觀自然無爲的觀點，理性的揭露譴告和符瑞的不當。以旱災、洪水和氣候的變化爲例，於〈寒溫〉〈變動〉〈明雩〉〈順鼓〉〈感類〉等篇，分析是大自然現象與人君施政無關，譬如雷擊，並非上天有意懲罰不道德的人事物，而是陰陽二氣互

相衝擊，產生氣爆或噴射的自然反映；以蝗蟲、老虎爲害之例，於〈遭虎〉〈商蟲〉等篇，也說明無關乎人事；以感生爲例，認爲動物界中，只有同類動物才能互相施氣，產生後代；以符瑞爲例，是物種變異的巧合，與君權神授或社會治亂無涉。

二、就王充的「命定論」而言

王充的命定論是從他個人的經歷，得出人的窮通是偶然發生的事情，並不是根據才能而必然的結果，個人的才能和操行與其所受的遭遇並不一致，這種現象王充歸因於「命定」的概念。他對命的看法，包括先天的「稟氣之命」，和後天的「所當觸值之命」，也稱之爲「時」。來自外在影響的遇偶及遭累害等觸值之命看似偶然，但卻是命定必然。至於死生壽夭和貴賤貧富的先天命祿，也受觸值之命的制約，也就是「命當貧賤者」雖處富貴，但其結果，貧賤者終失其富貴而歸於貧賤，富貴者也終離其貧賤而歸於富貴。王充認爲不論是「稟氣之命」或「觸值之命」，不能靠個人努力而改變，其本身是自然而然形成，並非天有意的安排。而且壽命長短、貴賤貧富，有骨相作爲表徵。因此，操行道德的好壞，沒有改變命運的可能，也就有「性」與「命」分途的看法。此看法甚爲偏激，應是其自身「仕數不偶」遭遇的感慨，表現消極的人生價值和意義，而將一切歸之於命定。

王充這種消極的命定心態，所體現的時代意涵有三：

（一）**呈現漢代用人不當、考課不公的問題**：富貴貧賤與是否賢愚，沒有必然關係的命定思想，毫無疑問的揭示了漢代選官制度有其缺失。漢代地方長官察舉人才多無客觀標準，往往知名度較高的人，就會受到較多人的舉薦，而且懂得廣交朋友，籠絡

人心的人，世人無不交相稱譽。加上察舉多重視名譽，使人產生徇名而喪實之虛偽行為，如久喪、讓爵、推財、避聘、報恩等，多矯枉過正。此外，又有貲選制度的賣官鬻爵，以及任子制度為權貴子弟的仕進大開方便之門。察舉制度發展至末流為門閥士族壟斷，外戚宦官並藉察舉樹立黨羽，雖有負責督察的刺史、督郵等官吏，已無法發揮監督的職責。

（二）**揭露官場的黑暗**：王充直指「庸庸之君」，因能否被任用，決定於國君個人的喜愛，而無能的君主既不能知賢，也不能知佞，例如「閎孺幸於孝惠，鄧通愛於孝文」，二人對治理天下並無建樹，只因外表美好而深得寵信，才德之士不見得被任用。也因此在位者多非其人，朝政敗壞，官員無所用心，甚至欺罔誤國、掠民財物，所謂「白黑不分，善惡同倫，政治錯亂，法度失平。」（〈定賢〉）「不曉政事，默坐朝廷，不能言事，與尸無異。」（〈量知〉）只知「奏習對向，滑習跪拜。」（〈程材〉）且又往往營私舞弊，「考事則受賂，臨民則采漁，處右則弄權，幸上則賣將。一旦在位，鮮冠利劍；一歲典職，田宅并兼。」（〈程材〉）並且妒賢忌才，使有才德者遭受「三害」之累。

王充本人志行高潔，潛心致學，不干謁權貴，也因堅持學者風骨，一生只作過一些屬官，章帝建初年間，在郡中擔任屬官，因天災曾向郡守提出〈備乏〉〈禁酒〉的建議，不被見用，而自動請辭。反觀以擅長法令文書出名的文吏，既不諫阻長官的欲望，又善於迎合長官心意，窺測長官喜好，所以上級無治理績效，又所用非人，形成吏治不清的混亂現象。

（三）**體認個體生命的有限**：王充認為生死壽夭也屬於命定，這與漢代盛行的成仙方術有極大落差。按王充所述，當時流傳的各種類型的成仙方法，可歸納為：乘龍飛天、長壽為仙、老

子之道可以度世、辟穀不食、服食導氣、變形羽化等六種方式。

王充看來，成仙不死不可能實現，他以稟氣多寡來解釋壽命，認為萬物生成是不同的氣聚集而成。氣聚集成不同形體，即有不同的天年限制，所以氣聚集成人的形體，就有人的天年壽命限制。王充解釋壽命的長短問題時，又以稟受氣的厚薄多少決定壽夭，人所稟的元氣充實堅強，壽命就長久，反之則短暫。夭與壽是稟氣強弱形成的生命力強弱問題，夭只是稟氣的缺乏，壽則是稟氣充足。因此，王充認識並接受生命的有限性，其積極意義則是進而更珍惜生命，所以王充對養生之道也有獨到見解。他說：「飲食飽足則彊壯勇猛。」(〈論死〉)養生首重飽足飲食維持生命運作，拒絕飲食的辟穀不食有損健康，同時情感的適度釋放、社會進步、物質生活條件的改善，以及生態的平衡等，都關係著生命的發展，若個人注重養生，又能正確調和人和社會、自然的關係，那麼個體生命雖不能成仙或變形，但可避免生命的意外傷害。

三、就王充的「無鬼論」而言

王充主張無鬼，依形亡神滅推論，提出「人死不為鬼，無知，不能害人」的論點。即由氣為萬物形構的根源，進而論述人之所稟包含陰陽二氣，陽氣又稱精氣，形成精神，陰氣形成骨肉，二者相互依存。「形亡神滅」承桓譚以燭火喻形神的方法，說明形體、精神必須同時存在，形體有精氣才能成為人的形體，而精氣也要有形體才能產生精神活動，形體滅亡，精神即回復到無形的狀態，而否定人死為鬼的說法。

王充的無鬼論不同於世俗流行的種種鬼的說法，其中的時代意涵有以下數端：

　　（一）無鬼論與薄葬的結合：「人死不爲鬼」主要是推動社會薄葬的可行性。漢代也有詔令、奏疏反對厚葬，多是以經濟的角度立論，以爲厚葬之害是在於奢侈無度、耗竭資財。但是厚葬的情形仍遍及全國上下，十分嚴重。例如：國君陵墓的奢華，公卿列侯的奢僭，以名木爲棺、修廬舍祠堂、造起大冢、種植松柏，以及僭用璵璠、玉匣、偶人等，人民也仿效，甚至誇富鄉里無所節制。

　　可見以經濟的角度來說服人們摒棄厚葬之習並不能切中人民心理，王充從釐清鬼神的存在與否立論，藉由解除人在心理上對鬼神的畏懼與崇敬，以達到節儉薄葬的社會理想。

　　（二）建立祭祀的正面意義：世俗普遍認爲有鬼與鬼能害人，在「祭祀必有福」「解除必去凶」的心理下，而淫祀成風，不僅浪費百姓財物資源，同時巫者也藉此斂財，造成社會問題。在無鬼論前提下，王充於〈祀義〉篇論證被祭祀的對象並不能享用祭品，於〈解除〉篇論解除作法的無稽。無論是祭祀或解除，二者在理論上都講不通。不過，王充並不反對祭祀，他從報功和修先的角度解釋，對於有功於人民國家者，以祭祀表達尊崇；對於有恩德之先祖，以祭祀表達養育之恩的追念。同時，對於執政者，更不忘提醒治國在德不在祭祀的觀念，具有匡正「衰世好信鬼，愚人好求福」的意義。

　　（三）以理性思維匡正民間習俗：王充看到一般人於日常生活中遇到凶禍，多歸究於觸犯禁忌，就作〈四諱〉篇解說世俗四大諱的形成與生活方式或禮儀有關，未必是吉凶所致；漢人盛行搬遷忌諱太歲的迷信，就作〈難歲〉篇以辨正歲神的疑惑。此外，漢代擇日之書流傳廣泛，已影響社會生活的各個層面，王充作〈譏日〉篇論述其不當，而不從其諱；又有〈卜筮〉篇評論以蓍龜有

靈的占卜為虛而不實，試圖匡正世俗的迷信風氣。

　　（四）解決墨家非儒的鬼葬問題：儒家主張葬祭以禮，這是表現「孝」的人倫情感，然而對於鬼神問題卻是存而不論，至孟荀養生與送死等量其觀的孝觀念，助長了厚葬發展。墨家以儒家不肯定鬼神的存在與否而非之，又以儒家主張厚葬久喪與其薄葬相反而非之。而墨子學說基於鬼神的確立，可興天下之大利，除天下的大害，則強調鬼的實有。王充評論墨子主張「節葬」與「明鬼」，二說難以同時成立，也評論儒家不明言鬼神問題，助長厚葬之風。王充無鬼論與薄葬的結合觀念，有平息儒墨二家鬼葬主張爭議的意義。

四、就王充的「人性論」而言

　　王充人性論在「天道自然無為」的前提下，是由氣言性，主張人稟天地之氣而生，稟氣過程中的或多或少，或薄或厚，決定人性的或善或惡。不過，王充也不能擺脫漢代陰陽五行的時代背景，因此其所言及人性善惡形成的根源問題，是從本體所稟受的「元氣」及「五常之氣」立論。此外，他也論及智慧高低、情欲多寡和糧食充足與否也是影響人性善惡的要素，所以王充所說的「性」不同於孟子的心性，也不同於告子荀子的自然質性，而是「才性」，是能洞察德性而影響操守的能力，而善惡是「才性」對「德性」的體現與發揮。[2]

　　其人性論所呈現的時代意涵有以下數端：

　　（一）性分三品的人性論：有關王充性分三品的觀念承自董

---

2 牟宗三指出：「才」是能，通於氣性之善惡，亦通於「靈氣」之智愚。牟宗三，《才性與玄理》（台北：臺灣學生書局，2002 年），頁 5。

仲舒的「聖人之性」「斗筲之性」「中人之性」三等，和揚雄「聖人」「愚人」「中人」三品而來，不過，王充以情性由陰陽二氣而生，所以人性分作有的人性善、有的人性惡、有的人性善惡混三品，不同於董仲舒的性善情惡說，也不同於揚雄的人性善惡混說。同時其人性三品說並影響唐代韓愈，以人情性分三品，在人性論的發展上有承先啓後的意義。

（二）**提出「穀足食多，禮義之心生」的人性看法**：王充認爲行爲善惡和物質生活相關，他說：「夫飢寒並至，而能無爲非者寡；然則溫飽並至，而能不爲善者希。」（〈治期〉）「爲善惡之行，不在人質性，在於歲之飢穰。」（〈治期〉）「讓生於有餘，爭起於不足。」（〈治期〉）反映衣食充足是生活的首要條件，也是行爲善惡的先決條件。

（三）**注重禮樂調節性情的教化作用**：王充提到人性可因教化學習而改變，將人性的有善質有惡質，和行爲上的作善作惡區分，所以其人性論思想也就特別著重後天的教化與修養。所以，以禮樂作爲教化內容，特別注重禮樂的調節情性、變化氣質的目的，亦即「賢可學爲，聖可勉成」之意，並引導社會於和諧之境，能超越漢代僵化的信師好古、崇拜偶像的爲學或教育態度。

五、就王充的「先秦諸子論」而言

「先秦諸子論」一節是就〈非韓〉〈問孔〉〈刺孟〉三篇分析，〈非韓〉篇闡述法家「任刑用誅」不重視德治的學說特色，文中對韓非學說的問難有三：（一）「非儒」的不當，認爲俗儒不等同禮義之士，真正的禮義之士對國家有具體貢獻，重耕戰輕德治與重德治輕耕戰同屬不當，宜養德與養力並重。（二）名實

觀的落實問題，文中就魯繆公詢問龐攔是子不孝、鄭子產聞婦人哭聲二例辨正，此部分王充忽略法家獎告奸的「術」論。（三）「明法」的問題，承魯繆公的例子，認為韓非察奸是法不明，此點王充所論有過當之嫌。

　　有關〈問孔〉〈刺孟〉二篇是質疑孔孟言行，強調聖人也有缺失和錯誤，不宜盲從，文中主要針對孔孟言詞矛盾、用詞不明確、評論失當、處世態度等部分問難。

　　王充「先秦諸子論」所反映的時代意涵有下列數端：

　　（一）**強調治學求實的態度**：當時一般人因利祿追求而盲從的信師好古，往往忽略經書文字有誇大其實、流傳說法有錯誤，以及儒書中有虛妄不實的記載等問題，又不能博覽古今，而墨守一經一師，不僅識見狹隘，且思想僵化。王充考訂聖人言行，對孔孟含義不清或前後矛盾或引喻失當等處，能持懷疑精神以考證，與一般人尊崇孔孟，不敢「問」孔或「刺」孟的一味認同態度不同，無疑是建立理性思考、判斷的精神，對學問有核、實、證、訂之功，以破除篤信經書文字的迷思。同時，他對諸子論著評價亦高，有助於擴展學習範圍，其見解在學術上有一定的貢獻。

　　（二）**提出「聖人」知物由學的觀念**：漢代經學有神學化的現象，主要表現在孔子及聖人能神而先知，以及以讖緯解讀經書二方面。王充認為聖人之知與常人無異，並不能先知，聖人與常人的不同，在「學」與「思」的用心，藉學問的類推判斷。他強調了「神」與「聖」二者的不同，所以神化孔子和聖人，以及藉由預知吉凶的讖緯神秘之說來解說經書，在他看來也是不可成立的。

　　（三）**提出法治與德治並重的政治見解**：漢代律令嚴密繁多，百姓並未因「法」樂利，反而因酷吏使人民生命受到威脅。

〈非韓〉篇反映漢代陽儒陰法的問題，同時也提出「養德」與「養力」並重的理念。文中批判韓非「非儒」的不當，即暗示兩漢重文吏輕儒生、重律法輕經學的問題。在王充看來，張湯、趙禹一類的文吏精通法令，社會對文吏的看重，形成重法令而輕乎經書義理的現象，所謂「論者徒尊法家，不高春秋，是闇蔽也。」（〈程材〉）不如儒生以五經爲業，具有「聖人之操」，因此建議由研習儒家義理以改善或補救文吏的缺失，揭示了文吏重法治輕德治的現實困境。

六、就王充的「文學觀」而言

王充文學觀的特色是重視著述的創新思維，以及文章內容的實用性。雖然當時「文學」的概念範圍廣泛，泛指所有著述的文字作品，王充則已區分文人爲儒生、通人、文人、鴻儒四類型，其中鴻儒著書表文，以匡濟薄俗有益於化，又能獨出己見，獲得王充高度評價，而與文武周公等儒家聖人並列。

王充的文學觀所呈現的時代意涵，主要有以下數端：

（一）主張文章內容務為世用：有鑒於五經失實，強調家法、章句之學，以及抄襲模擬、華辭麗句的漢賦發展，王充的文學主張強調「務實誠」。在內容上要求符合真理、明辨世俗之疑，也就是「爲世用者，百篇無害；不爲用者，一章無補。」（〈自紀〉）例如劉歆《六略》、孔子《春秋》、《孟子》、《韓非子》、陸賈《新語》、桓譚《新論》等才爲其所推崇。感情上，主張「文出胸臆」、「精誠由中」，反對「爲文而造情」，因此，文章宜如實的表達自己的思想感情，反對有文無實，徒具文辭形式之美。也因此主張文質並重，進而提倡文字語言趨於一致的通俗易懂。

　　（二）提出文學創新的進化觀點：在漢代復古模擬的崇古風氣下，王充承《淮南子》、揚雄、桓譚的反復古，提出「今勝於古」的觀念，按歷史發展規律推崇漢德。表現於文學態度上，即主張創新，反對東施效顰、因襲古人的「失形」「失情」，強調作家應盡量發揮個人特色，創作有個性的作品。

　　（三）文人地位獲得提昇：在漢武帝罷黜百家獨尊儒術之後，進入仕途多須要經過經學的訓練，居於高位的多是五經博士，然而王充對文儒的肯定卻超過說經義之儒生，質疑儒生不能判斷五經的可疑處，又全盤接受師授，如同「郵人」「門者」之類。而俗人、儒生、通人、文人、鴻儒的高下區分，代表文儒一類型的形成，也代表文人與儒生的分流，獨創性的著述文章已突破傳統經書的附庸地位，而賦予了獨立發展的地位。

七、就王充的「宣漢說」而言

　　王充《論衡》的〈齊世〉〈宣漢〉〈恢國〉〈驗符〉〈須頌〉〈佚文〉六篇，是以「宣漢」為內容的一組文章。各篇的敘述有一主題，逐漸遞進，〈齊世〉篇闡述古今齊同的觀點，〈宣漢〉篇論述漢高於周，〈恢國〉篇證明漢在百代之上，〈驗符〉篇專論漢代的符瑞，證明漢德隆盛超越前代。宣漢的內容觸犯了他所極力批判的誇大其實的謬誤；論述過程中強調瑞應現象，也陷入一個不可知的神秘；又彰顯漢代聖王於亂世中建立功業的人為努力，與其國家治亂有一定期數的「國命論」衝突。但基本上仍秉持其一貫的懷疑、批判態度。其時代意涵主要表現在兩方面：

　　（一）推崇現代的歷史觀點：漢代儒者信師好古，認為「漢興已來，未有太平」（〈宣漢〉）或「漢無聖帝，治化未太平」等（〈須

頌》），由於俗儒對漢代功德未能如實的論述，王充從異族的進貢、疆域的開拓、邊境民族的內附，以及生活的文明、農耕的技術、教化的實行等較前代有長足進步之處立論，彰顯漢代確實有值得稱頌的功業。

（二）**對當代史的重視**：王充一反當時人輕視現代而推崇古代的心理，主張今勝於古的論點，也能正視當時「信久遠之僞，忽近今之實」的現象，而推崇能夠寫作當代史的學者。如「九虛」「三增」等文中多處引用今人司馬遷的記錄來糾正俗說，又如周長生《洞歷》載及當代歷史，班彪作《太史公書後傳》搜集漢武帝太初年間以後的資料，二者都是當代史著作，所以贊揚周長生爲鴻儒，將其作與《史記》並列，更稱美班彪《後傳》在司馬遷之上，表現對寫作近代史的學者及其著作的重視態度。

八、就王充的「批評方法」而言

學者對於王充批判方法是否符合科學，有不同看法，尤其是認爲類比推理精確性低，類比的兩個事物之間類同的屬性不高。基本上，《論衡》的寫作目的在「疾虛妄」，若以「疾虛妄」的宗旨作爲衡定王充思想價值的重要依據，可以發現王充的批判確實能釐清社會種種的虛妄不實，尤其是對神學化的儒家思想、讖緯迷信、經傳典籍記載的謬誤失實等議題。有關王充藉以判定「虛妄」和「不虛妄」的方法，十分重視效驗，以客觀的證據來檢視知識的真實性。其時代意涵有下列數端：

（一）**多元化的學習**：王充的學習有別於太學講章句的傳承師法方式，他好博覽，考辨融會，所以採用判定真僞的方法，包含事實經驗和邏輯推理，避免「唯理論」和「經驗論」的缺失。

由於知識範圍涉獵廣泛，諸如耳目查證、口問訪談、可靠的文獻典籍記載、日常知識、史實常識、地理知識、科學知識、量化數據、語言謬誤等，既要聞見於外，又要考之於心，這是他為學和立論的基礎，可見他多元學習的態度。

（二）**注意感官的有限性**：王充認為成功的論述，不僅是以經驗事實檢核，還需要有邏輯的推理，他注意到感官認識能力的有限，譬如耳目可能受到時間空間關係的影響而形成假象，或者感官本身機能的限制，更甚者是有感官所不能及者，因此，就要藉助邏輯思維來推論。

（三）**重視客觀事實**：王充對前人說法並非一味的認同而不加思索，前後矛盾或失當不實等事物，多能持懷疑精神，透過假設及進一步驗證而加以判定，不同於一般人拘於成見的態度。而且對於同一議題的論述過程，往往交互運用多種方式說明，以大量的經驗事實或推理為依據，前後互相證成，在論述上更加嚴謹。

由上述，可見王充《論衡》「疾虛妄」的學說特色，無不針對社會種種問題而發，表現對當代的高度關切，韓愈列其為後漢三賢之一，是其來有自。

第二節　王充《論衡》內容的自我衝突

王充《論衡》表現批判的精神，但學說思想以及所引用之事例也有前後不一，或觀點相互矛盾之處，任繼愈指出：王充思想建立在自相矛盾的邏輯體系上，一類是思想混亂所引起的外在矛

盾，一類是理論本身所引起的內在矛盾。[3]龔鵬程認為在漢代思想家中，任舉一位，如賈誼、董仲舒、揚雄、仲長統等，都不可能找到像王充這麼多、這麼明顯的矛盾。[4]歸納本文上述各章的論述，與學者言及的矛盾之處可以相互驗證，說明如下：

一、就命定論而言

王充主張「命」與「性」分途，是其學說思想的一大特色，按其理念，人性的善惡和吉凶禍福的命運，彼此之間並沒有太大的關係。就個人而言，努力於行善，並不能改變「命」的遭遇；就國家而言，賢君施政也無濟於國家秩序的安定與否。這種完全委之於時命歷數的觀念，否決了人為善的努力和賢君治國的人為力量。不過，在彰顯漢代帝王功業時，他卻有「穀登歲平，庸主因緣以建德政；顛沛危殆，聖哲優者乃立功化。」（〈恢國〉）的說法，肯定「聖哲優者」可以撥亂反正，與其「命定」思想主張的國家治亂有一定期數的「國命」論前後矛盾。此外，在〈率性〉篇提到人性可以透過教化學習而改變，由後天「漸染」的功夫，使惡性化為善，因而認同外在禮樂制度對於情性的陶冶。不過，按其命定理論，雖強調教化修養人性，但化惡為善並無助於命運的改變。因此，又何需致力於教化為善呢？顯然王充藉由人性論提出禮樂制度等學習內容，在命定論的前提下，是顯得十分突兀的。不過，這也正可以說明王充的命定論仍相信人的主體性，而不是陷入完全的宿命論。

---

3 任繼愈，《中國哲學發展史》（秦漢）（北京：人民出版社，1985 年），頁 529。
4 龔鵬程，《漢代思潮》（台灣嘉義：南華大學出版，1999 年），頁 269。

二、就無鬼論而言

　　王充不認為鬼的存在，主張「人死不為鬼」、「死人無知」，人之所以生，是承受了上天施放的陰陽之氣。陰氣形成骨肉，陽氣形成精神，且骨肉與精神，互相依存。也就是說一個有具體生命的人，是形體和精神同時存在，「精氣」無形體可依，精神活動自然無法展現，也就隨即消散，精氣消亡，不可能成為鬼。因而也主張祭祀以驅除鬼神的解除之術是不可信的。在他看來，一般人所見之鬼是幻覺妄想形成的，只是人的目見虛象，不是真有實物。但是他又不反對「鬼者，物也。」（〈訂鬼〉）「鬼者，老物精也。」（〈訂鬼〉）「鬼者，人所見得病之氣也。」（〈訂鬼〉）「鬼者，本生於人。時不成人，變化而去。」（〈訂鬼〉）等說法，既然已分析「鬼」的定義如此明確，為何又不信鬼的實有呢？甚至於以為不和的妖氣、邪氣就是鬼，而說「氣盛則（鬼）象人而至，至則病者見其象矣。」（〈訂鬼〉）否定鬼神的思想及承認妖氣、邪氣的存在，是不能並立的。既然不相信鬼的存在，又為什麼不和的妖氣、邪氣是凝結為「鬼」而不是凝結為「妖」呢？可知其中仍有許多矛盾之處。

三、就瑞應說而言

　　王充批判災異說，認為災異、譴告等天人感應的虛妄不實，反對將國家的災變或危難，歸結到君主施政不符天道的譴告說法，但卻相信聖王明君和瑞應之間的聯繫。在他看來，「政之得失，主之明暗」（〈講瑞〉）是判斷奇異之物是否為瑞應的依據，

盛贊明帝、章帝時期瑞應的連出並見，無疑是宣揚漢帝的太平盛世，這與歌頌漢帝脫離不了關係。雖然以符瑞說法解釋漢代聖王的出現，是不同於天人感應的觀念，但是瑞應的出現也是神祕不可知的。因此，當王充批判天人感應的謬誤，卻又以和氣解釋瑞應的出現，是進入另一個神祕境界，自然也就與其客觀理性的思維背道而馳。

根據上述，王充學說思想也有其盲點，尤其是與漢代帝王有關的議題，如漢代帝王的撥亂反正或瑞應的連接出現，與其國命論的治亂有期及天人不相應論的立論背離，可見他仍無法擺脫學術為政治服務的框架。

總上所述，王充《論衡》的批判內容深入關心社會、政治、學術等問題，論述過程中難免有缺失、矛盾之處，但並不影響《論衡》一書所表現的時代意義，及其在思想史上的重要定位。

參考書目

一、專　書

（一）《論衡》注譯及相關研究論著

孫人和，《論衡舉正》（上海：上海古籍出版社，1990 年）

黃暉，《論衡校釋》（北京：中華書局，1990 年）

劉盼遂，《論衡集解》（台北：世界書局，1990 年）

韓復智，《論衡今註今譯》（台北：國立編譯館，2005 年）

田昌五，《王充 ── 古代的戰鬥唯物論者》（北京：人民出版社，1973 年）

田昌五，《論衡導讀》（四川成都：巴蜀書社，1989 年）

李道顯，《王充文學批評及其影響》（台北：文史哲出版社，1984 年）

李維武，《王充與中國文化》（貴州：人民出版社，2000 年）

周桂鈿，《王充評傳》（江蘇：南京大學出版社，1993 年）

周桂鈿，《虛實之辨 ── 王充哲學的宗旨》（北京：人民出版社，1994 年）

林麗雪，《王充》（台北：東大圖書公司，1991 年）

陳正雄，《王充學術思想述評》（台北：文津出版社，1987 年）

陳拱，《王充思想評論》（台北：台灣商務印書館，1996 年）

黃國安，《王充思想之形成及其論衡》（台北：台灣商務印書館，
　　1983 年）

黃雲生，《王充教育思想論》（台北：復文圖書出版社，1977 年）

黃雲生，《王充評論》（高雄：三信出版社，1975 年）

劉謹銘，《王充哲學的再發現》（台北：文津出版社，2006 年）

蔣祖怡，《王充卷》（河南：中州書畫社，1983 年）

（二）古代典籍

1.經　部

（魏）王弼、（晉）韓康伯注，（唐）孔穎達正義，《周易正義》，
　　《十三經注疏》第一冊（台北：藝文印書館，1985 年）

（漢）孔安國傳，（唐）孔穎達正義，《尚書正義》，《十三經
　　注疏》第一冊（台北：藝文印書館，1985 年）

（漢）毛公傳，鄭玄箋，（唐）孔穎達正義，《毛詩正義》，《十
　　三經注疏》第二冊（台北：藝文印書館，1985 年）

（漢）鄭玄注，（唐）賈公彥疏，《周禮注疏》，《十三經注疏》
　　第三冊（台北：藝文印書館，1985 年）

（漢）鄭玄注，（唐）孔穎達正義，《禮記正義》，《十三經注
　　疏》第五冊（台北：藝文印書館，1985 年）

（晉）杜預注，（唐）孔穎達正義，《春秋左傳正義》，《十三
　　經注疏》第六冊（台北：藝文印書館，1985 年）

（魏）何晏注，（宋）邢昺疏，《論語注疏》，《十三經注疏》
　　第八冊（台北：藝文印書館，1985 年）

（漢）趙岐注，（宋）孫奭疏，《孟子注疏》，《十三經注疏》
　　第八冊（台北：藝文印書館，1985 年）

（清）孫希旦，《禮記集解》（台北：文史哲出版社，1984 年）

（清）王聘珍，《大戴禮記解詁》卷七（台北：漢京文化事業有限公司，2004 年）

（東漢）班固撰，（清）陳立疏證，《白虎通疏證》（台北：中國子學名著集成編印基金會，1978 年）

安居香山、中村璋八，《重修緯書集成》（東京：明德出版社，昭和 63 年）

（宋）朱熹集注，趙順孫纂疏，《四書纂疏・孟子纂疏》（台北：文史哲出版社，1984 年）

（東漢）劉熙，《釋名》，《四部叢刊》（台北：台灣商務印書館，1979 年）

（清）段玉裁，《說文解字注》（台北：漢京文化事業有限公司，1983 年）

（清）王筠，《說文釋例》（台北：世界書局，2009 年）

（宋）羅願，《爾雅翼》，《四庫全書薈要》（台北：世界書局，1986 年）

2.史　部

瀧川龜太郎，《史記會注考證》（台北：洪氏出版社，1983 年）

楊家駱主編，《新校本漢書》(台北：鼎文書局，1986 年)

（南朝宋）范曄撰、唐李賢等注，《新校後漢書注》（台北：世界書局，1981 年）

（唐）房喬撰，王雲五主編，《晉書》（台北：台灣商務印書館，2010 年）

（唐）魏徵等撰，《隋書》（台北：台灣商務印書館，2008 年）

（宋）司馬光，《資治通鑑》（台北：中華書局，1966 年）

（周）左丘明著，黃永堂譯注，《國語》（台北：台灣古籍出版有限公司，2007 年）

（漢）劉向著，王守謙等譯注，《戰國策》上冊（台北：台灣書
　　房出版有限公司，2007 年）

（清）紀昀等撰，《歷代職官表》（台北：西南書局，1973 年）

（宋）徐天麟，《東漢會要》（台北：世界書局，1981 年）

（元）馬端臨，《文獻通考》，《文淵閣四庫全書》第 611 冊（台
　　北：台灣商務印書館，1986 年）

（清）王國維，《水經注校》（台北：新文豐出版公司，1987 年
　　出版）

（唐）劉知幾，（清）浦起龍釋，《史通通釋》（台北：世界書
　　局，1981 年）

（清）梁玉繩，《史記志疑》，《叢書集成新編》第六冊（台北：
　　新文豐出版公司，1985 年）

（清）趙翼，《二十二史劄記校證》（台北：仁愛書局，1984 年）

（清）趙翼，《陔餘叢考》（台北：世界書局，1960 年）

3.子　部

（清）王先謙，《荀子集解》（台北：藝文印書館，1988 年）

王利器，《新語校注》（北京：中華書局，1997 年）

蘇輿，《春秋繁露義證》（北京：中華書局，1992 年）

汪榮寶，《法言義疏》（北京：中華書局，1987 年）

（漢）桓寬撰，（清）張敦仁考證，《鹽鐵論》（台北：世界書
　　局，1958 年）

左松超，《說苑集證》（台北：國立編譯館，2001 年）

胡楚生，《潛夫論集釋》（台北：鼎文書局，1979 年）

（東漢）仲長統，《昌言》（台北：廣文書局，1988 年）

（清）孫詒讓，《墨子閒詁》（台北：世界書局，1969 年）

嚴靈峯，《老子達解》（台北：華正書局，1983 年）

鄭成海，《老子河上公注疏證》（台北：華正書局，1978 年）

（晉）郭象注，《莊子》（台北：藝文印書館，1983 年）

錢穆，《莊子纂箋》（台北：東大圖書公司，1993 年）

（周）列禦寇撰，（後魏）張湛注，《列子》（台北：中華書局，
　　1979 年）

王叔岷，《列先傳校箋》（台北：中央研究院中國文哲研究所籌
　　備處，1995 年）

陳鼓應注譯，《黃帝四經今注今譯 —— 馬王堆漢墓出土帛書》（北
　　京：商務印書館，2007 年）

何淑貞校注，《新編抱朴子》（台北：國立編譯館，2002 年）

朱師轍，《商君書解詁定本》（台北：世界書局，1975 年）

陳奇猷，《韓非子集釋》(台北：漢京文化事業有限公司，1983
　　年)

陳奇猷，《呂氏春秋校釋》（台北：華正書局，1988 年）

劉文典，《淮南鴻烈集解》（北京：中華書局，1989 年）

（漢）應劭撰，王利器注，《風俗通義校注》（台北：漢京文化
　　事業有限公司，2004 年）

（北齊）顏之推著，闇福玲、李世琦、王愛玲注，《顏氏家訓》
　　（天津：天津人民出版社，1998 年）

向新陽、劉克任，《西京雜記校註》（上海：上海古籍出版社，
　　1991 年）

袁珂譯注，郭璞、郝懿行舊注，《山海經》（台北：臺灣古籍出
　　版公司，1998 年）

（唐）李冗《獨異志》（北京：中華書局，1983 年）

（宋）洪邁《夷堅志》（北京：中華書局，1981 年）

（清）袁枚著、古曄等譯，《子不語》（北京：中國國際廣播出

版社，1992 年）

（漢）于吉編撰，《太平經合校》（台北：鼎文書局，1979 年）

（宋）李昉編，《太平御覽》，《景印文淵閣四庫全書》子部〈類
　　書類〉第 894 冊（台北：台灣商務印書館，1986 年）

（清）永瑢、紀昀等撰，《四庫全書總目提要》第三冊，子部（台
　　北：台灣商務印書館，1983 年）

4.集　部

（宋）洪興祖，《楚辭補注》（台北：頂淵文化事業有限公司，
　　2005 年）

（宋）郭茂倩，《樂府詩集》，《四部叢刊》（台北：台灣商務
　　印書館，1979 年）

（南朝梁）昭明太子撰、唐李善注，《文選》（台北：藝文印書
　　館，1983 年）

（南朝陳）徐陵編，《玉臺新詠》（台北：世界書局，2001 年）

（南朝梁）劉勰著、王更生注譯，《文心雕龍讀本》（文史哲出
　　版社，1985 年）

（明）楊慎，《詞品》，《百部叢書集成》（台北：藝文印書館，
　　1965 年）

（清）嚴可均校輯，《全上古三代秦漢三國六朝文》《全後漢文》
　　（河北：河北教育出版社，1997 年）

（清）俞正燮，《癸巳存稿》，（台北：世界書局，1963 年）

（清）劉熙載著，薛正興點校，《劉熙載文集》（江蘇：江蘇古
　　籍出版社，2000 年）

王洲明、徐超校注，《賈誼集校注》（北京：人民出版社，1996
　　年）

（三）現代著作

于迎春，《漢代文人與文學觀念的演進》（北京：東方出版社，
　　1997 年）

王兆徵，《兩漢察舉制度》（台北：國立政治大學出版，1963 年）

王邦雄，《韓非子的哲學》（台北：東大圖書公司，1983 年）

白川靜著、王孝廉譯，《中國神話》（台北：長安出版社，1983
　　年）

皮錫瑞，《經學歷史》（台北：鳴宇出版社，1980 年）

任卓宣，《思想方法論》（台北：帕米爾書店，1971 年）

任繼愈，《中國哲學發展史》秦漢篇（北京：人民出版社，1985
　　年）

吉成名，《中國崇龍習俗》（天津：天津古籍出版社，2001 年）

朱自清，《朱自清全集》（台南：新世紀出版社，1964 年）

牟宗三，《才性與玄理》（台北：臺灣學生書局，2002 年）

何秀煌，《邏輯》（台北：台灣東華書局，1987 年）

何秀煌，《思想方法導論》（台北：三民書局，2003 年）

余英時，《歷史與思想》（台北：聯經出版社，1976 年）

余英時，〈漢代循吏與文化傳播〉，收入余英時，《中國思想傳
　　統的現代詮釋》（台北：聯經出版社，1987 年）

余英時著、侯旭東等譯，《東漢生死觀》（上海：上海古籍出版
　　社，2005 年）

李劍農，《先秦兩漢經濟史稿》（台北：華世出版社，1981 年）

侯外廬，《中國思想通史》第二卷〈兩漢思想〉（北京：人民出
　　版社，1957 年）

俞啓定，《先秦兩漢儒家教育》（濟南：齊魯書社，1987 年）

胡適，《中國古代哲學史》（台北：台灣商務印書館，1958 年）

唐君毅，《哲學概論》（台北：學生書局，1982 年）

唐君毅，《中國哲學原論・原道篇》（台北：學生書局，1986 年）

徐復觀，《中國經學史的基礎》（台北：學生書局，1983 年）

徐復觀，《中國人性論史》先秦篇（台北：台灣商務印書館，1988 年）

徐復觀，《兩漢思想史》（台北：學生書局，1989 年）

袁珂，《中國神話史》（台北：時報文化企業有限公司，1991 年）

高莉芬，《蓬萊神話：神山、海洋與洲島的神聖敘事》（台北：里仁書局，2007 年）

張光直，《中國青銅時代》（台北：聯經出版事業公司，1983 年）

張啓成、徐達譯注，《漢賦今譯》（貴陽：貴州人民出版社，2000 年）

梁啓超，〈中國學術思想變遷之大勢〉，收入梁啓超，《飲冰室文集類編下》（台北：華正書局，1974 年）

郭沫若，《中國史稿》（北京：人民出版社，1976 年）

郭紹虞，《中國歷代文學論著精選》（台北：華正書局，1991 年）

郭紹虞，《中國歷代文論選》（一卷本）（上海・上海古籍出版社，1994 年）

陳大齊，《孔子學說論集》（台北：正中書局，1979 年）

陳鼓應，《老子註譯及評介》（北京：中華書局，1984 年）

陶希聖，《中國政治思想史》（台北：食貨出版社，1972 年）

章太炎，《檢論》（台北：廣文書局，1970 年）

勞思光，《新編中國哲學史》（台北：三民書局，1988 年）

單繩武，《理則學》（台北：三民書局，1978 年）

程發軔，《國學概論》（台北：正中書局，1969 年）

程樹德，《九朝律考》（台北：台灣商務印書館，1965 年）

費孝通，《鄉土中國》（自印本，1948 年）

馮友蘭，《中國哲學史新編》（台北：藍燈出版公司，1991 年）

馮友蘭，《中國哲學史》（台北：台灣商務印書館，1993 年）

黃侃，《黃侃論學雜著・漢唐玄學論》（台北：漢京文化事業有限公司，1984 年）

熊十力，《讀經示要》（台北：廣文書局，1960 年）

蒙培元，《中國心性論》（台北：臺灣學生書局，1990 年）

蒲慕州，《墓葬與生死》（台北：聯經出版社，1993 年）

裴普賢，《詩經評註讀本》（台北：三民書局，1985 年）

劉大杰，《中國文學發展史》（台北：華正書局，1984 年）

劉文起，《王符潛夫論所反映之東漢形勢》（台北：文史哲出版社，1995 年）

劉福增編譯，《邏輯與哲學》（台北：心理出版社，1996 年）

廣田律子，《鬼之來路──中國的假面與祭儀》（北京：中華書局，2005 年）

盧文信，《王充批判方法運用例析》（台北：萬卷樓出版社，2000 年）

蕭公權，《中國政治思想史》（台北：聯經出版事業公司，1990 年）

錢穆，《秦漢史》（台北：東大圖書公司，1987 年）

錢穆，《孔子與論語》（台北：聯經出版事業公司，1988 年）

錢穆，《中國思想史》（台北：蘭臺出版社，2001 年）

錢穆，《論語新解》（台北：東大圖書公司，2004 年）

薛梅卿、葉峰，《中國法制史稿》（北京：高等教育出版社，1990 年）

羅光，《中國哲學思想史 —— 兩漢南北朝篇》（台北：學生書局，
　　1985 年）

羅彤華，《漢代的流民問題》（台北：學生書局，1989 年）

譚達先，《中國神話研究》，（台北：台灣商務印書館，1988 年）

龔鵬程，《漢代思潮》（台灣嘉義：南華大學出版，1999 年）

二、期刊論文

王宇信，〈炎帝、黃帝與中國龍—兼談中國龍的龍德與炎黃文化
　　的和諧精神〉（《殷都學刊》，2008 年第 1 期）

王孝春，〈論荀子的群〉（《東北師大學報》，2010 年第 1 期）

王明麗、牛天偉，〈從漢畫看古代雷神形象的演變〉（《中原文
　　物》，2002 年第 4 期）

王治理，〈論衡的文學觀〉（《廈門大學學報》，2004 年第 3 期）

王芹，〈試論王充與培根的科學精神〉（《韶關學院學報》第二
　　十四卷第五期，2003 年 5 月）

吉成名，〈蛟龍考〉（《湘潭大學社會科學學報》第二十六卷第
　　三期，2002 年 5 月）

朱琳、吳靜，〈羿射十日神話的歷史真相淺析〉（《涪陵師範學
　　院學報》第十九卷第二期，2003 年 3 月）

朱謙之，〈王充著作考〉（《文史》第一輯，1962 年 10 月）

余治平，〈董仲舒的祥瑞災異之說與讖緯流變〉（《吉首大學學
　　報》第二十四卷第二期，2003 年 6 月）

吳青，〈災異與漢代社會〉（《西北大學學報》，1995 年第 3 期）

李倉，〈王充在《論衡》中對古代物理知識的貢獻〉（《中州大
　　學學報》，1993 年第 4 期）

沈兼士，〈鬼字原始意義之試探〉，收入《沈兼士學術論文集》
　　（北京：中華書局，1986 年）

周桂鈿，〈王充傳記資料考辨 —— 兼評台灣學者對王充的研究〉
　　（《甘肅社會科學》，1984 年第 5 期）

周國榮，〈龍的起源和古吳族〉（《東南文化》，1988 年第 2 期）

林聰舜，〈漢初黃老思想中的法家傾向〉（《漢學研究》第八卷
　　第二期，1990 年）

施丁，〈王充《論衡》的史學批評〉（《廊坊師範學院學報》第
　　二十四卷第六期，2008 年 12 月）

孫仲威，〈龍的研究〉（《東南文化》，2000 年第 2 期）

孫如琦，〈王充溢美章帝原因辨析〉（《杭州大學學報》第二十
　　四卷第三期，1994 年 9 月）

孫作雲，〈洛陽西漢卜千秋墓壁畫考釋〉，（《文物》，1977 年
　　第 6 期）

孫湘雲，〈天人感應的災異觀與中國古代救災措施〉（《中國典
　　籍與文化》，2000 年第 3 期）

孫寶妹，〈王充文學理論中的真實論〉（《西北大學學報》，1994
　　年第 7 期）

徐道鄰，〈王充論〉（《東海學報》第三卷第一期，1961 年）

張玉梅，〈王筠漢字文化談〉（《國際關係學院學報》，2009 年
　　第 3 期）

張崇琛，〈女媧神話的文化蘊涵〉（《甘肅高師學報》第十三卷
　　第一期，2008 年）

張筠，〈從對漢高祖神話材料的處理看司馬遷的歷史觀〉（《康
　　定民族師範高等專科學校學報》第十卷第二期，2001 年 6 月）

張靜環，〈揚雄、王充自然說之人性論〉（《嘉南學報》，2003

年第二十九期）

梁榮茂，〈王充的認識論及其批評方法〉，《王叔岷先生八十壽
　　慶論文集》（台北：大安出版社，1993 年）

郭子峰，〈西漢大賦的帝王接受與經學影響〉（《吉首大學學報》，
　　2008 年第 9 期）

陳思維，〈論漢代反復古文學思想的邏輯進程〉（《內蒙古社會
　　科學》第二十五卷第六期，2004 年 6 月）

陳碧仙，〈簡論揚雄關於漢賦「麗則」和「麗淫」的文學思想〉
　　（《福建教育學院學報》，2009 年第 1 期）

曾漢塘，〈試論王充「氣」的觀念 —— 從宇宙論的角度談起〉（《文
　　史哲學報》第四十五期，1996 年 12 月）

閔德亮，〈論后羿射日神話的產生與演變〉（《中州學刊》，2002
　　年 5 月第 3 期）

黃宛峰，〈論王充的儒生觀〉（《齊魯學刊》，2004 年第 2 期）

黃國安，〈王充「疾虛妄」論研究〉（《臺東師專學報》，1973
　　年 4 月第一期）

黃開國，〈論漢代讖緯神學〉，林慶彰編，《中國經學史論文選
　　集》上冊（台北：文史哲出版社，1992 年）

葉志衡，〈論王充的文藝觀對六朝文論的影響〉（《社會科學戰
　　線》，2002 年第 1 期）

寧勝克，〈中原女媧神話的流布及相關習俗〉（《漯河職業技術
　　學院學報》第三卷第四期，2004 年 12 月）

廖曉晴，〈兩漢任子問題之探討〉（《遼寧大學學報》，1983 年
　　第 5 期）

趙克堯〈罷黜百家獨尊儒術辨〉，收入《漢唐史論集》（上海：
　　復旦大學出版，1993 年）

齊昀，〈從上古洪水神話看女媧補天的文化內涵〉（《青海師範大學學報》，2004 年第 6 期）

齊磊磊，〈探究龍文化〉（《隴東學院學報》第二十卷第一期，2009 年 1 月）

寧稼雨，〈女媧補天神話的文學位移〉（《華中師範大學學報》第四十五卷第五期，2009 年 9 月）

劉見成，〈王充的形神論思想及其社會意涵〉（《中國文化月刊》，二 0 四期，1997 年 3 月）

劉國民，〈悖立與整立─論董仲舒對孟子、荀子之人性論的解釋〉（《衡水學院學報》第十一卷第三期，2009 年 6 月）

劉道超，〈論太歲信仰習俗〉（《西南民族大學學報》第二十五卷第九期，2004 年）

劉謹銘，〈王充思想是否符合科學標準之評議〉（《漢學研究》第二十一卷第一期，2003 年 6 月）

樊琪，〈《論衡·刺孟》所刺〉（《貴州文史叢刊》，1997 年第 3 期）

樊琪，〈人生價值的變聲吶喊 ── 王充認定死人不爲鬼〉（《揚州職業大學學報》第四卷第三期，2000 年 9 月）

蔣祖怡，〈論王充的《政務》之書〉（《杭州大學學報》，1962 年第 2 期）

鄭明璋，〈論漢賦的結構及其成因〉（《許昌學院學報》，2009 年第 3 期）

鄭飛洲，〈從始祖誕生神話看原始崇拜〉（《上海青年管理幹部學院學報》，2004 年第 1 期）

黎惟東，〈論王充歷史觀的矛盾〉（《華岡文科學報》第十六期，1988 年）

鍾志翔，〈王充文主實誠論平議〉(《九江學院學報》，2010 年第
　　1 期)

藍陽春，〈伏羲神話、女媧神話與盤古神話是三個不同的神話譜
　　系〉(《廣西民族研究》，2007 年第 3 期)

羅義俊，〈論兩漢博士家法及其株生原因〉(《中國文化月刊》
　　第一一六期，1989 年 6 月)

關增建，〈量的概念與王充的無神論學說〉(《鄭州大學學報》，
　　2001 年第 4 期)

三、學位論文

朱珮瑜，《王充論衡思維方法探析》(東吳大學哲學研究所碩士
　　論文，2002 年)

吳朝欽，《王充天道思想之連貫性 —— 以氣為本體、自然為規則
　　的探討》(元智大學中國語文學研究所碩士論文，2008 年)

沈曉柔，《化生‧復蘇‧成仙：古代中國面對死亡的三種態度》
　　(國立成功大學歷史研究所碩士論文，2009 年)

岳宗偉，《論衡引書研究》(復旦大學歷史學研究所博士論文，
　　2006 年)

康瀞文，《王充認識論研究》(國立台灣師範大學國文研究所碩
　　士論文，2003 年)

陳穎君，〈王充《論衡》所反映的東漢初期社會狀況〉(逢甲大
　　學中國文學研究所碩士論文，2005 年)

陳麗桂，《王充自然思想研究》(國立台灣師範大學國文研究所
　　碩士論文，1974 年)

馮曉馨，《王充天論思想之研究 —— 與荀子天論思想之比較》(中

國文化大學哲學研究所博士論文，2007 年）

蔡文村，《論衡神話批評運用析論》（淡江大學中國文學研究所
　　碩士論文，1998 年）

黎惟東，《王充思想研究》（中國文化大學哲學研究所博士論文，
　　1984 年）